U0719618

法学导论

主　编　张杰
副主编　阿依古丽

知识产权出版社

内容提要

　　本书是专门针对法学专业学生编写的一本法学入门教材。全书分为十四章。第一章绪论，介绍法学、法学思维与法学方法等基本概念；第二章至第七章分别论述了法的概念和法的分类、法的要素、法与其他社会规范的关系、法的作用、法律渊源、法律效力等基本理论；第八章论述了当代世界两大法系的主要传统和特征；第九章和第十章重点论述当代中国的法律体系及主要的法律部门的概念、特点及其构成；第十一章与第十二章涉及法律关系和法律责任的理论；第十三章和第十四章分别围绕法的运行和法律职业展开。

责任编辑：宋　云

图书在版编目（CIP）数据

　　法学导论/张杰，阿依古丽主编. —北京：知识
产权出版社，2010.8
　　ISBN 978-7-5130-0099-4

　　Ⅰ.①法…　Ⅱ.①张…②阿…　Ⅲ.①法学—高等学
校—教材　Ⅳ.①D90

　　中国版本图书馆 CIP 数据核字（2010）第 137409 号

法学导论

主编　张　杰　副主编　阿依古丽

出版发行：	知识产权出版社 有限责任公司		
社　　址：	北京市海淀区气象路50号院	邮　编：	100081
网　　址：	http://www.cnipr.com	邮　箱：	bjb@cnipr.com
发行电话：	010-82000893　82000860 转 8101	传　真：	010-82000860 转 8240
责编电话：	010-82000860 转 8388	责编邮箱：	hnsongyun@163.com
印　　刷：	北京九州迅驰传媒文化有限公司	经　销：	新华书店及相关销售网点
开　　本：	720mm×960mm　1/16	印　张：	22.25
版　　次：	2010 年 8 月第 1 版	印　次：	2019 年 6 月第 4 次印刷
字　　数：	385 千字	定　价：	42.00 元

ISBN 978-7-5130-0099-4/D·1041（3049）

版权所有　侵权必究

如有印装质量问题，本社负责调换。

前　言

　　《法学导论》教材是中央民族大学"211 工程"三期建设项目之一，供普通高等学校法学专业本科使用。同时，这本教材是专门针对法学专业大学一年级学生编写的一本法学入门教材。希冀该书可以成为他们步入法学殿堂的入门阶梯。同时，本书也可以为他们今后进一步学习部门法学的相关课程打下一定的知识基础。此外，该教材又和在法学高年级开设的法理学课程的内容相呼应，以求做到由浅入深、循序渐进、融会贯通。

　　全书分为十四章。第一章绪论，介绍法学、法学思维与法学方法等基本概念；第二章至第七章分别论述了法的概念和法的分类、法的要素、法与其他社会规范的关系、法的作用、法律渊源、法律效力等基本理论；第八章论述了当代世界两大法系的主要传统和特征；第九章和第十章重点论述当代中国的法律体系及主要的法律部门的概念、特点及其构成；第十一章与第十二章涉及法律关系和法律责任的理论；第十三章和第十四章分别围绕法的运行和法律职业展开。这十四章的内容既包括对法学和法律发展脉络的概述，也有关于实体法的具体理论阐述。同时，笔者也考虑到法学专业大学一年级学生以及法律爱好者初涉法学的客观情况，在帮助他们获得相关法学基础知识的同时，适当地增加了对主要的法律部门的介绍，这使得本书具有不同于其他法学导论教材或者法学通论教材的一个显著特点。此外，本书结合目前我国所进行的统一司法考试的要求，在注重提供理论知识的同时，精选典型案例和相关思考题来帮助读者加深对基本理论的理解和运用。总之，努力做到使教材无论是在内容还是在体例上，都能更适合法学一年级的学生以及其他法学初学者学习之用。简而言之，就是在内容编写上尽可能地删繁就简，侧重基本概念、问题和知识的辨析、梳理和阐释，并提供给读者更多的思考空间。

　　全书由张杰、阿依古丽共同审查定稿。本书在编写的过程中，参考了大量的相关资料和文献论著，在此，向原作者表示感谢！感谢中央民族大学法学院2010届毕业生姜蓉、周玫岑、翁晔同学，他们在临近毕业繁忙之际，参与了本书稿的校对工作。感谢知识产权出版社的宋云编辑，如果没有她的辛苦工作，本书是无法按时出版的。由于理论水平有限，错误和不当之处在所难免，恳请读者批评指正。

编者

目　　录

第一章 绪 论

第一节 法学概述

一、法学一词的词源

法学，在中国先秦时期称为"刑名法术之学"或"刑名之学"。其中，"刑"指刑罚、刑法，"名"指循名则实、赏罚分明。"法术"是指古代君王实行统治的策略、手段。战国时期，秦国的变法家商鞅将该法称为律。自汉代开始各代又有"律学"的名称。"法学"或"法律科学"的称谓逐步被采用是在近代西方文化传入中国之后。在西方，"法学"一词源自古代拉丁语的 Jurisprudentia。其原意是"法律的知识"或"法律的技术"。古罗马法学家乌尔比安（Ulpianus）在《法学阶梯》中对该词的定义是："人和神的事务的概念，正义与非正义之学。"❶

二、法学的研究对象

法学是专门以法律现象为研究对象的一门学科，包括这几个方面：研究法的规律性，考察研究法的产生、发展及其规律；对法进行共时性研究，即比较研究各种不同的法律制度，及它们的性质、特点以及它们的相互关系；法的内在方面，即法的内部联系和调整机制等；法的外部方面，即法与其他社会现象的联系、区别及其相互作用。

掌握法学研究对象应注意的问题：（1）法律现象是一种特殊的社会现象，是社会发展到一定阶段的产物。受法律调整的社会关系，才能叫法律现象。（2）法律现象是一个动态的概念。法律现象不仅指纸面上的法，而且指现实生活中的法。（3）研究法律现象的目的在于揭示法律现象内在

---

❶ ［古罗马］查士丁尼. 法学总论——法学阶梯［M］. 张企泰，译. 北京：商务印书馆，1989：5.

的、不以人的意志为转移的客观规律。（4）研究法律现象，要研究法律与政治、经济、道德、宗教等其他社会现象的关系。

三、法学体系与分科

法学形成体系或法学有内部分支学科的划分是近代以来的事情。近代资产阶级革命以前，法学从未成为一门完全独立的学科，它或者被包括在神学、哲学、政治学、伦理学之中，或者依附于国家的立法和司法活动。既然没有形成一门独立的学科，当然也就不存在体系或分科的问题。随着法学从其他学科中分化出来，特别是随着立法发展成为广泛而复杂的整体和随之而来的法律部门的出现，也就出现了法学的分科。然而，如何分科或依据什么标准分科，这在国内外法学著作中还没有一致的观点。各国学者提出的分科相当宽泛，名称也不尽相同。例如，英国《牛津法律指南》中提出，法学可分为理论法学与应用法学两大部类，并可进一步具体分为七个部门：（1）法律理论和哲学；（2）法律史和各种法律制度史；（3）比较法研究；（4）国际法；（5）跨国家法；（6）国内法；（7）附属学科，如法医学、法律精神病学等。以上（1）～（3）部门属于理论法学；（4）～（6）属于应用法学；（7）部门本身并不研究法律问题，但同所发生的法律问题有联系。❶ 又如，日本《万有百科大辞典》中将法学分为四大部类：（1）公法，包括宪法、行政法和国际法；（2）私法，包括民法、商法、民诉法、劳动法、国际私法；（3）刑事法，包括刑法、刑诉法、刑事政策学；（4）基础法学，包括法律哲学、法律社会学、法律史学、比较法学。❷ 前苏联法学家一般将法学体系划分为四类：（1）方法论和历史科学（国家和法的理论、国家和法的历史）；（2）与各法律部门相联系的专门科学（国家法、行政法、民法和刑法）；（3）研究外国国家的法以及对国际关系的法律调整的科学；（4）辅助法律科学，如法医学、法律精神病学、法律化学等。

四、我国的法学分科体系

从我国现阶段法学教育和法学研究的实践需要出发，我们可以从以下两个角度来划分法学体系。

（1）从法律部门划分的角度，由于法被划分为宪法、行政法、民法、

---

❶ 沃尔克.牛津法律指南［M］.牛津大学出版社，1980：754.
❷ ［日］万有百科大辞典［M］.1973（11）：530.

刑法、诉讼法等不同部门，与之相应就有宪法学、行政法学、民法学、刑法学、诉讼法学等。一个新的法律部门的出现或迟或早要有新的法学部门与之相应。例如，随着行政法、经济法等新的法律部门的出现，产生了行政法学和经济法学。每个部门法学对该部门法的历史的研究构成部门法专门史，如宪法史、民法史、刑法史等；每个部门法学对本国的与外国的同类法的研究构成比较法（学），如比较宪法、比较民法、比较刑法等。这些专门史和部门法学比较法学分别属于相应的部门法学，而对于各部门法总体即整个法律制度的历史研究，则构成独立的法制史学；对于比较法的理论和方法论的研究以及对各国法律制度或主要法系的整体比较，构成比较法学。也可根据法律属于国内法或国际法，把法学分为两大类，即国内法学与国际法学。

（2）从认识论的角度，法学可以分为理论法学和应用法学。理论法学综合研究法的基本概念、原理和规律等。应用法学主要是研究国内法和国际法的结构和内容，以及它们的制定、解释和适用。这当然不是说应用法学没有自己的理论，只是说这种理论在概括范围和抽象程度上与理论法学的理论有所不同。相对地说，应用法学与法的实践有直接联系，它所处理的是直接的经验材料，并且它的理论一般限定在本部门法的领域。理论法学则相对抽象，是从应用法学中概括出来又用以指导应用法学的，并且它的理论贯穿于整个法律现象。至于人们通常所说的"边缘法学"一般是横跨两个学科或由两个学科整合而成的，如法律社会学、法律经济学、法律心理学、法医学、刑事侦查学、法律统计学、法律教育学等。它们有的侧重理论研究，有的侧重解决法律实践问题，分别属于理论法学和应用法学。

五、法学与其他学科的关系

法学与其他学科有特殊联系。这是因为：第一，在认识论上，科学既是人类认识世界的成果，又是改造世界的思想武器。根据研究对象的不同，科学可以分为若干大类，每一类都包括一系列科学部门。在不同的科学部门之间还有若干边缘科学。各门科学都以具有矛盾特殊性的特定客体作为研究对象。各门科学以其研究对象的个性而互相区别开来，各自成为一门独立的学科；同时也由于它们研究的对象的共性而互相联系，并一起构成科学体系或学科群。法学吸收其他学科的认识成果来说明法的现象，从而使它能够深入到法的本质和价值基础上，并且能够解答法的外在方面

（如法的政治方面、经济方面、社会方面）和客观倾向，同时也以自己的认识成果推动其他学科的发展和新学科的产生。第二，在现代社会，法律渗透到社会的方方面面，有关法律现象的许多问题不单是法学的问题，而是属于法学与其他学科的双边问题或多边问题。第三，在法治时代，越来越多的社会问题都可能转化为法律问题并提交给法律机关处理，这就要求法律工作者具有比较广泛的知识，进而要求法律人才是知识复合型人才。由于这些原因，法学与其他学科密不可分。在法学与其他学科的关系中，法学与哲学、政治学、经济学、社会学、历史学、逻辑学的联系尤为突出。

（一）法学与哲学

哲学是人类知识的总结和概括。哲学所要探求的不是某一具体领域的具体规律，而是自然界、社会和人类思维发展的一般规律。哲学始终居于知识阶梯的最高层次，属于社会意识的最高形式。因此，任何阶级或学派的法学理论，总是以某种哲学作为自己的理论基础。德国古典哲学大师黑格尔曾明确宣布"法学是哲学的一个部门"❶。19 世纪中期以后，法学从哲学中分化出来，成为一门独立的学科，但是这并不意味着法学与哲学的脱节。事实上，法学始终受着哲学的巨大影响。这突出地表现为哲学上的每一次更新、每一种新的较有影响的哲学流派的出现，都会引起法学方法论的更新或法学价值定向的改变，并推动新的法学流派的出现或既有法学流派的分化、变态或消失。例如，实证主义法学是随着哲学实证主义和功利主义的出现而出现的，又是随着哲学实证主义内部语义分析哲学的出现而由"分析法学"形态转变为"新分析法学"形态的。至于新康德主义法学、新黑格尔主义法学、存在主义法学等，则更是由于相应的哲学的出现和发展而产生和发展的。法学与哲学的关系在法理学（法哲学）中表现得最为明显。法理学（法哲学）是对法的一般基础的哲学反思，或者说是根据哲学的观点和方法进行的法律分析，是把部门法学与哲学结合起来的一座桥梁。当代中国的法学是以马克思主义哲学，即辩证唯物主义和历史唯物主义作为自己的理论基础的，同时又为马克思主义的哲学提供丰富的材料和思想。但是，这并不意味着可以用马克思主义哲学关于真善美的一般理论和方法论代替法学的具体原理和方法。

（二）法学与政治学

政治学是以政治现象及其发展规律为研究对象的一门科学。它所研究

---

❶ 黑格尔．法哲学原理．中译本［M］．北京：商务印书馆，1961：2.

的范围相当广泛，包括政治本质、政治结构、政治权力、政治权利、政治决策、政治规范、政治运行、政治组织、政治文化、政治理论、政治动力、政治秩序、国际政治等。由于法是政治活动和实现政治目标的一种常规形式，特别是在现代社会，民主政治就是法治政治，政治必须采取合法的形式，有规则、有秩序地运行，因而法学和政治学有着内在的联系；特别是像宪法学、立法学、行政法学，本身就兼有法学和政治学两重性质。在历史上，政治学和法学曾经长期不分彼此。例如，在古希腊，柏拉图的《理想国》和亚里士多德的《政治学》，就是把政治和法放在一起论述的，也就是把政治学和法学融为一体了。在欧洲中世纪，天主教会居于统治地位，哲学、政治学和法学都成了神学的附庸。17、18 世纪资产阶级革命时期，这些学科才逐步摆脱神学的桎梏。但是，政治学和法学还是结合在一起的。曾经为资产阶级革命摇旗呐喊的自然法学家都既是政治学家又是法学家，他们的著作，例如洛克的《政府论》、卢梭的《社会契约论》、孟德斯鸠的《论法的精神》，可以说都是兼具政治学和法学两种内容的著作。19 世纪以后，法学和政治学才各自成为一门独立的学科。但是，由于许多问题，诸如民主与法制、立法政策、权力制约、国家、政党、政府、公民与国家的关系、政治程序等，是法学和政治学的双边问题，所以，法学和政治学两者之间保持着紧密的联系。

（三）法学与经济学

经济学是研究各种经济关系和经济活动规律的科学。法学与经济学有着十分密切的联系。这主要因为：第一，法所反映的统治阶级意志以及法所定型化的权利和义务及其界限，归根结底是由这一阶级的物质生活条件决定的。只有正确而深刻地认识特定阶级的物质生活条件，才能认清法的本质，说明特定社会、特定历史时期法定权利和义务的界限，并为合理地设计权利和义务及其界限提供科学根据。第二，法律对经济起着能动的反作用，它能推动社会生产力的发展，也会阻碍社会生产力的发展。这取决于法律制度是否符合经济规律。要为按照经济运行和经济发展的规律管理经济提供法律保障和服务，法学就需要吸收经济学的研究成果。第三，民主和法制的进程取决于社会经济模式和经济发展水平。民主和法制是商品、市场经济发达的产物。商品、市场经济的等价交换原则从根本上否定了血缘、门第、权力、地域、民族、宗教之间的差别，推动了与这种经济关系相适应的平等的政治关系和法律关系的建立；资产阶级民主和法制就是在这个基础上发展起来的。在社会主义社会，民主和法制的经济基础仍然是商品、市场经济，民主和法制的发展程度依然取决于经济发展的水平，这就使法与经济的关系成为法学特别是法理学的重要课题。在这方面，经济学的理论，尤其是经济学关于经济体制改革和社会主义商品、市场经济的理论，对法学是极为有用和有益的。第四，将经济学的许多理论模式和研究方法引入法学领域，可以加深和丰富人们对法律的认识；特别是政治经济学的理论和方法，更是有助于说明法律制度，促进法律制度的改革。

（四）法学与社会学

社会学是把整个社会作为研究对象的一门学科。随着政治学、法学、经济学、教育学等专门学科的形成，社会学主要研究社会结构和社会进程的宏观问题。法学与社会学之间存在着密切的、相互交错的关系。一方面，法学是要研究社会中的法，把法作为一种社会现象来研究；另一方面，社会学要通过法律来研究社会，因此两者有着极其广泛的共同论题。例如，法律的社会根源，法律的社会功能，法律规范的效力的社会标准，法律实效的社会条件，法律的社会化，人在法律方面的社会化，法律行为的社会基础、心理基础和道德基础，社会变迁中的法律变迁，通过法律的社会变迁，法律与社会冲突，法律与社会秩序，法律与社会意识形态，法律观念的社会史，社会利益、需要、愿望与立法，越轨与社会控制，社会舆论与法律的实施，法律职业的社会化及其社会影响，各种法律制度的改革等。

（五）法学与历史学

历史学是研究人类社会发展的具体过程及其规律性的科学。法学与历史学的联系在于：第一，法律是凝结的历史，或者说是历史过程的产物。美国麦克劳—希尔出版公司出版的《世界伟大文献汇编》一书收集了30份世界重要文献，其中法律文献占了1/3，包括《汉谟拉比法典》（公元前1700年）、《梭伦法典》（公元前590年）、《英国大宪章》（1215年）、《论国际秩序》（1625年）、《美国独立宣言》（1776年）、《美国宪法》（1787年）、法国《人权宣言》（1789年）、《拿破仑法典》（1804年）、《联合国宪章》（1945年）等。❶ 这些文献被称做"人类历史的里程碑"。谁要是不认真研究这些文献，就不可能理解和编写历史，特别是人类社会制度的历史和思想的历史。另外，阐释社会进程中的法律因素的历史学有助于法学对法律进行历时性研究。第二，法律的生命不仅是逻辑，更重要的是经验。经验总是历史的东西。历史学在研究古今之变、盛衰之道的过程中，

❶ 王于光，徐雁．中国读书大辞典［M］．南京：南京大学出版社，1993．

也以时代的顺序和具体历史事实，再现历代统治阶级及其统治集团是基于什么和怎样根据分配社会的权利（利益）和义务（负担）；历代法定权利和义务产生了什么社会效果：建立和维护了良好的社会秩序还是引发了社会动乱，推动还是阻碍了社会生产力的发展，以及怎样产生这些社会效果的；历代法定权利和义务体系的变化过程及其特点如何；历代政治家和思想家如何对待法律遗产等。因此，法学大师们无不重视吸收和借鉴历史学的研究成果。第三，历史学的实证研究方法是法学可以借鉴的重要方法。实证研究，即"从实在的事实中获取确切的知识的方法"，是历史学研究的重要特征。历史学不能想当然，只能以遗迹和文献为基础。实证方法的理论基础是辩证唯物主义和历史唯物主义。它在社会科学方法群中有明显的优势，把它引入法学，有助于克服法学中容易出现的唯心主义和形而上学，把法学的每个结论都建立在可靠的证据基础上，并经受实践的检验。第四，法学的概念、范畴、理论观点、学说、学派都是历史的产物，有其产生和演变的过程。要想准确而深刻地把握它们，并在此基础上丰富和发展它们，就必须运用历史学的理论和方法：考察它们是怎样提出来的，先前的学者有过哪些重要的、关键性的论述，它们在演变过程中经历了哪些主要阶段，曾经有过哪些表现形态。恩格斯明确指出："每一时代的理论思维，从而我们时代的思想，都是一定历史的产物，在不同的时代具有非常不同的形式，并因而具有非常不同的内容。""理论思维仅仅是一种天赋的能力。这种能力必须加以发展和锻炼，而为了进行这种锻炼，除了学习以往的哲学，直到现在还没有别的手段。"❶

（六）法学与逻辑学

逻辑学是关于思维及其规律和规则的科学。逻辑问题贯穿于法律运行的各个环节，逻辑学与法学有着密切的联系。法学与逻辑学共同关注的焦点是法律推理问题。法律推理是法律工作者从一个或几个已知的前提（法律事实或法律规范、法律原则、判例等法律资料）得出某种法律结论的思维过程。在这一意义上，逻辑是创制、理解和运用法律的一个不可或缺的工具。因此，法学与逻辑学就密切联系在一起了。

---

❶ 马克思恩格斯选集. 第3卷［M］. 北京：人民出版社，465.

第二节　法学思维与法学方法

一、法学思维的概念及特点

法学是一门独特的学问，其思维方式也是独特的。在对法律的概念有了初步认识的基础上，再来探讨法律人所特有的思维方式。对于以法学为业的学生而言，培养和形成专业法律思维，是今后从事法律职业的关键一环。法学思维是法学者在研究法律现象时所持的思考立场、态度、观点、价值和方法，是在长期的法律实践中形成的，通过专门的法律语言（法言法语）进行分析、判断、推理、论证和解释等活动的一种职业过程。在人类长期、频繁、反复的法律职业活动中会逐渐形成特定的思维，这种思维一旦形成，便会保持和延续下去，并以特有的思维定式依附于法律共同体。因此，法律思维方式伴随着法律的职业化而出现，同时也是法律职业成熟的标志。概括地说，法学思维具有以下特点。（1）法学思维是实践思维。亚里士多德把人类的思考方式（也是获取知识的方式）分为思辨（哲学）之思、理论（科学）之思和实践之思。在他看来，思考自身不能使任何事物运动，而只有"有所为的思考"才是实践性的。实践之思是针对行为选择或欲望的思考，"这样的思考是一种实践的真理，而思辨的、理论的思考则不是实践的，它只是真与假而不造成善与恶……实践思考的真理要和正确的欲望相一致"❶。法学是"有所为的思考"，是针对特定的法律现象所作的思考，也以人们的行为选择或意愿作为思考的对象。（2）法学思维是问题思维。法学思维是针对法律问题而进行的思维。当人们对法律制度或社会现实以及两者相互如何对应等方面的理解有很多种答案或者根本就提供不出任何答案时，就产生了某个"法律问题"，例如在法律生活中会遇到的立法问题、执法问题、司法问题、守法问题、法律推理等诸多问题。因此，法学的思考不是简单地运用演绎方法，将法律作为毋庸置疑的前提条件，通过推理得出结论的过程；更多的情况下是从问题出发，确定得出结论的前提条件是否可靠、是否被人们所接受。如果大家对推理的前提本身产生疑问，那么法学思考的工作就根本无法进行下去。所以，法

---

❶ ［古希腊］亚里士多德. 尼各马科伦理学 ［M］. 苗力田，译. 北京：中国人民大学出版社，2003：120.

学的首要任务就是解决法律问题，为法律问题提供答案。（3）法律思维方式遵循一套严格缜密的逻辑。因此，法律思维逻辑不同于政治思维、道德思维及大众思维的逻辑。法律思维逻辑在严格的制度和程序空间里表现出高超的形式理性与技术理性，是现代法治理念的体现。同时，法学的结论必须是有论证理由的结论，是对法学思考者本人以及其他人均有说服力的结论，注重对作出的决定出具正当化的理由，以保证言之有理、持之有据、令人信服。正因如此，法律思维方式要求具备一套高超的证据学和法律解释学的原理和技术，在司法过程中要求法官给出充分的判决理由。（4）法律思维方式是一种规范性、程序化的思维方式。法尽量按照普遍性的形式规则和法律程序把一切社会问题都转化为具体的权利和义务关系来调处。法律思维是一种运用法律语言进行观察、思考和判断的活动。比较其他学科的语言表达方式，法律语言用词较为准确，表达力求平实、简练和明了，语词运用注重规范和统一，强调语义的相对稳定性。当今中国法治建设就应当培育法治的公共话语，让全社会接受法治观念、意识、精神及思维逻辑，确立法律至上和权威性的观念。法律家首先应当能够运用法律语言进行思考、表达和处理问题。此外，法律活动并不单纯以实体公正为唯一目标，而且追求程序正义或形式正义。对法治而言，其只能维护有限度的正义。而程序是一种相对自治的、在国家设定的严格的制度空间里进行运作。法的推论是在严格的制度和程序里进行的，必须严格遵守证据和辩论的规则；其论证技术也需经过特殊的训练，侧重于寻求公平而合理的决定的适当理由。这一点从根本上来自于法律活动（特别是司法活动）的性质，即被动性、中立性、公正性、公开性和裁断性等。因此，程序化的思维也是实现法官忠诚于法律的重要保障。正是在程序化和制度化的空间里，法律的客观性的理性价值才得到充分的体现，尽量避免因人为的主观擅断对法治带来的破坏。（5）法学思维是评价性思维。法学以反映人类的价值观、价值倾向和价值意义的社会事实作为研究对象。正因为如此，法学思维离不开评价，法学家们也总是根据法律来评价人们的行为是合法的还是违法的。正如法学家施蒂希·约根森（Stig Joergensen）指出，法学及司法裁判的特色正在于：它们"几乎完全是在处理评价的事"❶。德国法学家卡尔·拉伦茨（Karl Larenz）也认为，要"理解"法律规范就必须发掘其中所包含的评价及该评价的作用范围。法学主要关切的不是"逻辑上必然"的推论，而是一些可以理解而且有信服力的思想步骤。不管是在实

---

❶ ［德］卡尔·拉伦茨. 法学方法论［M］. 陈爱娥，译. 北京：商务印书馆，2003：94.

践（法律适用）的领域还是在理论（教义学）的范围，法学涉及的主要是"价值取向的"（Wertorientiert）思考方式。● 在法学"价值取向的"思考中，寻求法律中的"正确性"要求是至关重要的，这种"正确性"要求所反映的主要价值是公正和正义。法学思维则以正义、公正的价值为主要取向。正因为上述原因，在立法和司法过程中必须设定严格甚至有些繁琐的程序，不惜牺牲效率，以保证法律的正义、公正的价值得到实现。

二、法学方法的概念及内容

方法，在古希腊语中，即"通向正确的道路"之意，是指对法律研究方法的研究。法律研究包括对法学理论的研究和法律操作的研究，而后者又包括法律解释、法律推理、法律思维方法。

法学主要研究三个基本问题：（1）应然法：回答法律应当是什么样子，关注的是法律的理想和价值。（2）实然法：法律实际上是什么样子，关注的是律令和技术。换言之，法律的意思是什么，如民法中的不当得利揭示了该制度的要件和技术问题。（3）社会事实：应然法要解决的是法律的道义基础和正当性；实然法使得法律的意思变得明确。如果法律在道义上是正当的，在意思上是明确的，那么这种法律就果真能够发生作用吗？应然法涉及法的理想、价值，多采用价值判断分析方法。实然法以律令、技术作为关注中心，因此采用逻辑和语义分析。社会事实要研究法在社会中的作用、功能，因此多采用社会实证分析方法。相应地，法学的方法也就有三个层次：第一层次是价值判断。法学成为关于正义和善的艺术，而不能成为科学。因为科学有定式，艺术无定法。存在定法的是工艺，不是艺术。第二层次是逻辑和语义分析，有点科学的意思。这主要研究法条的语言，类似于形式化的学科研究。第三层次是法律社会学，这是科学的研究领域。总之，法学方法论是法学（特别是法理学）中极其重要的构成部分。它无论在法学理论还是在法律实践中均具有重要的意义。我们很难想象有一门没有方法论的法学。同样，如果没有法学方法论，法律适用就很难实现合法性、合理性和统一性要求。若此，法治原则也就难以实现。

● ［德］卡尔·拉伦茨. 法学方法论 ［M］. 陈爱娥，译. 北京：商务印书馆，2003：94 - 95.

第三节 法理学概述

一、法理学的概念及研究范围

汉译"法理学"一词来自日语。据考证，1881 年（明治十四年）日本法学家穗积陈重在东京帝国大学法学部（原开成学校）讲授"法论"时，认为当时流行日本的"法哲学"（德文 Rechtsphilosophie）名称之"主观性"的形而上学气味太重，因而提出"法理学"这个译名，并在日本历史上第一次开设法理学课程。穗积氏以"法理学"代替"法哲学"。1832 年，英国法学家约翰·奥斯丁（John Austin）出版《法理学范围之限定》，使用"一般法理学"（General Jurisprudence）一语，指称"实在法哲学"（Philosophy of Positive Law），以区别当时的政治哲学、道德哲学。在我国，"法理学"作为学科的名称也几经变更。1949 年新中国成立以前，当时在高等法律院系中曾开设"法理学"或相似的课程，也有若干法理学教科书刊行。1952 年院系调整后，我国高等法律院系的基础理论课程依照前苏联的模式，采用前苏联 20 世纪 40～50 年代的法学教科书，译做"国家和法权理论"；直至 70 年代末改为"国家与法的理论"，此名称沿用至 80 年代初。1981 年北京大学编著的《法学基础理论》教科书出版，从此，"法学基础理论"遂成为学科通用名称。进入 90 年代后，大多数政法院系在各自编写的教材中已开始采用"法理学"称谓，该名称同时也为法学界普遍接受。

法理学的研究范围往往是由研究对象决定的。对于法理学的研究范围，学者也有不同的认识。比如，美国法学家、综合法学（或统一法学、一体法学）的代表人物霍尔认为，法理学包括四大部分：第一，法律价值论（Legal Axiology），主要研究法律强制的可行性，特别是法律强制的伦理问题。第二，法律社会论（Sociology of Law），主要研究法律规则的目的、应用和效果问题。第三，形式法律科学（Formal Legal Science），主要对法律术语、规则、裁决等进行逻辑分析。第四，法律本体论（Legal Ontology），主要研究法理学主题的性质，亦即基本概念问题。以上四个方面相互密切联系，并以本体论作为中心。另一位美国法学家帕特森（Patterson）认为法理学是法律的（of Law）一般理论和关于法律的（about Law）一般理论组成的。前者对应于法律的内在方面，它划定法律的范围，探讨法律的一般概念、术语以及法律的各个部分之间的关系。它贯穿于各个部门法，为部门法提供其共同使用的一般概念，也为现行法律制度应付新情况提供了一般指引。后者对应于法律的外在方面，即法律与政府和社会的关系，与伦理、经济、政治、社会信念和实践的关系等。法理学研究的对象主要是法和法学的一般原理（哲理）、基本的法律原则、基本概念和制度以及这些法律制度运行的机制。因而，就制度层面而言，法理学是一门研究所有法律制度中的一般问题、原理、原则和制度的学问。它不关心每一具体制度、法律的具体操作问题（这属于不同法学学科研究的对象），而是对每一法学学科中带有共同性、根本性的问题和原理作横断面的考察。

其具体包括四个方面的内容：

（1）法的一般原理，包括法的概念、本质、价值、功能、分类、发展等；

（2）法的基本范畴：法律关系、权利义务、职权职责、法的渊源、规范、体系、效力、责任、法律意识、法治原理等；

（3）法与其他社会现象的关系，包括法与经济、政治、文化、宗教、道德、人权的关系；

（4）法的制定和实施，包括法的制定、解释、执行、适用、遵守以及法的实施保障等。

二、法理学在法学体系中的作用与地位

在整个法学体系中，法理学居于一种非常独特的地位。一方面，法理学总是要站在法学学科发展的最前沿来追踪、吸纳人文科学、社会科学和自然科学的成就，反思法的基本问题，同时也从法学的角度对各种人文思潮作出回应。另一方面，从法学体系的内部关系看，法理学在整个法学体系中具有"基础理论"的地位。法理学研究的不发达，必然会对法学其他学科的研究产生不良的后果。最后，在法学的方法论上，由于法理学要从宏观上、从总体及其与其他现象的联系上来提示法律现象的本质及其运动发展的规律，因此从这个意义上说，法理学对其他法学分支学科的研究具有方法论原理的意义。

三、学习法理学的意义

（1）人类精神的演化和科学的进步离不开思辨的哲学。同样，一个国

家、一个民族法律文化的发展也离不开法理学的研究。法理学归属于人文科学的一部分，它基于对法的原理、原则、制度的研究而推衍至对人类生活式样、价值、人类的精神等问题的思考，无疑为人文科学（包括哲学）的研究展开了一个新的视角和方向。（2）法理学不仅为人们提供学习法律的入门知识，更重要地是培养法律和法学工作者的见识和境界。（3）法理学重在训练人们的法律思维方式和能力。由此，笔者认为，空谈理论、轻视实践自然是不正确的。然而，一味强调"功利"、"实用"，而轻视理论的价值同样也是错误的。学习法律是要懂得法律，而懂得法律，并不仅仅在于掌握操作法律的知识，而且还要深入研究法律的道理；即不仅知其然，而且要知其所以然。只有这样，我们国家的民主与法制建设才会有一个较好的文化心理条件。毕竟理论的发达对于开启民智、培养民风、提高整个民族的素质，同样是不可或缺的。在此方面，法理学应当作出其应有的贡献。

◆ 配套练习题

一、不定项选择

1. 法学是"对神和人的事务的认识、关于正义和不正义的科学"，这一观点的提出者是（　　）。

　　A. 乌尔比安　　　　　　　　B. 亚里士多德

　　C. 伊壁鸠鲁　　　　　　　　D. 托马斯·阿奎那

2. 法学与历史学的密切关系表现在（　　）。

　　A. 法律是凝结的历史

　　B. 法律的生命更重要的是经验

　　C. 历史学的实证研究方法是法学可以借鉴的重要方法

　　D. 法学中的概念、范畴、理论观点、学说、学派都是历史的产物

3. 以下属于理论法学的是（　　）。

　　A. 犯罪学　　　　　　　　　B. 法律史

　　C. 法哲学　　　　　　　　　D. 比较法总论

4. 法学的各个分支学科构成的一个有机联系整体，在法学上称为（　　）。

　　A. 法学体系　　　　　　　　B. 法理学体系

　　C. 法系　　　　　　　　　　D. 法律体系

5. 法理学属于（　　　　）。

   A. 国内法学　　　　　　　　B. 应用法学

   C. 理论法学　　　　　　　　D. 法学本科

二、材料分析

在某学术研讨会上，甲、乙、丙三位学者分别就"法理学"一词作了不同的解释。甲说："法理学就是法哲学，研究法律中的哲学问题，比如法律原则、概念、制度、方法等。"乙说："法理学是研究社会现实问题的学问，相当于法社会学。"丙说："法理学是研究刑法、民法、宪法、诉讼法等法律部门如何适用问题的学问。"

问题：（1）你认为上述哪一种或哪些观点有道理？为什么？

（2）如何理解法学的研究对象？

（3）如何划分法学体系？如何理解理论法学和应用法学之间的关系？

（4）怎样理解法理学在法学体系中的地位？

三、参考阅读文献

1. ［英］韦恩·莫里森. 法理学：从古希腊到后现代［M］. 李桂林，等译. 武汉：武汉大学出版社，2003.

2. 刘星. 中国法学初步，西方法学初步［M］. 广州：广东人民出版社，2000.

3. 杨寿仁. 法学方法论［M］. 北京：中国政法大学出版社，1999.

4. 葛洪义. 法律的理论与方法：法理学作为一门科学的条件和界限［J］. 中外法学，2001（2）.

5. ［德］卡尔·拉伦茨. 法学方法论［M］. 陈爱娥，译. 北京：商务印书馆，2003.

6. 刘星. 西窗法语［M］. 北京：中国政法大学出版社，2003.

7. 黄鸣鹤. 法庭的故事［M］. 北京：团结出版社，2006.

第二章　法的概念和法的分类

第一节　法与法律的词源与词义

一、法的西语词源

大部分印欧语系语言中，一般都有两套不同的词汇来表达法律的含义。比如，拉丁语的 Jus 和 Lex，法文中的 Droit 和 Loi，德文中的 Recht 和 Gesetz，就分别对应着"法"和"法律"的含义。在英语中，就没有这样明确的两套词汇，与"法"和"法律"有关的词汇包括 Law、Norm、Rule、Act 等词，其中 Law 最为常用。Law 既可作广义解，也可作狭义解，即兼有汉语中"法"和"法律"的含义；一般来说，可用"a Law"表达较为具体、特指的"法律"的含义，用"the Law"表达较为抽象、宽泛的"法"的含义。当"Law"作形容词使用时，与"Legal"的含义相同，不过，"Legal"还有"合法的"、"法律许可的"、"法不禁止的"等含义。❶ Jurisprudence 是一个拉丁词汇，在英美语言中，当用"Law"不太合适的地方，也有用 Jurisprudence 来表示的，但是，其最核心的含义是指法学、法理学和法哲学。这个词早在公元前 3 世纪末罗马共和时代就已经出现，表示有系统、有组织的法律知识、法律学问、法律技术。针对这些术语，有三点值得强调：

（1）一般说来，"法"指普遍的、永恒的道德原则和正义公理，大致与法哲学上的"自然法"相对应；而"法律"则指由国家机关制定和颁布的具体的法律规则，大致与法哲学上的"实在法"对应。

（2）西语中的 Jus、Droit、Recht 等词既有"法"的含义，又兼有"权利"、"公平"、"正义"等充满道德内容的抽象含义。

---

❶ 薛波主编. 元照法律词典法学总论——法学阶梯［M］. 张企泰，译. 北京：中国商务印书馆，1989；北京：法律出版社，2003：786.

（3）Lex、Loi、Gesetz 等词通常指具体规则，其词义明确、具体、技术性强。

二、"法"的中文词源

古代的法字是"灋"，由三部分组成：氵、廌、去。"氵"，平坦之如水，喻示法像水一样平。"廌"（音 zhi），据说是一种独角神兽，又叫獬，性中正，辨是非，在审判时被触者即被认为败诉或有罪，所以"击之，从去"。东汉许慎所著《说文解字》这样解析："法，刑也。平之如水，从水；所以触不直者去之，从去。"此廌似羊非羊，似牛非牛，似鹿非鹿，也有人说它同麒麟相像。它的头上长着一支独角，锋利无比，故又俗称独角兽。獬，有分别罪与非罪的本能，有罪则触，无罪则不触。见人争斗时，用它的一只角向无理、有罪的一方触去，是非曲直立见分晓，这就是中国古代的神明裁判。"去"是对不公正行为的惩罚，一说判决把罪人从所在的部落、氏族中驱逐出去，于水上漂去（古代之流刑）；一说交由神明判决，由神兽"触不直者去之"。

《说文解字》中的这一解释有三点值得注意。第一，在商周时代，法和刑是通用的；第二，法从古代起就有公平的象征意义："水"不但有平整正直的意思，而且有"裁判"的功能性含义，把罪者置于水上随流漂去，有驱逐的意思；第三，古代法具有神明裁判的特点。

在古代文献中，称法为刑，法与刑通用。如夏朝之禹刑，商朝之汤刑，周朝之吕刑，春秋战国时期有刑书、刑鼎、竹刑。魏相李悝集诸国刑典，造《法经》六篇，改刑为法。"刑，常也，法也。""法，刑也。"这里的刑，出于井田，含有模范、秩序之意。因此，以刑释法，表明模范遵守法律（秩序）。刑，又指刑罚。《盐铁论》："法者，刑罚也，所以禁暴止奸也。"

在古代文献中，"法"除与"刑"通用外，在秦汉时期又改"法"为"律"，二字已同义。据我国《尔雅·释诂》记载，在秦汉时期，"法"与"律"二字已同义，都有常规、均布、划一的语义。据《说文解字》解释，"律，均布也"。"均布"是古代调音律的工具，把律解释为均布，说明律有规范人们行为的作用，是普遍的、人人遵守的规范。《唐律疏议》更明确指出："法亦律也，故谓之律。"把"法"和"律"连用作为独立合成词，却是在清末民初由日本输入。

除了上述几字与法字有关外，古代作为社会规范的"礼"，也有约束和规制的含义，与法有一定的联系。

三、我国当代"法"与"法律"的区别

在现代汉语中，法、法律两词基本上可以互换，但随着语境的不同，也存在广义和狭义上的区分。广义上的法是指所有与规制和约束有关的现象和规则，既包括由国家机关制定的实定法，又包括理想之法、应然之法；甚至团体组织中的规则也可以被称为法，如党纪、会规、乡约、帮规等。狭义上的法，是与法律相对照的，专指应然之法，即社会中的价值观念，永恒的、普遍有效的正义原则和道德公理。

广义上的法律是指法律的整体，即由国家制定的规范性法律文件的总和，包括作为根本法的宪法、全国人民代表大会及其常务委员会制定的法律、国务院制定的行政法规、地方国家权力机关制定的地方性法规、国务院各部委制定的部委规章、省级人民政府制定的地方性规章，也包括由国家认可的判例、法理、惯例、习惯等。狭义上的法律是指拥有立法权的国家机关根据法定权限，依照法定程序所制定的规范性法律文件，即由全国人民代表大会及其常务委员会制定的法律。在我国法学辞书或一些法学著述中，通常又把广义的法律称为"法"，而将狭义的法律仍称为"法律"。

四、马克思主义的法律观

在中国，马克思主义法律观通常是人们从事法律理论研究和法律实践活动的指导思想。如果把马克思主义理解为一种开放性的思想体系，那么马克思主义的法律观还应当包括除马克思主义的奠基人以外的其他继承者的法律思想。考虑到叙述的篇幅有限，在此仅阐释马克思和恩格斯有关法律概念的主要观点。这些观点就是多年来被人们认为是揭示了法律本质的科学理论。

马克思和恩格斯的著述十分丰富，他们关于什么是法律的阐述，往往是与政治、经济及其他社会问题联系在一起进行论述的；而且，在不同的时期其法律思想各有特点。一般认为，马克思和恩格斯在《德意志意识形态》、《共产党宣言》等书中有关法律的表述比较有代表性。他们的法律观可概括如下。

（一）法律是统治阶级意志的体现

如前所述，法学史上，有些学者把法律视为"神的意志"、"公共意志"、"民族意志"等；而马克思和恩格斯认为，这些观点未能揭示法律的

真正本质。在阶级社会里，一定的统治阶级通常是由一定数量的个人所组成，这些个人依赖的生活条件是作为许多个人共同的条件而发展起来的，共同的物质生活条件决定他们的个人统治同时是一个一般的统治。为了维护共同的经济利益，统治阶级需要通过法律形式来实现自己的意志。"由他们的共同利益所决定的这种意志的表现，就是法律。"❶ 马克思与恩格斯还指出，法律体现的是统治阶级的整体意志，而不是单个人的任意或任性。

（二）法律是一种国家意志

法所体现的并不是一般的统治阶级意志，而是"被奉为法律"的统治阶级意志，即上升为国家意志的统治阶级意志。马克思、恩格斯在《德意志意识形态》中指出：统治者为了维护其统治地位，"除了必须以国家的形式组织自己的力量外，他们还必须给予他们自己的由这些特定关系所决定的意志以国家意志即法律的一般表现形式"❷。就是说，任何统治阶级为了维持自己的统治地位，除了需要依靠军队、警察等武装力量来实现其阶级统治以外，还必须使自己的意志通过法律的形式表现为国家意志，从而取得全社会一体遵行的效力。法律的国家意志意味着法律不仅要由国家制定或认可，而且还要由国家强制力保证其执行。

（三）法律的内容是由统治阶级的物质生活条件所决定的

法律是统治阶级意志的体现，但这种意志并非统治者可以随心所欲，也不是出自"神意"、"自然法则"。"由此便产生错觉，好像法律是以意志为基础的，而且是以脱离了现实基础的自由意志为基础的。"❸ 马克思和恩格斯认为，这种意志的内容归根结底是由统治阶级的物质生活条件所决定的，即主要是由这个阶级所赖以生存的物质生产方式决定的。任何一个统治者，都不能离开当时的社会经济关系的要求而任意立法。这样的法律即使制定出来，也只能是一纸空文，无法在实际生活中推行。"无论是政治的立法或市民的立法，都只是表明和记载经济关系的要求而已。"❹ 不仅如此，法律的内容及其产生、发展变化无不源于社会经济生活之中。一定意义上讲，法律的历史只是社会经济生活历史发展的表现。

马克思主义的法律观是人类法学史上一项重要的遗产。它把法律与阶

---

❶ 马克思恩格斯全集．第3卷［M］．北京：人民出版社，1960：378.
❷ 马克思恩格斯全集．第3卷［M］．北京：人民出版社，1960：398.
❸ 马克思恩格斯全集．第3卷［M］．北京：人民出版社，1960：70.
❹ 马克思恩格斯全集．第4卷［M］．北京：人民出版社，1960：121－122.

级、国家、经济联系在一起加以考察，不仅为后人展示了分析法律现象的独特的方法，也准确地解释了当时的社会历史背景下法律的实质。我们应当珍惜这份遗产，结合现代社会的法律，特别是本国法律的特点，去阐释法律的基本含义。

【材料一】法律文本中的法律概念辨析

提示：我们在理解法学著作和法律文件时，应当仔细分辨"法律"一词的含义。尤其在法律文本中，尽管使用同一"法律"词语，但含义不同，而且还意味着不同的法律效力。

《中华人民共和国宪法》（以下简称《宪法》）

第五条 中华人民共和国实行依法治国，建设社会主义法治国家。国家维护社会主义法制的统一和尊严。一切法律、行政法规和地方性法规都不得同宪法相抵触。一切国家机关和武装力量、各政党和各社会团体、各企业事业组织都必须遵守宪法和法律。一切违反宪法和法律的行为，必须予以追究。任何组织或者个人都不得有超越宪法和法律的特权。

第三十一条 国家在必要时得设立特别行政区。在特别行政区内实行的制度按照具体情况由全国人民代表大会以法律规定。

第三十二条 中华人民共和国保护在中国境内的外国人的合法权利和利益，在中国境内的外国人必须遵守中华人民共和国的法律。

中华人民共和国对于因为政治原因要求避难的外国人，可以给予受庇护的权利。

第三十三条 凡具有中华人民共和国国籍的人都是中华人民共和国公民。

中华人民共和国公民在法律面前一律平等。国家尊重和保障人权。

任何公民享有宪法和法律规定的权利，同时必须履行宪法和法律规定的义务。

【材料二】法学著作中的"应然法"和"实然法"

提示：法律作为一种社会现象，对其既可以作事实判断，也可作价值判断，故在法学研究上有了应然法（Law as it ought to be）和实然法（Law as it is）的区分。这种法律的二元分类，还表现在理想法和现实法、形式（现象）的法律和内容（本质）的法律之分上。

亚里士多德："法治应该包括两重意义：已成立的法律获得普遍的遵从，而大家所服从的法律又应该本身是制定得良好的法律。人民可以服从良法，也可以服从恶法。就服从良法而言，还得分为两类：或乐于服从最

好而又可能订立的法律，或宁愿服从绝对良好的法律。"❶

西塞罗："真正的法律乃是正确的规则，它与自然相吻合，适用于所有的人，是稳定的、恒久的，以命令的方式召唤履行责任，以禁止的方式阻止犯罪……要求修改或取消这项法律是亵渎，限制它的某个方面发生作用是不允许的，完全取消它是不可能的。"❷

马克思、恩格斯："你们的观念本身是资产阶级的生产关系的产物，正像你们的法不过是被奉为法律的你们这个阶级的意志一样，而这种意志的内容是由你们这个阶级的物质生活条件来决定的。"❸

第二节　法的特征

前面我们简要介绍了"法律"一词的语义和语用。现在我们来描述法律的主要特征。法律的主要特征是指法律区别于其他社会规范（包括道德、习惯、宗教、政策等）的显著特点。我们把法律的主要特征概括为四个方面：（1）法律由国家制定、认可和解释；（2）法律是调整行为的规范；（3）法律以权利、义务、权力为基本内容；（4）法律是由国家强制力保证实施的社会规范。

一、法律由国家制定、认可和解释

国家专门机构的制定、认可和解释，是法律的第一个特征。这一特征表明了法律与其他社会规范，如道德、宗教规范、政党或其他社会组织的规章以及习惯、礼仪等的差别。例如，习惯和道德往往是人们在长期的共同生活中自发形成的；宗教教规是由各种宗教组织制定的；政党的政策是由政党的领导机构发布的。

（一）制定、认可和解释的含义

制定是指国家机关通过立法活动产生新的法律规范。通过这种方式产生的法律，称为制定法或成文法。认可是国家对已经存在的行为规则予以承认，赋予其法律效力。通过这种方式产生的法律，称为不成文法。国家认可法律主要有以下四种情况：（1）赋予社会上已经存在的习俗、道德、

---

❶ ［古希腊］亚里士多德. 政治学［M］. 吴寿彭，译. 北京：商务印书馆，1981：199.

❷ ［古罗马］西塞罗. 论共和国. 论法律［M］. 王焕生，译. 北京：中国政法大学出版社，1997：120.

❸ 马克思恩格斯选集. 第1卷［M］. 北京：人民出版社，1972：265.

宗教教规等法律效力，这是最常见的一种认可形式。例如，在英国，它的一些具有宪法性的制度主要是习惯形成的，包括国王统而不治、临朝而不执政，由多数党领袖负责组织内阁，内阁对平民院承担连带责任等。（2）通过承认或加入国际条约等方式，赋予国际法规范域内效力。例如，中国政府自 1979 年以来先后签署了《消除一切形式歧视妇女国际公约》、《消除一切形式种族歧视国际公约》、《禁止酷刑国际公约》、《公民权利和政治权利国际公约》、《经济、社会和文化权利国际公约》及《儿童权利公约》等。（3）在判例法国家，通过对特定判例进行分析，从中概括出一定的规则或原则，并把这些规则或原则当做以后处理类似案件的根据，从而事实上赋予它们法律效力。（4）赋予权威法学家的学说以法律效力，即在法律没有明文规定的情况下，允许援引权威法学家的学说作为处理案件的依据。例如，公元 426 年，古罗马皇帝曾颁布《引证法》，承认和赋予伯比尼安等五大法学家的著作具有法律效力。❶ 法律解释是指有权的国家机关依照法定权限和法定程序，根据一定的标准与原则对法律的字义与目的所进行的理解与说明。

（二）法律的权威性和普遍性

法律由国家制定、认可和解释表明法律具有权威性和普遍性。权威性指法律代表国家主权即最高权力的意志。这意味着法律是社会关系、社会交往、社会秩序的主要组织形式，任何人都没有凌驾于法律之上的特权，国家机构尤其要依法办事。普遍性是指在主权所及范围内普遍有效。中国的法律，在中国区域内具有普遍性。所有的法律，针对特定的空间区域而言，都是具有普遍性的。

二、法律是调整行为的规范

法律是调整行为的规范。这是法律的第二个特征。先看两段材料。

【材料一】凡是不以行为本身而以当事人的思想方式作为主要标准的法律，无非是对非法行为的公开认可……对于法律来说，除了我的行为，我是根本不存在的，我根本不是法律的对象。我的行为就是我同法律打交道的唯一领域。❷

【材料二】2004 年 1 月 1 日凌晨，张三（化名）来到曾工作过的宁波

---

❶ 葛洪义主编. 法理学［M］. 北京：中国政法大学出版社，2004：84.
❷ 马克思恩格斯全集. 第 1 卷［M］. 北京：人民出版社，1960：14－16.

市鄞州区一家机械工具有限公司，潜入车间盗走粘度杯 208 只（价值 1477 元）。张三用自行车运赃途中被治安巡逻队员抓获，赃物追回并归还失主。2004 年 2 月 16 日，宁波市鄞州区人民检察院指控张三犯盗窃罪，向宁波市鄞州区人民法院提起公诉。法院认为，张三以非法占有为目的，秘密窃取他人财物，数额较大，其行为已构成盗窃罪。依照《中华人民共和国刑法》（以下简称《刑法》）第 264 条之规定（盗窃公私财物，数额较大或者多次盗窃的，处 3 年以下有期徒刑、拘役或者管制，并处或者单处罚金），法院判决张三犯盗窃罪，判处拘役 3 个月，并处罚金 1000 元。❶

（一）法律调整的对象是行为，不是思想

材料一说明法律约束行为，不约束思想。法律与道德或宗教规范的重要区别在于，法律仅仅调整和约束人的外在行为，而不调整和约束人的内心思想、情感。譬如，法律可以禁止和惩罚分裂国家、亵渎国旗的行为，但不能强制人们内心热爱祖国。法律是针对行为而设立的规则，因而它首先对行为起作用，首先调整人的行为关系。对于法律来说，不通过行为控制就无法调整和控制社会关系。所以，我们可以这样说，法律关心的问题是"行为"，法律与"思想"是没有关系的。

（二）法律的规范性

法律是调整人们行为的社会规范，具有规范性。法律的规范性是指它为人们的行为提供了一个模式、标准和方向。规范性主要包括以下几种含义：第一，法律是一种抽象、概括的规定，它适用的对象是一般的人或事而不是特定的人或事。这一点使法律与非规范性法律文件（如判决书）区别开来。第二，法律在生效期间是反复适用的，而不是仅适用一次。例如材料二所举的案例就是我国现行刑法适用于盗窃犯罪的结果。第三，它意味着同样情况同样适用，也就是通常所讲的"法律面前人人平等"的原则。❷ 比如，张三盗窃适用《刑法》第 264 条，李四盗窃了同样适用这一法律条文。第四，法律的构成要素中以法律规范为主。从法律的规范性中还可以派生出法律的其他一些属性，如法律的连续性、稳定性和效率性。

（三）法律规范的逻辑结构

法律规范与其他社会规范有着重要区别，其区别之处在于法律规范具有特殊的逻辑结构。从逻辑上说，每一法律规范都由行为模式和法律后果两个部分构成。行为模式是指法律规范中规定人们如何行为的部分。行为

---

❶ 浙江省宁波市鄞州区人民法院刑事判决书 2004 年第 232 号［S］.
❷ 沈宗灵主编 . 法理学［M］. 北京：北京大学出版社，2002：29.

模式并不是实际行为本身，它并没有实际行为中的具体细节。行为模式大体上可以分为三类：可以这样行为；应该这样行为；不应该这样行为。这三种行为规范也就意味有三种相应法律规范：授权性法律规范；命令性法律规范；禁止性法律规范。后两类法律规范可以合称为义务性规范。法律后果是指法律规范中规定人们在作出符合或不符合行为模式的要求时应承担的结果的部分。行为结果可以分为两种：第一，肯定性法律后果；第二，否定性法律后果。❶ 例如，我国刑法中盗窃罪的行为模式是"任何人不能以非法占有为目的秘密窃取他人财物"；而"盗窃公私财物，数额较大或者多次盗窃的，处 3 年以下有期徒刑、拘役或者管制，并处或者单处罚金"则是法律后果。

三、法律以权利、义务为基本内容

法律的第三个特征是它以权利、义务为基本内容。我们以《宪法》文本为范例来分析法律的这个特征。

第十二条 社会主义的公共财产神圣不可侵犯。

国家保护社会主义的公共财产。禁止任何组织或者个人用任何手段侵占或者破坏国家的和集体的财产。

第十三条第一款 公民的合法的私有财产不受侵犯。

第三十五条 中华人民共和国公民有言论、出版、集会、结社、游行、示威的自由。

第四十六条第一款 中华人民共和国公民有受教育的权利和义务。

法律的要素以法律规范为主，而法律规范中的行为模式以授权、禁止和命令的形式规定了权利和义务。依据《宪法》第 12 条规定，不得"用任何手段侵占或者破坏国家的和集体的财产"是任何组织或者个人的义务。这是一条禁止性法律规范。《宪法》第 13 条第 1 款表明公民享有"私有财产不受侵犯"的权利，这是一条授权性法律规范。《宪法》第 35 条也是一条授权性法律规范。第 46 条第 1 款既是授权性法律规范，又是义务性法律规范。法律以权利、义务为基本内容使它与道德、宗教、习惯相区别。道德和宗教一般说来是以人对人的义务或人对神的义务为内容。习惯是人们在长期共同劳动和生活过程中自发形成的、世代沿袭并变成人们内在需要的行为模式，依习惯行事是无所谓权利和义务的。有的社会规范

---

❶ 沈宗灵主编. 法理学［M］. 北京：北京大学出版社，2002：33.

（如党章、团章、工会章程等）虽然也规定其成员的某种权利和义务，但在内容、范围和保证实施的方式等方面与法律有很多差异。

四、法律是由国家强制力保证实施的社会规范

法律的第四个特征是它由国家强制力保证实施。这个特征使它与道德、宗教、政策等社会规范相区别。例如，道德依靠社会舆论保证实施，违反道德者会受到社会舆论的蔑视、批评、谴责，也会受到自我良心的谴责，从而不得不按道德规范行事。❶ 宗教依靠人们内心的信念和宗教机构某种程度的强制来保证实施；而政策则依靠社会组织的强制力来保证实施。

（一）法律的国家强制性

法律的国家强制性是现代社会中法律所具有的特征。在前现代社会，由于法律与道德、宗教之间混为一体或界限模糊不清，法律的国家强制性特征也不明显。近代西方民族国家出现后，国家垄断了立法权、司法权和执法权，法律的国家性越来越明显。必须指出的是，在宪法、刑法、行政法等公法领域，法律的国家强制性较强；而在民法、商法等私法领域，法律的国家强制性较弱。另外，法律依靠国家强制力保证实施，这是从终极意义上讲的，而非意味着法律的每一个实施过程、每一个法律规范的实施都要借助于国家系统化的暴力。在私法领域，人们往往会自觉自愿地依法律办事，国家强制力并不介入法律的实施过程。

（二）法律的程序性

法律的实施包括司法、执法和守法。司法和执法都是在相应的程序设置下进行的，这体现了法律实施的程序性。在法律中，程序和"强制"始终是相互伴随的。如果没有明确的程序规定，那法律实施无异于匪徒的强暴行为。❷ 法律的程序性意味着法律的强制实施都是按照一定的步骤和方式来进行的。法律实施的程序包括司法程序、行政程序和一般法律行为程序。司法程序是司法机关运用法律处理具体案件的程序。行政程序是行政机关依照法定职权实施行政行为的程序。比如，根据《中华人民共和国治安管理处罚法》第四章规定，公安机关实施治安管理处罚行为的程序包括调查、决定和执行诸阶段。一般法律行为程序是守法时所遵守的程序，即普通社会关系主体从事一般法律行为的程序。例如，根据有关法律、法规

---

❶ 张文显主编．法理学［M］．北京：高等教育出版社，2003：64.

❷ 刘星．法理学导论［M］．北京：法律出版社，2005：47.

的规定，签订合同必须经历要约和承诺两个步骤，而且非即时清结的合同必须采用书面形式。

法律实施的强制性和程序性相互关联，缺一不可。国家强制性保证了法律程序的权威，没有国家强制力作保障，法律程序将形同虚设。而法律实施的程序性保证了法律实施的形式正义，这赋予了国家强制力一层合法的外衣，也有效地控制了国家权力并实现了对人权的保护。

第三节　法的本质

一、非马克思主义法学视野中法的本质

（一）自然法思想关于法的本质问题的解答

古希腊是自然法思想的源头。在人类社会的早期，古希腊思想家并没有对宇宙、自然和人类社会作出明晰的区分。他们认为，既然宇宙万物是有规律、有秩序的，因而是合理的，那么人类社会也应当分享某种规律和必然性。故此，在各种变动多样的实在法之上，还存在一个抽象的、普遍的、决定性的"应然法"或"自然法"。它是一切法律的来源，是判断法律好坏的唯一标准。此后，这种自然法观念为古罗马政治家、法学家所继承，并把它用做法律发展及变革的工具，从而创造了前所未有、高度发达的罗马法制度。在古希腊思想家和古罗马政治家、法学家的努力下，西方法学得以形成了一个基础观念：即法的终极目标是实现公平正义；世界上存在一个理想的和绝对的完美法律，它是一切法律的基础。

在中世纪，尽管自然法的内容由"神学世界观"进行了改造，但是自然法的基本观点仍然延续了下来。在神学自然法的影响下，人们倾向于把法律看做信仰的精髓。一个典型的例证是：在大约1220年出现的德意志第一部法律著作《萨克森明镜》中，其作者曾写下了这样的句子："上帝即法律本身，故他珍爱法律。"

经历了15世纪末发现新大陆、16世纪以来的宗教战争，17世纪的巴洛克时期是一个激荡的时代。在这一时期，科学的发展帮助人们摆脱了神学的束缚，激发了人们对自身的信心，同时又一次巩固了人们对永恒正义的自然法的信念。人们相信，即使不依赖信仰，仅仅依靠人的理性，也可以发现并理解自然法。"上帝不存在，自然法仍将存在。"宗教自然法逐渐被一种世俗的自然法理论所代替。根据这一自然法理论，自然法被认为是

代表人类理性的、普遍合理的法。因而，它又被称做"理性主义自然法"或"古典自然法"。在古典自然法思想的引导下，学者们以探求"人类与生俱来的法"为业，提出"不要忘记，所有法的课程都是讲授我们的天赋理性之课程"、"理性就是法的灵魂"等口号，将法的本质归结为人的理性。

（二）分析法学关于法的本质问题的解答

如果说18世纪的人类经过启蒙运动对自己的能力与价值产生了坚定的信心，到了19世纪，人类则对自己的形象有了新的认识。生物学方面的达尔文、心理学方面的弗洛伊德都在这个世纪提出了关于人的新的论断。在哲学方面，实证主义学说处于领导地位。这种学说对人类的认识能力进行了批判性审查：它认为，所谓"存在"、"实体"、"绝对"甚至"上帝"都超越了人类的认识能力而不可能成为我们的认识对象，仅凭人的理性是不可能认识事物的本质和真理的。因此，必须放弃那些超越于认识能力之外的形而上学或神学的毫无意义的问题，只有建立在经验基础上的知识才是有意义的。

科学与哲学的新观点深刻地影响了法学的思维。此时，自然法学说开始遇到分析法学派的强烈挑战。分析法学派反对自然法的主张，认为实在法之外没有超越性的理想法存在。因此，必须放弃法的价值评析。法学的研究就应当从当下出发，来观察本国实际存在的法。对于法学家而言，他们的任务就在于建立一门具有统一性、连贯性和一致性的自足的概念体系。除此之外，不仅法律的终极目标——公平正义不是法学家分内的研究课题，而且诸如社会科学的理论、观点、材料等也都因为没有"法"的意义而被排斥于法学之外。在分析法学派看来，法律就是主权者的命令；正是由于主权者的意志，法律才得以出现在人类社会之中。

（三）社会法学关于法的本质问题的解答

分析法学坚持除实在法本身以外，法学再无其他可供研究的领域，这使得法学研究成为一个与外界隔绝的"孤家寡人"。为了摆脱分析法学中法学理论与社会相脱节的倾向，19世纪末的欧洲还产生了早期的社会学法学。这一法学理论后传入美国，并于20世纪30年代广泛流行。从整体上看，这一学派的突出特点是：它主张法律应被作为一种社会现象来看待，在研究方法上不能从"法应该是什么"出发进行法学研究；而应从"法实际是什么"出发，采用观察、调查和试验等社会学研究方法来研究现实中各种法律现象与社会生活的必不可少的内在联系。它与分析法学的区别在于：如果说分析法学提供的是法律的自我描述，是关于法律的内在观点；

那么社会学提供的则是法律的外在描述，是关于法律的外在观点。对于理论研究的出发点——"法律是什么"的问题，法社会学作出了自己独特的回答。

与其他法学流派不同，法社会学中的法律概念具有两个特点，即法律可以是"非国家的法"和"行动中的法"。"非国家的法"是指作为一种社会规范，法律并不限于国家制定或认可的行为规范，社会生活中实际通行的、能够有效约束人们行为的规范——如商业习惯、乡规民约、宗教规则——都具有法的属性。"行动中的法"有两种含义：一方面它指社会生活中的各种规则，即在现实生活中一切起着法的作用、执行着法的功能的"活法"，这一含义实际上与"非国家的法"的含义相同；另一方面它又指现实中的各种法律行为和法律活动，用以区别国家颁布的法律规则，即"书本中的法"。法社会学对法律的界定反映了它的研究旨趣：它主要关注于法律是如何受到社会关系的制约的，国家制定的法律在多大程度上能够改变社会，法律的运作过程中受到哪些因素的制约，法律运行的效果在多大程度上符合立法的目标。因而，法社会学往往把法理解为开放的、运作的体制，而不是立法者已创立的封闭的、静止的规则体系。

以上分类仅仅是对各种各样法学思想的一种理想的理解。事实上，没有一种思潮是纯而又纯的。这种分类和总结只是便于我们浓缩显现上述法学思想的主要特征而已。另外，我们还可以看到，各种法学思想关于"法是什么"问题的分析和理解，都是在特定的时间和空间中产生的，与特定时空的社会生活以及人们看待这种社会生活的基本立场有着密切的关联。从这个意义上说，关于法的本质的讨论是一场可以不断发展下去的讨论，而这种讨论能够将我们带入法学研究中最具有挑战性、最引人入胜的园地。

二、马克思主义法学对于法的本质的界定

在马克思、恩格斯的大量著述中，法律始终是他们所关注的一个焦点。在马克思主义法学理论形成的早期，马克思、恩格斯在对卢梭、康德、黑格尔、费尔巴哈等人的法律思想的研究基础上，形成了独具特色的新理性批判主义法律思想。此后，在社会生活实践的推动下，马克思和恩格斯又逐渐摒弃了新理性批判主义法律观，而形成、创立了历史唯物主义法律思想体系。一般认为，1844～1848年马克思或他与恩格斯合著的一系列著作，如《神圣家族》（1845年）、《德意志意识形态》（1845～1846

年)、《哲学的贫困》（1847年）、《共产党宣言》（1848年），是历史唯物主义法学理论产生的标志；《共产党宣言》的发表则标志着马克思主义法学体系的公开问世。1848～1870年是马克思、恩格斯在无产阶级革命运动中验证、运用和发展历史唯物主义法律思想的时期。其中，马克思、恩格斯参加1848年群众革命斗争的时期，是他们平生事业的突出的中心点。他们在这一阶段所撰写的论著，系统地对马克思主义法学的基本原理加以检验和补充，从而使它更为完善、更有生机。1852年下半年到1864年上半年，则是马克思创作伟大科学巨著《资本论》的辉煌时期。1864年上半年至1870年初，马克思、恩格斯作为第一国际的精神领袖，为该组织起草了许多文件，这些文件直接武装了无产阶级的政党和群众；同时，他们又在批判普鲁东主义等几种典型的、具有很大影响的反马克思主义法律观的过程中确立了一系列重要的马克思主义法学基本原理。1871～1883年，在总结国际共产主义运动新经验和抨击机会主义思潮中，马克思、恩格斯进一步深化了历史唯物主义法学。这一时期的代表作品是马克思于1871年撰写的《法兰西内战》以及马克思、恩格斯回应普鲁东主义、巴枯宁主义、拉萨尔主义挑战的一系列论著。在马克思生平的最后几年里，恩格斯作为主要执笔人，撰写了《反杜林论》（1876～1878年）这部马克思主义的百科全书，系统地回答了法、自由与客观规律的相互关系等一些基本的法哲学问题。马克思逝世以后，恩格斯着手考察了国家和法的历史规律，并撰写了《家庭、私有制和国家的起源》（1884年）以及其他一系列谈论国家和法的问题的著作。1891～1895年，恩格斯借助书信的形式，全面地论述了经济基础与上层建筑之间的辩证关系，尤其着重阐明政治上层建筑诸因素的反作用，从而对历史唯物主义原理作了极其重要的补充和发展。通过这些极为丰富的论著，马克思主义法学理论在法学领域引起了一场伟大革命。它对整个世界法学格局的变化和发展的影响，是任何一个法学派别都不可比拟的。

根据马克思主义法学理论，法律不仅是分析实证主义法学所主张的反映主权者意志的行为规范，也不仅是社会实证主义法学所主张的某种社会事实，当然也不仅是反映人们价值追求的文化现象。毋宁说，法律本身是一个复杂的机制：它是国家制定和认可，并以国家强制力保证实施的社会行为规范的总和；作为社会生活中不可缺少的组成部分，它既依赖于社会物质生活条件，同时又有一定的相对独立性。我们可以从以下几个方面来把握这一论断。

（一）法是统治阶级意志的体现

法是国家机关用"国家"的名义加以颁布的，它是一个国家中"独一无二的、意义重大的和不可违抗的调节器"。如果把习惯、宗教规则等无须国家颁布的社会规范都视为法，会使法的概念过于泛化。法和国家是相辅相成的共生物，二者须臾不可分离。另外，由于统治阶级掌握着国家政权，因此，法的背后还必然存在该阶级的意志因素。但是，这并不意味着统治阶级的所有意志都是法。相反，作为一个整体的统治阶级要形成共识，并把这种共识转变为法律，需要经过一个复杂的转化过程。

在统治阶级形成共识的过程中，社会中的其他阶级——比如说一般民众——的意见和利益并没有完全被排除在外。统治阶级和其他阶级的关系是非常复杂的，它们既相互对立，又相互依存。统治阶级如果要使某项法律制度得到其他社会成员的接受，总要适当顾及这些社会成员的意见。这样做能够比较成功地遮蔽统治权力的压制性和阶级性，使社会秩序更容易实现，因而也更符合统治阶级的根本利益。

（二）法的内容是由统治阶级的物质生活条件决定的

与自然规则不同，法是人们有意识创造的产物。但是，人们却无法随心所欲地立法。这是因为人们的意识总是渗透了一定的社会物质生活条件的要求。所谓社会物质生活条件指与人类生存相关的地理环境、人口和物质资料的生产方式。其中，物质资料的生产方式是决定性的内容。正如恩格斯所说的那样："人们首先必须吃、喝、住、穿，然后才能从事政治、科学、艺术、宗教等；所以，直接的物质的生活资料生产，因而一个民族或一个时代的一定经济发展阶段，便构成为基础，人们的国家制度、法的观点、艺术以至宗教观点，就是从这个基础上发展起来的，因而，也必须由这个基础来解释，而不是像过去那样做得相反。"❶ 根据马克思主义哲学，人与自然的物质变换始终是人类社会的深层结构，它从根本上决定着社会结构、政治结构、观念结构等。一国法律的制定、修改、废止，与该国当时的物质生活条件有着密切的联系。如果忽视了法对于社会物质生活条件的依赖性，仅仅看到"一切的规章都是以国家为中介的，都带有政治形式"，就会产生一种"错觉"，即"好像法律是以意志为基础的，而且是以脱离现实基础的自由意志为基础的"❷。那种把法看做是"主权者大笔一挥就可以任意改变"的观点只是一种一遇到现实世界就会彻底破灭

---

❶　马克思恩格斯选集．第3卷［M］．北京：人民出版社，1972：574.

❷　马克思恩格斯选集．第1卷［M］．北京：人民出版社，1972：69－70.

的"幻想"。

（三）其他社会意识因素对法的影响

社会物质生活条件在根本上决定着人的意向，这并不意味着人在历史活动中仅仅是无所作为的傀儡。与只能消极适应环境的动物不同，人能够通过实践活动来创造所需的生活条件，从而获得与自然的统一。因而，人类进化不仅是生物学意义上的遗传与变异，还是历史学意义上的延续和创新。

法的形成与发展也不仅反映着社会物质生活条件的要求，还凝聚着作为历史主体的人类的独立意志与主动精神，积累着人类社会世代连续中形成的思想资料。人们可以利用这种思想资料为自己的各种活动——当然包括法律活动——服务。因此，除了物质生活条件以外，思想、道德、文化、历史传统等社会意识因素也会对法产生不同程度的影响。在法的形成与变迁之中，尽管物质生活条件具有极其重要的决定性作用，但是，思想、道德、文化、历史传统等因素也会对统治阶级的意志和法律制度产生不同程度的影响。

由于其他社会意识因素的影响，法的发展甚至并不随着经济基础的发展而亦步亦趋，相反，它表现出一种相对独立性。这是因为物质生活条件对人们意志活动的决定性指引，是从归根结底的意义上说的。即使物质生活条件给人的意识带来了深刻的影响，人的意识总还有着某种相对的自由。往往正是由于思想文化等因素的影响，处于同样或相似经济发展水平的不同国家，其法律制度之间却出现了千差万别的情况。

三、当代中国学者对于法的本质的争论

改革开放后，随着国内政治环境和学术环境的逐渐宽松，对于法律本质的争论明朗化，并逐渐形成了多元格局。争论的过程显示了法学思维的改进，争论的实践效果也改变了人们对法律的看法，从而对立法、司法乃至整个法制现代化建设都产生了深远影响。近20年来，关于法律本质的争论主要形成下列三种观点。

（一）法是统治阶级的意志

有些学者认为，法的本质就是统治阶级的意志。应该说，这个观点基本体现了马克思主义法学观的精神。马克思和恩格斯在《德意志意识形态》中认为，在一定的物质生产关系中"占统治地位的个人除了必须以国家的形式组织自己的力量以外，他们还必须给予他们自己的由这些特定关

系所决定的意志以国家意志即法律的一般表现形式"。"由他们的共同利益所决定的这种意志的表现，就是法律。"❶ 由于在改革开放之初，以阶级斗争为纲的思想还没有完全从学术语言中退出，所以，部分学者走了极端，开始只承认阶级性是法律的唯一本质属性，认为一切法律都是统治阶级意志的体现，统治阶级意志的内容是由他们的物质生活条件所决定的，不管这一统治阶级是奴隶主、地主、资产阶级、工农联盟还是人民。

随着法的社会本质论一派的兴起及其对阶级本质论的批判，随着中国社会生活和政治生活所发生的巨大变化，一度把阶级意志看成是法的唯一本质的学者们逐渐修正了自己的观点，开始接受法在执行政治统治职能的同时还执行着社会公共职能的观点，并因此认为，阶级性并非是法的唯一属性。但是，这些学者仍然坚持，无论如何，法有社会性并不能否定法的阶级性，法的社会性是以法的阶级性为前提并归属于阶级性，为法的阶级性而服务的，没有脱离阶级性的纯粹执行社会职能的法律规范。针对有些法律，像环保法、食品法、交通法等，由于对全社会人都有利，因而不具有阶级性的观点，坚持阶级本质论的学者认为，像环保法、食品法这类法律规范，确实是对全社会有利的，但是不能因此就说它们没有阶级性。他们认为，这个所谓对"全社会"有利，实际上也是对以一定的生产关系为基础的社会有利，并不是没有倾向性的；即这些对"全社会"有利的法律规范既是国家意志的体现，也是由国家强制力保证实施的，而且还是在其他法律规范的配合下发挥作用的。因而，法的阶级性仍然是法的本质属性，法律的本质仍应归结为统治阶级意志的体现。

坚持法的阶级本质论的学者还认为，法的本质存在不同的层次。如果说社会性也是法律的本质，那么也只是第二位的本质。法律的阶级意志本质才是第一位的，而且这里的阶级意志实质上是统治阶级的意志，即掌握国家政权的阶级的意志。他们认为，从归根结底的意义说，统治阶级意志又应该是由某个时代的社会物质生活条件和一定经济制度所决定的。

（二）法的社会本质论

在中国改革开放深化到一定程度时，法律逐渐渗透到社会生活中的方方面面，一部分学者开始敏感地看到，法的本质不能完全归结为阶级性，否则有些法律现象就很难解释；比如说"红灯停，绿灯行"的交通规则就更多体现为一种社会管理功能，而很难与阶级统治意志挂上钩。他们还认为，在实行原始共产制的氏族社会里，并没有阶级，但法就已经出现了。

---

❶ 马克思恩格斯全集. 第3卷［M］. 北京：人民出版社，1960：378.

而且，在未来的共产主义社会，经过否定之否定，法在阶级社会中所具有的阶级性也将丧失，而单纯表现为一种社会职能。因此，这些学者的结论是：不应该再把法看成是阶级斗争的工具。他们认为，在法的历史发展过程中，法的主要职能的变迁轨迹是从社会公共职能为主过渡到阶级统治职能为主，再过渡到社会公共职能为主。由此，他们强调，法是人类社会客观需要和客观规律的反映，是调整人与人之间关系的各种行为规范；它不是由某个阶级的权力或意志决定的，而是由社会的物质生活条件所决定的，不应当把法与国家、阶级直接地联系在一起。即使在阶级社会里，法的社会公共职能也是极其重要的，因为统治阶级往往是借助法的社会公共职能，以国家和社会的名义来进行阶级统治的。一个最显明的例证就是阶级社会里的有些法律根本说不上有什么阶级性，如环保法、食品卫生法、禁止近亲结婚、交通安全规则等法律、法规。因此，法的阶级性只是法在经过阶级社会这一特定的历史阶段时所显示出来的特性，而社会性才是贯穿人类历史始终的。与其说社会性是阶级性的一种特殊表现，还不如说阶级性是社会性的阶段性表现。归根结底，法的本质属性是其社会性。因为法是社会需要的产物，它贯穿人类社会发展的始终。❶

（三）法无本质论

当中国改革已经进入 20 世纪末期时，由于社会生活更加多元化，再加上中国学者开始接触到西方最新的哲学思潮，有些学者开始借助后现代哲学立场批评和反思法律本质论。他们从后现代主义对法律"本质主义"或"基础主义"所作的批判出发，认为"法律本质论"是西方法律史中实证法学派的一贯主张，并非马克思主义的首创。中国 20 世纪 80 年代的阶级性与社会性的论战其实是西方自然法与实证法之争的中国翻版，二者的共同论证前提就是对法律作了"本质主义"的理解，即相信法律有一个固定不变的本质。所以，这些学者认为，这种基于本质主义的论战方式已经没有学术前途。对法律本质的追问，不过是反映了人类对确定性的追求，这种追求集中显现为奠基于西方二元论思维的"基础主义"之中。随后，这些学者陈述了自己对于法律本质论的看法。他们认为，"法律"的意义是与使用的方便性相关的，"法律"的含义是多元的，不同法律之间在关联意义上只不过是"家族相似"，制定法、家庭法、地方习惯、判例等都可以看做是"法律"，而它们并非指同一个东西，不过是仅仅共用同一个名称而已。所以，法律的本质其实是虚构的神话，所谓共同的、不变的法律

---

❶ 张文显，姚建宗，黄文艺，等 . 法理学的二十年［J］. 法制与社会发展，1998（5）.

本质其实是不存在的，法律的"本质"是被我们塞进"法律"的各种现象中的。这些学者得出结论说：把法律的本质归结为统治阶级意志的观点，其实是建基于一个虚构的"集体意志"之上，所以，这样理解法律是无意义的。❶

第四节　法的分类

一、根本法和普通法

按照法的效力、内容和制定程序的不同，法可以分为根本法与普通法。

根本法是宪法的别称。宪法之所以被称为根本法，是因为它确定了一个国家作为共同体长期以来约定俗成的不容置疑的价值和规矩，而这些价值和规矩被认为是关系到共同体存亡的"本根"。故此，宪法被认为具有高于一般立法的最高性或优先性。

普通法是指宪法统摄下的其他法律。从内容上看，宪法的内容涉及国家的根本制度和公民的基本权利义务，而普通法仅涉及国家的某项具体制度或调整某一方面的社会关系。普通法的相关规定往往是宪法某一方面规定的细化、具体化。比如，我国《宪法》第 3 条第 2 款规定："全国人民代表大会和地方各级人民代表大会都由民主选举产生，对人民负责，受人民监督。"我国《全国人民代表大会和地方各级人民代表大会选举法》则以其全部条款对我国人民代表大会选举制度作出了具体的规定。从制定和修改程序上看，宪法的制定程序和修改程序比普通法更为严格。在某些国家，宪法甚至需要通过全民公决才能决定是否生效。在我国，宪法的制定和修改程序也与普通法律有着明显的不同。

根本法和普通法的区别，仅仅存在于拥有成文宪法的国家中。成文宪法指的是以统一的制定法的形式表现的宪法。比如，我国《宪法》、《美利坚合众国宪法》都属于成文宪法。如果一国有关国家根本制度、公民基本权利的规定不通过一部称为宪法的制定法表现出来，而是散见于各种法律文件、法院判例以及宪法惯例之中，那么该国的宪法就被称为不成文宪法。英国的宪法就是典型的不成文宪法。它的组成部分包括形成于不同历

---

❶　朱苏力．法律的本质：一个虚构的神话［J］．法学，1998（1）．

史时期的各种法律文件，如 1215 年的《大宪章》、1628 年的《权利请愿书》、1679 年的《人身保护法》、1689 年的《权利法典》、1701 年的《王位继承法》、1911 年及 1949 年的《国会法》、1918 年的《人民代表法》等，还包括各种宪法判例、宪法惯例。英国不仅不存在一部统一的、正式的宪法法典，而且其各个宪法性法律文件与普通的法律文件的地位也基本相同。在这样的国家，是无法作出根本法和普通法的区分的。

二、实体法和程序法

按照法规定的具体内容的不同，法可以分为实体法与程序法。一般认为，实体法是主要规定权利和义务的法，如民法、刑法、行政法等。程序法是指为保障权利和义务的实现而规定的程序的法，如民事诉讼法、刑事诉讼法等。

这种划分并不是绝对的，实体法中也可能有一些程序内容，程序法中也会涉及权利和义务的规定。我们将实体法和程序法区别开来，只是从大体上看，实体法更偏重于直接规定人们的权利义务，而程序法更偏重于有关时限、时序、步骤等程序性的规定。需要注意的是，实体法与程序法之间并不存在主从上下的关系。相反，二者"如同车之双轮，鸟之双翅"，缺一不可。

三、一般法和特别法

按照法的效力范围的不同，法可以分为一般法与特别法。一般法是指在一国范围内，对一般的人和事有效的法，如刑法、民法等。特别法是指在一国的特定地区、特定期间或对特定事件、特定公民有效的法，如戒严法、兵役法、教师法等。

一般法和特别法是相对而言的，比如，高等教育法对教育法而言是特别法，对具体规定高等教育领域各有关方面或有关具体问题的法律法规而言又是一般法。

一般法与特别法在法律实践中的适用顺序是不一样的。当一般法与特别法出于同一立法机关、具有同等法律地位时，我们在处理具体法律问题时，需要优先考虑特别法的规定。这一原则被称为特别法优于一般法的原则。之所以要优先适用特别法，是因为与一般法相比，特别法更具有针对性。比如，我国《中华人民共和国民法通则》（以下简称《民法通则》）相对于《中华人民共和国合同法》（以下简称《合同法》）而言是一般法，它也对涉及合同的行为作出了规定。但是，当我们要解决现实生活中的合同争议时，优先考虑的法律却是《合同法》。因为《合同法》与《民法通则》相比，有关合同争议的规定更具体、更细致。当然，特别法优于一般法的原则有着不可忽略的前提条件，即二者都具有同等的法律地位。我国《民法通则》和《合同法》都是由全国人民代表大会制定的，彼此之间不存在等差顺序。在这种情况下，我们才可以适用特别法优先的原则。如果不具有这种前提条件，特别法优先的原则也就不能适用了。比如，地方性法规就其生效的范围而言可以看做是特别法，但由于地方性法规在法律渊源中所存在的地位，它不能优先于作为一般法的法律、行政法规而得到适用。

四、国内法和国际法

按照法的创制与适用主体的不同，法可以分为国内法与国际法。从创制主体上看，国内法是由特定国家创制的。从适用主体上看，国内法在该国主权管辖范围内普遍适用，它对一国主权范围内的自然人、社会组织、国家机关以及该国家本身都有约束力。

国际法的创制主体主要是参与国际交往的不同主权国家。在一定条件下或一定范围内，类似于国家的政治实体以及由一定国家参加和组成的国际组织也可以成为国际法的创制主体。从适用主体上看，国际法一般适用于接受该国际法约束的各个国家、政治实体和国际组织。总之，国际法就是指由不同的主权国家、政治实体和国际组织通过协议制定或公认的、适用于国家之间的法。

作为一种"国家间的法"，国际法具有非常不同于国内法的一些特征，比如，它"缺少国际立法机关、有强制管辖权的法院和集中起来的制裁"。❶ 那么，国际法是不是"法"？应当承认的是，尽管当下的全球化进程大大促进了人类生活的一体化，但是，世界还远远没有整合成一种"真正一体的世界社会"。在国际社会，现在仍不存在一个类似于国内社会的统一的中央权威。由此，国际社会所通行的各种行为准则，不是也不可能是由单一的立法机关颁布，并以统一的强制性力量来保障实施的。相反，各种国际法规范都需要通过不同主权国家之间的沟通与交涉才能够形成并得以贯彻执行。不过，这种不同并不会使国际法丧失法的性质。从创制的

---

❶ 哈特. 法律的概念［M］. 张文显，等译. 北京：中国大百科全书出版社，1996：209.

角度上看，尽管国际法不是基于一个国家的意志而产生的，但是它仍与国家的意志密切相关——它是不同国家意志博弈的结果。从实施的方式上看，尽管国际社会已经逐步形成了一些强制执行国际法的国际组织和制裁体系，但是这些国际组织并不是国际社会的"家长"，其对国际事务的管理权来自于参与该组织的主权国家的认可，而不是其本身所固有的。因而，国际法的实施仍有赖于主权国家的力量。国际法的现状是由国际社会的政治经济环境所决定的。这种政治经济环境主要表现为：各国在政治经济条件上的相互依赖，同时，任何一个国际社会的参与者都没有强大到足以能够支配其他国家。也正是这种政治经济环境，决定了国际法的效力根源。为了本国的利益以及人类社会的整体利益，各国需要遵守某种共同的规则来约束、协调彼此的行为。这使得国际法在人们的日常生活中不断发挥着现实的约束力。因此，无论从何种角度上看，国际法都是真正的法，它符合我们关于法的一般认识。

五、成文法和不成文法

按照法的创制和表达形式的不同，法可以分为成文法与不成文法。成文法是指由特定国家机关制定和公布，以规范化的文字形式表现的法，故又称制定法。我国是成文法传统的国家，早在春秋战国时期郑国铸刑鼎，把刑法刻在大鼎上公布于众，就是成文法的一种例证。与成文法相对应的是不成文法，所谓不成文法是指由国家认可的习惯或判例等组成，不具有文字表现形式或者虽具有文字表现形式但却不具有规范化成文形式。不成文法国家以英国和美国为代表。

六、公法和私法

早在古代罗马时期就存在公法与私法的划分。在查士丁尼的《学说汇纂》的前言中，就有一句罗马法学家乌尔比安的话："有关罗马国家的法为公法，有关私人的法为私法。"17、18 世纪以来，资本主义商品经济和中央集权的统一国家的形成，为公法的发展和公法、私法的划分奠定了基础。法学家们一般认为，凡涉及公共权力、公共关系、公共利益和上下服从关系、管理关系、强制关系的法，即为公法；而凡属个人利益、个人权利、自由选择、平权关系的法即为私法。一般都将宪法、行政法、刑法等划为公法，而把民法、婚姻法、商法等划为私法。但在西方，某些法学者反对公法、私法的划分。如英国法学家 J. 奥斯丁认为一切法都是主权者的命令，通过国家权力起强制作用，不因公法和私法而有所不同；奥地利法学家凯尔森也反对把法律作公法、私法的划分。

20世纪以来，有些学者强调有介乎公法、私法之间的经济法和社会法。由于资本主义经济的发展，国家通过立法干预经济，实现了私法的公法化或法的社会化，在经济、社会保障、劳动关系等方面形成了公法与私法的相互交错，从而创制了作为中间领域的新型的经济法和社会法，如反垄断法、证券交易法、社会保险法以及环境保护法等。

七、普通法和衡平法

这是普通法法系国家的一种法的分类方法。与衡平法相对的普通法，不同于前面法的一般分类中的普通法概念，而是专指英国在11世纪后由法官通过判决形式逐渐形成的适用于全英格兰的一种判例法。普通法是指1066年诺曼公爵威廉征服英国以后，国王为削弱地方封建领主势力、加强王权，通过王室法院和巡回法官的判例来宣示全国普遍适用的法律，因而称普通法；衡平法是指英国在14世纪后对普通法的修正和补充而出现的一种判例法，衡平就是公平的意思，衡平法是为了补救普通法的不足，是通过王室大法官以衡平原则处理案件的判例所产生的法律，与普通法并列。

八、联邦法和联邦成员法

这是实行联邦制国家的一种法的分类，单一制国家没有这一分类。联邦法是指整个联邦立法机关制定的并在整个联邦实施的法律，如联邦宪法、联邦民法、联邦刑法等；联邦成员法是指由联邦成员国的立法机关制定的仅在该成员国实施的法律，如成员国宪法、成员国民法、成员国刑法等。由于各联邦制国家的内部结构、法律关系各不相同，因此，有关联邦法和联邦成员法的法律地位、适用范围、效力等均由各联邦制国家宪法和法律规定，没有一种划一的模式。

◆ 配套练习题

一、不定项选择

1. 法是统治阶级意志的体现，但统治阶级的意志（包括法本身）都是由统治阶级所处的社会物质生活条件所决定，这说明（　　）。

　　A. 法的最终决定因素是社会物质生活条件

B. 法的唯一决定因素是社会物质生活条件

C. 法不是统治阶级任性和专横的表现，而应遵循客观规律

D. 法是客观见之于主观的东西，即人的主观对客观的反映

2. 根据马克思主义法学的基本观点，下列表述哪一项是正确的？（ ）

A. 法在本质上是社会成员公共意志的体现

B. 法既执行政治职能，也执行社会公共职能

C. 法最终决定于历史传统、风俗习惯、国家结构、国际环境等条件

D. 法不受客观规律的影响

3. 下列思想家中，认为法律就是人民自己意志的记录的是（   ）。

    A. 卢梭　　　　　　　　　B. 霍布斯

    C. 西塞罗　　　　　　　　D. 孟德斯鸠

4. 下列有关法的特征的表述中哪些是正确的？（   ）

A. 历史上的一切法的规定都是明确的、肯定的

B. 法是司法机关办案的主要依据

C. 法律以外的其他社会规范，也可作为司法机关裁判案件的根据

D. 法是以国家政权意志的形式出现的

5. 法的本质是（   ）。

A. 维护社会稳定的工具

B. 维护和巩固国家政权的手段

C. 统治阶级实现阶级统治的工具

D. 规范人们行为的规则

6. 在阶级对立的社会中，法的本质属性首先是指（   ）。

    A. 法的客观性　　　　　　B. 法的阶级性

    C. 法的规范性　　　　　　D. 法的强制性

7. 法所具有的规定人们的行为模式，指导人们行为的性质的特征是指（   ）。

    A. 法的普遍性　　　　　　B. 法的一般性

    C. 法的规范性　　　　　　D. 法的程序性

8. 下列哪一或哪些选项的说法是正确的？（   ）

A. 神意论者认为法是由神创造的，是神的理性和意志

B. 社会控制论强调法律或严格意义上的法律，是以制裁作为保证的一种命令，是政治优势者的命令；法律和道德是无关的，至少没有必然的联系

C. 理性论把法理解为一种理想、一种价值、一种道德，认为存在着一种高于实在法并指导实在法的普遍原则，即自然法，宇宙运行不变之自然法则

D. 民族精神论认为法律像语言、风俗、政治一样，具有民族特性，是"民族精神"的体现，只有"民族精神"或"民族意识"才是实在法的真正创造者；每个民族的共同信念才是法律的真正渊源

9. 根本法和普通法的划分依据是（　　　）。

A. 制定程序不同　　　　　　B. 适用主体不同

C. 效力不同　　　　　　　　D. 内容不同

10. 以下关于法的分类的说法正确的是（　　　）。

A. 普通法法系所谓的普通法指 11 世纪诺曼人征服英国后通过法院判决而逐步形成的适用于全英格兰的法律

B. 联邦制国家中联邦成员国的立法机关有权制定在该国实施的法律

C. 最早系统提出公私法划分的是乌尔比安

D. 民法法系往往又分为德国法法系和法国法法系

二、案例分析与材料阅读

1. 根据纽约州教育法，以下行为属于犯罪：（1）出售或分发避孕用品给任何未满 16 周岁的成年人；（2）任何没有注册的药剂师分发避孕用品给 16 周岁或超过 16 周岁的人；（3）任何个人，包括有执照的药剂师通过广告或在公开场合展示避孕用品。

初审判决：地区法院认为纽约州教育法的以上规定不符合宪法。纽约州不服上诉。

终审判决：联邦最高法院终审同意地区法院判决。

问题：宪法、州教育法、诉讼的程序法等法律相互之间是什么关系？

2. 阅读以下材料，并回答相关问题。

法是一个手段（Means），一个特种的社会手段，而不是一个目的。法、道德和宗教三者都禁止杀人。但法之完成这一任务是通过规定：如果一个人犯杀人罪，那么由法律秩序所选定的另一个人就应对杀人者适用由法律秩序所规定的某种强制措施。道德则使自己限于要求：你勿杀人。如果一个杀人者会受到同伴们的道德上的抵制，那么许多人之所以不去杀人，与其说是想逃避法律惩罚，倒不如说是由于逃避同伴们的道德谴责。但法与道德之间的巨大差别依然存在，即法的反应在于秩序所制定的社会有组织的强制措施，而道德对不道德行为的反应或者不是由道德所规定，

或者是有规定，都不是社会有组织的。从这方面说，宗教规范比道德规定更接近于法律规范。因为宗教规范以一种超人的惩罚去威胁杀人者。但是宗教规范所规定的制裁具有一种先验性，尽管宗教秩序规定了制裁，然而不是社会有组织的制裁。这种制裁也许比法律制裁更加有效，然而它们的实效预定要有对超人权威的存在与权力的信仰。

道德法则适用于实际或意识上的具体化个人，而法律则适用于共同生活的、作为人的共同体的人类。❶

道德法则是具体个别的，它因每个人、每一情形而有所不同，故是不编纂的，且只能直觉地了解。相反，法律法则在或多或少的程度上总是一般的，它对或大或小范围的人和场合总是一视同仁。虽然法律的专门化可能一如既往地深入发展，但在任何程度上，法律面前的平等和法律规范的一般性都是法律的本质。针对在"正义拘束"（Binde der Justitia）中的人和事物的终极个别特性，我们形象地描述这种欲然的法律盲目性，并称之为平等。❷

通过以上论述，可以看出法律具有何种特征？法律规范与道德规范、宗教规范有何不同？

三、参考阅读文献

1. 马克思恩格斯选集［M］．北京：人民出版社，1972.

2.［奥］凯尔森．法与国家的一般理论［M］．沈宗灵，译．北京：中国大百科全书出版社，1996.

3.［德］拉德布鲁赫．法学导论［M］．米健，朱林，译．北京：中国大百科全书出版社，1997.

4.［英］哈特．法律的概念［M］．张文显，等译．北京：中国大百科全书出版社，1996.

5. 李光灿，吕世伦．马克思、恩格斯法律思想史［M］．北京：法律出版社，1991.

6. 沈宗灵．现代西方法学［M］．北京：北京大学出版社，1992.

---

❶ 凯尔森．法与国家的一般理论［M］．沈宗灵，译．北京：中国大百科全书出版社，1996：20－21.

❷ 拉德布鲁赫．法学导论［M］．米健，朱林，译．北京：中国大百科全书出版社，1997：7.

第三章　法的要素

第一节　法的要素释义

一、法的要素和法的模式

法是由若干部分构成的一个统一整体。构成法的整体的各个主要组成部分，称为法的要素。所谓法的要素，是指彼此互相联系、互相作用，从而构成完整的法的系统的各种元素。按照系统论的观点，法律是由若干要素所构成的一个复杂的系统。在该系统中，各个要素彼此独立却又互相关联。缺少其中任何一个要素，法的系统都不够完整，法的效力也难以发挥。

法的要素是法的整体不可或缺的组成部分。一方面，它们在这个整体中以其自身的个别性、局部性显示其特质和价值；另一方面，某个法的要素的状况，也涉及其他法的要素的状况。若法律规则之间相互冲突，那么法律原则所包含的作为法的精神品格而存在的那些美好的东西或立法者想要借以达到的目的，诸如平等、正义、权利、自由等便难以实现。又若法的概念存在表述上的瑕疵、法律原则的品格不够理想，那么在这种情况下，法律规则就难以有效地实现。

法的要素与法律渊源、法的体系不同。它指的是法的整体中的各个主要组成部分，注重法的内部结构。法律渊源和法的体系分别是指法的外部表现形态和一国各种法的整体结构。研究法的要素，就是要深入到法的系统内部，剖析法的微观结构。这种研究具有重要的理论和实践意义。从理论上说，法的要素理论从法学微观层次进一步阐释了法律的现象和本质，使人们对法律的认识更加清晰、具体和丰富。从实践上看，这种研究有助于立法者和执法者把握法的系统的内部结构，注意保持各种法的要素间的衔接和一致，协调发挥各种法的要素的配套功能，提高立法质量，改进执法、司法的效果。

在法理学中，法的要素与法的模式是两个相互关联的问题，而法的模式就是在解释法律由何种要素所组成时所使用的概念。尽管自法学产生之日起就有许多研究者表达过与法的要素或法的模式相关的个别观点，但是，作为一种较系统的法律学说，法的要素或法的模式理论是19世纪才出现的。迄今为止，影响较大的有命令模式论、律令—技术—理想模式论、规则模式论和规则—原则—政策模式论。这些学说是西方法学流派从不同角度对法的要素所作的剖析，值得我们重视。尽管每种学说都存在一定的模糊性和不精确之处，有的甚至还有严重的理论失误，但其中也包含许多"真理的微粒"，对深入认识法的本质与现象有重大的理论意义与实践意义。

我国法理学著述从20世纪80年代末才开始研究和论及法的要素，这表明法理学对法律的研究开始超越注重法的特征、本质、作用这些研究角度，而走向具体、实证、微观的研究角度。这是方法论上的进步，也是法学研究深入的表现。

二、法的要素的学说

法的整体是由法的要素构成的，那么法的要素有哪些呢？这个问题有多种答案。在西方法理学著述中主要理论如下。

（一）法律命令模式或主权—命令—制裁三要素说

在法学史上，最先对法律进行要素分析并概括出较系统的法的模式理论的法学家，是19世纪英国的学者奥斯丁。奥斯丁认为法律是由命令、义务和制裁三位一体的要素所组成的。在奥斯丁看来，法律就是无限主权者的命令，这种命令对于服从者来说就是义务，不履行义务就意味着受到制裁或面临被制裁的危险。在奥斯丁的理论中，主权者是指在政治上居于优势地位的最高权力握有者，他或他们习惯于他人的服从而没有服从他人的习惯；主权者的命令是主权者向其他社会成员所表明的某种希望，要求他们按照此种希望去进行或停止某种行为，即作为和不作为；作为命令所表达的希望与那些一般的请求、要求和愿望最关键的不同之处是，它所表达的有关"作为"或"不作为"的希望对其他人来说是一种义务；而义务则是以实际上和可能发生的制裁为后盾的，那些不履行义务的人在事先就被告知"不服从"将会招致某种不利或痛苦。按照这种理解，奥斯丁认为"严格意义的法律"就是主权者发出的以制裁为后盾的各种各样的命令之总和。❶ 因此，我们一般把奥斯丁的理论称之为"命令模式论"。

命令模式论把法律所包含的众多要素全部归结为以制裁为后盾的命令，这种做法显然是对法律的一种过于简单和片面的概括，因为法律的某些特点和法律中的许多规则是难以用命令来涵盖的。如果把法律制度类比为一套球类比赛规则，那么非常明显的是，只有那些与犯规行为相关的"罚则"才类似于"以制裁为后盾的命令"，至于其他规则可能与命令、义务和制裁相去甚远，而任何比赛规则体系都不可能仅仅由"罚则"所组成。由于命令模式论不能对法的要素作出令人满意的说明，所以，到了20世纪，西方法理学界又提出了一些新的法的模式理论。

（二）律令—技术—理想模式论

律令—技术—理想模式论是由美国的社会法学派代表人物庞德提出的。庞德认为，"法"是一个有多重含义的词汇，如果把法律理解为一批据以作出司法或行政决定的权威性资料、根据和指示，那么法律就是由律令、技术和理想三种要素或成分所组成的。

法律的"律令"成分本身又包括规则、原则、概念和标准等更具体的成分。其中，规则是对一个具体的事实状态赋予一种确定的后果的律令，原则是用来进行法律推理的权威性出发点，概念是可以容纳某些情况的权威性范畴，标准则是根据每个案件具体情况加以适用的行为尺度。在规则、原则、概念和标准之中，规则构成了律令的主要成分。法律的"技术"成分是指解释和适用法的规定、概念的方法和在权威性法的资料中寻找审理特殊案件的根据的方法。法律的"理想"成分是指公认的权威性法律理想，它归根结底反映了一定时空条件下的社会秩序的理想图画，反映了法律秩序和社会控制的目的是什么的法律传统，并成为解释和适用法令的背景。

总之，庞德认为，在法律是一批据以作出决定的权威性根据这一意义上，法律是一个很复杂的概念，但人们往往简单地把法律归结为权威性律令这一种成分。其实，"我们正在讲的这一意义上的法律是由律令、技术和理想构成的：一批权威性的律令，并根据权威性的传统理想或以它为背景，以权威性的技术对其加以发展和适用"❷。

（三）规则模式论

"规则模式论"是由英国的新分析法学派代表人物哈特提出的。哈特

---

❶　［英］奥斯丁．法理学的范围［M］．刘星，译．北京：中国法制出版社，2003：17.

❷　［美］庞德．通过法律的社会控制．中译本［M］．北京：商务印书馆，1984：23.

在回答什么是法这一法学基本问题时，在批判奥斯丁的命令模式论基础上建立了自己的规则模式论。

哈特把法律视为由第一性规则和第二性规则两类要素结合而形成的规则体系。第一性规则是设定义务的规则，它要求人们为或不为一定行为而不管他们愿意与否。第二性规则是授予权利或权力的规则，它规定人们怎样形成、修改或取消第一性规则，或规定人们如何决定这些规则的作用范围，如何控制它们的实施。

哈特认为，一个社会如果仅有设定义务的第一性规则，它的社会控制就必然具有不确定性、静态性和用以维护规则的社会压力的无效性等三种缺陷。此时，该社会就还处于"前法律世界"，因为法律制度区别于非法律制度（如习惯和道德体系）的特征在于法律制度是由第一性规则和第二性规则结合而形成的。

第二性规则包括承认规则、改变规则和审判规则三种成分。承认规则规定一条规则在符合何种条件下才能取得法律效力，它能够消除单纯第一性规则的不确定性；改变规则授予个人和集团权利或权力，使他们能够实行新的第一性规则或修改与取消旧的第一性规则，它能够消除单纯第一性规则的静态性；审判规则授权个人或机关就一定情况下某一第一性规则是否已被违反以及应处何种制裁作出权威性决定，它能够消除单纯第一性规则的社会压力无效性。哈特认为，在三种第二性规则中，承认规则是最重要的，它构成了法律制度的基础。

总之，哈特的规则模式论把法律视为由一系列义务规则、承认规则、改变规则和审判规则所组成的一套制度，并把第一性规则与第二性规则的结合当做理解法的概念的关键。❶

（四）规则—原则—政策模式论

"规则—原则—政策模式论"是由美国的具有新自然法学倾向的著名法学家德沃金提出的。德沃金反对哈特把法的要素归结为规则的观点，认为规则模式论过于简单，与法律实践的复杂性和错综性不相符合。德沃金认为，规则模式论忽视了法律中的非规则成分，而实际上，当法律工作者就法律上的权利和义务进行辩论和推理时，特别是在那些疑难案件中，往往要借用规则以外的其他标准，这些标准主要就是原则和政策。

德沃金认为，原则是有关尊重和保障个人（或由若干人组成的集团）

---

❶　［英］哈特. 法律的概念［M］. 张文显，郑成良，等译. 北京：中国大百科全书出版社，2003：第五章.

权利的一种政治决定，政策是旨在促进或保护整个社会的某种集体目标的一种政治决定。例如，反对种族歧视，主张少数民族享有平等的权利就是一项原则；而为加强国防对飞机制造商提供政府补贴就是一项政策。在立法和司法中，政策和原则的作用是不同的。在立法中，一般地说，任何复杂的立法法案都需要考虑政策和原则两个因素；在司法中，则更多依靠原则而不是政策。

值得注意的是，德沃金虽然主张原则也是法的一部分，但是他并不认为所有的原则都可以从严格意义上的法律文本中引用或推导出来；相反，有时原则直接来自道德或政治理论。总之，德沃金坚持法律除了规则成分之外，还包括原则和政策的成分；而且在疑难案件的处理过程中，后两种成分往往起着更重要的作用。❶

上述几种法的模式理论按不同的思路对法进行了要素分析。尽管每一种分析都未能在法学界取得一致同意，但是它们各有所长，对于深化人们对法的认识和理解是有益的。参照中国法理学界近年来的研究通说，我们可以把法的要素区分为三类，即规则、原则和概念三种基本成分。本章即按此种区分对法进行要素分析。

第二节 法律规则

一、法律规则的含义

法律规则是具体规定人们权利义务以及相应的法律后果的行为准则，是法的要素中最基本、最主要的内容。"法律规则是法律制度的'基本粒子'。法律规则的概念是法学一般理论的'关键概念'，同样也是'法'、'效力'、'权利'或'正义'的关键概念。"❷ 在法律运行过程中，法律规则的独特功能体现在：第一，明确的指引性。法律规则通过对有关权利和义务的规定，为人的行为提供了确定的标准和方向，从而对人们的行为产生明确的指引作用。第二，可预测性。法律规则通过对有关法律后果的规定，表达了国家对人们的合法行为或违法行为所持的不同态度；这样，人们在选择一定的行为之前就可预见该行为的结果。第三，直接适用性。由

---

❶ ［美］德沃金. 认真对待权利［M］. 信春鹰，吴玉章，译. 北京：中国大百科全书出版社，2002：40－48.

❷ ［德］伯恩·魏德士. 法理学［M］. 丁小春，吴越，译. 北京：法律出版社，2003：48.

于法律规则明确规定了行为的条件、模式和后果，因此，执法人员和司法人员可以直接适用法律规则处理各种行为，保护合法，制裁违法。

（一）法律规则是特殊的社会规范

法律规则是特殊的社会规范。社会是人与人以一定的关系或联系建立起来的集合体。人类社会是由各种社会关系来维系的。任何一种社会关系都体现为在一定规范调整下的人与人之间的联系。不存在没有规范调整的社会关系，也不存在没有调整对象的社会规范。社会关系需要社会规范来调整，而社会规范作为一个系统，它是由若干子系统构成的。法律规则就是社会规范系统中相对独立的特殊规范。

法律规则的特殊性主要体现在：它是立法者为调整特定社会关系而对社会成员设定的具体行为规则，提供一定行为模式、标准和方向。因此，法律规则与其他社会规范也有许多区别。第一，法律规则是国家制定或认可的，必然反映国家意志。其他社会规范主要是在长期生活中自发形成的，或是某种社会群体共同约定的，一般不具有国家意志性质。第二，任何社会规范都有一定强制性，只是强制的性质、方式和程度有所不同。法律规则靠国家强制力保证实施，在社会规范中其强制性程度是最高的。法律规则强制方式是外在的，它指向人们的外部行为而不是内心思想。其他社会规范是以内在的精神强制为主，不具有国家强制性。如道德之良心自律，宗教之信仰崇拜，习俗之传统势力。第三，法律规则有普遍约束力，在一国主权范围内以及规范本身所确定的适用范围内，法律具有普遍有效性；而其他社会规范约束力则相对有限，无法产生像法那样的普遍约束力。第四，法律规则具有特殊的逻辑结构和内容。法律规则就其本身而言，由适用条件、行为模式和法律后果三个要素构成；就其内容而言，由权利和义务构成。而其他社会规范在形式上没有法律规则那样鲜明的逻辑结构，在内容上更没有法律规则那样明确的权利义务划分。

（二）法律规则与法、规范性法律文件之间的联系和区别

法律规则与法是两个既有联系又有区别的概念。其联系表现在：法作为一个类名词，是指一国所有法律规则的总和；法律规则则是法的细胞和最基本的要素。法与法律规则是整体与局部的关系。不同形式、内容和作用的法律规则构成不同的法律制度或法律部门，而各种法律规则的总和就组成法的有机整体。法律规则离不开法，法律规则只有在整体的法中才能体现其具体内容。因此，从逻辑上说，法是属概念，法律规则是种概念。其区别在于：法一般由法律原则、法律概念、法律规则等要素组成。法律规则作为法的一个主要组成部分，有自身的逻辑构成，包括适用条件、行为模式和法律后果三个组成部分。人们研究整体意义上的法，着重揭示其本质、特征和作用等；而对法律规则的研究则着重其逻辑结构和形式上的分类等。

法律规则与规范性法律文件也既有联系，又有区别。规范性法律文件是有权国家机关制定的具有普遍约束力的法律文件。它有特定的形式和结构，以法律条文为基本构成要件。规范性法律文件中的法律条文可分为规范性条文和非规范性条文两种。规范性条文是指为人们设置具体行为模式以及相应适用条件和法律后果的法律条文，即直接表述了法律规则的条文，这类法律条文是规范性法律文件的主要组成部分。而非规范性条文则不表达法律规则，往往表达立法目的、基本原则、法律术语、生效日期等内容，它们也是规范性法律文件中必不可少的重要组成部分。由此可见，规范性法律文件与法律规则具有密切联系。当然，也应注意规范性法律文件和法律规则的区别。如前所述，规范性法律文件是某一类法律规则的载体，它主要通过规范性条文表达法律规则，其中的非规范性条文并不表达法律规则。而法律规则也并不一定都由规范性法律文件及其规范性条文来表达，它也可以蕴涵在判例法和习惯法之中。

二、法律规则的逻辑结构

法律规则的逻辑结构，是指从逻辑意义上分析，法律规则由哪些要素或成分所构成，以及这些成分之间是如何联结在一起的。

法律规则的逻辑结构，是深入理解法律所必须研究的问题，但也是一个非常复杂的问题，中外法学家至今尚未能取得一致意见。根据目前我国法学界通常的说法，可把法律规则的要素区分为假定条件、行为模式和法律后果三种。

1. 假定条件

假定条件指法律规则中有关适用该规则的条件和情况的部分：（1）法律规则的适用条件。即法律规则在什么时间、什么空间、对什么人适用以及在什么情况下法律规则对人的行为有约束力的问题。其内容有关法律规则在什么时间生效，在什么地域生效以及对什么人生效等。（2）行为主体的行为条件。

2. 行为模式

行为模式指法律规则中规定人们如何具体行为之方式的部分。它是从人们大量的实际行为中概括出来的法律行为要求。根据行为要求的内容和性质不同，法律规则中的行为模式分为三种：（1）可为模式，指在假定条件下，人们"可以如何行为的模式"。（2）应为模式，指在假定条件下，人们"应当或必须如何行为"的模式。（3）勿为模式，指在假定条件下，人们"禁止或不得如何行为"的模式。从另一个角度看，可为模式亦可称为权利行为模式，而应为模式和勿为模式又可称为义务行为模式。它们的内容是任何法律规则的核心部分。

3. 法律后果

法律后果指法律规则中规定人们在作出符合或者不符合行为模式要求的行为时应承担相应的结果的部分，它是法律规则对人们具有法律意义的行为的态度。根据人们对行为模式所作出的实际行为的不同，法律后果又可分为两种：（1）合法后果，又称肯定式的法律后果，是法律规则中规定人们按照行为模式的要求行为而在法律上予以肯定的后果，它表现为法律规则对人们行为的保护、许可或奖励。（2）违法后果，又称否定式的法律后果，是法律规则中规定人们不按照行为模式的要求行为而在法律上予以否定的后果，它表现为法律规则对人们行为的制裁、不予保护、撤销、停止或要求恢复、补偿等。

在理解法律规则的逻辑结构时，需要注意以下三个问题。

第一，任何一条完整意义的法律规则都是由前述三种要素按一定逻辑关系结合而成的。三要素缺一不可，缺少任何一种，都意味着该法律规则是不存在的。例如，一个规则只是规定在任何条件下（假定条件）不得说谎或杀人（行为模式），但是对作伪证或杀人的行为却没有规定相应的法律后果，那么这就意味着并不存在一条禁止作伪证或杀人的法律规则，而可能存在一条禁止如此行为的道德规则或风俗习惯。

第二，立法实践中，有时出于立法技术的考虑，为了防止法律条文过于繁琐，在表述法律规范的内容时，常常对某种要素加以省略。但是，省略并不意味不存在这些要素，被省略的要素可能存在于法律内在的逻辑联系之中，只是没有被明文表述出来而已。因为通过法律推理，这些未加明文表述的规则要素可以较容易地被人们发现。例如，"妻子有继承丈夫遗产的权利"这一规定，其假定条件和法律后果部分没有被明文表述，但是该规定只能在丈夫过世且留有遗产的条件下（假定条件）才能适用，妻子合法继承的遗产应得到法律确认和保护（法律后果）。这些内容是可以较容易地按照法律内在的逻辑联系推导出来的。不过，必须强调的是，对规则要素的省略不能是随意的，通常只有该要素可以被人们，至少被那些法律专业人员毫无歧义地推导出来时，省略才是可取的。

第三，应当把法律规则与法律条文区别开来。法律条文只是法律规则的表述形式，而不是法律规则的同义语。通常情况下，一个法律规则的全部要素是通过数个法律条文加以表述的；有时，其中的一个要素（如假定条件）也可能分别见诸于不同的法律条文；甚至法律规则的诸要素分散于不同的法律文件之中，有的还跨越两个以上的法律部门。因此，法律规则逻辑结构的三个组成部分，在法律文件、法律条文中有不同的表现形式，具体而言有以下几类情形。

（1）一个法律规则的三个组成部分完整地在一个法律条文中表现出来。如《刑法》第232条规定，"故意杀人的，处死刑、无期徒刑或者十年以上有期徒刑"。这其中，"故意"是假定条件，"杀人"是行为模式，"处死刑、无期徒刑或者十年以上有期徒刑"是否定性法律后果。这是完整地表现了法律规则的逻辑结构三部分的条文。但在法律规则中，一个法律条文等于一个完整的法律规则逻辑结构的情况并不多见。

（2）一个完整的法律规则由同一规范性法律文件的数个法律条文来表述。如《合同法》第8条第1款规定："依法成立的合同，对当事人具有法律约束力。当事人应当按照约定履行自己的义务，不得擅自变更或者解除合同。"这一条文体现了一个古老的法律规则，即必须信守协定。但这一条文并不是一个完整的法律规则，至少它并没有规定不履行合同义务的法律后果，这种后果在该法的其他条文中规定。该法第107条规定："当事人一方不履行合同义务或者履行合同义务不符合约定的，应当承担继续履行、采取补救措施或者赔偿损失等违约责任。"

（3）法律规则的内容分别由不同规范性法律文件的法律条文来表述。如，《中华人民共和国婚姻法》（以下简称《婚姻法》）第10条规定"禁止重婚"是行为模式；它的否定性法律后果规定在《刑法》第258条："有配偶而重婚的……处二年以下有期徒刑或者拘役。"又如，《宪法》中规定了公民选举权和被选举权的法律规则的假定条件和行为模式；《刑法》则规定了法律后果，即规定了对破坏选举行为的法律制裁。

（4）一个条文表述不同法律规则或其要素。如果某些法律规则中各种行为模式的法律后果是相同的，那么本属于不同法律规则中的行为模式部分就可以规定在同一个条文之中。如，《民法通则》第58条规定："下列民事行为无效：（一）无民事行为能力人实施的；（二）限制民事行为能力人依法不能独立实施的；（三）一方以欺诈、胁迫的手段或乘人之危，使对方在违背其真实意思的情况下所为的；（四）恶意串通，损害国家、集体或者第三人利益的；（五）违反法律或者社会公共利益的；（六）经济合同违反国家指令性计划的；（七）以合法形式掩盖非法目的的。无效的民事行为，从行为开始起就没有法律约束力。"可见，"下列民事行为无效"是法律规则的法律后果，"（一）……（七）……"所列举的是多个"勿为"性质的行为模式。

（5）法律条文仅规定法律规则的某个要素或若干要素。在具体的法律规定中，某些法律规则的假定条件还可以在法律条文中省略，而只规定行为模式这一核心部分。如《婚姻法》第24条第1款规定："夫妻有相互继承遗产的权利。"显然这里没有表达假定条件，在其他条文中也没有出现。它的假定条件是"在夫妻一方死亡的情况下"，在这里被省略了。为了法的简明扼要，这种省略是必要的。

三、法律规则的种类

依据不同的标准，可以对法律规则进行分类。常见的分类如下。

1. 授权性规则、义务性规则和权义复合规则

按照法律规则所设定的行为模式的不同，可以将法律规则分为授权性规则、义务性规则和权义复合规则。

授权性规则是规定主体可为或可不为一定行为以及要求其他主体为一定行为或不得为一定行为的规则。授权性规则是主体享有法定权利的依据，而且该类规则具有可选择性，主体可以行使授权性规则所赋予的权利，也可以放弃行使该权利。

义务性规则是规定主体应当为一定行为或不为一定行为的规则。义务性规则以法定义务形式为主体设定必要行为的尺度，该类规则具有强制性而不具有可选择性，主体对自己的法定义务只能履行而不能拒绝。义务性规则分为两类：一类是命令性规则，即规定主体应当履行当为义务（亦称积极义务）的规则；另一类是禁止性规则，即规定主体不得作为义务（亦称消极义务）的规则。

权义复合规则是指兼具授予权利、设定义务两种性质的法律规则。权义复合规则大多是有关国家机关组织和活动的规则。这类规则的特点是：一方面，主体有权按照法律规则的规定作出一定行为；另一方面，作出这些行为又是他们不可推卸的责任，否则将承担相应的法律责任。

【案例一】张某在路途中遭到流氓殴打，跑到附近的派出所向值班民警求救。民警要求张某给"保护费"，张某没有答应，于是民警拒绝给予保护，导致张某被打成残疾。事后张某向法院提起行政诉讼，状告派出所

民警行政不作为。法院审理案件之后认为由于公安机关不履行法定行政职责，致使张某的合法权益遭受损害，应当承担赔偿责任。❶

依据法律规定，公安机关负有维持社会公共秩序、维护公民生命财产安全的职责。这种职责既是公安机关所享有的一种权力，同时也是其必须履行的一种义务。如果公安机关拒绝履行这种义务，将承担相应的法律责任。

2. 强行性规则与任意性规则

按照法律规则是否允许主体按照自己的意愿自行设定权利和义务，可以把法律规则分为强行性规则和任意性规则。

强行性规则是为社会关系参加者规定了明确的行为模式而不得自行变更其内容的规则。据此，行为主体必须遵守规则的规定，不允许他们自行协议解决问题，违反法定行为模式的协议是无效的。一般来说，义务性的规则都是强行性规则。

【案例二】2002 年，杨文谋在福建省将乐县白莲镇将溪村承包一项水利工程，雇用该村的游某为其打工。其间，他认识了游某的妻子杨某。见杨某年轻貌美，杨文谋多次找借口到游家玩，欲行不轨，但均遭到拒绝。2002 年 3 月 12 日晚，杨文谋再次到游家，趁杨某一人在家强行奸污了杨某。事发后，杨文谋为了逃脱罪责，花 3000 元 "私了" 了此事。事隔一年，将乐县检察院的干警在下乡走访群众过程中了解到此事，将该线索反馈到公安机关，该案得以告破。后来杨文谋被将乐县人民法院以强奸罪判处有期徒刑 4 年。❷

在该案当中，杨文谋犯有强奸罪，按照刑法的规定，必须由检察机关提起公诉，由审判机关判决此案。刑法的有关规定是强行性规则，必须依照这些强行性规则来处理此案。当事人之间并没有权利自行达成协议，"私了" 此事。

任意性规则是在规定主体权利义务的同时，也允许当事人在法律许可的范围内通过协商自行设定彼此的权利与义务，只有在当事人没有协议的情况下，才适用法律规则的规定。任意性规则在民商法、婚姻法等私法法律部门中比较常见。例如，在买卖合同关系中，合同当事人可以自行商定产品的质量标准，如果他们没有约定，当发生纠纷时，则依有关产品质量检验方面的法律规定中的质量标准处理。但有的公法法律部门中也有任意

---

❶　贾向明，韩寒．从一起警察不作为案论我国行政不作为赔偿［J］．江西公安专科学校学报，2005（5）．

❷　花钱私了刑事案，法律不容照样判［N］．检察日报，2004－04－23.

性规则，如刑法中的"告诉才处理"的法律规则。

3. 确定性规则、委托性规则和准用性规则

按照法律规则的内容的确定性程度不同，可以将法律规则分为确定性规则、委托性规则和准用性规则。

确定性规则是明确规定了行为规则的内容而不必再援用其他规则来确定本规则内容的规则。大部分的法律规则属于确定性规则。

委托性规则是没有明确规定具体的规则内容而委托（授权）有关主体规定具体的规则内容的规则。例如，《中华人民共和国著作权法》（以下简称《著作权法》）第58条规定：计算机软件、信息网络传播权的保护办法由国务院另行规定。这一条文规定的即为委托性规则。

准用性规则是本身没有明确规定具体的规则内容，但明确规定可以或应当依照、援用、参照其他规则来使本规则的内容得以明确的规则。例如，《中华人民共和国反不正当竞争法》（以下简称《反不正当竞争法》）第21条规定：经营者假冒他人的注册商标，擅自使用他人的企业名称或者姓名，伪造或者冒用认证标志、名优标志等质量标志，伪造产地，对商品质量作引人误解的虚假表示的，依照《中华人民共和国商标法》、《中华人民共和国产品质量法》（以下简称《产品质量法》）的规定处罚。这就属于准用性规则。

第三节　法律原则

一、法律原则释义

所谓原则，通常是指人们观察、处理问题的准则。在法学中，法律原则是指可以作为法律规则的本源性、综合性、稳定性的原理和准则。它可以表现为十分抽象的原则，如自然正义原则、合理性原则等；也可以表现为较具体的原则，如法律不溯及既往原则、公开审理原则。

法律原则既是一定的时代和社会中的普遍价值观念在法律中的综合反映，又体现着人们通过法律调整社会关系所希望达到的目标。法律原则也是连接法律与其他社会调整方式的桥梁和中介，比如"诚实信用"、"公序良俗"等原则。社会价值的观念以及其他社会规范正是借助于法律原则的规范化表达来指导和影响人们的行为。

关于法律原则与法律规则的区别，一般认为有以下几点。

第一，调整方式不同。法律规则有严密的逻辑结构，每一个规则包含假定条件、行为模式和法律后果三要素；而法律原则不预先设定任何确定而具体的事实状态，也没有设定具体明确的法律后果。因此，从明确化程度上看，原则显然低于规则，但由此也决定了法律原则在调整社会关系时具有更大的灵活性。

第二，适用范围不同。法律规则由于内容明确，只适用于某一类型的行为或事项。而法律原则由于比较抽象，无论对人的行为还是对各类事项，在适用时都有更大的覆盖面。

第三，适用方式不同。当作为裁决依据适用于个案时，法律规则要么是有效的；要么是无效的，即该规则不起作用。而法律原则不同，各类原则有着不同的分量，它们可能存在于同一法律中。如果一项法律原则没有被适用，不意味着该原则无效，只能说在特定情况下另一个原则更重要而已。

应该说，法律原则与法律规则的划分也有一定的相对性。某种意义上讲，两者的区别在于概括性和确定性的程度不同；但应当明确的是，它们都是法律规范的具体类型，都是法律要素的组成部分。

二、法律原则的种类

按照不同的标准，可以把法律原则分为若干种类。

（一）基本原则与具体原则

这是按照法律原则对人的行为及其条件的覆盖面的宽窄和适用范围的大小进行的分类。基本法律原则体现了法律的基本精神，是整个法律体系或某一个法律部门所适用的法律原则；具体原则是在基本原则指导下适用于某一特定社会关系领域的法律原则。当然，基本原则与具体原则的划分只有相对的意义。例如，相对于"法律面前人人平等"原则而言，"罪刑法定"就是只适用于犯罪与刑罚领域的具体原则；但是，如把讨论问题的范围限定在刑法领域，则罪刑法定就成为刑法的基本原则。

（二）公理性原则和政策性原则

这是按照法律原则产生的基础所作的分类。公理性原则是由法律原理构成的或从法律上的事理推导出来的原则，它得到社会广泛公认并被奉为法律之准则。如民法中民事活动应当遵循自愿、公平、等价有偿、诚实信用的原则。政策性原则是国家在管理社会事务的过程中为实现某种长期、中期或近期目标而作出的政治决策，如我国把"计划生育"确立为基本国策，也把它作为法律原则规定在婚姻法中。政策性原则具有针对性和时代性。

（三）实体性原则与程序性原则

按照法律原则所涉及的内容与问题不同，可以将其分为实体性原则和程序性原则。

所谓实体性原则是指直接涉及规定和确认实体性方面的权利、义务或职权、职责的原则。例如，民法、刑法和行政法中所规定的法律原则大多属于此类。所谓程序性原则是指涉及规定和确认保证实体性方面的权利、义务或职权、职责得以实现的程序性方面的权利、义务的原则。例如诉讼法中的当事人法律地位平等原则、回避原则、辩护原则，立法程序中保障大多数人和少数人有均等发言机会的原则等。

三、法律原则的功能

具体来讲，法律原则具有三大功能：指导功能、评价功能和裁判功能。

第一，法律原则的指导功能，是指法律原则可以作为解释和推理的依据，为法律规则的正确适用提供指导。法律解释和法律推理是司法过程中的必要环节。在每个案件的审判中，法律原则构成了正确理解法律规则的钥匙，是法律推理的权威性出发点。面对相互冲突的法律规则或者存在对法律条文的多种解释可能时，法律原则就成了取舍和说理的依据；借助于法律原则的指导，能够作出合乎法律精神的正确解释。在这里，法律原则不直接作为法律推理的大前提，它只是在法律推理的过程中解释法律规则的资料或素材。法律原则辅助法律规则的适用，二者共同发挥法律规范的调整作用。

第二，法律原则的评价功能，是指法律原则可以对法律规则甚至整个实在法的效力进行实质的评判，说明实在法及其规则是否有效、是否正确、是否公正的理由，揭示法律规则是否缺乏正当的根据，指出法律规则的例外情形等。在司法过程中，可能遇到这样的情形：由于法律规则具有一般性和刚性，无法直接将该规则适用于个别案件的解决，否则将会导致极其不公正的结果。这时，运用作为法律灵魂和体现公认社会价值的法律原则，则可以保证个案正义的实现，并使法律和社会发展保持和谐。例如，第二次世界大战结束后，在对纳粹战犯的审讯中，有的战犯认为自己不过是在执行纳粹帝国的法律，所以没有违法。但国际战犯法庭认为，纳粹帝国的一些法律（比如屠杀犹太人的法律和鼓励告密的法律）违背了基本的法律原则，使得这些法律不具有效力。执行这些法律的行为仍然被视为违法行为。

第三，法律原则的裁判功能，是指法律原则直接作为规范标准用于案件的裁判过程。由于立法者的有限理性以及社会的变动不居，制定法不可避免会存在漏洞。作为法官，在面对无明确法律规则可适用的新奇案件时，由于社会角色的要求，其不能拒绝审判案件。这种情形下，可以直接以法律原则作为裁判的依据。法律原则在这种情形下，可以起到弥补法律漏洞的作用。

四、法律原则适用的条件和方式

1. 法律原则适用的条件

法律原则在发挥评价功能和裁判功能时，可以克服成文法的缺陷，保证个案正义，弥补法律漏洞，使得法律更好地适应社会的变迁。但由于法律原则内涵高度抽象、外延宽泛，不像法律规则那样对行为模式和法律后果有相对明确的规定；所以当法律原则直接作为裁判案件的标准发挥作用时，会赋予法官较大的自由裁量权，增加法律适用的不确定性。为了保障法律的客观性和确定性，必须对法律原则的适用设定严格的条件。

具体来讲，法律原则的适用必须符合下列条件：

（1）穷尽法律规则，方得适用法律原则。

在通常的情况下，法律适用的基本要求是：有规则依规则。在有具体的法律规则可以适用时，不得直接适用法律原则。只有出现无法律规则可以适用的情形，法律原则才可以作为弥补"规则漏洞"的手段发挥作用。之所以这样规定，是考虑到法律规则相对明确和具体，优先适用法律规则有助于保持法律的安定性和权威性，避免司法者滥用自由裁量权。

（2）除非为了实现个案正义，否则不得舍弃法律规则而直接适用法律原则。

一般情况下，法官应该依据法律规则来裁判案件，适用法律规则时不需要对规则本身进行正确性审查。但如果适用法律规则可能导致个案的极端不公正的结果，则需要舍弃法律规则而运用法律原则。当然，这种例外的情形在司法过程中极少出现。除非直接适用法律规则的结果极端不公正，否则法官不得轻易舍弃法律规则而适用法律原则。

2. 法律原则适用的方式

当法律存在漏洞或者直接适用法律规则会导致个案不公正，从而需要依据法律原则裁判案件时，法律原则必须被具体化并在充分说理的基础上方可被适用。

由于法律原则没有为司法者提供明确的裁判标准，所以适用法律原则时必须首先将法律原则具体化。这个具体化过程可以分为不同的阶段：首先是要确定哪些法律原则是个案应予适用的规范；其次，寻找这些有待适用之法律原则的"下位原则"❶；再次，依据法律原则，提出更强理由来宣告相应的法律规则无效，同时建构新的法律规则或提出原法律规则的例外规则；最后，法官考量受裁判之个案的具体情况，对建构的新法律规则或例外规则再作进一步的解释，并对案件作出具体的判决。❷

此外，法官在适用和具体化法律原则时，必须进行充分的说理和论证。司法的最终权威是建立在充分说理的基础上的，而且充分的说理也是当事人、律师和其他法律职业人检讨法官裁判思路的过程。只有借助于这个说理的过程，才能检验法官运用法律原则所进行的价值判断是否合理。

第四节　法律概念

一、法律概念释义

这里所谓的法律概念，不同于前章讨论的法和法律的概念，它是指人们在不断的认识和实践过程中，对具有法律意义的现象和事实进行理性概括和抽象表达而形成的一些权威性范畴或术语。法律概念通常有以下三个特征。

（1）语言是法律概念的载体，法律概念具有明确、清晰传达意义的特征。立法机关在立法过程中不应随意采用模棱两可或含糊不清的语言来表达其立法意图，而应当用适当的方式和准确的语言来界定法律内容。

（2）法律概念的法律特征。虽然法律概念源自人类的生活实践，受制

---

❶　以"法治国原则"为例，其包含一系列下位原则，诸如"依法行政原则"、"分权原则"、"法官独立原则"、"法律听证的权利原则"、"禁止溯及既往原则"等。参见［德］卡尔·拉伦茨. 法学方法论［M］. 陈爱娥，译. 北京：商务印书馆，2003：349.

❷　舒国滢. 法律原则适用的困境——方法论视角的四个追问［J］. 苏州大学学报，2005（1）.

于历史文化传统，使用的语言大多是日常惯用的词语，但由于其被纳入规范性法律文件之中，因而具有法律意义，即具有权威性和强制性的特点。

（3）法律概念的实践性特征。法律概念的作用不仅停留在字面含义的表达上，更是体现在人们对各种行为和事件进行法律预测、法律评价和法律裁决的实践中。它具有现实的可操作性。

二、法律概念的作用

在法律的诸多要素中，法律概念是其他要素的前提。法律概念是构成法律规则的基本要素，正是由于一系列概念的组合与运用，才形成了约定的"法言法语"，并由此成为立法的基本词汇单元。法律原则的思想表达也离不开法律概念，"概念是法律思想的基本要素，并是我们将杂乱无章的具体事项进行重新整理归类的基础"[1]。具体而言，法律概念具有下列重要作用。

1. 法律概念的建构功能

法律是规定人们权利和义务的规范体系，法律概念是构成法律规范体系的最基本要素，因此，人们对法律和法律现象的描述和评价始终离不开法律概念。诚如博登海默所言："没有概念，我们便无法将我们对法律的思考转变为语言，也无法以一种简易的方式把这些思考传达给他人。如果我们试图完全摒弃概念，那么整个法律大厦就会化为灰烬。"[2]

2. 法律概念有利于提高法律的明确性和确定性

立法者在立法的过程中使用法律概念，可以使法律所规定的权利和义务更加确定。甚至，为了提高这种确定性程度，立法者往往使用定义性的规范甚至编订权威性的官方法律辞书，以使法律概念进一步精确化。法律概念一旦被立法者确定下来后，就具有相对的稳定性。人们在实施某种行为时，可知道自己行为的明确的法律意义。

3. 法律概念是法律推理的有力工具

法律推理总是以现有法律规定和具体案件事实作为前提的，但是人们对案件事实的法律性质的认识总是以法律概念作为思维起点的。虽然法律概念并不规定具体的事实状态和具体的法律后果，但在多数情况下，每个法律概念都有其确切的法律含义和应用范围。当人们把某一个人、某一种

---

[1]　牛津法律大辞典. 中译本［M］. 北京：光明日报出版社，1988：533.
[2]　［美］E. 博登海默. 法理学：法律哲学与法律方法［M］. 邓正来，译. 北京：中国政法大学出版社，1999：486.

情况、某一个行为或某一物品归入某一法律概念时，有关的法律规范和基本原则才可以适用。没有法律概念，法律推理无法进行，司法活动就不能得到准确的实施。

三、法律概念的种类

对法律概念进行科学的分类，是精确理解和把握法律概念所不可或缺的环节。依据不同的标准，可以对法律概念进行不同的分类。

1. 涉人概念、涉事概念和涉物概念

依据概念所涉及的内容来分，法律概念可以分为涉人概念、涉事概念和涉物概念。涉人概念是关于人（包括自然人和法人等）的概念。如公民、法人、近亲属、法定代理人、监护人等。涉事概念是关于法律事件和法律行为的概念。如紧急避险、自首、租赁、回避等。涉物概念是有关具有法律意义的物品及其质量、数量、时间、空间等无人格的概念。如标的物、国家财产、有价证券等。

2. 确定性概念和不确定性概念

依据概念的确定性程度不同，可以将法律概念分为确定性概念和不确定性概念。当然，把法律概念分为确定性概念和不确定性概念是相对而言的，并不是说有的概念绝对确定，有的概念绝对不确定。这是指有些概念在法律上有明确的解释，具有较高的确定性程度；而有的概念并无明文的法律解释，确定性程度较低。确定性法律概念通常指有明确的法律条文确定其含义的概念，这些概念的解释不允许自由裁量，只能依法而释；不确定性概念指没有明确的法律条文确定其含义，在适用时需要法官或执法者运用自由裁量权解释的概念。同一个法律概念经立法者或司法者的行为，可以由不确定的概念转化为确定的法律概念。

3. 一般法律概念和部门法律概念

依据法律概念涵盖面大小，可以将法律概念分为一般法律概念和部门法律概念。一般法律概念指适用于整个法律领域的法律概念。如权利、义务、责任、规则、原则等。部门法律概念是指仅适用于某一法律部门的法律概念，涵盖面较一般法律概念要窄。如行政处罚、诉讼时效、刑罚等。

4. 专业概念和日常概念

依据法律概念的渊源，可以将法律概念分为专业概念和日常概念。专业概念，是在法的理论抽象和实际运作中逐渐产生的仅适用于说明、反映法律现象的专门概念；一般只有法的意义，在日常生活较少使用，专业性和技术性较强；如诉讼时效、留置权、犯罪中止等概念。日常概念是指将日常生活中的某些概念移植到法律领域以反映有关法律现象的概念，如父母、子女、过失、故意等；但这些概念在法律领域中的含义往往与日常生活中的含义有较大差异。

◆ 配套练习题

一、不定项选择

1. 下列关于法律原则的表述哪一项是错误的？（　　　）

　　A. 法律原则不仅着眼于行为及条件的共性，而且关注它们的个别性

　　B. 法律原则在适用上容许法官有较大的自由裁量余地

　　C. 法律原则是以"全有或全无的方式"应用于个案当中的

　　D. 相互冲突的法律原则可以共存于一部法律之中

2. 法律规则是法律的基本构成要素。下列关于法律规则分类的表述哪一项可以成立？（　　　）

　　A. 《律师法》第14条规定："没有取得律师执业证书的人员，不得以律师名义执业，不得为牟取经济利益从事诉讼代理或者辩护业务。"此规定为义务性规则

　　B. 《中小企业促进法》第31条规定："国家鼓励中小企业与研究机构、大专院校开展技术合作、开发与交流，促进科技成果产业化，积极发展科技型中小企业。"此规定为强行性规则

　　C. 《宪法》第40条规定："中华人民共和国公民的通信自由和通信秘密受法律的保护。除因国家安全或者追查刑事犯罪的需要，由公安机关或者检察机关依照法律规定的程序对通信进行检查外，任何组织或者个人不得以任何理由侵犯公民的通信自由和通信秘密。"此规定为命令性规则

　　D. 《医疗事故处理条例》第62条规定："军队医疗机构的医疗事故处理办法，由中国人民解放军卫生主管部门会同国务院卫生行政部门据本条例制定。"此规定为准用性规则

3. 下列选项中，不属于法律规则构成要素的是哪一项？（　　　）

　　A. 假定　　B. 行为模式　　C. 法律后果　　D. 概念

4. 学生甲和学生乙就法、法律规范的概念展开讨论。学生甲的论点是：①法与法律规范的概念完全相同，因为法的构成要素等同于法律规范的构成要素；②所有的法和法律规范都是通过法律条文来表

述的；③表述法和法律规范内容的文件被称为"规范性法律文件"。学生乙的论点是：①法的要素不能等同于法律规范的构成要素；②并不是所有的法都表示为法律条文形式，但所有的法律规范都是通过法律条文来表述的；③同一个法律规范可以通过一个法律条文来表述，也可以通过若干个法律条文来表达。对上述论点进行分析，下列选项哪些是正确的？（   ）

A. 学生甲的论点①和论点②

B. 学生甲的论点③和学生乙的论点③

C. 学生乙的论点①

D. 学生乙的论点②

5. 《刑法》第13条规定："一切危害国家主权、领土完整和安全，分裂国家、颠覆人民民主专政的政权和推翻社会主义制度，破坏社会秩序和经济秩序，侵犯国有财产或者劳动群众集体所有的财产，侵犯公民私人所有的财产，侵犯公民的人身权利、民主权利和其他权利，以及其他危害社会的行为，依照法律应当受到刑罚处罚的，都是犯罪，但是情节显著轻微危害不大的，不认为是犯罪。"这一规定属于法的构成要素中的（   ）。

A. 法律规范　　　　　　　　B. 法律概念

C. 法律原则　　　　　　　　D. 法律技术性规定

6. 我国《合同法》第41条规定："对格式条款的理解发生争议的，应当按照通常理解予以解释。对格式条款有两种以上解释的，应当作出不利于提供格式条款一方的解释。格式条款和非格式条款不一致的，应当采用非格式条款。"对该法律条文的下列哪种理解是错误的？（   ）

A. 该法律条文规定的内容是法律原则

B. 格式条款本身追求的是法的效率或效益价值，该法律条文规定的内容追求的是法的正义价值

C. 该法律条文是对法的价值冲突的一种解决

D. 该法律条文规定了法律解释的方法和遵循的标准

7. 《合同法》第249条规定："当事人约定租赁期间届满租赁物归承租人所有，承租人已经支付大部分租金，但无力支付剩余租金，出租人因此解除合同收回租赁物的，收回的租赁物的价值超过承租人欠付的租金以及其他费用的，承租人可以要求部分返还。"在该法律规则中，假定条件是（   ）。

  A. 当事人约定租赁期间届满租赁物归承租人所有

  B. 承租人已经支付大部分租金，但无力支付剩余租金

  C. 出租人因承租人无力支付剩余租金，解除合同收回租赁物的

  D. 承租人收回的租赁物的价值超过承租人欠付的租金以及其他费用的

8. 我国法律规定："结婚必须男女双方完全自愿，不许任何一方对他方加以强迫或任何第三者加以干涉。"该规定属于下列哪种规则？（　　）

  A. 命令性规则　　　　　　B. 禁止性规则

  C. 强行性规则　　　　　　D. 任意性规则

9. 20世纪90年代初，传销活动在中国大陆流行时，法律法规对此没有任何具体规定。当时，执法机关和司法机关对这类案件的处理往往依据《民法通则》第7条。该条规定："民事活动应当尊重社会公德，不得损害社会公共利益，破坏国家经济计划，扰乱社会经济秩序。"这说明法律原则具有哪些作用？（　　）

  A. 法律原则具有评价作用　　B. 法律原则具有裁判作用

  C. 法律原则具有预测作用　　D. 法律原则具有强制作用

10.《中华人民共和国民法通则》第7条规定："民事活动应当尊重社会公德，不得损害社会公共利益，破坏国家经济计划，扰乱社会经济秩序。"对这条规定，下列哪些理解不正确？（　　）

  A. 这一条的内容是法律规则

  B. 一切民事案件均可以优先适用这一条文

  C. 这一条的内容所反映的是正义的价值

  D. 在处理民事案件时可以采取"个案平衡原则"适用这一条文

11.《劳动争议调解仲裁法》第5条规定："发生劳动争议，当事人不愿协商、协商不成或者达成和解协议后不履行的，可以向调解组织申请调解；不愿调解、调解不成或者达成调解协议后不履行的，可以向劳动争议仲裁委员会申请仲裁；对仲裁裁决不服的，除本法另有规定的外，可以向人民法院提起诉讼。"关于这一规定，下列哪一说法是错误的？（　　）

  A. 从法的要素角度看，该规定属于任意性规则

  B. 从法的适用角度看，该规定在适用时不需要法官进行推理

  C. 从法的特征角度看，该规定体现了法的可诉性特点

  D. 从法的作用角度看，该规定为行为人提供了不确定的指引

12. 《物权法》第116条规定："天然孳息，由所有权人取得；既有所有权人又有用益物权人的，由用益物权人取得。当事人另有约定的，按照约定。法定孳息，当事人有约定的，按照约定取得；没有约定或者约定不明确的，按照交易习惯取得。"关于这一规定，下列哪一说法是错误的？（　　）

A. 该规定属于法律要素中的确定性法律规则

B. 该规定对于具有物权孳息关系的当事人可以起到很明确的指引作用和预测作用

C. 该规定事实上允许法官可以在一定条件下以习惯作为司法审判的依据

D. 对"天然孳息"和"法定孳息"重要法律概念含义的解释应该首先采用客观目的解释的方法

13. 《集会游行示威法》第4条规定："公民在行使集会、游行、示威的权利的时候，必须遵守宪法和法律，不得反对宪法所确定的基本原则，不得损害国家的、社会的、集体的利益和其他公民的合法的自由和权利。"关于这一规定，下列哪一说法是正确的？（　　）

A. 该条是关于权利的规定，因此属于授权性规则

B. 该规定表明法律保护人的自由，但自由也应受到法律的限制

C. 公民在行使集会、游行、示威的权利的时候，不得损害国家的、社会的、集体的利益，因此国家利益是我国法律的最高价值

D. 该规定的内容比较模糊，因而对公民不具有指导意义

二、案例与问题讨论

1. 里格斯诉帕尔默案

1882 年，纽约州居民帕尔默用毒药杀害了自己的祖父。因为他知道他的祖父在现有的遗嘱中给他留下了一大笔遗产，但是他担心祖父因为再婚而更改遗嘱，出于这一动机，帕尔默便杀害了自己的祖父。然而当时，纽约州的遗嘱法并未规定遗嘱继承人谋杀遗嘱人后是否可以继承遗产，因而帕尔默有无权利继承这笔遗产成为问题的焦点。帕尔默的姑姑们主张：既然帕尔默杀死了被继承人，那么法律就不应当继续赋予他继承遗产的任何权利。但帕尔默的律师争辩说：纽约州的法律并未明确规定如果继承人杀死被继承人将当然丧失继承权，因此这份遗嘱在法律上是有效的；既然帕尔默被一份有效遗嘱指定为继承人，那么他就应当享有继承遗产的合法权利。如果法院剥夺帕尔默的继承权，那么法院就是在更改法律，就是用自己的道德信仰来取代法律。

审判这一案件的格雷法官支持律师的说法。格雷法官认为：如果帕尔默的祖父早知道帕尔默要杀害他，他或许愿意将遗产给别的什么人；但法院也不能排除相反的可能，即祖父认为即使帕尔默杀了人（甚至就是祖父自己），他也仍然是最好的遗产继承人选。法律的含义是由法律文本自身所使用的文字来界定的，而纽约州遗嘱法清楚明确，因而没有理由弃之不用。此外，如果帕尔默因杀死被继承人而丧失继承权，那就是对帕尔默在判处监禁之外又加上一种额外的惩罚。这是有违"罪行法定"原则的。对某一罪行的惩罚，必须由立法机构事先作出规定，不能由法院事后追加。但是，审理该案的另一位法官厄尔却认为，法规的真实含义不仅取决于法规文本，而且取决于文本之外的立法者意图，立法者的真实意图显然不会让杀人犯去继承遗产。厄尔法官的另外一条理由是，理解法律的真实含义不能仅以处于历史孤立状态中的法律文本为依据，法官应当创造性地构思出一种与普遍渗透于法律之中的正义原则最为接近的法律，从而维护整个法律体系的统一性。厄尔法官最后援引了一条古老的法律原则——任何人不能从其自身的过错中受益——来说明遗嘱法应被理解为否认以杀死继承人的方式来获取继承权。

最后，厄尔法官的意见占了优势，有四位法官支持他；而格雷法官只有一位支持者。纽约州最高法院判决剥夺帕尔默的继承权。

问题：在案件审理过程中，法律原则是如何影响审判结果的？

2. 泸州遗产案

蒋某与黄某于 1963 年结婚，收养一子。1990 年蒋某继承父母遗产，取得房屋一套。后来该房屋被拆迁，拆迁安置房以蒋某名义办理了房屋产权登记手续。1996 年，黄某与比他小近 30 岁的张某相识后，二人便一直在外租房，公开同居生活。2000 年，黄某与蒋某将蒋某继承所得房产以 8 万元的价格出售，并约定房屋交易税费由蒋某负担。2001 年初，黄某因肝癌晚期住院治疗，立下书面遗嘱，将总额为 6 万元的财产赠与张某，包括前述售房款的一半，即 4 万元，及住房补贴金、公积金、抚恤金和自己所用的手机一部等。2001 年黄某因病去世。张某不能从蒋某处获得所赠款项，遂以蒋某侵害其财产权为由诉讼至泸州市纳溪区人民法院。纳溪区法院依照我国《民法通则》第 7 条的规定（公序良俗原则），驳回原告张某的诉讼请求。张某向四川省泸州市中级人民法院提起上诉，二审维持原判。

本案被学界和媒体称为中国"公序良俗"第一案。在本案审理中，办案法官根据我国《民法通则》第 58 条规定"民事行为违反法律和社会公共利益的无效"（即公序良俗原则条款）认为，由于张某和黄某存在婚外同居行为，违背了社会公德，所以遗赠人黄某的遗赠行为应属无效民事行为，赠与行为应予撤销。

不同意该案判决结果的一些学者认为，我国《中华人民共和国继承法》（以下简称《继承法》）第5条规定："继承开始后，按照法定继承办理；有遗嘱的，按照遗嘱继承或者遗赠办理；有遗赠抚养协议的，按照协议办理。"另外，《继承法》第16条第3款还规定："公民可以立遗嘱将个人财产赠给国家、集体或者法定继承人以外的人。"因此，按照《继承法》的相关规定，黄某的遗嘱行为及其对财产的处理完全是在法律允许的范围之内。

问题：在继承法对遗赠关系有明确规定的地方，是否可以直接适用《民法通则》中的"公序良俗"原则判案？

三、参考阅读文献

1. ［美］罗纳德·德沃金. 认真对待权利［M］. 信春鹰，吴玉章，译. 北京：中国大百科全书出版社，1998.

2. ［英］哈特. 法律的概念［M］. 张文显，郑成良，等译. 北京：中国大百科全书出版社，1996.

3. 舒国滢. 法律原则适用的困境——方法论视角的四个追问［J］. 苏州大学学报，2005（1）.

第四章　法与其他社会规范

第一节　法与道德

一、道德的含义及特征

道德这一概念包含很多文化信息。在中国，道德是"道"和"德"的组合，兼具两者的意蕴。道既是本体论的范畴，又是认识论的范畴，也可作为人生哲学、政治学、社会学的概念。在人生哲学、伦理学意义上，道是指为人处世的一般原则、根本原则，亦即人之为人所应当遵循的行为准则。德是修道有得，即人遵循为人之道所引致的收获、体验、信念，由此所形成和达到的品质、境界。道德两者合用，指修道养德，亦即人通过道德的修炼，使自己的行为合于天地人之理，达到理想的人伦关系。所以，道德和伦理两者经常连用。"道德"一词在西文中源于拉丁文 Mesmerism，即习俗、习惯。在这一词根的基础上演变成了 Moralis，即道德的。再后来，有了道德一词，Morality。据说，古罗马法学家西塞罗根据希腊道德生活的经验，从 Mores 一词创造了一个形容词 Moralis，用以指称国家生活的道德风俗和人们的道德个性。后来西方人沿袭了这一含义。可见，不管是中国还是西方，道德是社会的道德原则和个人的道德品质两方面内容的集聚。道德是社会调整体系中的一种调整形式，它是人们关于善与恶、美与丑、正义与非正义、光荣与耻辱、公正与偏私的感觉、观点、规范和原则的总和。

道德的基本特征体现在：（1）道德的规范性。道德是（一种）社会规范，是社会、人的行为规范，是有关人与人之间、人与社会之间关系的是非好坏、正义非正义的行为规范、原则、意识的总和。（2）道德运作机制的独特性。道德的调节方式、实现方式是多样化的，社会舆论、传统、风俗、习惯、教育、人们内心的信念是道德发挥作用的主要机制。（3）道德的自律性。道德没有法律那样的外在强制性和强制力，它主要是诉诸人们的内心自觉，通过良心的自律、引导、指导实现的。（4）道德的应然性。道德是应当如何为，而不是实际上是怎样的。它属于应然的，而非实然的。（5）道德的社会性和普遍性。道德具有社会性的根源和基础，受制于一定社会的物质生活条件，尤其是一定社会的生产方式。在社会中，道德所产生和发挥的作用是广泛的、普遍的、一般的；任何一个人、任何一个集团、任何一个组织都要受到道德规范的引导、调控和约束，来自觉地承担责任、履行义务。（6）道德的共同性、多元性和层次性。有社会必存在道德，整个人类也具有共同的道德规范和道德理想。但是因为人的民族性、集团性、阶级性，文明的阶段性，社会发展的不同步性，因为政治、经济、思想等方面的差异等，道德呈现出一种多元并存的格局。如，一个民族、社会可能同时存在正常的、先进的、补充的、落后的道德形态，一个民族、社会的道德可依其自身的要素而形成不同的等级和层次。

二、法与道德的联系和区别

在价值层面上，"法是最低限度的道德"，法律必须和社会认同的伦理价值相吻合或基本一致，才能获得有效的承认和服从，进而成为社会生活中的"活的规则"。否则，若法律与社会伦理价值取向相背离，则必然受到道德力量的抵制和威胁，而使其"变成一个毫无意义的外壳"。当然法律只是反映和服从社会基本的具有"普遍性"的伦理价值，而更高的伦理价值追求只能通过自觉自律的道德规范来实现。美国著名法学家庞德认为：社会控制的主要手段是道德、宗教和法律。在最初的社会中，这些控制方式是融合在一起的，没有区别。如在古希腊那样的先进文明中，人们通常用一个词来表达宗教礼仪、伦理习惯、调整关系的传统方式、城邦立法，把所有这一切看做一个整体。后来宗教担负了大部分的社会控制，教会成为社会调控的主要手段。直到中世纪后期，教会法庭和教会法律仍然同国家和法院同等地掌握调整关系和安排行为的管辖权。到了近代，法律就成为社会控制的最高和最主要手段。对人与人之间关系的调控、对社会秩序的调控首先是国家的职能，而国家必须通过法律来行使自己的职权。"所有其他社会控制的手段被认为只能行使从属于法律并在法律确定范围内的纪律性权力。"因之，法律成为最主要、最根本的社会权威。当然，法律的功能、作用的发挥和实现仍然要借助于其他社会规范而进行，"法律必须在存在着其他比较间接的但是重要的手段如家庭、家庭教养、宗教和学校教育的情况下执行其职能"，通过各种社会规范、社会控制方式的协调、互助而共生。作为基本的社会规范、调控方式，道德与法律在本质上大体相同，在结构、功能、作用、方式等许多方面交叉交合、不可分离、互助共生。"徒善不足以为政，徒法不足以自行"；"导之以政，齐之以刑，民免而无耻；导之以德，齐之以礼，有耻且格"。只有法律与道德互渗互动，才能真正实现社会的有序化，实现社会的和谐和稳定。否则，无论是摒弃道德还是抛弃法律，都会导致人类的灾难和社会生活的无序。历史证明，有社会必有法律，一个社会只重视道德而忽视法律、抛弃法律，或者必将使人陷入无政府状态，或者人治大为盛行而导致专制、集权。一个社会忽视道德，一味强调对法律的诉求，在现实生活中极易导致过度依赖法律、相信法律的社会现象，使人们成为法律"麻醉剂"的牺牲品，使社会再度陷入可怕的、严重的无序。

作为两种社会规范、社会关系的调整器、人的社会生活的经纬，它们的区别在于：（1）产生方式不同。道德属于人类的本能，根据人的自然生活而逐渐产生，依赖教育培养而积累长成。就此而言，道德是自发的，有时是无形的，一般不通过专门的公共机关和人员来制定。法律是自觉的、确定的、有形的，一般是通过特定的机构、程序、方式而形成、实现的。在时间上，道德具有先在性，它的产生早于法律，是法律产生、形成、发展、运作和实现的基础。（2）在规范层面上的不同。两者属于性质不同的行为规则。两者的根本区别在于：道德是非权力性规范，是应该而非必须如何的规范；法律是权力性的规范，是应该且必须如何的规范。（3）调整的范围不同。首先，道德的调整范围比法律的调整范围广。法调整的社会关系，道德要调整；法不调整的社会关系，如友谊关系、爱情关系等，道德也要调整。其次，道德对人的行为的调整比法律更有深度。法律调整人的行为，尽管也涉及行为的主观状态，但这种主观状态依附于行为。道德则不然，它可以单独评价人的行为动机道德与否，而不问行为效果如何。最后，道德（尤其是社会主义道德）的调整比法律的调整更有高度。（4）调整的效力不同。法律和道德在不同的领域还有不同的效力。道德是自律性的规范，道德的作用在于感化。因此，对于内涵非对抗性矛盾的关系和活动，如婚姻家庭领域、友谊爱情关系、邻里同事关系等，道德调节可以充分发挥其效力，甚至在某些场合可以优胜于法律调节；但是对于内涵对抗性矛盾的关系和活动，如政治领域、军事领域、经济领域等，道德调节的效力相当有限，甚至无法涉入，这些领域主要由法来调节。因为法可以直接动用国家的强制力来迫使人们就范，法在这些领域可以充分发挥其作用。（5）实施的方式不同。法律具有国家强制性，它往往以国家的强制力为坚强后盾，依靠强制手段来加以推行和实施，法律主要是一种外在的强制力。道德主要是依靠社会舆论、社会评价的力量，依靠人们的内心信念、内在修养、传统、风俗习惯和社会教育的力量来维持，诉诸人的心理，通过人们内在的自觉而进行的，道德是一种内在强制力。"礼者，禁于将然之前，法者，禁于已然之后。"（《礼记·礼察》）

三、法和道德的难题及其解决

作为调控社会关系和人们行为的重要机制，一般来说，同一性质的法和道德在内容和要求上是一致的；但由于法和道德的功能、属性都有很大不同，在实践中难免会发生冲突，出现合法的但道德上被视为邪恶的行为，或非法的但道德上可以证成的行为。这不仅是法和道德理论的一个难题，而且是一个尖锐的实践问题。关于法与道德的冲突如何解决，在西方法学史上，由于自然主义法学和实证主义法学对法和道德关系的认识不同，也存在不同的意见。自然法学家从"法律是最低限度的道德"出发，认为法治社会固然要按法律办事，但在例外的情况下可以违背这种法治。即当两者发生严重冲突，实施法律会牺牲正义精神时，应拿出政治勇气来放弃法的统治，以免造成粗暴的非正义事件。这意味着在"最低限度的自然法"同"实在法"相抵触时，可以放弃后者。根据这种观点，凡是合法的但道德上被视为邪恶的行为，都应受到法律的追究；而非法的但道德上可以证成的行为，都应能豁免。因为这是例外。实证主义法学认为只有"实在法"，即采取法律形式的法，才是正义的或"自然"的。因为只有它才能确保人的精神安宁和人身安全，因此安宁与安全的考虑压倒一切，甚至恶法也比专断地作出"公正"好些。关于法是否可能非正义，提出这个问题本身就是荒谬的。一切"法"都是"实在法"，一旦法案以法律形式公布，它的正义与非正义的问题就不再存在。按这种观点，那些合法的但道德上被视为邪恶的行为都不应受到法律的追究，那些非法的但道德上可以证成的行为都不应豁免。因为这种观点反对任何例外，法不能受道德哪怕是最低限度道德的冲击和左右。法与道德的难题如何解决，实际上涉及在现实生活中如何把握法与道德的联系和区别的问题。在实践当中，处理好法与道德的关系要把握好以下几个问题：（1）在立法环节，应遵从伦理价值，充分发挥道德对法制定的指导作用，以确保良法的确立。只有确立了良法，它才能获得普遍的遵守，法治也才能最终实现。（2）在执法、司法环节，法律与道德不可混淆和替代。这是因为：①以道德代替法律，必然冲击法律的权威。②在执法、司法环节，以道德的灵活性补充法律迟滞性是难以成立的。由于法律不像道德那样灵活，而且具有一定的迟滞性，使得它可能与社会实践不断发展的要求产生某种距离乃至矛盾。这绝不可通过以道德的"灵活性"去"补充"和代替法律，直接将道德引入执法、司法活动来解决；而只能通过在价值层面上的及时立法修正解决。否则，就会为道德取代法、任意取代规则及拒斥法律权威提供口实和可乘之机；最终导致的不是法律迟滞性弥补问题，而是法律的名存实亡。（3）在社会控制环节上，建立以法律秩序为主导、以伦理秩序为基础的规则秩序。法律具有国家强制性，在建立和维护社会秩序方面起支柱作用，而且法治社会中普遍确立了法律至上的原则。所以，在社会控制环节，必须倡导和建立法律秩序为主导的规则秩序。但徒法不能自行，没有一定的伦理秩序的支持，法律秩序就不能真正地建立并有效地发挥作用。"礼乐不兴，则刑罚不中"，道德是法律有效用的基础，即道德觉悟、道德良心是法律实施和遵守的基础；只有法律制度和规范内化为社会成员自觉的价值选择和行为准则，法律秩序才能成为现实。法治精神是：法在社会生活中具有至高无上的权威，要严格按法律办事。如果法律已经过时或变为不正义，应及时废除、修改；在没有废除、修改之前仍要按它办事，因为如果承认例外（不是法定的例外），最终会导致法律名存实亡。由此可见，法与道德冲突的时候，总是以法律为准。所谓"情、理、法"三者，以法为先。法律是调整社会关系的最为优先的原则，只有在法律无法调整的领域，才考虑以道德为原则。这是法治的内在要求。

【案例一】从法律和道德的关系解读"二奶继承案"

四川省泸州市某公司职工黄某和蒋某 1963 年结婚，但是妻子蒋某一直没有生育，后来只得抱养了一个儿子。由此原因给家庭笼罩上了一层阴影。1994 年，黄某认识了一个姓张的女子，并且在认识后的第二年与张同居。黄的妻子蒋发现这一事实以后进行了劝告，但是无效。1996 年底，黄和张租房公开同居，以"夫妻"名义生活，依靠黄的工资（退休金）及奖金生活，并曾经共同经营。2001 年 2 月，黄到医院检查，确认自己已经是肝癌晚期。在黄即将离开人世的这段日子里，张面对旁人的嘲讽，以妻子的身份守候在黄的病床边。黄在 2001 年 4 月 18 日立下遗嘱："我决定，将依法所得的住房补贴金、公积金、抚恤金和卖泸州市江阳区一套住房售价的一半（即 4 万元），以及手机一部遗留给我的朋友张某一人所有。我去世后骨灰盒由张负责安葬。"4 月 20 日黄的这份遗嘱在泸州市纳溪区公证处得到公证。4 月 22 日，黄去世，张根据遗嘱向蒋索要财产和骨灰盒，但遭到蒋的拒绝。张遂向纳溪区人民法院起诉，请求依据继承法的有关规定，判令被告蒋某按遗嘱履行，同时对遗产申请诉前保全。从 5 月 17 日起，经过 4 次开庭（其间曾一度中止，2001 年 7 月 13 日，纳溪区司法局对该公证遗嘱的"遗赠抚恤金"部分予以撤销，依然维持了住房补贴和公积金中属于黄部分的公证。此后恢复审理），于 10 月 11 日纳溪区人民法院公开宣判，认为：尽管继承法中有明确的法律条文，而且本案中的遗赠也是真实的，但是黄将遗产赠送给"第三者"这种民事行为违反了《民法通则》第 7 条"民事活动应当尊重社会公德，不得损害社会公共利益，破坏国家经济计划，扰乱社会经济秩序"，因此驳回原告张某的诉讼请求。

本案的事实比较清楚，关键在于如何适用法律，是否要保护张的受遗赠的权利。对此有两种意见。第一种意见：按照《婚姻法》、《继承法》中的具体规定审理，得到的结论应该是支持张的诉讼请求。理由：首先，黄的遗嘱是合法有效的，并经过公证，得到了国家意志的确认。其次，从现行《继承法》和其他法律法规的规定来看，确实没有禁止所谓"第三者"接受遗赠的内容和规则；法不禁止即权利，所以张有得到遗赠的权利。《继承法》立法的原意是最大限度地尊重当事人（立遗嘱人）意思自治，在符合其他形式要件的前提下，遗嘱内容即使违反道德，只要不涉及继承法必须排除的情况，就应认定合法有效。法官支持张的诉讼请求，并不是表明法院对张"第三者"行为的认可和纵容，而是表明法院尊重死者作为一个中国公民所具有的生前处分自己财产的权利和遗嘱自由的权利，也表明法院对法律的尊重。第二种意见：如案情介绍中的法院那样，直接引用《民法通则》第 7 条的规定，判定张的诉讼请求违背社会公德，驳回其诉讼请求。《民法通则》第 7 条规定："民事活动应当尊重社会公德，不得损害社会公共利益，破坏国家经济计划，扰乱社会经济秩序。"本案涉及的法律和道德的冲突不在立法层面上，而在司法领域。对此如何解决，仍然是一个仁者见仁、智者见智的问题。

【案例二】中国"权力道德"的法律化

在淳化权力道德方面，纵向而言，中国古代传统法律文化有很好的借鉴意义。实际上，与西方国家的政治制度相比，中国早期的政权更重视为政者的德行。与周朝的德治思想相对应，在《周礼》这一包罗万象的记载周朝法律状况的典籍中，已经有了对官吏的道德要求。秦简中的"为吏之道"也有官吏道德标准："吏有五善：一曰忠信敬上，二曰清廉毋谤，三曰举事审当，四曰喜为善行，五曰恭敬多让。"在中国传统法律文化鼎盛时期的唐朝，对官吏道德资质的衡量标准更为系统化、规范化。其考核官吏时，把官吏的德行和具体业绩综合起来考虑，即用"四善"、"二十七最"逐项对照来考核各级官吏。另外，唐朝的监察机关御史台的主要任务是监督各级官吏是否遵守法律，它与大理寺、刑部联合办案的主要目的在于纠正官吏在审判中的违法行为；所以，设立监察机关的着眼点是"治吏"而非"治民"。唐朝通过这种周密完备的道德法律体系，树立了各级官吏明确自身职责、廉洁奉公的道德风尚。唐朝是中国封建社会最为繁荣的时期，民生安定，政治较为清廉，这些是与其重视吏治进而将权力阶层的道德要求规范化、法律化分不开的。在现代，有许多国家将约束政府官员权力的道德原则法律化。如，美国的《从政道德法》❶对政府官员申报私人财产、收受礼品等作出规定；《在阳光下的政府法》规定了政务活动的公开性，以便于群众监督。有关立法、司法、行政执法等领域中的道德自律要求也都可以法律化，如中国的法官法、检察官法、警察法、公务员条例中，都有各自的职业道德的法律规定。❷

　　提示与讨论："官德"关系国计民生，无论是古今中外，作为官德的"权力道德"均被法律化，目的是以国家强制力作为后盾来约束和限制"权力"，因为"一切有权力的人都习惯于滥用权力，这是亘古不变的一条经验"❸。

【案例三】　西方立法中道德的法律化

　　西方立法实践也贯彻了道德的法律化倾向，如有关诚实信用原则的法律化就很能说明问题。1863 年的《撒克逊民法典》第 858 条规定，契约之履行，除依特约、法规外，应遵守诚实信用，依诚实人之所为者为之。19世纪后期制定的《德国民法典》第 242 条规定，债务人须依诚实和信用，并照顾交易惯例，履行其给付。《瑞士民法典》第 2 条规定，无论何人行使权利义务，均应依诚实信用为之。《美国统一商法典》第 203 条规定："凡本法范围内之任何合同或义务均要求（当事人）必须以诚信履行或执行之。"该法典的正式评论解释说："本条确立了一个贯穿全法典的基本原则，即在商业交易中，要求所有的协议或义务以诚信履行或执行之。"可见，在西方民法典或商法典中，作为道德原则的诚实信用被转化为最高的法律原则，故学者称其为"帝王条款"。从现代刑法典看，见危不救之类的不道德行为也被视为犯罪予以制裁。例如，1994 年的《法国刑法典》规

---

❶ 于 1987 年通过。

❷ 刘海年主编. 依法治国与精神文明建设［M］. 北京：中国法制出版社，1997：318.

❸ ［法］孟德斯鸿. 论法的精神［M］. 申林，编译. 北京：北京出版社，2007：300.

定："任何人对处于危险中的他人，能够采取个人行动，或者能唤起救助行动，且对其本人或第三人均无危险，而故意放弃给予救助的，处 5 年监禁并科 50 万法郎罚金。"1968 年的《意大利刑法典》规定："对气息仅存或受伤或危急之人，疏于必要的救助或未及时通知官署者，处 3 个月以下徒刑或科 12 万里拉以下罚金。"1976 年的《德国刑法典》规定："意外事故或公共危险或急难时，有救助之必要，依当时情况又有可能，尤其对自己并无显著危险且违反其他重要义务而不能救助者，处 1 年以下自由刑或并科罚金。"1971 年的《西班牙刑法典》规定："对于无依无靠且情况至为危险严重者，如果施予救助，并由于其介入可以阻止某件侵犯他人生命的犯罪或对他人尊严、贞操、安全的重大伤害，对自己或第三者又无危险，但不施予救助，应处以长期监禁，并科以西币 5000 元至 10000 的元罚金。"

提示与讨论：以上说明，西方国家的刑法典已把见义勇为、扶危济困之类的道德规范有条件地法律化了，说明其注意运用法律的强制力来推行其提倡的道德规范。

第二节　法与宗教

一、宗教的含义

宗教是一种社会意识形态。它是自然力量和社会力量在人们意识中的一种虚幻的、歪曲的反映。它的特点在于通过对超自然力量的信仰来获得某种精神上的慰藉。正如恩格斯所指出的："一切宗教都不过是支配着人们日常生活的外部力量在人们头脑中的幻想的反映，在这种反映中，人间的力量采取了超人间的力量的形式。"宗教是一种重要的社会现象，它实际上反映了人们对制约其生存和发展的某些自然力量与社会力量的不理解，把这些力量视为某种神秘的、完全异己的东西，因而感到困惑不解。宗教是一种历史现象，它在国家和法出现以前就已产生。最初的宗教形式称为自然宗教，如原始拜物教、图腾崇拜、祖先崇拜等。这是在人类具有一定的抽象思维能力，又不能正确理解自然界和自身生理构造的情况下，由于受到自然力的威胁，如受到风雨雷电的突然袭击以及对梦境的神秘感而产生的一种错误的观念。其认为有一种"超自然"、"超人间"的力量支配着世界，于是原始宗教便产生了。进入阶级社会后，阶级压迫给人们带来较自然灾害更加深重的痛苦、恐惧和绝望，于是又产生了祸福命运由神操纵的观念和追求"来世"的想法。宗教随着历史的发展而演变：由拜物教到多神教，到一神教；由氏族图腾崇拜到民族神和民族宗教；后又出现了世界性宗教。目前传播最广、影响最大的有基督教、佛教和伊斯兰教，通称为世界三大宗教。有些国家还保存有民族宗教，如日本的神道教、印度的印度教；某些地区还存在原始宗教。各种宗教在发展过程中，逐步形成了自己的教义信条、神学理论、宗教观念、清规戒律、祭仪制度等，出现了由信教者组成的宗教组织和团体，以及专职宗教首领和宗教体制。因此，宗教不仅对信教者及家庭有影响，而且对政治、经济、军事、外交都产生了重要影响。

二、法与宗教的联系和区别

宗教与法具有较大的相似性，二者均为社会价值观的表现形态，都对社会行为具有一定的规范作用。在早期的社会里，或者在古今政教合一的国家里，两者都是用于社会控制的工具。法与宗教的联系主要体现为：首先，法在起源阶段同宗教有着一致性关系，每一种法律体系确立之初总是与宗教典礼和仪式密切相关；其次，在人类早期阶段，公共权力借助于神的力量的支撑，君主为了论证自己统治的合法性，往往把其统治的渊源归结于上帝，归结于神；再次，宗教同法的价值有某些相通之处，两者的出发点和目的都包括"使人向善"，使社会有秩序而不发生混乱，甚至使人们精神上有所依托；复次，法和宗教都是实现社会控制的规范体系；最后，它们有共同的构成要素。正如伯尔曼所指出的，仪式、传统、权威和普遍性这四种要素存在于所有法律体系中，正如它们存在于所有宗教里面。❶ 法与宗教虽然有着十分密切的关系，但两者毕竟是不同的意识形态和行为规范，因而各自又具有自己的特征。一般来说，法与宗教的区别表现为：第一，产生的方式不同。法的规范是由国家制定或认可的，是国家意志的表现。而宗教规范则由宗教领袖假托神的名义而制定，被视为神意的表现。因为宗教规范的产生和国家没有直接的关系，所以，它既可以在历史上先于国家而存在，也会在实现的方式、制裁的程序和作用的范围等方面表现出与法的规范明显不同的自身特点。第二，实现的方式不同。法的规范的实现，当然可以由人们自觉地去遵守；但是法之所以为法，还在

---

❶ 伯尔曼. 法律与宗教［M］. 梁治平，译. 北京：中国政法大学出版社，2003：1.

于它要由国家强制力来作为最后的保障。宗教规范的实现，则主要依靠教徒的自愿或自我强制；同时，宗教机构的权力也可发挥一定的辅助作用。一般来说，宗教规范的实现并不是以国家权力来保障的，这一点只有在宗教规范上升为法律之后才是可能的。第三，制裁的程序不同。法的规范体系的存在与司法机构的存在是分不开的。认定一个人的行为是否违法、应当负什么样的法律责任，这都必须由特定的组织机构来进行，不允许由当事人或其他什么人自行决定。否则，法就不成其为法了。而宗教规范体系则并不要求一定有这样一个唯一有权作出决定的机构。在原始宗教中，一个人是否触犯了宗教禁忌，触犯了禁忌之后应做些什么，一般都是由当事人及其亲友来决定的。在后来的宗教中，一般的违犯宗教规范的行为也是由当事人自己根据对神意的理解来判断，并自行决定以忏悔、奉献、施舍或苦修等方法来赎罪；只有那些特别严重的行为才由宗教机构来处理。看来，宗教对犯规行为的制裁程序在很多情况下与道德制裁中的良心自我谴责相似。由此可以说明在那些名副其实的教徒中间，为什么宗教规范能够被自觉地严格遵守。第四，作用的范围不同。首先，法的规范只调整那些对社会生活秩序的稳定具有较高价值的社会关系；而宗教规范则覆盖了全部社会关系。其次，法的规范一般只规范人的外部行为，只要行为上无过错就不予追究，而不问主观上是否有恶意，类似所谓"论迹不论心"；宗教规范不但规范人的外部行为，而且更侧重于规范人的内心活动，行为上无过错而心存恶念仍然是不允许的，类似所谓"论心不论迹"。最后，法是国家意志的体现，具有普遍的约束力，法的规范无条件地约束全体社会成员；而宗教则以"属人主义"为基础，宗教规范只对自己的信徒有约束力，对于没有选择该宗教信仰的人毫无约束力。显然，在两种规范作用的广度上，法与宗教各有所长：法能够制约更广泛的主体，宗教能调整更广泛的社会关系；至于在作用的深度上，宗教则具有法所不具备的特殊功能。第五，规范的形式不同。法的规范通过规定出明确的权利和义务来给人们的行动指明方向，它有权利性规范和义务（包括作为义务和不作为义务）性规范两种基本形式。宗教规范则以强调人对神的服从义务为主，因为人在神面前是没有权利可言的，故宗教规范大多是义务性规范。例如，构成基督教规范体系基础的《摩西十诫》，就全都是以不准、不可、应当等命令的形式来表述的。所以，一般来说，一个宗教规范体系上升为法之后，人民的自由就会受到更为严厉的限制，阶级压迫也更加沉重，社会经济、政治和文化的进步将面临更大的阻力。

三、法与宗教的相互影响

(一) 宗教对法的影响

宗教作为一种重要的文化现象，在全世界范围内都对法律发生过重要的影响。宗教对法律的影响，既有积极方面，也有消极方面；既有观念层面，也有制度层面。这较明显地体现在立法、司法、守法等各个环节上。首先，宗教可以推动立法。许多宗教教义实际上都表达了人类的一般价值追求。部分教义被法律吸收，成为立法的基本精神。《圣经》、《古兰经》、《摩奴法典》等宗教经典，分别对西方两大法系、伊斯兰法、古印度法产生了根本性的影响。其次，宗教影响司法程序。在宗教作为国教与政教合一的地方，宗教法庭直接掌握部分司法权。在西欧中世纪，教会独立行使司法权，世俗政权则负责执行教会的命令，如教徒被开除教籍处分者，在法律上就成为放逐法外之人。中世纪教会司法权不但及于教徒，而且及于俗人；对教会执事提起的民事诉讼、执事向俗人提起之民事诉讼未获公正解决者等，均由宗教法庭管辖。在政教合一的伊斯兰国家，教会行使司法权，法官均为教会权威人士。从诉讼审判方式来看，宗教宣誓有助于简化审判程序。同时，宗教宣扬的公正观念、诚实观念、容忍、爱心等对司法也有影响；宗教容忍观有利于减少诉讼。又如，国家首脑即位、法官公正执法以及证人出庭作证，都必须首先进行宣誓。最后，宗教信仰有助于提高人们守法的自觉性。宗教提倡与人为善、容忍精神等，使公民习惯于循规蹈矩，不为损害他人和社会的行为。宗教对超自然的崇拜、各种精神祭祀等，均使法律蒙上神秘的、超自然的色彩，增加了法律的威慑力。当然，宗教对法律也有消极的影响。由于宗教信仰产生的激情，会导致过分的狂热，某些宗教甚至妨碍司法公正的实现。

【案例一】蒙古"萨满教"在蒙古习惯法"约孙"中的体现

蒙古人对火的崇拜与禁忌，即来自古老的宗教信仰。按德国学者海西希的研究所述："蒙古人以'火神'的形式崇拜火，确保丰年、保护财富和畜群的使命便落到了火神头上。使火成为神圣不可侵犯和应该受到崇拜，这是蒙古人中最为古老的宗教观念之一。❶ 诚如所言，在蒙古人的观念中，'火'已经被神化。他们对'火'的崇敬与期望表现在当他们利用'火神'的时候是有了一套严格的宗教仪式的。当家族有人死的时候，与

---

❶　[德] 海西希. 蒙古宗教 [M]// 蒙古史研究参考资料. 第32～33辑. 1984, 5.

他有关的所有的人或物都被认为沾染了不洁或不祥之物，一定要全部经过'火神'的净化和消弭。"加宾尼对此描述他所见到的情形："死者的亲属和住在他的帐幕内的所有的人都必须用火加以净化。这种净化的仪式是以下列方式实行的：他烧起两堆火，在每一堆火附近树立一支矛，用一根绳系在两支矛杆的矛头上，在这根绳上系了粗麻布的布条；人、家畜和帐幕就在这根绳及其布条下面和两堆火之间通过。有两个妇女在两边洒水和背诵咒语。""火"不仅具有净化、消弭具体不洁之物的功能，还能消除人们由于违背"约孙"而带来的罪恶，这表明它在某种程度上可以部分充当执行裁判的手段。根据加宾尼的记载："倚靠在鞭打马的马鞭上，用马鞭去接触箭，捕捉或弄死小鸟，用马笼头打马，用一根骨头去打碎另一根骨头，把奶或任何饮料或食物倒在地上，在帐篷里面小便……所有这些，也都被认为是罪恶。如果一个人故意做这些事情，他就要被处死。如并非故意，他必须付一大笔钱给占卜者，占卜者即为他涤除罪恶，并携带帐幕和帐内各项物件在两堆火之间通过，以拔除不祥。但是，在这种涤罪仪式举行以前，没有一个人敢进入帐幕，或把帐内的任何东西拿走。""火"的神圣使蒙古人不仅感到崇敬，同时又产生畏惧心理。"如果有'火'从天空降落到牲畜或人身上（这种事情在那里是常常发生的），他们认为是不洁或不祥的任何同样的事情降临到他们身上，他们必须由占卜者以像样的方式加以净化。他们几乎把他们所有的希望都寄托在这些事情上。"对火的崇敬与畏惧导致产生一系列有关"火"的"约孙"，甚至出现在"札撒"法条之中。如，"以小刀去接触火"或"在火旁用斧子砍东西"以及"跨越炊事用火"均为在禁之列，"故意触犯上述法禁的最高处刑皆为死刑"，这已发展成为极端严酷的刑罚规定。也是出于萨满教的万物有灵的信仰，蒙古人有了一些禁忌。如蒙古"国禁"有"履闼者，诛其身"的规定，"履"，"踩、踏"之义；"闼"，"门槛"，"意即踩、踏毡帐的门槛，会惹来杀身之祸"。蒙古人对外国来到的使者，预先均进行不得触犯国禁的教谕。加宾尼出使蒙古时，每次谒见一位首领之前，都要受到警告："不要踩到门槛上面！"对此，加宾尼描述道："我们极为小心，因为凡是有意踩着任何首领帐幕门槛的人，都要被处死刑。""如果任何人吃人一口食物，由于不能咽下去，而把它吐出口外，那么就要在帐幕下面挖一个洞，把他从那个洞里拖出来杀死，决不宽恕；同样，如果一个人踏着属于任何首领的帐幕的门槛，他也会以同样方式被处死。"

提示与讨论：萨满教"万物皆有灵"观念在蒙古社会流行了很长时间，在社会意识形态领域中曾占据重要地位；"约孙"有一部分即缘起于这种宗教信仰。原始的宗教信仰常常导致迷信禁忌，人们由此演绎出类似一般性的认识。尽管这种认识带有相当的盲目性和非科学性，进而形成若干带有约束、限制功能的行为规范，但仍为全体社会成员所认同并遵守。这便是部分来源于宗教信仰的途径。

【案例二】最早的习惯法——图腾禁忌

鄂伦春族和鄂温克族存在过熊崇拜，将熊视为本民族的图腾。因此，其习惯法中便有大量关于熊的内容。猎熊是一种不得已的行为；并且打到熊后，不能说"打着了"，而要说"可怜我了"。熊被打死了也不能说它"死了"，而要说"布土恰"或"阿帕恰"，即"成了"或"睡了"。熊头禁止食用，习惯法规定要将熊头割下来用草包捆起来，放在木架上进行风葬。猎人们还要向熊头跪拜，给熊装烟、磕头，并用烟火熏熊头。然后，拿着熊皮到各户串门，让熊向人们告别。往回驮运熊时，须假装哭泣。这种熊图腾崇拜对鄂伦春族和鄂温克族的习惯法的影响延续了很长时间，直到解放前夕还保留着。❶ 在埃及王朝形成之前，"各地埃及人对于鳄鱼、红鹤、蝎、山羊等都敬为图腾动物，凡有杀害的，概处死刑"❷。纳西族土司认为虎是自己的祖先，所以禁止猎虎，违者痛打30大板，重者罚款，甚至坐水牢。

提示与讨论：习惯法有多种形式，最早自成一体的习惯法是图腾禁忌。图腾禁忌是人们把图腾当做亲属、祖先或神的一种表现。它包括行为、食物、言语三类禁忌，主要表现为禁杀、禁捕、禁食、禁摸、禁止直呼其名等。图腾禁忌是随图腾崇拜的产生而形成的，而图腾崇拜是最早的宗教形式，原始宗教包括自然崇拜、图腾崇拜、祖先崇拜等。

（二）法对宗教的影响

法对宗教的影响在不同的社会很不相同。在政教合一的国家里，法对宗教的影响是双向的。一方面，法可以作为国教的工具和护卫者；另一方面，法又可以作为异教的破坏力量。中世纪基督教国家对异教徒的迫害、伊斯兰教国家对基督教的禁止都说明了这一点。在宗教势力不大的国家里，法对宗教也有相当大的影响。在宗教信仰自由不受保护的前提下，宗教的法律地位取决于统治阶级的态度。对其统治秩序有利的宗教受到法律的保护；对于对其统治不利的宗教，统治者则以法治之。在近现代政教分离的国家里，法与宗教分离，法对各种宗教之争持中立态度，法保障宗教

---

❶ 高其才. 中国习惯法论［M］. 长沙：湖南人民出版社，1995：231－232.
❷ 岑家梧. 转型期的图腾文化［M］. 食货半月刊，第五卷（6）.

信仰自由，法在观念、体系甚至概念、术语等方面客观上都对宗教产生了重大影响。权利观念被引进宗教法规，与宗教义务构成一个有机整体；宗教法典不断地系统化、规范化，形成了包括组织法、诉讼法、婚姻法、财产法、刑法等部门的一套严格完整的体系。现代法律对宗教的影响主要表现为法对本国宗教政策的规定。宗教政策是指一国关于处理宗教信仰和宗教活动等问题的指导性方针。法对本国宗教政策的规定是把宗教问题制度化的表现。近代以来，世界各国相继把宗教信仰问题规定在法律上，而核心的问题就是宗教信仰自由的法律化问题。宗教自由的法律化历程步履维艰。宗教改革和资产阶级革命胜利以后，法才真正开始保障公民的宗教信仰自由。宗教自由问题最早出现在宪法性文件上，是1776年美国维多利亚州的权利宣言。据统计，20世纪70年代以后的各国宪法中，有64部涉及宗教自由、信仰自由，15部未涉及。宗教信仰自由已经成为当今世界各国宗教政策的主流；绝大多数国家把宗教信仰作为公民的一项基本人权来看待，以法律保障宗教信仰的自由。依法管理宗教事务是我国法律对待宗教问题的一贯原则。宗教信仰自由属于思想领域的问题，对待思想问题，不能采取简单的强制办法。我国是一个多民族的国家，宗教问题往往同民族问题相联系。只有贯彻宗教信仰自由政策，才能处理好民族问题，加强民族团结。

【案例三】与佛事活动有关的法律规定——断屠月、十斋日不许行刑

受儒家天人感应理论的影响，汉代就有秋冬行刑、春日不得行刑的规定。以后各朝代律令皆规定，从立春至秋分，除犯恶逆以上及部曲、奴婢杀主外，犯任何罪皆不得行刑，违者处罚。佛教传入中国后，封建法律中又出现了断屠月、十斋日不得行刑的规定（个别毁佛的时期除外）。按照佛教的规定，居士在一年的正月、五月、九月这三个月的初一至十五日要严守五戒或八戒，不杀生，吃素食，称为"三长斋月"，又叫断屠月。❶除断屠月的初一到十五外，其他月份的一日、八日、十四日、十五日、十八日、二十三日、二十四日、二十八日、二十九日、三十日，共十天，称"十斋日"或"十直日"，也不得杀生。由于斋日不杀生可以积阴德，所以，受其影响的统治者便规定断屠月和十斋日不得行刑。如唐高祖武德二年诏："释典微妙，净业始于慈悲……自今以后，每年正月、五月、九月，及每年十斋日，并不得行刑；所在官司，宜禁屠杀。"❷唐律规定："其所

---

❶ 《弘明集》卷十三［M］.

❷ 《全唐文》卷一［M］.

犯虽不待时，若于断屠月及禁杀日而决者，各杖六十。待时而违者，加二等。"❶ 宋、元、明、清均沿袭之。

封建帝王常用大赦来"施恩"。发布大赦的原因很多，有改元、立后、建储、大表、定都、克捷、封禅等。佛教传入中国后，帝王参与佛事活动也成为大赦的原因之一。以梁武帝为例，在他的统治下，48 年共大赦 37 次，其中几次大赦都与佛事活动有关。这几次佛事活动是受佛戒、舍身、设法会、设无遮大会。在什么情况下大赦，封建法律虽没规定，但大赦令往往是以诏令的形式发布，而诏令便是封建法律的一种重要法律形式，所以，帝王参与佛事活动而行大赦亦可说是一种法律规定。

【案例四】门诺教教徒违反义务教育法案

案由：被告强纳斯·约德尔、华莱士·米勒和亚当·于兹是门诺教教徒，他们及其家人都是威斯康星州格林县的居民。威斯康星州强制义务教育法要求他们的孩子进入公立或私立学校接受教育，直到年满 16 岁。但被告拒绝把他们 14 岁和 15 岁的孩子送进学校，这些孩子都已经完成了六年级的教育。孩子没有在任何私立学校注册，也没有任何公认的理由可以作为强制义务教育法的例外，因此必须服从该义务法。初审判决：公立学校行政官员向格林县法院提出起诉，被告因此被法院判决违反了州强制教育法，每人罚款 5 美元。被告抗辩说，强制教育法的实施侵犯了他们受第一和第十四修正案保护的合法权益。法庭辩论表明，被告相信，根据门诺教教义，他们的孩子进入公立或私立高中与他们的宗教信仰和生活方式是背道而驰的；他们还相信，如果把孩子送进高中，他们不仅会受到教区的指责，而且还会使他们和他们的孩子不能得到救赎。州确认被告的宗教信仰是诚实的。虽然初审法院很谨慎地认为威斯康星州强制义务教育法"确实干涉了被告实施神圣的宗教信仰的自由"，但它还是判决：16 岁以前的孩子必须接受教育的规定是"合理的和符合宪法的"政府权力，因此否决了撤销指控的请求。威斯康星州巡回法院肯定了这项指控，维持初审法院判决。但是，威斯康星州最高法院依据第一修正案的行动自由条款受理了被告诉辩，驳回了对被告的指控。终审判决：联邦最高法院认为，州不能提供足够的证据表明建立和维护教育体系重要到了可以推翻宗教行动自由权的地步，因此维持州最高法院的判决。门诺教，3 个世纪以来一直是得到认同的宗教团体，这个美国社会非常成功并且自立的组织，已经令人信服地证明了他们宗教信仰的纯洁性，证明了他们的信仰和生活方式密不可

---

❶ 《唐律疏义·断狱》［M］．"立春后秋分前不决死刑"条．

分，证明了信仰和日常生活使门诺社区得以延续的必要性，也证明了州强制义务教育法对他们的危险性。除此之外，他们甚至还证明了非正规的职业教育模式足以代替州的强制高中教育计划。因此，州有责任更加详细地证明，它的强制教育计划重要到了可以拒绝门诺教得到豁免的地步。❶

四、我国宗教政策与法律调整

在社会主义社会，宗教已经不再是统治工具。社会主义通过逐步消除宗教得以存在的社会根源和认识根源来使宗教自行消灭。社会主义法既不能被用来推行宗教，也不能被用来禁止宗教。它使宗教信仰问题成为公民个人自由选择的问题。当然，必须注意的是邪教不等同于宗教。邪教的思想体系是神秘主义，邪教实质上坚持必须要有信仰上的代理人。邪教由于它的神秘主义思想基础，而且把信仰当做至高无上的东西，使得很多人在人生价值的问题上被感召，甚至包括很多受过科学训练的人。它没有理性主义的监视，它排斥知识，排斥科学，排斥人类的正常的思考，扼杀教徒的批判能力；最后的结果是导致全体教徒的盲信和精神病大发作。邪教是有害的，是反科学、反社会、反人类的，因此必须坚决取缔。

我国是一个多民族、多宗教的国家，宗教问题往往同民族问题交织在一起。作为一种历史现象，宗教在社会主义社会中将长期存在。因此，在我国，宗教信仰自由是一项长期的、基本的宗教政策。认真贯彻这一政策，正确对待宗教问题，对于巩固和发展民族团结，维护社会安定团结的局面，促进社会主义现代化建设，都具有重要的意义。

我国宪法用根本法的形式确认了宗教信仰自由政策。现行《宪法》第36条明确规定："中华人民共和国公民有宗教信仰自由。任何国家机关、社会团体和个人不得强制公民信仰宗教或者不信仰宗教，不得歧视信仰宗教的公民和不信仰宗教的公民。国家保护正常的宗教活动。任何人不得利用宗教进行破坏社会秩序、损害公民身体健康、妨碍国家教育制度的活动。宗教团体和宗教事务不受外国势力的支配。"这一规定充分表明：

第一，宗教信仰纯属公民个人的私事。每个公民既有信仰宗教的自由，也有不信仰宗教的自由；有信仰这种宗教的自由，也有信仰那种宗教的自由；在同一宗教中，有信仰这个教派的自由，也有信仰那个教派的自

❶ 邓冰. 大法官的智慧——美国联邦法院经典案例选［M］. 苏益，编译. 北京：法律出版社，2004：238－244.

由；有过去不信教而现在信教的自由，也有过去信教而现在不信教的自由。因此，任何国家机关、社会团体和个人，都不得强制公民信仰宗教或者不信仰宗教，不得歧视信仰宗教的公民和不信仰宗教的公民。

第二，国家保护正常的宗教活动。在我国，法律保护公民正常合法的宗教活动；禁止利用宗教反对社会主义制度，破坏民族团结和祖国统一，破坏社会秩序；禁止借宗教信仰之名搞封建迷信，坚决取缔和制裁利用封建迷信进行违法犯罪活动的行为，禁止并严厉打击邪教组织的反社会、反人类活动。

第三，实行"政教分离"的原则。在我国社会主义条件下，必须坚定不移地坚持和实行宗教同国家政治生活及教育相分离的原则，绝不允许宗教干预国家政治生活和国家行政、司法事务，也不允许宗教妨碍或干预学校的教育事业。

第四，坚持宗教独立自主、自办教会的方针。宗教现象具有广泛的国际性。国家允许开展宗教事务的国际友好往来。但是，在我国，宗教团体和宗教事务不受外国势力的支配，这是宗教活动的一个基本准则。必须防止和抵御国外敌对势力利用宗教关系进行危害国家安全的活动，不允许外国教会和宗教界人士干预我国的宗教事务。

第三节 法与政策

一、政策的概念和分类

政策通常指一定阶级、政党、国家或其他社会组织为实现一定目的和历史任务而作出的政治决策及制定的活动准则。

就政策的分类而言，按照制定的主体，有国家政策和政党政策；也有执政党的政策和其他阶级的政策。按照规定问题的范围大小和层次，又有总政策、基本政策与具体政策之分；总政策有时也称基本纲领、路线，又称基本国策。按照规定问题的性质和内容，分为政治政策、经济政策、文化政策和其他政策。按照起作用的时间长短，分为长期政策、短期政策和临时政策。在各种政策中，掌握政权阶级、执政党和国家的总政策、基本政策，比之其他政策要重要得多。在当今世界，特别在社会主义国家，执政党的政策尤为重要。

西方学者所讨论的政策是指党的政策和国家政策的总称，并且对总称的类型不加区分地分析和研究总称与法律的关系问题。我国学者一般认为国家基本政策是国家的大政方针，它往往体现在宪法和基本法律之中，具有明显的法律效力，是宪法和法律的核心内容。也就是说，国家政策往往是法律的指导原则或法律本身。基于这一点，我国学者一般只讲党的政策与法律的关系。执政党的政策对法律的制定和实施能够产生重要的影响，影响程度的高低直接取决于该社会的政治体制和政治形势。

二、法与政策的联系和区别

社会主义国家的法律，从根本上说是一致的，即都是社会主义上层建筑的组成部分，都服务于社会主义现代化建设，都以马克思主义理论为指导思想。但执政党的政策与法律在很多方面又有区别。（1）意志属性不同。法由特定国家机关依法定职权和程序制定或认可，体现国家意志，具有普遍约束力，向全社会公开；政党政策是党的领导机关依党章规定的权限和程序制定，体现全党意志，其强制实施范围仅限于党的组织和成员，允许有不对社会公开的内容存在。（2）规范形式不同。法表现为规范性法律文件或国家认可的其他渊源形式，以规则为主，具有严格的逻辑结构，关于权利义务的规定具体、明确。政党政策则不具有法这种明确、具体的规范形式，表现为决议、宣传、决定、声明、通知等，更多具有纲领性、原则性和方向性。（3）实施方式不同。法的实施与国家强制相关，且是有组织、专门化和程序化的。政党政策以党的纪律保障实施，其实施不与国家强制相关，除非它已转化为法律。（4）调整范围不尽相同。法倾向于只调整可能且必须以法定权利义务来界定的，具有交涉性和可诉性的社会关系和行为领域。一般而言，政党政策调整的社会关系和领域比法律要广，对党的组织和党的成员的要求也比法的要求要高。但这并不意味着政党政策可涵盖法的调整范围，法也有其相对独立的调整空间。（5）稳定性、程序化程度不同。法具有较高的稳定性，但并不意味着法不能因时而变，只是法的任何变动都须遵循严格、固定且专业性很强的程序；程序性是法的重要特征。政策可因形势变化作出较为迅速的反应和调整，其程序性约束也不及法那样严格和专门化。但这也并不意味着政策可朝令夕改或无最基本的程序要求。

法与执政党的政策的关系主要表现在以下方面。第一，执政党的政策是立法的依据和指导思想。第二，法律通常由党的政策转化而来。第三，执政党的政策有利于推进法律的实施。

法对执政党政策的制约。法与执政党政策的关系不仅体现为政策对法的指导作用，也体现为法对政策的制约作用。我国宪法和法律体现了以工人阶级为领导的全体人民的意志和利益。执政党的根本宗旨是为人民服务，这要求执政党在宪法和法律范围内活动。执政党在宪法和法律范围内活动，是加强社会主义法治的关键。宪法和法律，是在执政党的政策指导下制定的，体现了政策的精神和内容。执政党领导人民制定法律，也必须领导人民遵守法律。这既有助于社会主义法制建设，树立法的权威；也有助于加强和改善执政党的领导。

三、正确处理法与政策之间的关系

从近现代国家治国方式发展变化的总趋势看，法律日益成为最主要的社会调整手段，法律主治、法律至上也成为法治（法制）国家奉行的基本原则。这种现象是符合社会发展的规律的。因此，随着经济、政治的变迁，中国已步入建设富强、民主、文明的社会主义现代化强国的轨道，在治国方略上也已实现了重大转变，即由过去主要依靠政策过渡到"既依靠政策，又依靠法制"，再过渡至"依法治国，建设社会主义法治国家"。治国方式的转变，意味着我国将逐步走向依靠法律作为主要社会调整手段的法治之路。不过，从另一方面讲，重视法治，也并不能完全忽视政策的作用；即使建成了一个完全的法治国家，法律也不可能完全取代政策。我们要反对的是"政策至上"、"政策大于法律"和"政策的泛化"，反对用政策调整来取代其他社会调整，也反对把政策当成社会调整的主要手段，但绝不是完全否定政策的作用。在未来复杂的、激变的社会中，政策将仍然具有其不可替代的地位和重要性。因此，在认识和处理法与政策的关系问题时，既不要把二者简单等同，也不要把二者完全割裂、对立起来。当它们二者在实践中发生矛盾和冲突时，我们既要坚持依法办事，维护法律的稳定性和权威性；又要根据新的政策的精神适时地对法律作出修订，以使二者的内容和原则达到协调。

【案例】新华网北京（2004 年）12 月 22 日电：中共中央关于修改宪法部分内容的建议 22 日提交全国人大常委会讨论。建议提出，将"三个代表"重要思想写入宪法，同时在宪法中规定"公民合法的私有财产不受侵犯"。中共中央政治局委员王兆国向十届全国人大常委会六次会议作了关于修宪建议的说明。根据建议，"三个代表"思想将与马克思列宁主义、毛泽东思想、邓小平理论一样，成为国家政治生活和社会生活的指导思想。中共中央建议进一步完善对私有财产保护的规定。现行《宪法》规定："国家保护公民的合法的收入、储蓄、房屋和其他合法财产的所有权。""国家依照法律规定保护公民的私有财产的继承权。"中共中央建议，以上条款修改为："公民的合法的私有财产不受侵犯。""国家依照法律规定保护公民的私有财产权和继承权。""国家为了公共利益的需要，可以依照法律规定对公民的私有财产实行征收或者征用，并给予补偿。"中共中央建议增加如下规定："国家尊重和保障人权"；"国家建立健全同经济发展水平相适应的社会保障制度"。其他建议修改的内容有：增加推动物质文明、政治文明和精神文明协调发展的内容；在统一战线的表述中增加"社会主义事业的建设者"；完善土地征用制度；进一步明确国家对发展非公有制经济的方针；中共中央还建议，将地方各级人大每届任期从 3~5 年不等一律修改为 5 年；建议增加关于紧急状态的规定；建议修改的内容还涉及国家主席有关对外交往职权的表述以及国歌等事项。王兆国说，修改宪法是国家政治生活中的一件大事，中共中央十分重视。这次修宪是经过充分发扬民主，广泛征求意见，经过半年多工作形成的。党内党外、社会各界通过各种方式提出了许多好的意见和建议。根据议程，全国人大常委会此次会议讨论中共中央建议后将形成全国人大常委会的议案，提请即将召开的全国人大二次会议审议。❶

1982 年，我国《宪法》自颁布以来，先后于 1988 年、1993 年、1999 年和 2004 年进行了四次修改。每次修改的过程基本相同：先由中共中央向全国人大常委会提出修改宪法的建议，经全国人大常委会审议后形成正式的修宪议案，由全国人大常委会将修宪议案提请全国人大通过。从这一程序中我们可以看出，在正式进入法律程序之前，有一个由中共中央向全国人大常委会提出建议的过程。这典型地反映出我国法律和政策的相互关系。

◆ 配套练习题

一、不定项选择

1. "一切宗教都不过是支配着人们日常生活的外部力量在人们头脑中的幻想的反映，在这种反映中，人间的力量采取了超人间的力量的形式。"这一观点是由哪一思想家提出的？（　　　）

---

❶ http：//newsxinhuanet.com/newsenter/2003 - 12/22/content - 1243484.htm［OL］.

　　A. 恩格斯　　　　　　　　　B. 拉德布鲁赫

　　C. 勒内·达维　　　　　　　D. 伯尔曼

2. 法与道德的联系表现为（　　　）。

　　A. 相互渗透　　　　　　　　B. 互相制约

　　C. 互相保障　　　　　　　　D. 都是由社会物质生活条件所决定

3. 道德的属性有以下哪些？（　　　）

　　A. 物质制约性和历史性　　　B. 阶级性

　　C. 民族性　　　　　　　　　D. 普遍性

4. 政策从内容结构上可以分为（　　　）。

　　A. 总政策　　　　　　　　　B. 基本政策

　　C. 党的政策　　　　　　　　D. 具体政策

5. 政策和法律在（　　　）根本方面是高度一致的。

　　A. 阶级本质　　　　　　　　B. 经济基础

　　C. 指导思想　　　　　　　　D. 基本原则

6. 关于法与道德的共同点，下列哪些选项是正确的？（　　　）

　　A. 法律和道德都是一种社会规范，都具有规范性

　　B. 法律和道德都具有强制性，都是人们应该遵循的规范

　　C. 法律和道德都是历史的产物，都是不断变化的

　　D. 法律和道德都是建立在一定物质生产方式之上的

7. 孙某早年与妻子吕某离婚，儿子小强随吕某生活。小强 15 岁时，其祖父去世，孙某让小强参加葬礼。而小强与祖父没有感情，加上吕某阻挡，其未参加葬礼。从此，孙某就不再支付小强的抚养费用。吕某和小强向当地法院提起诉讼，请求责令孙某承担抚养费。在法庭上，孙某提出不承担抚养费的理由是：小强不参加祖父葬礼属不孝之举，天理难容。法院没有采纳孙某的理由，而根据我国相关法律判决吕某和小强胜诉。根据这个事例，下面哪些说法是正确的？（　　　）

　　A. 一个国家的法与其道德之间并不是完全重合的

　　B. 法院判决的结果表明：一个国家的立法可以不考虑某些道德观念

　　C. 法的适用过程完全排除道德判断

　　D. 法对人们的行为的评价作用应表现为评价人的行为是否合法或违法及其程度

8. 关于法与宗教的关系，下列哪种说法是错误的？（　　）

A. 法与宗教在一定意义上都属于文化现象

B. 法与宗教都在一定程度上反映了特定人群的世界观和人生观

C. 法与宗教在历史上曾经是浑然一体的，但现代国家的法与宗教都是分离的

D. 法与宗教都是社会规范，都对人的行为进行约束，但宗教同时也控制人的精神

9. 下列关于法与道德的表述哪一项是正确的？（　　）

A. 自然法学派认为，实在法不是法律

B. 分析实证主义法学派认为，法与道德在本质上没有必然的联系

C. 中国古代的儒家认为，治理国家只能靠道德，不能用法律

D. 近现代的法学家大多倾向于否定"法律是最低限度的道德"的说法

10. 道德与法律都属于社会规范的范畴，都具有规范性、强制性和有效性；道德与法律既有区别，又有联系。下列有关法与道德的几种表述中，哪种说法是错误的？（　　）

A. 法律具有既重权利又重义务的"两面性"，道德具有只重义务的"一面性"

B. 道德的强制是一种精神上的强制

C. 马克思主义法学认为，片面强调法的安定性优先是错误的

D. 法律所反映的道德是抽象的

二、论述题

论政策和法律的相互联系和作用。

三、材料分析题

在我国封建法律中，经常会规定一些犯罪主体仅限于僧尼的罪行，并且对其处罚往往也结合僧尼的特点独设刑罚，如勒令还俗、度牒抵罪等。封建法律对僧尼所规定的罪行主要有以下几种：（1）五逆罪。佛教所说的五逆罪是指弑夫、弑母、害阿罗汉、斗乱众僧、起恶于如来佛。若犯五逆罪，必堕入轮回，无法解脱。（2）禁僧人娶妻。按照佛教的规定，僧人不许结婚。如果僧人娶妻生子，则是对佛教的亵渎，违反了佛教戒律。（3）禁僧人习武。（4）禁僧人狎妓饮酒。明清法律就规定，僧人狎妓饮酒的，杖一百，并发原籍为民。

问题：结合事例谈谈法与宗教的关系。

四、参考阅读文献

1. ［美］哈罗德·J. 伯尔曼．法律与革命——西方法律传统的形成 ［M］．贺卫方，等译．北京：中国大百科全书出版社，1993．

2. ［德］拉德布鲁赫．法律智慧警句集［M］．舒国滢，译．北京：中国法制出版社，2001．

3. ［古希腊］亚里士多德．政治学［M］．吴寿彭，译．北京：商务印书馆，1981．

4. ［美］霍贝尔．初民的法律［M］．周勇，译．北京：中国社会科学出版社，1993．

5. 武树臣．中国传统法律文化［M］．北京：北京大学出版社，1994．

6. 邓冰，苏益编译．大法官的智慧——美国联邦法院经典案例选 ［M］．北京：法律出版社，2004．

第五章　法的作用

第一节　法的作用释义

"法者所以兴功惧暴也，律者所以定分止争也"，"法律政令者，吏民规矩绳墨也"。

古典自然法学派的代表人洛克说：法律的目的是对受法律支配的一切人公正地运用法律，借以保护和救济无辜者。

在泰·德萨米的《公有法典》中他说：确认、协调、批准、鼓励、活跃和促进工业、艺术和科学的发展，这将是法律的主要目的。指明、规定和管理共同的劳动和娱乐，制定实际治安措施和卫生措施——所有这一切亦都属于法律的管辖范围。

新自然法学派代表人德沃说："我们生活在法律之中，并以法律为准绳，法律确定我们的身份：公民、雇员、医生、配偶以及财产所有人。法律是利剑，是护身盾，是威慑力：我们坚持工资条件，或拒绝交纳房租，或被处以罚款，或被投进监狱，所有这一切都是我们这个抽象而微妙的最高主宰法律决定的。"

庞德认为法的作用是一种关系的调整或行为的安排，能使生活资料和满足人类对享有某些东西和做某些事情的各种要求的手段，在最少阻碍和浪费的条件下尽可能多地给予满足。

以上这些观点都从不同的角度论述了法的作用。

一、法的作用的概念和实质

"作用"从现代汉语的角度而言，主要是指：（1）对事物产生影响；（2）对事物产生某种影响的活动；（3）对事物产生的影响。❶ 由此可见，"作用"既能用来指称某一事物对其他事物产生的影响及其效果，也可以

---

❶ 现代汉语字典．修订本［M］．北京：商务印书馆，1996：1686.

用来表示产生影响的具体过程。法是人类社会所创造的、用以规制人的行为和社会生活的规范，因而法的作用是指法律作为一种特殊的社会规范对人们的行为和社会生活所产生的影响和结果。法的作用的实质是国家意志和国家权力运行的表现。同时，我们必须在更深的层次上认识到，法的作用在实质上也是一定社会的物质生产方式的反映。按照马克思主义的基本原理，无论是国家还是法，同属于上层建筑，都是由一定的经济基础决定的；反过来，上层建筑对经济基础具有能动的反作用。因此，法的作用能够显示一定社会的经济基础的状况，它的发挥受到经济基础的制约；同时，法的作用对经济基础有一定的促进作用。法的作用的实质不同决定了法的作用的对象、范围、程度和方式的不同。

二、法的作用的分类

为了具体、深入地了解法的作用，有必要对法的作用进行分类。常见的分类有以下几种。

（1）一般作用与具体作用。这是根据一般与特殊的逻辑关系所作的分类。法的一般作用是对法的各种具体作用所作的最抽象的概括，主要是指法通过确定一定的权利义务结构来建立、维护和实现有利于统治阶级的社会关系、社会秩序和社会进程。法的这种作用在任何社会都是一样的。但是，由于每种历史类型的法赖以存在的经济基础不同，它的本质和要达到的最终目的不同，每种法的具体作用也各不相同。例如，封建制法和资本主义法尽管在一般作用上都是首先维护剥削阶级的利益；但在具体作用上封建制法确认和维护等级制度，而资本主义法则宣布废除等级特权。

（2）整体作用与局部作用。这是根据法的系统与法的子系统或要素各自的作用范围所作的分类。整体作用是指法作为统一的法律体系在社会生活中的作用，局部作用是指法律体系中的某一子系统或构成要素（即个别法律部门或法律规范）在社会生活中的作用。虽然法的局部作用从属于整体作用，但每个法律部门或规范的特殊作用显然是不同的。例如，刑法的惩治作用就不同于民法的保护作用，实体法对主体权利和义务的保护方法与程序法的保护方法明显不同。

（3）预期作用和实际作用。这是根据人们的法律期待与法律的实际效果之间的区别或差别所作的分类。预期作用是立法者立法时设想法律应当或可能发挥的作用，实际作用则是法律在调整社会关系、影响社会生活时实际起到的作用。实际作用与预期作用一致，说明本本上的法律规定转变为生活的现实，法律是富有实效的；否则，则表明法律缺乏实效。

（4）直接作用与间接作用。这是根据法作用于社会关系和社会生活的途径所作的分类。每个法律规范都是对特定社会关系的定向调整，这种定向调整就是法的直接作用。由于各种社会关系是互相联系的，因而法律规范对特定社会关系的调整不可避免地影响到其他社会关系。这就是法的间接作用。例如，交通法规的直接作用是维护交通运输的安全和正常运行，而交通运输的安全和正常运行有助于经济秩序的建立和经济的发展。这后面的作用就是法的间接作用。

（5）积极作用和消极作用。这是根据法的社会意义所作的分类。法对社会生活的调整是有目的的而不是盲目的。因此，人们理所当然地会依据一定的价值标准对法律的作用作出肯定或否定的评价。肯定的评价表明法的作用是积极的，而否定的评价则表明法的作用是消极的。

（6）规范作用和社会作用。这是按照法作用于人们的行为和社会关系的形式与内容之间的区别所作的分类。从法是一种社会规范看，法具有规范作用；从法的本质和目的看，法又有社会作用。这两种作用是手段与目的的关系，即法通过其规范作用（作为手段）而实现其社会作用（作为目的）。法的规范作用是一种直接功能，即对人的行为发生影响；而法的社会作用则是一种间接功能，也就是法通过调整人们的行为而对社会产生影响。这种分类既能使人们清楚地认识到法的作用与上层建筑其他组成部分（如政党等）的作用的各自特点，又能使人们充分认识到不同历史类型的法的作用的区别。因而，这是一种比较理想的能够更加深入而具体地认识法的作用的分类。

以往人们在讲法的作用时，仅注意法的社会作用而忽视法的规范作用。这主要是因为法的社会作用直接体现法的本质和目的，比较容易引起人们的注意。但不同的事物有不同的特定社会的法、国家以及在这一社会中占支配地位的政党政策、思想意识、社会舆论等，这都属于同一上层建筑，在阶级或社会本质上可以说是同样的，其社会作用大体上也是一致的。如果不仔细区分法的规范作用就无法将法的作用与它们的作用区别开。法的作用区别于上层建筑这些组成部分的作用的特点在于，它是以自己特有的规范作用来实现它的社会作用。

第二节　法的规范作用

法作为一种由国家制定的社会规范，具有指引、评价、预测、教育和强制等规范作用。这方面的作用可以说是法本身的作用或是法的专门作用。法律作为由国家制定或认可的一种特殊的社会规范，总是以自己特有的方式来影响社会，这也是法律区别于其他社会控制手段的特点之一。法的规范作用主要包括指引、评价、预测、教育和强制等几个方面。

一、指引作用

法的指引作用是指法能够为人们的行为提供一个既定的模式，从而引导人们在法所允许的范围内从事社会活动的功用和效能。指引作用是法的作用中最重要的部分，人们之所以需要法律的指引，就在于找寻到法对特定行为的肯认与禁止的态度，从而决定行为的取舍。

1. 确定性的指引

确定性的指引指法对某一行为模式进行了明确的界定，行为人如不遵从则可能要承担不利的后果，例如刑法上有关罪名的确定就是禁止行为人从事此类行为。相对而言，行为人对于这种指引功能并无选择的自由。

【案例一】张某承租宋某一套住房，租期两年，每半年结算一次租金，订有书面合同，各执一份。后因宋某要去国外继承一笔遗产并定居国外，将该房卖给刘某，并办理了交易手续，但未能及时通知张某。刘某买了此房后又在外地出差。半年之后，刘某以房主身份向张某收取房租，张某拒绝将租金向刘某交纳。刘某向当地法院提起诉讼。法院依据《合同法》第80条（债权人转让权利的，应当通知债务人。未经通知，该转让对债务人不发生效力），判刘某败诉。在上述案例中，法院之所以判刘某败诉，是因为《合同法》第80条的规定对人们的行为的指引是一种确定性的指引，宋某或刘某在进行房屋交易后必须按照合同法的规定通知张某，否则要承担一定的法律后果。

2. 有选择性的指引

这是指法律上规定的行为模式是可以选择的，行为人可从有利于自己的角度，在法律规定的范围内择取一种最为可行的行为模式。例如《合同法》第128条规定：当事人可以通过和解或者调解解决合同争议。当事人不愿和解、调解或者和解、调解不成的，可以根据仲裁协议向仲裁机构申请仲裁。涉外合同的当事人可以根据仲裁协议向中国仲裁机构或者其他仲裁机构申请仲裁。当事人没有订立仲裁协议或者仲裁协议无效的，可以向人民法院起诉。当事人应当履行发生法律效力的判决、仲裁裁决、调解书；拒不履行的，对方可以请求人民法院执行。

二、评价作用

法的评价作用是指法律作为一种规范，能够衡量、评价人的行为是否合法或有效的功用和效用。法律的制定，严格来说就是将社会上公认的价值准则纳入法律的内容之中，因而人们可以据此对他人的行为进行评价。在评价标准上，主要有合法与违法之分。当一个行为合乎法律规定时，我们就称之为"合法行为"；反之，当一个行为违反了法律规定时，我们就称之为"违法行为"。在特定的场合，如果人们没有按照法律作出应当作出的行为，也视为"违法"而给予负面的评价，例如行政机关不按法律规定发给许可证和执照。当然，这一评价标准能否完全实现，又取决于法律规定的完善程度。有时，为了弥补合法性评价的不足，法律的评价还可以通过"合理性"来进行。与合法性评价的基础不同，合理性评价主要是指对行为的正当性进行分析。例如，司法机关作出的有罪判决虽然要在法律规定的幅度范围内进行，但是涉及处罚的轻重时就必须使用合理性评价标准。在现实生活中，作为行为的评价标准除了法律以外，还有道德、纪律等其他社会规范。在一定情况下，它们与法律可以同时使用。例如，民法上规定的"诚实信用"、"善良风俗"等，既可以视为法律评价，也可以视为道德评价。但应当注意的是，不能将它们互换使用，即不能用法律评价来取代道德评价等社会规定的评价，也不能用道德评价等来代替法律评价，否则就会混淆法与其他社会规范的区别。

【案例二】1998年，赵某想为其77岁高龄的母亲投保，但保险合同规定被保险人应该是年龄在70岁以下且身体健康的人。因此，赵某就通过关系修改了他母亲的户口年龄，与保险公司签订了保险合同，而且分别在1998年、2000年为其母亲投保。

2003年，赵某母亲去世，保险公司在进行理赔调查时，赵某再次改了其母亲入党申请书上的年龄。由此，赵某获得了保险公司理赔的27万元。不久，保险公司向公安部门举报赵某进行保险诈骗活动，随后由检察机关向人民法院提起诉讼，最终人民法院依据2002年《保险法》第54条的规定（投保人申报的被保险人年龄不真实，并且其真实年龄不符合合同约定的年龄限制的，保险人可以解除合同，并在扣除手续费后，向投保人退还保险费，但是自合同成立之日起逾两年的除外），认定保险合同有效，判决赵某无罪。上述案例中，法院以该保险合同有效两年内保险人未解除合同为由，判保险合同有效。其以法律为依据评价赵某的行为是否具有法律效力，是否构成违法犯罪的；而不去评价赵某的行为是否符合道德，是否合理的问题。

三、预测作用

这是指由于法律的存在，且对人们某种行为作出肯定或否定的评价以及由此必然导致的法律后果，人们可以预先估计到自己行为的结果或他人将如何安排自己的行为，从而决定自己行为的取舍和方向的一种功用和效能。预测作用对于法的遵守具有极其重要的意义。

预测作用对于法律的适用也具有重要的意义。司法官员或执法官员可以根据自己的预测，对相应的案件采取必要的、分别的法律措施。法律适用中的预测作用既是工作的需要，也是法律本身的要求。同样，预测作用在法律服务中也有极其重要的作用。作为法律服务者经常要为当事人提供法律上的预测服务，对法律关系的发展变化作出明智的判断，正确处理问题，解决纠纷，及时、合法、有效地维护当事人的权益。请看以下几个事例。事例1：李某在家抓一小偷，将其捆绑后痛打一顿，结果把小偷打成了残废。李某因此被法院以故意伤害罪判处有期徒刑3年。导致这样的结果是李某没以刑法来指引自己的行为，他误认为制伏小偷后殴打是正当防卫。事例2：王男与张女于1998年同居，但未办结婚登记。2005年王病故，留有60万遗产，张要求继承，被法院驳回。因张不知道自1994年2月1日后不再承认事实婚姻。张在未办理合法的婚姻登记手续的情况下与他人共同生活的行为属非法同居，不具有配偶身份，因此不是法定继承人，所以也不能获得遗产。事例3：刘女与张男谈婚论嫁是按照农村习俗，举行了登门、拉家等仪式，共收男方彩礼2万元。后男方发觉女方并不适合自己而悔婚，并要女方返还2万元；女方以按习俗男方不要女方彩礼不退为由拒返彩礼。男方诉诸法院，法院判女方返还2万元给男方，并承担诉讼费。这是因张女并不知晓婚约是不具有法律效力的，习俗不能代替法律。

【案例三】某水泥厂与某建筑公司签订一份水泥购销合同。合同约定供方向需方供应水泥300吨，由供方分三批将水泥运至需方指定的施工地点。在合同履行的过程中，前两批货交付良好，需方验收后已付清货款。第三批货起运时遇到阴雨天气，大雨、暴雨持续不断。货物运输途中遇到山洪暴发，公路被毁，致使水泥无法按时送到指定地点。水泥厂立即将这一情况通知了建筑公司，并在一星期后又将公路部门和气象部门的有关证明材料送给对方。公路被修复后，水泥厂将第三批水泥送到指定地点。建筑公司验收货物后拒付货款，而且以水泥厂延误送货20天导致其停工损失为由，要求水泥厂承担违约责任。水泥厂向律师咨询，律师告知，我国《合同法》第117~118条规定，"因不可抗力不能履行合同的，根据不可抗力的影响，部分或者全部免除责任"；"当事人一方因不可抗力不能履行合同的，应当及时通知对方，以减轻可能给对方造成的损失，并应在合理期限内提供证明"。由此，律师说，水泥厂的货款一定能够收回，而且至多承担部分责任，甚至可以免除全部责任。水泥厂根据律师的建议向建筑公司所在地的法院提起诉讼，该法院判决结果与律师的说法基本一致。上述案例中，律师就是根据《合同法》的有关规定预测法院将会作出怎样的判决。这就体现出法律的预测作用。

四、教育作用

法的教育作用是指通过法律的规定和实施，影响人们的思想，培养和提高人们的法律意识，引导人们积极依法行为的功用和效能。从这个意义上说，法律实施的过程，也就是法律发挥教育作用的过程；这种教育不仅影响到行为人本身，同时也对其他社会成员产生相应的示范作用。一部法律能否真正起到教育作用或这种作用的程度，并不是源于国家的强制力所产生的威慑的效应，关键是取决于法律本身的规定能否真正属于"良法"的范畴。当法律规定本身就是违反人性的时候，它不仅不会产生相应的教育作用，更有可能成为人们反抗暴政的导火线。这正如恩格斯所指出的，守法绝不是不惜任何代价的守法，"如果有人企图借助新的非常法，或者借助非法判决和帝国法院的非法行为，借助警察的专横或者行政当局任何其他的非法侵犯而重新把我们的党实际上置于普通法之外，那么这就使德国社会民主党不得不重新走上它还能走得通的唯一的一条道路，不合法的道路。即使是在英国人这个酷爱法律的民族那里，人民遵守法律的首要条件也是其他权力因素同样不越出法律的范围；否则，按照英国的法律观点，起义就成为公民的首要义务"●。

法的教育作用的实现主要有三种形式：一是通过人们对法律的学习和了解，发挥法的教育作用；二是通过对各种违法犯罪行为的制裁，使违法犯罪者和其他社会成员受到教育，在自己以后的行为中自觉服从法律，依

● 马克思恩格斯选集. 第4卷 [M]. 北京：人民出版社，1995：403.

法办事；三是通过对各种先进人物、模范行为的嘉奖与鼓励，为人们树立良好的法律上的行为楷模。当然，法的教育作用必须通过影响人们的思想而得以实现。也就是说，法从调整对象上而言，是以人们的行为作为基础的；而教育作用的发挥，则在于通过立法、执法活动，使法所倡导的主流价值能够深入人心，从而引导人们积极向善。

【案例四】新华网福州 2004 年 5 月 29 日电：司法部有关负责人 29 日在福建的一次讲话中透露，目前，全国 80% 以上的中小学校聘请了法制副校长，90% 以上的在校学生不同程度地接受了法制宣传教育，在校学生的违法犯罪率保持在 1‰ 以下。据了解，近年来，中国的青少年法制宣传教育工作得到加强。司法部与中央有关部门先后出台多项规范性文件，各省市也相继出台了加强青少年法制教育工作的规范性意见，学校已经成为青少年法制教育的主要场所。这位负责人表示，继续加强青少年学生的法制教育，要保证计划、教材、课时、师资"四落实"；要加强法制副校长的业务培训，帮助、指导他们开展工作；要加强青少年学生法制教育基地和阵地建设，逐步健全学校、社会、家庭三位一体的青少年法制教育体系，不断提高青少年学生法制教育的质量。青少年违法犯罪目前已经成为一个受到各界高度关注的社会问题，解决这个问题需要有大思路和综合治理，其中之一就是开展青少年法制宣传教育，让他们知法、信法，然后守法。❶

五、强制作用

法的强制作用是指法律能运用国家强制力保障自己得以充分实现的功用和效能。法律强制的实施主体是国家，实施的对象是违法者的行为。

法的强制作用是法律不可缺少的重要作用，也是法的其他作用的保障。没有强制作用，指引作用就会降低，评价作用就会在很大程度上失去意义，预测作用就会被怀疑，教育作用的效力也会受到严重的影响。法律强制的内容在于保障法律权利的充分享有和法律义务的正确履行。法律强制的目的在于实现法律权利与法律义务，确保法律应有的权威，维护社会正义和良好的社会秩序。还必须注意的是，法律的强制作用不仅在于制裁违法犯罪行为，还在于预防违法犯罪行为，从而增进社会成员的安全感。法律的强制作用通常包括三个方面的内容：第一，强制社会主体作出某种

---

❶ 中国在校学生违法犯罪率保持在千分之一以下 ［OL］．http：//news3. xinhuanet. com/newscenter/2004–05 29content_ 1497484. htm.

行为或抑制某种行为。强制作为与不作为的主体都是义务人。如强制纳税人纳税，强制债务人偿还债务。第二，强令对他人或社会遭受的损失予以赔偿或补偿。如强制侵权人对被害人作出赔偿。第三，对违法者予以制裁。制裁的形式是多种多样的，如宪法中的弹劾、罢免等；行政法中的警告、罚款、拘留、没收等；刑法中的管制、拘役、有期徒刑、无期徒刑、死刑等；民法中的恢复名誉、赔礼道歉、停止侵害、排除妨碍、赔偿损失等。

【案例五】老赖遭遇强制执行

北京市朝阳区法院对在芍药居的一家被执行人家里，法官们的辛苦没有白费。早上7点多，还在睡梦中的王某被法官们敲门叫醒。当记者和法警、法官进屋时，他的被子还没叠，屋子中有一股浑浊的气味。法官和他说明情况后，王某指着冰箱上的100元人民币说："没钱，就一百块钱。""那你和我们走吧！"执行法官严肃地说。"那我去借点！我去借！"王某随后向对门邻居借了2000元交给了法官。截至执行活动结束，朝阳法院共对16人执行司法拘留15天。整个活动中，共有10名被执行人现场交钱。总案款共1.7万元。其他的不是人不在家，就是不愿交钱。此前，朝阳法院曾经针对欠交物业费、供暖费或房租的被执行人发出执行公告，责令7日内自动履行义务，到10月25日，有66名业主按公告要求履行了义务，执行金额25.9万元。其余没有自动履行判决的，法院决定对其采取强制措施，此次只执行了其中一部分。❶

从某种程度上讲，有法律的地方必然有违法现象，就像有阳光之处必然就有阴影，如果法律不通过强制手段惩治违法行为，则法律的权威就会荡然无存。在我国的司法审判工作中，"执行难"一直是个让司法机关头疼的问题，这就需要通过各种措施强化法律的强制作用。

第三节　法的社会作用

一、维护阶级统治

国家通过自己的权力系统和法律规则体系建立的秩序，是把一个阶级

---

❶　朝阳法院近百人兵分六路57户"老赖"遭遇强制执行［OL］. http：//news. xinhuanet. com? photo/2005－10/31//content_ 3705683_ 1. htm.

对另一个阶级的压迫合法化、制度化，把阶级冲突和阶级斗争保持在统治阶级的根本利益和社会存在所允许的范围之内，即建立起有利于统治阶级的社会秩序和社会关系。

法律对于国家存在和国家职能的正常发挥是至关重要的，从某种程度上讲，没有法律就没有国家。法律对国家治理的作用主要表现在两个方面。

1. 法律确立国家政治格局的任务

这主要是通过宪法来实现的。国家的阶级属性如何，国家的政权组织结构如何，国家政治生活的基本准则如何，这些重大的问题都必须通过法律的形式给出明确的答案；而如果这些问题没有得到很好的解决，则国家的正常运行根本就不可想象。世界上第一部成文宪法——1789 年《美国宪法》的通篇内容就是围绕一个主题：国家如何组织和如何运转。

2. 维护国家权力的运行秩序

在现代政治生活中，国家职能的实现依赖于强大的国家公共权力，公共权力的衰弱常带来社会失范和无政府状态；而公共权力的过于扩张，又将对私人权利构成威胁。因此，如何处理权力问题便成为法律的一大主题。"法律是社会生活中合理分配权力、限制权力的一种工具。如果法律成功地完成了这一任务，那么它对社会团结与生活安全便作出了重大贡献。一个健康的法律制度将根据这样一种计划来分派权利、权力和责任。"因此，为了维护国家权力的运行秩序，法律必须对此作出合理规定与设计。各国法律关于国家权力的规定，概括起来有三个方面：授予权力以解决其合法性，分配权力以形成相互制衡，调控权力以发挥其功用。

二、执行社会公共事务

所谓社会公共事务，是指由一切社会的性质所决定的具有普遍社会意义的事务。法的执行社会公共事务的作用，是法律基于其社会性或共同性，而对社会公共事务所具有的管理能力。正如恩格斯所指出的："政治统治到处都是以执行某种社会职能为基础，而且政治统治只有在它执行了它的这种社会职能时才能持续下去。"❶法律执行社会公共事务的功能主要表现在以下几个方面。

（1）保护人类社会基本生活条件，保证社会劳动力的生息繁衍，如制定有关人口控制、自然资源、环境保护、交通通讯、人权保障法规以及其

---

❶　公丕祥主编．法理学［M］．上海：复旦大学出版社，2002：71.

他基本社会秩序的法律。（2）保护生产和交换条件以及有关生产力和科学技术，如确定生产管理的基本形式，规定基本劳动条件等。这方面的法是为了减少生产和交换过程中的偶然性和任意性，提高确定性和连续性，增加交易安全，减少交易风险，降低交易成本。例如，产权法、公司法、契约法、保险法、海商法、信托法、证券法、反垄断法等法的作用均在于此。（3）组织社会化大生产。生产社会化是与社会发展同步的。古代社会典型的社会化大生产是兴修水利、组织灌溉。随着社会生产力的高度发展和科学技术的广泛使用，生产的社会化程度越来越高，致使私人由于资金、技术和劳动力的限制无法承担社会经济发展所必需的水利、能源、交通、宇航、基础设施工程，于是国家通过立法来组织实施这些工程。（4）制定使用设备、执行工艺的技术规程，规定产品、服务质量和标准，对易燃、易爆、高空、高压进行严格管理，保障生产和生活安全，防止事故，保护消费者利益。尤其是对易燃、易爆、高空、高压等危险性行业实行严格的法律规制和无过错责任制度，对直接关系人们的健康、安全和生命的消费品制定科学的标准，对它们的生产和销售实行严格的法律监督。（5）促进教育、科学和文化的发展，如制定专利法、商标法、科技进步法、教育法、教师法、义务教育法等。（6）预防社会冲突，解决社会问题，保全社会结构。（7）对不测事件的受难者予以救济和各种形式的社会保险。如对地震、水灾等自然灾害的受难者以及贫困者、失业者予以救济和各种形式的保险。

　　需要指出的是，以上阶级对立社会中法的两方面作用是一致的。这是因为：首先，统治阶级就是掌握国家政权的阶级，而国家政权是"整个社会的正式代表"。其次，维护阶级统治的作用，即恩格斯所说的政治统治，"到处都是以执行某种社会职能为基础，而且政治统治只有在它执行了它的这种社会职能时才能持续下去"❶。还要指出，以上法的两方面作用有时是由不同的法律规范承担和履行的，有时是由同一规范同时承担和履行的。这就使得法的阶级性和社会性在不同的法中的表现有所不同：有的法的阶级性表现得强烈和明显，有的则隐晦曲折。但是，我们不能因此而否定整个法的阶级性，不能把法的阶级性和社会性截然对立起来。在阶级社会中，根本不存在无社会性的阶级性，也不存在无阶级性的社会性。

---

❶ 马克思恩格斯选集．第 3 卷［M］．北京：人民出版社，1995：523.

三、当代中国法的社会作用

社会主义法是建立在社会主义经济基础之上的上层建筑。由于各个国家走上社会主义道路的起点和途径不同，社会生产力的发展阶段和水平不同，它们的经济基础会存在某些差异，有时甚至是明显的差异。但有些方面是共同的，即都是以生产资料公有制为主体，以按劳分配为主导；都消灭了剥削阶级，阶级对立的情况已经不复存在。与这种经济基础和社会结构相适应，社会主义法必然是工人阶级及其领导下的广大人民普遍意志和根本利益的体现。这是社会主义法与阶级对立社会的法的本质区别。与这一本质区别相适应，社会主义法的社会作用也根本不同于阶级对立社会的法的社会作用。就我国当代社会而言，法的作用范围是相当广泛的，作用的力度也是十分强大的。对我国社会主义法的作用曾经有过各种不同的概括和表述。例如：（1）法在处理人民内部矛盾方面的作用，法在处理敌我矛盾方面的作用；（2）法的对内作用，法的对外作用；（3）法在经济生活中的作用，法在政治生活中的作用，法在社会生活中的作用；（4）法在物质文明建设中的作用，法在精神文明建设中的作用等。这些概括和表述曾经在一定时期、某些方面帮助人们认识了法的作用。但是，由于这些方式未能比较全面地反映当代中国社会对法的实际需要和法应有的社会作用，因此，需要采用一些新的方式来阐述我国法的作用。这些新的方式必须是以邓小平建设有中国特色社会主义的理论为指导，必须贴近我国改革开放的伟大实践，必须突破在阶级斗争为纲的年代和计划经济体制下形成的某些传统观念的束缚与限制。基于以上认识，笔者认为，在我国现阶段即改革开放的新时期，法的总体作用就是为建设有中国特色的社会主义服务。有中国特色的社会主义的基本特征可以概括为：经济上实行社会主义市场经济，政治上实行社会主义民主政治，社会生活中实现社会主义精神文明，对外关系上实行开放、和平和合作。与此相适应，我国法的基本作用或主要作用就是：（1）保障、引导和推进社会主义市场经济。（2）保障、引导和推进社会主义民主政治。（3）保障、引导和推进社会主义精神文明。（4）保障、引导和推进对外开放，维护国际和平和发展。

第四节　法的作用的局限性

"有光的地方，就有阴影。"尽管在控制个人行为、调整社会关系、解决社会纠纷、推进社会变革等方面，法律发挥着不可替代的作用；但必须坦率承认，法律作为一种社会生活制度也不是尽善尽美的，法律自身有其无法克服的局限性。法律过去、现在和将来都不是万能的。如果我们对法律作用的局限性视而不见，我们就会不可避免地在法律运行的各个环节陷入困境。因此，就像美国法学家博登海默所说的："尽管法律是一种必不可少的具有高度助益的社会生活制度，它像其他大多数人定制度一样也存在一些弊端。如果我们对这些弊端不给予足够的重视或者完全视而不见，那么它们就会发展成严重的操作困难。"❶ 法律作用的局限性，部分来源于它不可避免地渗透着立法者的主观因素，部分来源于法律内容所具有的保守取向以及法律形式所固有的僵化因素，还有一部分则来源于法律作为一种社会控制手段的有限性。另外，值得一提的是，就法律的局限性问题，美国著名法学家罗斯科·庞德曾经进行过详尽的反思。在他看来，法在保障人类需求的实现、维护秩序和促进文明方面并非万能，而是受着"各种实际限制"。第一，法律的执行离不开事实的查证，然而在确定事实的过程中往往存在着乖误和偏差，从而导致错判。第二，有些义务在道德上虽然非常重要，然而在法律上却难以执行，例如强调无私这种崇高的德行。第三，某些侵犯了重大利益的行为由于方式上比较微妙，因而法律非但无计制裁，反而为之提供了有效保障。第四，有一些限制产生于对人类行为的许多方面、许多重要的关系以及某些严重的不良行为不能适用规则和补救等法律手段，例如夫妇的同居义务就是典型的例子。同时，惩罚、预防、特定救济和代替救济这样一些措施只能够对一定的事件实施一定的补救，而不能全面适用。例如，法律对财产关系和契约关系的保护比对人身、人格关系的保护更具有适用性。第五，个人求助法律帮助的主动精神并不十分充分。由此出发，庞德得出结论说："那些相信万能国家的人，一定不会假设柏拉图的哲人君主，他们必须假设有一个在超人之下的超人治理者，或一个超人占多数并以权力委诸超人行使而组织起来的社会。在我们生活的地上世界里，如果法律在今天是社会控制的主要手段，那么它就需要宗教、道德和教育的支持；而如果它不能再得到有组织的宗教和家庭的支持的话，那么它就更加需要这些方面的支持了。"❷ 具体来说，法律

---

❶ ［美］E.博登海默：法理学：法律哲学与法律方法［M］.邓正来，译.北京：中国政法大学出版社，1999：402.

❷ 罗斯科·庞德.通过法律的社会控制［M］.沈宗灵，董世忠，译.北京：商务印书馆，1984：29－33.

的局限性表现在以下几个方面：

第一，在社会的调控模式中，法律只是调整社会关系的一种手段。法律是用以调整社会关系的重要手段，但并不是唯一的方法。在调整社会关系的手段中，除法律外，还有经济、政治、行政、思想道德、文化、教育、习惯、传统、舆论等。所以，在处理社会关系时要综合运用各种手段，以取得最大的社会利益。

第二，法律调整范围不是无限的，而是有限的。法律仅调整一定范围内的社会关系，在有些社会生活领域中，对有些社会关系或社会问题，法律是不适宜介入的。如有关人们的一般私生活问题，在其不触犯法律的情况下，法律是不应当对其进行调整的。如果强制地使用外在的力量去解决内在的问题，不仅无效，反而会产生副作用。正因如此，对于某些行为，虽然本身具有社会危害性，但考虑亲情、感情、隐私等因素，法律仍然不予干预。例如刑法中就虐待、遗弃等行为规定"告诉乃处理"即是。

第三，法律自身所具有的局限性。法律具有主观意志性，法律本身并不等于客观规律。法律是由人制定的，由于人的认识能力的限制，法律在制定出来时总会存在某种不合理的地方。具体来说：（1）法律是规范，不是规律本身，它总是体现着人的意志。不管是出于阶级目的还是立法者认识上的局限，法律总会存在某种不合理、不科学的地方。（2）法律是概括性的规范，它不能在一切问题上都做到天衣无缝、绩密周延，也不能处处做到个别正义；而现实生活中的问题却是具体的、多变的，法律不可能适应整个社会实践。（3）法律具有稳定性和保守性，它总是落后于现实生活的变化。法律的稳定性和保守性与社会生活的变革性总是产生矛盾与冲突，因而出现"时滞"问题。比如，不少落后的农村重男轻女的思想严重，国家基于现行计划生育政策，防止因人为原因造成男女比例失调，以法的形式明文规定"禁止胎儿性别鉴定"。但是，由于没有规定"胎儿性别鉴定行为"的责任后果，一些不法人员借助仪器设备，大肆进行胎儿鉴定方面的活动，结果造成男女比例严重失调的重大后果。国家已经认识到该问题的严重性，所以后来通过对刑法的补充，严厉制裁"胎儿性别鉴定"行为。又如，为了更好地打击形形色色的犯罪，全国人大及其常委会先后7次对《刑法》进行修改。（4）法律具有不能适时应变的弊端。法律是讲究程序的规范，缺乏对社会事件的及时应对和处理。法律规范从概括性、一般性、抽象性的特点中派生出僵化的一面。因而，当面对具体个案时，它就有可能成为非正义的、僵化的规则。（5）法律语言有其拙劣性，它留有许多自由裁量的余地，给适用带来标准难以统一的问题。尽管法律是统一的行为尺度，但它存在许多不能作具体、确定规定的地方，表现在：一是需要作价值判断的规定，如涉及"适当"、"必要"、"正当"、"合理"等词汇之处；二是后果归结中关于罚则幅度的规定，如对于"有期徒刑3年至7年"这样的规定就需要进行自由裁量。法律推理过程中往往离不开适用者的主观意志，因而也就渗透了适用者个人的非理性因素。

第四，法律的实施要受到人与物质条件的制约。"徒善不足以为政，徒法不足以自行"，不管法律制定的质量水平如何，法律对人和物都有依赖性。首先。无论何种法律，即使是制定得很好的法律，也需要具有相当法律素养的人正确地去执行和适用。如果执法者不具备相应的专业知识和思想道德水平，法律是难以有效实施的。其次，法律的实施还需要社会上绝大多数人的支持，这就要求他们具备一定的法律意识，尊重并相信法律。如果他们缺乏一定的法律意识，缺乏遵守法律的思想道德风尚和习惯，法律就不可能有效地实施。最后，实施法律还必须要有相应的社会、经济、政治、文化条件的配合，需要有一定的物质装备、基础设施等物质条件。

第五，法律的预期作用在实现效果中的局限性。这具体体现在：（1）法律的预期作用与实现效果不充分之间的程度反差。这是指法律实施在条件及其他因素基本具备的情况下，仍不能达到法律预期目的。如法律（主要是刑法）的最基本职能是打击犯罪，保障治安。但是自古至今，没有任何一个国家的法律能够在完全、充分的意义上实现这一职能。事实上，总是有一些犯罪分子能够逃避法律制裁，总是有一些地区的治安在一定时期和一定情况下得不到充分、完全的保障。（2）法律的预期作用与实现效果之间的逆向反差。这是指法律规定在形式上得到实施，但实施的效果导致了一个间接性的后果，这个间接后果又反过来直接影响了法律的预期目的。结果，不仅没有实现预期目标，反而损害了预期目的。例如，为了增加国家税收，一个直观的办法就是多征税。然而，多征税的长远效果是损害了生产者的利益和将利润投入于生产的积极性，结果导致再生产甚至是原有生产的萎缩，最终导致税源减少。（3）法律预期作用与实现条件不具备之间的落空反差。这是指法律条文规定的某些内容，因显示不具备相应条件而无法得到实施或真正实现，使法律的预期作用落空。20世纪80年代，中国农村的企业经济和家庭承包经济发展迅速；同时，国家对生产管理、原料采购、销售等经济往来活动也制定了大量经济、民事法规。但是，由于种种现实条件的限制和其他主观原因，这些法律中所体现的平等、价值、有偿的商品经济原则和合同契约关系在很大程度上还难以在农村经济中得到充分体现，有的也根本无法得到体现。

最后，正如庞德所提到的，法律的运作还必须有赖于行为人的推动。也正因如此，德国著名法学家耶林号召"为权利而斗争"。只有人们能有强烈的权利意识并愿意诉诸法律来维护自己的权利，法律的功效才能够真正得以实现。

【案例一】昆明"女体盛"事件

"女体盛"是日本的一种饮食活动，是用少女赤裸的身躯作食物容器来装盛寿司供客人品尝的宴席。2004 年 4 月 2 日，云南昆明晓忆娱乐有限公司"和风村"大胆推出"女体盛"，以女大学生裸露的身体当食器盛菜，邀诸多家新闻媒体记者和客户参加，其惊世骇俗之举引起了轩然大波。次日，云南省卫生部门紧急出动并作出初步处理，要求该公司立即停止"女体盛"类似活动。4 月 18 日，昆明市西山区卫生局、区工商局依法对举办"女体盛"活动的商家作出处理。举办该项活动的昆明晓忆娱乐有限公司"和风村"餐厅被责成立即改正，今后不得再从事"女体盛"以及类似活动，并处以罚款 2000 元人民币。有关方面称，昆明晓忆娱乐有限公司举办的"女体盛"活动，直接违反了《中华人民共和国食品卫生法》（以下简称《食品卫生法》）第 8 条第 1 款第（5）项的规定："食品生产经营过程必须符合下列卫生要求……（五）餐具、饮具和盛放直接入口食品的容器，使用前必须洗净、消毒，炊具、用具用后必须洗净，保持清洁。"❶ 该事件发生后，社会各界反应激烈。云南省妇女联合会针对此事发表的抗议文章基本可以代表社会主流声音，文章指出："女体盛"实质上是对女性尊严的伤害、侮辱和歧视。女性有着神圣不可侵犯的尊严，把人体作为盘子装食物不仅不符合我国国情，违反了我国的社会道德标准；而且是对女性的极大不尊重，是在侮辱女性。我们不能把国外腐朽的文化垃圾、糟粕当做新鲜事物引进来，迎合某些人的猎奇、低俗、变态的心理。这种做法不符合中华民族的道德文化，是对社会主义精神文明的践踏。对于这样的事情，法律不能置之不理或袖手旁观。但是，当执法者出手处理时却发现现有的法律对此没有规定。因为立法者实在没有想到"聪明"的商家会搞出这样的饮食文化来。在这种情况下，法律存在漏洞，但执法者又必须作出处理，最后不得不适用了一条不合适的法律条款对商家进行处罚。媒体报道显示，执法者适用的是《食品卫生法》第 8 条第 1 款第（5）项的规定："食品生产经营过程必须符合下列卫生要求……（五）餐具、饮具

---

❶ "女体盛"活动追踪：云南卫生厅叫停"女体盛"［N］．北京青年报，2004 - 04 - 06.

和盛放直接入口食品的容器，使用前必须洗净、消毒，炊具、用具用后必须洗净，保持清洁。"但是，很显然，躺在餐桌上的女大学生并不是什么餐具、炊具、入口食品的容器。根据《食品卫生法》第54条的规定："本法下列用语的含义：……食品容器、包装材料：指包装、盛放食品用的纸、竹、木、金属、搪瓷、陶瓷、塑料、橡胶、天然纤维、化学纤维、玻璃等制品和接触食品的涂料。"在这里，执法者显然是运用了类推的法律推理，但是这种类推是非常不成功甚至是相当可笑的，因为它把女大学生等同了装菜盛粥的盘子和碗。但这不能归咎于执法人员，这是法律的局限性造成的。

一、认真对待法律的局限性

法律伴随着人类社会的成长，保护社会正常发展；法律也是个人的导师和伴侣，从摇篮到坟墓，时刻都有法律的身影隐现。在现代法治社会中，法的作用和意义尤其值得重视。法律是现代社会最重要和最基本的社会规范和游戏规则，法律引导公共生活有序进行，也给私人生活以积极的保护，法律约束权力，法律力求带来幸福。实践证明，在有良法及其有效实施的国家，人民安康，社会和谐；而在法律虚无、强权横行的国家，暴力成为解决问题的手段，社会正义无处可寻。然而，对法律的高度评价不允许走入另一个极端，即认为法律是无所不能的，从而出现法律的霸权主义并导致对其他社会规范的忽视和践踏。事实情况是，法律只能解决一部分问题而不是所有问题，法律只能处理人的外部行为而无法涉及人的内部行为，法律从来没有惩罚过所有犯罪和全部坏人，法律也并不总是最经济的和必然带来公正的。因此，强调法治的同时还需要重视道德教化，需要关注行业自律，需要树立其他社会规范的权威。事实上，法律的治理从来不是法律单枪匹马的个人英雄主义，法律效用的正常发挥也离不开其他社会规范的支持和帮助。简而言之，所谓法治，不过就是法律主导下的多元化调控。❶ 总之，我们只有正确认识到法本身所存在的局限，并采取相应的措施，才能充分发挥法的作用。在这方面，必须克服盲目崇拜法律的心理，正确适用法律机制和法律手段。

---

❶ 舒国滢，李宏勃主编．法理学阶梯［M］．北京：清华大学出版社，2006：176．

【案例二】 美国禁酒令❶

1919 年，美国国会通过宪法第十八条修正案："禁止在合众国及其管辖的所有领土内酿造、出售和运送作为饮料的致醉酒类；禁止将此类酒类输入或输出至合众国及其管辖下的所有领域。"在美国政治史上，禁酒问题长期以来一直是争论的焦点。19 世纪中期啤酒、烈酒消费量猛增，纽约、旧金山等地每 200 户居民中就有酒馆一家。1869 年，美国成立禁酒改良党，进行禁酒宣传。1872 年该党推出总统候选人，参加美国总统竞选。其他支持禁酒的团体还包括基督教妇女禁酒会、反酒馆联盟等。它们宣传，"禁酒不仅是个人道德问题，而且是维护清教主义理想在美国的唯一可行的办法"。20 世纪初，禁酒大有进展。法学家、社会学家都将此视为犯罪和贫穷的根源，有的还称为"魔鬼的甜酒"。1900 年，全国有 5 个州自行规定禁酒。1913 年，美国国会通过《韦布—凯尼斯法》，禁止酒类通过州际贸易输入禁酒各州。但是，由于各州对禁酒政策不一，导致了该项联邦法不能在各州一致执行。南方当权者赞成禁酒，他们认为酒精会主张暴行，从而使当地黑人问题更具有危险性。工场主也赞成禁酒，他们将其视为减少工伤事故的手段。到 1916 年全国已经有 19 个州禁酒。第一次世界大战开始后，国会以"经济、效率和道德"之由，禁止制造和售卖可醉人的酒。1917 年，《利佛食物管理法》采取了禁酒规定，1919 年被写入第十八条宪法修正案。但是，该法案通过之后的实施状况表明，它是一条无法执行的法案。在全美国出现了大规模的群众性违反禁酒令的活动。一方面私酒贩子成了一种职业，他们有时把工业酒精进行蒸馏，有时从欧洲或加拿大走私进口，有时自己私自酿造，从这种非法贸易中获取暴利。另一方面，政府当局对此现象也无能为力。许多私酒贩子买通警察，结成帮派，使用威胁、暴力甚至谋杀等手段，虽然美国国会从来没有明确废止第十八条修正案，但对这种大规模的群众性违法活动，这条法律只好自行废止了。第十八条修正案成为美国宪法史上的一大败笔，后来美国人撰写其宪法史时几乎没有人再提到它。

【案例三】 澳大利亚海滩裸泳案

澳大利亚新南威尔士州的曼利市发生了这样一件案子，70 名裸泳爱好者在公共海滩一丝不挂出入人群，被视为有伤风化。市政府引据澳国 1919 年颁布的《地方政府法案》中的有关条款，在法庭上对 70 名裸泳者提起

---

❶ 朱景文. 比较法社会学的框架和方法——法制化、本土化和全球化 [M]. 北京：中国人民大学出版社，2001：518.

诉讼，要求禁止其行为并予以处罚。诉讼结果是市政府败诉。法官认为，《地方政府法案》中的条款仅指明游泳者"着装不当、修补不当、衣料透明等不文明行为"应禁止，并未指明赤身裸体完全不着装是否应禁止。市政府争论说，完全不着装可以理解为"着装不当"。法官断然拒绝这种解释，宣告市政府的起诉没有法律依据。因为法律尽管禁止"着装不当、修补不当、衣料透明等不文明行为"，但毕竟没有对"裸体"作出明文规定；法无明文不得定罪，法无明文不得处罚。因而，市政府的起诉是没有法律依据的。

【材料选读】问题的提出：检察机关"同案不同处理"现象解读

在基层检察院所办的案件中，同种情况不同处理的情况较为普遍。下面两起案件是某一基层检察院办理的普通刑事案件，这两起案件的处理结果可以说明一些情况。

【案例一】 李某系上海某国有包装材料公司经理，其在负责采购原材料、外发加工等业务中，利用职务便利，先后收受贿赂款共计人民币 4.24 万元。该案经反贪部门侦查终结后移送法院。法院判处被告有期徒刑 2 年。

【案例二】 朱某系某卫生院中药房采购员、负责人、药剂科科长，其利用职务便利，在采购中药饮片过程中，多次收受供应商的贿赂款，共计人民币 4 万元。公诉部门审查后认定朱某受贿犯罪情节轻微，具有自首情节，且赃款均已退出，故决定对朱某相对不起诉。

上述两起案件为同一个检察院办理的受贿案，犯罪数额相近，犯罪嫌疑人都有自首情节，案发后及时退赃，侦查终结后均移送审查起诉；但公诉部门的处理决定迥异：对一人提起公诉，对一人作相对不起诉。这最终导致司法程序和司法结果有较大差异。在基层检察院所办的案件中，类似同种情况不同处理的情形数不胜数。在不同检察院或同一检察院内部对案情相似的案件在适用法律和处理尺度上亦存在不统一的问题，相似的刑事案件，有的对罪名认定差异较大，有的对是否批准逮捕不一致，有的对诉与不诉两种结果有争论，有的对量刑情节存在认识分歧。"同案不同处理"现象在检察机关以不同形式存在。在其他的司法机关，"同案不同处理"现象也同样存在。法律适用的一个重要原则就是在同样情况下应当同样处理，司法标准统一是司法公正最基本的要求。"人们对于正义存在不同的理解，但大体可以肯定的是，正义的基本要求是对于相同的案件必须得到相同的或者至少是相似的处理，只要这些案件按照普遍的正义标准在事实上是相同的或相似的。换言之，对于相同的事项应相同处理，对于不同的事项应不同处理，这是正义的基本要求。"刑事公平正义最重要的表现就是刑事司法的确定性和一致性。在现实生活中，只要存在1%的处理结果失衡，于个案当事人而言，也就意味着100%的不公平。同一法律对于同一事实有不同的解读和法律后果，其直接后果是导致司法公正的缺失。

二、问题产生原因——成文法的局限性

"同案不同处理"这种矛盾的客观存在直接或间接地威胁到法律在社会公众心目中的公正性与权威性，也极易引起案件当事人的不满和误解。然而，产生这种现象的原因何在？笔者认为："同案不同处理"现象的存在，除了外界干扰、办案人员自身素质不高等因素外，主要是成文法体制所致。成文法虽然具有体系完整、逻辑严密、结构科学等优点，但其本身具有不可克服的局限性。成文法缺乏具体性，法律规范过于原则，在实际的应用中往往难以适应千变万化的现实生活。同时，由于我国法制建设的时间不长，法律体系尚未完善，且立法机关为在短时间内建立起完备的法律体系；故立法较为原则，实践操作性不强，造成法律真空地带较多，法律歧义现象纷呈，"宜粗不宜细"的印记仍随处可见。就刑事法律而言，非法经营罪、玩忽职守罪等小口袋罪、大量"情节犯"的设置等均为现行刑法增添了许多不确定性。这一方面在无形中赋予了包括检察官在内的司法人员过大的自由裁量权，另一方面也不可避免地造成了司法实践中许多"同案不同处理"的情形发生。同时，成文法亦缺乏相应的灵活性，以致无法适应社会的发展。"法律必须是稳定的，但不可一成不变"，这句话揭示了法律面临的一个两难问题。在成文法国家，依附刑事法典所确立的罪刑法定主义使刑事法律具有了相当的稳定性。但刑事法律不仅需要稳定，也需要变化。"一个法律制度，如果跟不上时代的需要与要求，而且死死抱住上个时代的只具有短暂意义的观念不放，那么显然是不可取的。我们必须在运动和静止、保守和创新、僵化与变化无常这些矛盾的力量之间谋求某种和谐。"从某种意义上说，刑事法典具有灵活性不足的局限性：刑事法典的立改废是一项系统性的工程，不宜频繁地进行，否则法律的严肃性将受到严峻的挑战。因此，对于一个成文法国家而言，从立法的角度来解决刑事法律的灵活性具有先天不足，作用有限。所以，如何在稳定的刑事法律中寻求到灵活性，在成文法国家不仅是一个立法的问题，更是一个司法的问题。成文法国家在通过立

法来不断适应社会发展的需要的同时，更需要通过司法使刑事法律成为行动中的法，从而使书面上死板的法律条文具有生命力，适应千变万化的社会现实。❶

♦ 配套练习题

一、不定项选择

1. 法律格言说："紧急时无法律。"关于这句格言含义的阐释，下列哪一选项是正确的？（　　）

　　A. 在紧急状态下是不存在法律的

　　B. 人们在紧急状态下采取紧急避险行为可以不受法律处罚

　　C. 有法律，就不会有紧急状态

　　D. 任何时候，法律都以紧急状态作为产生和发展的根本条件

2. 关于法的作用，下列哪些选项是错误的？（　　）

　　A. 法是由人创制的，人们在立法时受社会条件的制约

　　B. 法律人在处理法律问题时没有自己的价值立场

　　C. 法具有概括性，能够涵盖社会生活的所有方面

　　D. 法律不能要求人们去从事难以做到的事情

3. 20世纪90年代初，传销活动在中国大陆流行时，法律法规对此没有任何具体规定。当时，执法机关和司法机关对这类案件的处理往往依据《民法通则》第7条。该条规定："民事活动应当尊重社会公德，不得损害社会公共利益，破坏国家经济计划，扰乱社会经济秩序。"这说明法律原则具有哪些作用？（　　）

　　A. 法律原则具有评价作用　　　B. 法律原则具有裁判作用

　　C. 法律原则具有预测作用　　　D. 法律原则具有强制作用

4. 下列有关法律作用、法律观念等问题的表述哪些是正确的？（　　）

　　A. "法典是人民自由的圣经"，这说明法律是自由的保障

　　B. "恶法亦法"观点强调法律的权威来自于法律自身，与法律之外的因素无关

　　C. "徒法不足以自行"，因此法律不是万能的

　　D. "有治人，无治法"，反映了中国古代"以法治国"的法治观

5. 法的指引作用可以分为确定的指引和有选择的指引，下列哪些表述

---

❶ 潘祖全. 典型案例在检察机关办案中的指导作用［J］. 法学，2008（10）.

属于有选择的指引？（　　）

A. 宪法规定，公民的人格尊严不受侵犯

B. 合同法规定，当事人协商一致，可以变更合同

C. 刑法规定，故意杀人的，处死刑、无期徒刑或者十年以上有期徒刑

D. 民法通则规定，公民对自己的发明或者其他科技成果，有权申请领取荣誉证书、奖金或者其他奖励

6.《中华人民共和国继承法》第 16 条第 2 款规定："公民可以立遗嘱将个人财产指定由法定继承人的一人或者数人继承。"从法的规范作用看，该项规定属于下列哪一情况？（　　）

A. 个别指引　　　　　　　　B. 确定的指引

C. 有选择的指引　　　　　　D. 非规范性指引

7. 某林区村民于小林为盖房欲伐几棵国有林木。父亲对儿子说："未经许可去伐国有林木属乱砍滥伐，是违反森林法的。"小林依从了父亲的劝导。该事例说明了法的哪些功能？（　　）

A. 引导功能　　　　　　　　B. 评价功能

C. 教育功能　　　　　　　　D. 强制功能

8. 学者们认为，法律不是万能的，其作用是有限的。其理由在于：①法律重视程序，不讲效率；②法律调整外在行为，不干预人的思想观念；③法律强调稳定性，避免灵活性；④法律反映客观规律，不体现人的意志。下列哪些选项是正确的？（　　）

A. ④③①　　　　　　　　　B. ①④②

C. ②　　　　　　　　　　　D. ③

9. 关于法律语言、法律适用、法律条文和法律渊源，下列哪一选项不成立？（　　）

A. 法律语言具有开放性，因此法律没有确定性

B. 法律适用并不是适用法律条文自身的语词，而是适用法律条文所表达的意义

C. 法律适用的过程并不是纯粹的逻辑推理过程，而有法律适用者的价值判断

D. 社会风俗习惯作为非正式的法律渊源，可以支持对法律所作的解释

10. 法在其生效期间是反复适用的，而不是仅适用一次；它所适用的对象是一般的人而不是特定的人。这些都表明了法具有（　　）。

A. 强制性   B. 统一性

C. 权威性   D. 规范性

11. 某当事人根据自己的行为与证据材料和对方当事人、证人的举证与作证，结合对于法律规定的理解，来推测法院的判决，这表现出法律的（　　　）。

A. 指引作用   D. 社会作用

C. 教育作用   D. 预测作用

12. 授权性规范的指引作用是（　　　）。

A. 禁止一定的行为   B. 命令一定的行为

C. 确定的指引   D. 不确定的指引

13. "徒法不足以自行"说明（　　　）。

A. 法律可有可无   B. 法律万能

C. 要人治不要法治   D. 法律作用有局限性

二、案例分析

英国某法院曾审理过一件颇为棘手的刑事案。一名叫乔治的年轻人设法进入某皇家空军机场，坐在机场跑道上观看天上的飞机，被警察带走并于几天后被送上法庭。乔治的辩护律师为其辩护说：《官方机密条例》规定"不得在禁区附近妨碍皇家军队成员的行动"。虽然军用机场是个"禁区"，乔治也妨碍了皇家军队成员的行动，但他不是在"禁区附近"，而是在"禁区里"。条例只规定了"在……附近"，没有规定"在……里"，所以依据这条规定是不能处罚乔治的。律师还提醒法官注意，英国是个法治国家，法无明文规定不为罪。法官在对此案进行裁决时甚感为难。

根据上述案情，分析以下问题：

（1）法的作用有局限性吗？

（2）如果法有局限性，那么结合本案，请分别列出哪些情节能够说明这一点。

三、参考阅读文献

1. ［古希腊］亚里士多德. 政治学［M］. 吴寿彭，译，北京：商务印书馆，1997.

2. ［美］庞德. 通过法律的社会控制［M］. 沈宗灵，董世中，译. 北京：商务印书馆，1984.

3. 沈宗灵. 现代西方法理学［M］. 北京：北京大学出版社，1992.

4. 付子堂. 法律功能论［M］. 北京：中国政法大学出版社，1999.

5. ［法］孟德斯鸠. 论法的精神［M］. 北京：商务印书馆，1982.

6. 公丕祥主编．法理学 ［M］．上海：复旦大学出版社，2002．

7. 孙笑侠．法的现象与观念 ［M］．济南：山东人民出版社，2001．

8. 张文显，张建斌．论法在建设有中国特色社会主义中的作用 ［J］．
吉林大学社会科学学报，1994 （2）．

第六章　法律渊源

第一节　　法律渊源概述

一、法律渊源释义

法律渊源在法学中是一个非常重要但又很难定义的概念。众多法学著作对法律渊源有各种不同的解释：（1）历史渊源，即指历史上曾经存在的某种法律制度，例如对西方法律制度有着重要影响的古罗马法、教会法等，有时也指推动制定某一法律的一定历史事件。（2）法的理论渊源或思想渊源，即对一国法律制度、法律规范起指导作用的理论原则和思想体系。如曾对西方法学发展产生重要推动作用的理性主义、功利主义等理论。（3）法的本质渊源，即推动法律现象产生、存在、发展的根本原因。对此，不同学者有着不同的认识。比如，古典自然法理论认为法的本质来源于人类理性，马克思主义法学理论则认为法的本质来源于一定的物质生活条件。（4）法的文献渊源，即法律出自于何种法律文献。如我国的各种法律汇编、英美国家的判例汇编等。（5）法的学术渊源，即对法进行学理性阐释的各种法学文献。如权威性的法学著作、工具书等。（6）法的形式渊源，即根据不同的创制途径而产生的法所表现出来的不同形式。如制定法（或者说成文法）、习惯法、判例法等。

在众多的关于法律渊源的解释中，法律渊源最通常的含义是指法律的效力或约束力的来源。

在任何一个现代社会中，都存在着调整一定社会关系、指引人们行为并由国家机关以强制力来实施的规范，人们把这些规范称为法律。这些规范在维护社会秩序、解决纠纷的过程中发挥着很大的作用。法院以它们为依据作出判决，行政机关以它们为依据作出行政行为，律师们以它们为依据进行辩护或者从事咨询工作。那么，这些规范从何而来就涉及法律渊源问题。因此，本书中涉及的法律渊源（Source of Law）是指由国家或社会所形成的，能够成为法官裁判依据或者人们行事准则，具有一定法律效力和法律意义的规范的表现形式。

　　法律渊源与法律形式（Forms of Law）是既有联系又有区别的两个概念。法律形式是指法律的存在状态、外部形态或者表现形式；比如法律规范的载体是什么，它以什么形式表现出来以便为人们所了解。法律形式是一个与法律内容相对而言的概念。法律内容即法律规范规定了人们可以做什么事情、必须做什么事情和不得做什么事情。法律形式表明这些内容是以怎样的形式表现出来并为人们所了解的。法律规范是形式和内容的统一。法律形式主要有制定法（即成文形式）、习惯法（即不成文形式）和国际法（主要是国际条约、国际惯例形式），在有的国家还有判例法（即判例形式）。在中国的制定法中，也存在各种不同的法律形式，例如宪法、法律、行政法规、地方性法规、行政规章、自治条例和单行条例等。不同的法律形式往往表明不同的法律渊源。不同的法律渊源也往往意味着不同的法律形式。在中国的制定法中，宪法、法律、行政法规、地方性法规、行政规章、自治条例和单行条例这些概念既表明中国法律有哪些来源，也表明这些来源的法律有哪些形式。但是法律渊源和法律形式仍然是两个不同的概念。一个是关注法律从何而来的问题，另一个是关注法律的存在状态或表现形式问题。它们的侧重点是不同的。

　　在不同的国家或者同一个国家的不同时期，法律渊源会有不同的表现。法律渊源的这种多样性特征，其成因主要在于：第一，国家经常会根据社会关系重要性的程度、范围的大小等不同情况将创制调整社会关系的法律的权力分配给不同地位的机构，由此产生的结果便是形成效力等级不同、种类多样的法律渊源；第二，不同的国家结构形式也是造成法律渊源多样性的原因；第三，历史传统对法律渊源的多样性的形成也起到重要的作用。

　　对于法学研究和法律实践来说，学习法律渊源有着重要意义。首先，法律渊源是区分法与其他社会规范的一个重要标志。不是所有的社会规范都是法，一般来说，只有成为法律渊源的社会规范才能成为司法机关办案的依据。了解当代中国法律渊源，才能明白当代中国有哪些形式或种类的法，也才能明白中国司法机关的办案依据主要有哪些。其次，法律渊源所以有不同的类别，是因为它们由不同的国家机关产生或认可。立法者不能制定或认可不属于自己权限范围的法律渊源。研究法律渊源问题有助于解决什么样的国家机关有权产生什么形式的法的问题。再次，不同的法律渊源可以显现不同的效力等级，研究法律渊源有助于采取适当的形式表现法的不同效力等级，有助于明确哪些法的效力高些，什么样的法具有最高效力。最后，不同法律渊源适合于调整不同的社会关系。不同法律渊源亦有不同的技术特点，研究法律渊源问题，有利于立法者采取法的适当形式来调整一定的社会关系，运用特定立法技术制定或认可特定形式的法。

二、法律渊源的演变和种类

奴隶制时期法律渊源，最初主要表现为习惯法；其中部分习惯法后来逐渐被制定为成文法。封建时期法律渊源有习惯法、法律、帝王诏令、官府公告、判例等形式。资本主义社会法律渊源主要有宪法、法律、条约、习惯、判例等形式。大陆法系国家，以成文法为主；英美法系国家，在传统上以判例法为主。社会主义法的主要渊源是成文法，其中宪法和法律居于主导地位。我国现阶段，法律渊源有宪法、法律、行政法规和地方性法规等。

在中国的部落氏族社会中，法最早是从习惯法发展而来的。在中国历史上的朝代更迭过程中，法律渊源种类多而且变化大。但总的来说，法律渊源以成文法为主要形式，包括律、令、格、式、典、敕、科、比等。到19世纪晚期即清末，我国法律渊源才逐渐借鉴和吸收以民法法系为主导的西方法律渊源，形成了包括宪法、法律、行政法规等在内的法律渊源。

西方国家法律渊源也是由习惯法发展到成文法。西欧的封建社会，法律渊源形式较多，曾经存在过日耳曼法、罗马法、地方习惯法、教会法、庄园法、城市法、商法、国王的敕令等并存和相互冲突的问题。后来，随着民族国家的形成和统一，法律和法律渊源才逐渐走向统一。在民法法系国家，制定法（包括宪法、法律、行政法规、条约等成文法）是其主要渊源，判例、习惯、学说等是非正式意义上的渊源。在普通法法系国家，判例和制定法都是法的主要渊源。

法律渊源的分类比较多，根据法律渊源的载体形式的不同，可以将法律渊源分为成文法渊源与不成文法渊源；从法律渊源与法律规范关系的角度，可以将法律渊源分为直接渊源与间接渊源；根据是否经过国家制定程序，法律渊源可以分为制定法渊源与非制定法渊源；根据法律渊源的相对地位，可分为主要渊源与次要渊源。最重要的分类形式是法的正式渊源和非正式渊源。

一般认为，出自法律创设机关，可以直接作为处理法律问题的根据的法律渊源，是正式渊源；如成文法国家的制定法、实行判例制度国家的判例法，以及被国家权威机关视为具有法律效力的习惯法、学理、学说等。由于这种"法源"来自权威的国家机关，反映着国家的意志，因此它能够产生法的效力，能够直接约束法律活动参与者的行为。与正式渊源相对应，非正式渊源指的是非出自法律创设机关，一般不能作为处理法律问题必要和充分根据，但对于法律活动具有一定影响力的法律渊源；如正义标准、理性原则、公共政策、道德信念、社会思潮，以及没有得到国家机关正式认可的判例、习惯、学说、学理等。这些非正式渊源在特定的条件下可以作为一种辅助渊源。部分国家在立法中体现了法律渊源的开放性，如《瑞士民法典》第 1 条规定："如本法没有可为适用之规定，法官应依据习惯法；习惯法亦无规定时，法官应根据其作为法官阐发的规则判案。在此，他要遵循业已公认的学说和传统。"尽管这种法源对于法律活动的参与者而言并没有必然的约束力即法的效力，但是却具有不同程度的说服力和参考作用。因此，它也被视为"法的半成品"——尽管不具有成品的法的效力，但是对法律活动又不是完全没有意义的；在成品的法存在某种漏洞或者含混之处时，它甚至能够发挥更为积极的作用。

三、法律渊源的主要形式

法律渊源在不同的历史时期或不同的国家或地区，有着各种各样的表现。

概括说来，法律渊源主要有以下五种形式。

（1）习惯法。在法律发展的早期，习惯法是最主要的法律渊源；在现代社会，习惯法依然是一种重要的法律渊源。在人们的生活中存在着多种多样的习惯，并不是所有的习惯都能是法律；只有经过国家和社会认可、对他人有影响的习惯才具有法律效力，这种习惯由公共权力保证实施和实现。国家认可习惯的方式有两种：明示认可和默示认可。明示认可是指国家机关以立法性文件的形式确认习惯的法律效力；默示认可是指国家机关在司法的过程中将某些习惯作为处理案件的依据，从而事实上赋予其法律效力。

（2）判例法。判例是司法机关对案件所作的判决，不仅对本案有效，而且对司法机关以后审理类似的案件都具有法律拘束力；这样一来司法机关的判例就具有了普遍的约束力，变成了判例法。判例法是 11 世纪诺曼人入侵英国后在当地习惯法的基础上逐步形成的，在这种判决的基础上，形成了适用于英格兰全境的"普通法"。判例在大陆法系国家不是主要的法律渊源。

（3）制定法。它是指由国家立法者制定的系统的、条文化的、书面形式的、具有普遍约束力的行为规范。在中国古代历史上，制定法最早是从习惯法发展而成的。我国最早的成文法是在公元前 536 年郑国执政子产铸的刑鼎。中国历史上的法律渊源以制定法为主，主要有律、令、格、式。律是指国家的刑律，令是指有关国家基本制度的法律，格是指国家机关的规章，式是指国家机关的公文程式。在大陆法系国家，制定法是主要的法律渊源。

（4）协议法。它是指通过双方或多方协商产生的，对参与达成协议的各方都有约束力的法。在全球化席卷世界的背景下，协议法在全球的经济、政治、外交、军事、环境保护等方面发挥着越来越重要的作用。协议法超出了主权国家的范围，具有世界法的性质。

（5）学理法。这是指法学家对法律问题的主张、见解所表达的权威性资料或学说。在古罗马时期，五大法学家的法律学说与法律有同等的效力。在汉代，也有过"春秋决狱"，董仲舒以孔子所作的鲁国的编年史《春秋》经义附会法律规定定罪量刑。一般情况下，世界各国历史上都曾把法理视为法律的正式渊源，现代各国则普遍否定法理具有直接的法律效力。

第二节　当代中国法律渊源

当代中国的法律渊源主要包括正式渊源和非正式渊源两类。

一、正式渊源

由于法的创制途径不同，因此，在不同的国家，法的正式渊源的范围是不同的。在英美等国家，法院的判例是法的正式渊源；而在法德等国家，法院的判例一般不被看做是法的正式渊源。我国的法律制度与欧洲大陆国家的法律制度更为相似——法的正式渊源表现为以宪法为核心，以制定法为主的形态。在法的正式渊源中，宪法的效力最高，堪称为首要法源；其他制定法的效力则在宪法之下，依次排列，构成了一个类似于金字塔模式的效力序列。

按照法的效力的上下等级，我国法的正式渊源表现为如下类型。

1. 宪法

宪法是国家的根本法。从内容上看，我国宪法一方面规定了我国的社会制度、国家制度的基本原则，国家机构的设置以及这些机构所行使的权力的范围与界限，代表国家的各种标志；另一方面它又规定了国家和公民的基本关系，即公民的基本权利和义务。由于其内容涉及国家的基本构架，因此宪法被认为是具有最高效力的法源，其他任何法律渊源都不得与宪法相冲突。我国《宪法》序言最后一段中"本宪法以法律的形式确认了中国各族人民奋斗的成果，规定了国家的根本制度和根本任务，是国家的根本法"的表述，充分反映了宪法的效力和性质。从宪法的创制上看，我国现行宪法是按照修宪程序完成的。也就是说，它是经由全国人民代表大会表决而产生的。

2. 法律

在我国，"法律"这个概念具有两种含义：（1）广义的法律：是指所有由具有立法权的立法机关依据立法程序产生的规范性法律文件。（2）狭义的法律：是指由全国人民代表大会和全国人民代表大会常务委员会制定的规范性法律文件。此处的法律是指狭义的法律。在我国正式的法律渊源之中，法律的地位仅次于宪法。

根据我国《宪法》第62条第（3）项、第67条第（2）项和《中华人民共和国立法法》（以下简称《立法法》）第7条第2款、第3款的规定，法律可以分成两个子类别：（1）基本法律：是指由全国人民代表大会制定的刑事、民事、国家机构的和其他基本法律；（2）基本法律以外的法律：是指由全国人民代表大会常务委员会制定的除应当由全国人民代表大会制定的法律以外的其他法律。全国人大闭会期间，全国人大常委会可以对基本法律进行部分补充和修改，但是不得与基本法律的基本原则相违背。

此外，全国人大及其常委会还有权就有关法律问题作出决议、决定、规定、办法等规范性法律文件，全国人大常委会则有权对法律进行解释。这种决议、决定、规定、办法等规范性法律文件以及全国人大常委会的法律解释，都具有法律的地位和效力。例如，1998年12月29日公布的全国人民代表大会常务委员会《关于惩治骗购外汇、逃汇和非法买卖外汇犯罪的决定》，2005年12月29日公布的全国人民代表大会常务委员会《关于〈中华人民共和国刑法〉有关出口退税、抵扣税款的其他发票规定的解释》就是属于这种类型。

3. 行政法规

行政法规是指由国务院为执行法律的规定或者实现自身的法定职权，所制定的规范性法律文件。根据我国《立法法》第56条规定，行政法规可以就下列事项作出规定：（1）为执行法律的规定需要制定行政法规的事项；（2）《宪法》第89条规定的行政管理职权的事项。如关于国家行政机关在行政管理活动中的职权、职责，国家行政机关在行政管理活动中同其他国家机关、社会组织、企业事业单位和公民之间的关系等；内容较为广泛。按照2001年11月国务院发布的《行政法规制定程序条例》第4条的规定，我国行政法规的名称为"条例"、"规定"、"办法"。

在我国，国务院不是许多西方国家那种与议会平行的中央政府，而是作为最高国家权力机关——全国人民代表大会的执行机关存在于国家机构体系中的中央政府。这决定了国务院的立法活动应从属于全国人大及其常委会的立法活动。国务院立法要以贯彻全国人大及其常委会的宪法、法律和其他规范性法律文件为基本任务或职能，国务院立法要以宪法和法律为依据而不得同它们相抵触。另外，国务院作为最高国家行政机关，担负统一领导和管理中国行政工作的责任，因而对全国的行政工作具有主导性。与此相适应，国务院立法对地方立法，特别是对制定地方性法规和地方政府规章的立法活动，具有主导性。地方性法规和地方政府规章不能与国务院行政法规相悖。在法的正式渊源中，行政法规处于低于宪法、法律而高于一般地方性法规的地位，其效力可以及于全国。

4. 地方性法规

地方性法规是指具有立法权的地方人大及其常委会，根据本行政区域的具体情况和实际需要，在不同宪法、法律、行政法规相抵触的前提下所制定的规范性法律文件。根据我国《立法法》第64条的规定，地方性法规可以就下列事项作出规定：为执行法律、行政法规的规定，需要根据本行政区域的实际情况作具体规定的事项；属于地方性事务需要制定地方性法规的事项。

从创制主体上看，地方性法规可以分成两种类型：（1）省、自治区、直辖市人大及其常委会制定的地方性法规。这种地方性法规必须报全国人大常委会备案。（2）较大的市的人大及其常委会制定的地方性法规。这种地方性法规必须报省、自治区的人民代表大会常务委员会批准后才能施行。由此可以看出，并非所有的地方人大都有权制定地方性法规，我国地方立法权仅赋予了一定级别的地方人大。

我国的地方性法规，一般采用"条例"、"规则"、"规定"、"办法"等名称。从效力等级上看，地方性法规具有从属性，其效力低于宪法、法律和行政法规。从效力范围上看，地方性法规具有"地方性"，其效力范围仅限于本地行政区域内。

5. 自治条例和单行条例

根据我国《宪法》的规定，我国在少数民族聚居区实行民族区域自治制度。民族自治地方的人民代表大会有权依据当地民族的政治、经济、文化的特点制定自治条例和单行条例。其中，自治条例是一种综合性法规，内容比较广泛。单行条例是有关某一方面事务的规范性文件，一般采用"条例"、"规定"、"变通规定"、"变通办法"等名称。民族自治条例和单行条例只在本自治区域有效。

民族自治地方人大制定自治条例、单行条例的活动，与一般地方人大制定地方性法规的活动相比，具有显著的不同。这种不同表现在：

第一，由于享有自治权，民族自治地方的立法范围与一般的地方立法范围相比显得更加广泛。宪法和立法法对民族自治地方立法未作不得同宪法、法律、行政法规相抵触的限制。只要不违背法律和行政法规的原则，也不对宪法和民族区域自治法以及其他有关法律、行政法规专门就民族自治地方所作的规定进行变通执行，自治条例和单行条例可以依据当地民族的特点，对法律和行政法规的规定进行一定的变通。

第二，现行民族自治地方立法的层次结构也有两点不同于一般地方立法。其一，自治县人大都有立法权，而一般地方的县人大没有立法权；其二，相当于下设区、县的市的自治州人大都有地方立法权，而一般地方不是所有下设区、县的市人大都有地方立法权。

第三，民族自治地方立法的程序也不同于一般地方立法。自治区的自治条例和单行条例，报全国人民代表大会常务委员会批准后生效。自治州、自治县的自治条例和单行条例，报省、自治区、直辖市的人民代表大会常务委员会批准后生效。

6. 行政规章

中央政府的职能部门以及部分地方人民政府（省、自治区、直辖市以及较大的市的政府）可以根据法律、行政法规以及地方性法规制定规章，以便执行法律、法规的要求或者实现自身部门的职责。规章又可分为两种：（1）部门规章。部门规章指的是由国务院组成部门及直属机构在它们的职权范围内制定的规范性文件，它所规定的事项应当属于执行法律或者国务院的行政法规、决定、命令的事项。（2）地方政府规章。地方政府规章指的是省、自治区、直辖市人民政府以及省、自治区人民政府所在地的市和经国务院批准的较大的市的人民政府依照法定程序制定的规范性文件。它可以就下列事项作出规定：为执行法律、行政法规、地方性法规的规定，需要制定的事项；属于本行政区域的具体行政管理事项。规章在各自的权限范围内施行。

7. 特别行政区的法律

特别行政区的法律、法规在当代中国的法律渊源中成为单独的一类。由于我国香港和澳门特别行政区实行不同于全国其他地区的经济、政治、法律制度，即在若干年内保持原有的资本主义制度和生活方式不变，因而在立法权限和法律形式上也有特殊性。全国人民代表大会已于1990年4月和1993年3月先后制定通过了《中国人民共和国香港特别行政区基本法》和《中华人民共和国澳门特别行政区基本法》。

8. 国际条约

国际条约是指我国作为国际法主体同外国缔结的双边、多边协议和其他具有条约、协定性质的文件。条约生效后，根据"条约必须遵守"的国际准则，对缔约国的国家机关、团体和公民具有法律上的约束力。因而，国际条约也是我国法的正式渊源之一。国际条约的名称很多，除条约之外，还有公约、协定、和约、宪章、盟约、议定书、换文、宣言、声明、公报等。

以上表明，中国当代法律渊源是一个以制定法为主的状况。需要注意的是，当代中国法律渊源除了制定法以外，国家政策也是正式的法律渊源。比如，我国《民法通则》第6条规定，法律没有规定的应当遵守国家政策。而且，由于中国的国家性质和执政党对国家的领导地位，那些转化为国家政策的执政党政策，是许多法律、法规、规章和判决的重要渊源。另外，在当代中国，最高司法机关对法律的解释也属于法的正式渊源的范围。虽然中国是成文法国家，司法判例还不是正式的法律渊源，但是，中国最高司法机关选择、确认和公布的典型判例，在司法实践中实际上起到了类似判例法的法律渊源作用。

【案例分析】在下面的案例中，涉及了哪些种类的法律渊源？

广州市公安局交通警察支队车辆管理所因车主谭驰的汽车曾有过交通违章记录，不予核发车辆检验合格标志的行为被车主认为没有法律依据而告上广州市天河区人民法院。该法院近日对此案作出一审判决：车管所拒发车辆检验合格标志行为违法。

车主谭驰于2005年5月31日携带其小型客车的行驶证、汽车安全检测报告和第三者责任保险单正本到上述车管所下属的东山分所申请汽车检验合格标志，但车管所发现该车有4次违章尚未处理，于是拒绝办理，并给他一份退办通知书，要求他把违章处理完毕后再回来办理核发检验合格标志业务。

谭驰认为，车管所退办的具体行政行为没有法律依据，直接损害了他的合法权益。根据《中华人民共和国道路交通安全法》（以下简称《道路交通安全法》）规定："对提供机动车行驶证和机动车第三者责任强制保险单的，机动车安全技术检验机构应当予以检验，任何单位不得附加其他条件。对符合机动车国家安全技术标准的，公安机关交通管理部门应当发给检验合格标志。"他认为，车管所因原告的汽车有违章记录没有处理，进而拒绝发给检验标志是违反法律规定的。

车管所在法庭上辩称，不予核发检验标志的行为是该所依法行政的具体表现。公安部72号令《机动车登记规定》规定"机动车涉及道路交通安全违法行为和交通事故未处理完毕的，不予核发检验合格标志"。谭驰有交通安全违法行为未经处理，故对该车无法核发机动车检验合格标志。

天河区人民法院经审理认为，《机动车登记规定》与《道路交通安全法》规定相抵触，依照《立法法》规定，应当适用效力高的《道路交通安全法》的规定。车管所以原告尚有违章没有处理为由，不同意发给原告机动车检验合格标志，属适用法律错误。原告的交通违章行为属另一法律关系，可由相关交通警察大队依法处理。法院遂责令车管所对原告申请小车检验合格标志的行为重新审核并作出具体行政行为。

二、非正式渊源

有关非正式法律渊源，一般认为有以下几种。

1. 政策

在我国，可以作为非正式法律渊源的政策，主要指中国共产党的政策和国家政策。中国共产党是我国的执政党，它的政策，特别是中共中央制定的政策，对于我国的各级国家机关在处理实际事务或者法律案件的过程中，有着重要的指导作用。例如，对某类犯罪行为"从重从快"打击的政策对于人民法院处理这类犯罪案件、在量刑幅度内决定处罚措施具有重要的影响力。一般而言，执政党的政策是非正式法律渊源，不能替代或取消正式的法律渊源。执政党的政策只有经过法定的立法程序，才可能成为正式的法律渊源。国家政策与执政党的政策有密切的联系，执政党的政策往往也是国家政策。国家政策主要体现在全国人民代表大会通过的政府工作报告和中央人民政府的施政纲领之中。《民法通则》第6条规定："民事活动必须遵守法律，法律没有规定的，应当遵守国家政策。"

2. 判例

判例在我国一般称为案例，不作为正式的法律渊源。然而，由于我国在社会转型过程中产生的制定法相对比较"粗"，即确定性程度较低；加之上诉制度和再审制度的存在，上级法院的案例对下级法院审理同类案件事实上会产生示范的效果。特别是最高人民法院通过"公报"形式公布的一些具有典型意义的案例，对全国各地法院审理相关案件具有指导作用。

3. 习惯

作为一种社会调整手段，习惯是由于同一种行为方式的不断重复而被人们习以为常地接受的行为规范。某种行为方式在相当长的一段时间内反复出现才会形成某种习惯做法，因此习惯具有长期性与稳定性。另外，习惯是通过人们在社会生活中相互依存与相互竞争的互动过程而逐渐演化成型的。在这一过程中，没有人可以垄断或控制习惯的产生与变化。这种自发形成的习惯整合了大量以分散状态存在的个人所具有的知识，它对于人与人之间的社会关系所作出的调整一般较符合生活的需求。所以从历史的、已有生活的角度看，习惯往往是具有内在合理性的规则。

习惯各种各样，有地区习惯、职业和行业惯例、民族风俗、国家习惯和国际惯例等。习惯是非正式的法律渊源，对于法官审判案件仅具有参考作用。《民法通则》第 142 条第 3 款规定："中华人民共和国法律和中华人民共和国缔结或者参加的国际条约没有规定的，可以适用国际惯例。""可以适用"不是"应当适用"。这表明国际惯例也像我国国内的民间习惯一样，是非正式的法律渊源。

4. 道德规范和正义观念

在西方，道德规范和正义观念往往被视为一种"高级法"或者"自然法"而被人们所倚重。尽管近代以来，直接诉诸这种"高级法"进行的司法实践越来越少，但是法院有时还会将道德规范和正义观念糅入其对宪法和法律条文的解释中，从而在事实上使得道德规范和正义观念具有了法源的地位。

在我国，一些基本的道德规范和正义观念已被正式法源所吸收，从而转化成了具有正式法律效力的法律规范。除此之外，社会生活中普遍存在的道德规范和正义观念也会影响到人们对法律问题的判断。从这个意义上看，道德规范和正义观念也可以作为非正式法源而在法律活动中发挥一定的影响作用。

5. 理论学说特别是法律学说

在历史上，理论学说往往是法律渊源之一。比如，我国封建时代的儒家学说就对当时的法律制度产生了深远的影响。在古罗马，许多法学家的学说也构成了罗马法的一个部分。但是，在现代社会，随着国家立法活动的日益精密，理论学说、法律学说一般都不被看做是法的正式渊源，法官们也不能直接将某一法学理论、法律学说作为审判的依据。

尽管一般不是法的正式渊源，但是，理论学说、法律学说所蕴含的法理，仍然是法律实践中必不可少的组成部分。这种法理能够帮助法律职业者思考法律问题，并为其进行法律论证和法律推理提供论据。因此，虽然理论学说、法律学说不是法的正式渊源，但是却可以被视为法的非正式渊源。

三、规范性法律文件的规范化和系统化

规范性法律文件是以成文法形式表现出来的各种法的形式的总称。规范性法律文件的规范化，是指立法主体应以统一的规格和标准，制定和修改各种形式的规范性法律文件，使一国属于法的形式范围的各种规范性法律文件成为效力等级分明、结构严谨、协调统一的整体。

法律、法规、规章产生于不同主体、不同方面，如果没有统一的规格和标准，就会滋生混乱、矛盾、相互脱节和其他弊病，并由此影响法的体系的和谐一致和整个法制的统一和尊严，使人无所适从，给法的实行造成困难。实现规范性法律文件的规范化，有助于消除或防止这些弊病，有利于整个法的形式和法的体系的和谐统一；对立法的科学化和良法的产生，对整个法制的协调发展和法的实行，有重要意义。

实现规范性法律文件的规范化，在制定规范性法律文件时就要坚持：第一，只能由相应的、特定的国家机关依照法定权限和程序制定；第二，各种法的效力和地位以及它们的相互关系应有明确规定；第三，应有专有名称；第四，应有统一的表达方式，文字应简练明确，法律术语应严谨、统一。为有效实现这些要求，应以法律、法规的形式，将这些要求法定化。

规范性法律文件的系统化是指对已制定的有关规范性法律文件加以系统整理和归纳加工，使其完善化、科学化的活动。

规范性法律文件是由不同立法主体在不同时期制定的。制定这些规范性法律文件时，立法主体未必都能顾及它们同其他规范性法律文件之间的联系。在经过一定时间并积累了相当数量的法律、法规、规章后，其中有些法就会发生过时、部分不合时宜或相互抵触、不一致的问题。注意实现

规范性法律文件的系统化，第一，有助于查阅有关同一事项的所有规范性法律文件，迅速了解同类的或整个的规范性法律文件体系的全貌，确定有关规范性法律文件的范围；第二，有助于明确哪些规范性法律文件已经失效，哪些继续有效，从而有助于法的适用和遵守；第三，有助于发现既有的规范性法律文件中哪些应加以废止、修改或补充，有助于发现立法上还有哪些缺陷和空白，以利于立法的进一步发展。

规范性法律文件系统化的方法主要有三种。

1. 法的清理

法的清理指有权的国家机关，在其职权范围内，以一定方式，对一定范围的规范性法律文件进行审查，确定它们或存或废或修改的专门活动。法的清理的目的，是把现存有关的法加以系统研究、分析、分类和处理。清理的基本任务有两个，并由此形成两个阶段。一是厘清现存各种法的基本情况，确定哪些可继续适用，哪些需要修改、补充或废止。这是梳理法的阶段。这一阶段不改变原有法的面貌，不是直接的立法活动。二是对可继续适用的，列为现行法；对需要修改或补充的，提上修改或补充的日程，有些可及时修改或补充的，加以修改或补充再列为现行法；对需要废止的，加以废止。这是处理法的阶段。这一阶段是直接的、正式的立法活动。法的清理有助于促进法同社会需求之间的和谐；有助于总结立法经验教训，以利于立法的进一步开展；有助于实现法的系统化、科学化。法的清理作为决定法是否继续适用或是否需要修改的专门活动，只能由享有立法职权的国家机关或其授权的机关按确定的程序进行。法的清理方法，通常分为集中清理、定期清理和专项清理三种。

2. 法的汇编

法的汇编是在法的清理的基础上，按一定顺序将各种法或有关法集中起来，加以系统编排，汇编成册。其特点是：一般不改变法的文字和内容，而是对现存法进行汇集和技术处理或外部加工，是立法的辅助性工作；不产生新法，不是正式的立法活动。法的汇编是法的清理的一种逻辑结果，法的清理是科学的法的汇编的必要准备。法的汇编的主要任务，是将法集中化、系统化。法的汇编的价值在于：它使法得以集中化、系统化，从而便于集中、系统地反映法制的面貌，便于人们全面、完整地了解各种相关法的规定；使法的清理的成果得到反映，便于人们发现现行法的优点和缺点，了解立改废的任务何在；还可为法的编纂打下基础和准备必要的条件。立法主体和其他机关、组织或个人都可进行法的汇编。但立法主体的法的汇编更有权威，可作司法、守法和其他法的实行的根据。法的汇编的过程一般分为编辑和出版发行两个阶段。汇编的形式有单项汇编和综合性汇编之分。

3. 法的编纂

法的编纂又称法律编纂、法典编纂，指立法主体在法的清理和汇编的基础上，将现存同类法或同一部门法加以研究审查，从统一的原则出发，决定它们的存废，对它们加以修改、补充，最终形成集中、统一和系统的法。法的编纂的特点在于：它是一项重要的立法活动，应由有权立法的机关依法定程序进行；其结果是产生新法或法典。法的编纂的主要任务，是统一同类有关规范性法律文件，形成系统的整体，删除原有法中已过时的或其他不合适的部分，消除法和立法中的矛盾、混乱。法的编纂不仅适用于形成统一的法典或法律，也可适用于行政法规、地方性法规甚至其他规范性法律文件。法的编纂有助于实现法的科学化、系统化，帮助人们发现现存法的弊病，从而去改善它、消除它；有助于促进法的体系的完善，就同一部门法实行增删整合，简化规范性法律文件，产生出规模较大的作为部门法基础和中心的法；有助于各种法、法律规范之间的协调一致、相互配合；还有助于法的贯彻实行。法的编纂需要在一定数量的同类法的基础上进行。法的编纂可经常开展，但不可随意进行，否则同制定新法便无区别。大规模的法的编纂通常发生在一国处于盛世之际；亦发生在立法有相当发展，以致出现规范性法律文件颇为芜杂、不进行法的编纂便无以改变这种局面的情形之下。

◆ **配套练习题**

一、不定项选择

1. （　　）是指一定的国家机关依照法定职权和程序制定或者认可的具有不同法律效力和地位的法的不同表现形式。

　　A. 法的效力渊源　　　　　　B. 法的历史渊源

　　C. 法的思想渊源　　　　　　D. 法的文献渊源

2. 下列（　　）不属于我国社会主义法的正式意义上的渊源。

　　A. 国际条约　　　　　　　　B. 特别行政区法律

　　C. 军事法规　　　　　　　　D. 党的政策

3. 判例作为正式意义上的法律渊源，存在于（　　）。

　　A. 罗马法系　　　　　　　　B. 社会主义法系

　　C. 罗马法系和普通法系　　　D. 普通法系

4. 规范性法律文件的规范化是指（　　　）。

    A. 法律汇编

    B. 法律编纂

    C. 法律解释

    D. 属于法的各种渊源的规范性法律文件，必须有一个统一的规格和标准

5. 对法律汇编与法典编纂之间区别的理解，可以有多种角度。下列哪一表述准确地揭示了二者之间的区别？（　　　）

    A. 法律汇编既可以由个人进行，也可以由社会团体乃至国家机关进行；法典编纂只能由国家立法、执法和司法机关进行

    B. 法律汇编是为了形成新的统一的规范性法律文件；法典编纂是将不同时代的法典汇编成册

    C. 法律汇编可以按年代、发布机关及涉及社会关系内容的不同，适当地对汇编的法律进行改变；法典编纂不能改变原来法律规范的内容

    D. 法律汇编不属于国家机关的立法活动；法典编纂是一种在清理已有立法文件基础上的立法活动

6. 某出版社编辑出版了《中华人民共和国法律全书》，这属于（　　　）。

    A. 规范性法律文件的规范化　　B. 规范性法律文件的系统化

    C. 法律汇编　　　　　　　　　D. 法典编纂

7. 下列属于当代中国法律渊源的是（　　　）。

    A. 国际条约、国际惯例　　　　B. 宪法

    C. 诉讼程序法　　　　　　　　D. 特别行政区的法律

8. 根据法律渊源的分类，下列不属于"法律"这一法律渊源的有（　　　）。

    A. 全国人大常委会《关于最高人民法院工作报告的决议》

    B. 《宪法修正案》

    C. 全国人民代表大会常务委员会《关于修改〈中华人民共和国进出口商品检验法〉的决定》

    D. 国务院《退耕还林条例》

9. 规范性法律文件系统化的方法主要有（　　　）。

    A. 法律清理　　　　　　　　　B. 法律汇编

    C. 法律编纂　　　　　　　　　D. 法律的修改

10. 某法院在审理一行政案件中认为某地方性法规与国家法律相抵触。

根据我国宪法和法律的规定，下列表述何者为正确？（　　）

A. 法官审理行政案件，如发现地方性法规与国家法律相抵触，可以对地方性法规的合宪性和合法性进行审查

B. 法官审理行政案件，如发现地方性法规与国家法律相抵触，应当适用国家法律进行审判

C. 法官审理行政案件，如发现地方性法规与国家法律相抵触，可以通过所在法院报请最高人民法院，由最高人民法院依法向全国人民代表大会常务委员会书面提出进行审查的要求

D. 法官审理行政案件，如发现地方性法规与国家法律相抵触，可以公民的名义向全国人民代表大会常务委员会书面提出进行审查的建议

11. 下列有关法源的说法哪些不正确？（　　）

A. 大陆法系的主要法源是制定法

B. 英美法系的法源中没有成文宪法

C. 不同国家的法源之间不能进行移植

D. 在法律适用过程中，一般先适用正式法源，然后适用非正式法源

二、案例讨论：河南种子案

2001 年 5 月，河南省汝阳县种子公司与本省伊川县种子公司签订合同，约定由伊川县种子公司代为培育玉米种子。2003 年初，汝阳县种子公司以伊川县种子公司没有履约为由诉至洛阳市中级人民法院，请求赔偿。原被告双方争议的焦点是：在种子定价上，应该适用市场价还是政府指导价。被告主张应当根据河南省人大常委会 1989 年出台的《河南省农作物种子管理条例》适用政府指导价；原告则认为应当根据 1998 年的《中华人民共和国价格法》和 2001 年的《中华人民共和国种子法》（以下简称《种子法》）适用市场价。2003 年 5 月，洛阳市中级人民法院作出一审判决：《河南省农作物种子管理条例》作为法律位阶较低的地方性法规，其与《种子法》相冲突的条款自然无效，判令伊川县种子公司按市场价进行赔偿。随后，伊川县种子公司由于对一审判决不服而上诉到河南省高级人民法院。在此过程中，本案审判长李某由于在该案作出的民事判决书中认定《河南省农作物种子管理条例》与《种子法》相冲突的条款无效，引发了河南人大下发红头文件，认为本案法官的违法审查违背了我国人民代表大会制度，侵犯了立法权；要求省高院对洛阳中级人民法院的严重违法行为作出处理。结果，主审法官李某被洛阳中级人民法院撤销了审判长职务并免去助审员资格。

问题：对法官李某作出的判决合法吗?

三、参考阅读文献

1. 苏力. 当代中国法律中的习惯：一个制定法的透视［J］. 法学评论，2001（3）.

2. 最高人民法院关于印发《关于审理行政案件适用法律规范问题的座谈会纪要》的通知［S］.

第七章　法律效力

第一节　法律效力及其范围

一、法律效力的概念

法律效力，即法律的约束力，指人们应当按照法律的规定行为，服从法律的规定。法律效力不同于法的实效，法的实效是指法的功能和立法目的所实现的程度和状态。

法律效力通常有广义和狭义两种含义。广义的法律效力又分为一般法律效力和具体法律效力。一般法律效力是指法的约束力和强制力，即凡是由国家制定和颁布的法律，都对人的行为具有一种普遍性的法律上的约束力和强制力，这是规范性法律文件的效力；具体法律效力是指那些非规范性法律文件的效力，如判决书、调解书、逮捕证、公证书、违章罚款单、依法制作的民事或经济合同书等，这些非规范性法律文件对具体的事和人都有特定的法律约束力。狭义的法律效力，通常指法律效力范围，即指法对何种人、在何种空间范围和时间范围内有效，从而发挥法的约束力和强制力。

二、法律效力范围

法律效力范围一般包括法的对象效力、法的空间效力和法的时间效力三个方面的内容。

（一）法的对象效力

法的对象效力，是指法对于什么样的人和组织有约束力。法学上也将法的对象效力称为对人的效力，这里的人包括自然人和法所拟制的人，即法人和其他社会组织。

各国法的对象效力颇有差异，所实行的原则大体有四种。

第一，属人主义。即以人的国籍和组织的国别为标准。本国的人和组织无论在国内还是在国外，都受本国法的约束；而对在本国的外国人则不适用。

第二，属地主义。即以地域为标准。一国法对它所管辖的领土内的一切人都有约束力和强制力，而不论他是本国人还是外国人。本国人和组织如不在本国，则不受本国法的约束。

第三，保护主义。即以保护本国利益为标准。不论行为人的国籍与所在地域，任何人只要损害了本国的利益，都要受到本国法的追究。

第四，综合或折中主义。即以属地主义为主，与属人主义、保护主义相结合。这是近代以来许多国家采用的法的对象效力范围原则。当今世界绝大多数国家采用折中主义，其内容包括：首先，一国领域内的人和组织，无论是本国的还是外国的，一般适用该国的法；其次，外国人和组织以适用居住国的法为原则，但有关公民义务、婚姻、家庭、继承、特殊犯罪等，仍适用其本国的法；最后，依据国际条约和惯例，享有外交特权的人，则适用其本国的法。

中国实行折中主义，在对中国公民、组织和对外国人、组织以及无国籍人的适用上，各有确定的内容。

第一，法对中国公民和中国组织的效力范围。中国公民、法人和其他组织在中国领域内一律适用中国法；在国外仍受中国法的保护并履行中国法定义务，同时也遵守所在国的法。当中国法律与所在国的法律发生冲突时，要区别不同的情况和具体的国际条约、协定及国内法的规定，来确定是适用中国法律还是适用外国法律。中国刑法、民法和其他有关规范性法律文件，对中国公民、法人在国外的法的适用问题，已经作出若干规定。

第二，中国法对外国人的适用问题包括两种情况：其一，凡是具有中国国籍的人，都是中国公民。中国公民在中国领域内一律适用中国法律。比如，我国民法规定，中国公民定居国外的，其民事行为能力可以适用居住国的法律。对中国组织的法律适用也与中国公民一样。其二，法对外国人的效力范围。中国法律对外国人的适用包括两种情况：一是外国人在中国境内，除享有外交特权和豁免权或法有另外规定者外，适用中国法。二是外国人在中国领域外对中国或中国公民、法人犯罪，按中国刑法规定的最低刑为 3 年以上有期徒刑的，可适用中国刑法规定，但是按照犯罪地的刑法不构成犯罪的除外。

我们结合以下四个案例来分析法律对人的效力原则。

【案例一】中国留学生汪某从日本向美国境内寄炸弹，想炸死自己的异国情敌，但在日本邮寄时就被日本警方破获。

【案例二】甲是美国公民。一日我国一艘货轮停靠在美国港口，甲向船上射击，将船上的朝鲜公民乙射死。

【案例三】A 国人杨某在中国某医科大学留学期间，与境外黑社会组织 3S 党勾结，想制造冰毒。杨某负责从我国某省提供制造冰毒的原材料，邮寄至国外，由 3S 党制成成品，在境外销售。

【案例四】国际大毒枭老 K（哥伦比亚国籍）来我国旅游。老 K 以前从未在我国进行过任何犯罪活动，但现在国际刑警组织接受哥伦比亚警方的请求在全球范围内对其发出了通缉令。

现结合法的效力规定对上述案例进行分析。

案例一可以适用我国刑法，其根据是属人主义原则。我国《刑法》第 7 条第 1 款规定："中华人民共和国公民在中华人民共和国领域外犯本法规定之罪的，适用本法，但是按本法规定的最高刑为 3 年以下有期徒刑的，可以不予追究。"汪某是中国公民，虽然他的犯罪行为发生在日本，但根据属人主义原则，可以适用我国刑法对其定罪量刑。

案例二可以适用我国刑法，其根据是属地主义原则。我国《刑法》第 6 条第 1 款规定："凡在中华人民共和国领域内犯罪的，除法律有特别规定的以外，都适用本法。"第 2 款规定："凡在中华人民共和国船舶或者航空器内犯罪的，也适用本法。"甲的犯罪地点是中国货轮，根据属地主义原则，他的犯罪行为可以适用我国刑法。

案例三可以适用我国刑法，其根据是保护主义原则。我国《刑法》规定，外国人在我国领域外对我国国家或者公民犯罪，我国刑法有权实行管辖。这一管辖原则主要是为了保护本国的利益。案例三中的杨某不是我国公民，他的犯罪地也不在我国境内，但是为了让我国的公民免受毒品之害，我国刑法可以适用于他。

案例四可以适用我国刑法，其根据是普遍管辖原则。根据普遍管辖原则，凡是我国缔结或者参加的国际条约所规定的罪行，不论犯罪分子是中国人还是外国人，也不论其罪行发生在我国领域内还是我国领域外，只要犯罪分子在我国境内被发现，我国就应当在所承担条约义务的范围内，行使刑事管辖权。老 K 是国际刑警组织通缉的对象，我国可以行使刑事管辖权。

（二）法的空间效力

法的空间效力是指法发生效力的地域和空间范围。法的空间效力根据国情和法的形式效力等级、调整对象或内容等因素决定。其通常涉及以下四种空间效力的情形：

第一，有的法在全国范围内有效，即在一国主权所及全部领域有效，包括陆地、水域及其底土和上空；还包括延伸意义上的领土，即驻外使馆和在领域外的本国交通工具，如本国船舶、飞机等。这种法一般是一国最高立法机关制定的宪法和许多重要的法律，最高国家行政机关制定的行政法规一般也在全国范围内有效。

第二，有的法在一定区域内有效。这有两种情况：一是地方性法律、法规仅在一定行政区域内有效。如特别行政区基本法和法律，只适用于特别行政区空间范围；民族自治条例，只适用于该民族自治地区空间范围。二是有的法律、法规虽然是由最高国家立法机关或最高国家行政机关制定的，但它们本身规定只在某一地区生效，因而也只在该地区发生法律效力。如全国人大常委会关于经济特区的立法就只适用于一定的经济特区。

第三，有的法律，不但在国内有效，在特定条件下其效力还可越出国境。如涉及民事、贸易和婚姻家庭的法律；再如刑法规定的伪造国家货币罪、泄露国家机密罪等条款，也适用于中国境外。法的域外效力范围，可由国家之间的条约加以确定，或由法本身明文规定。

第四，国际条约和协定作为国际法的主要渊源，也有其特定的空间效力范围。一般来讲，国际条约和协定的空间效力范围及于该条约和协定的缔结国和参加国，但缔结国和参加国声明保留的条款除外。

（三）法的时间效力

法的时间效力范围是指法何时生效，何时终止生效及法律对其颁布实施前的事件和行为是否具有溯及力的问题。

第一，法开始生效的时间，指法从何时起开始发生约束力。法的公布是法开始生效的前提，但并不是所有的法一经公布就开始生效。法开始生效的时间根据法的规定、惯例、需要及其他有关情况而定，因而有多种表现形式。通常有三种形式：（1）自公布之日起开始生效。有的法规定自公布之日起生效。有的法虽然没有规定自公布之日起开始生效，但不具体规定生效日期本身就包含有公布后马上生效的意思，如中国宪法。（2）公布后经过一段时间生效。不少法的开始生效时间属于这种形式。采取这种形式，是为了使公民、法人、有关社会组织、司法机关等，有必要的时间了解法的内容，做好法的实施的准备。（3）以到达期限为生效时间。采取这种形式主要是考虑各地区距离立法主体所在地远近不同，交通、通信条件有别，法不能同时送达各地。这种形式在现时期中国没有采用。

第二，法终止生效的时间，即法律通过明令废止或默示废止的形式而终止其效力。终止生效的时间依法的规定、立法发展、客观情况变化及其他有关因素而定。通常有明示废止和默示废止两种形式：前者指在新法或其他法中以明文规定对旧法加以废止；后者指不以明文规定废止旧法，而在司法实践中新法与旧法相冲突时采用新法。中国法的终止生效有五种情况：（1）新的法律公布后，原有的法律即丧失效力；（2）新法律取代原有法律，同时宣布旧法律作废；（3）法律本身规定的有效期届满；（4）由有关机关颁发专门文件宣布废止某个法律；（5）法律已完成其历史任务而自行失效。

第三，法的溯及力，指新法颁布后对它生效前所发生的事件和行为可以加以适用的效力，如果适用，则具有溯及力；如果不适用，则不具有溯及力。

按照通例，各国法律坚持"法不溯及既往"原则。法是规范和指引人们的现时行为的准则，未公布前，人们不可能明了将来的法允许哪些行为、禁止哪些行为，也谈不上按尚未制定的法去行为。因此，一般说法只适用于生效后发生的行为，不适用于生效前的行为，不应有溯及既往的效力。这就是法不溯及既往的原则；但这个原则也有例外，特别是在刑法中。立法者鉴于维护某种利益的目的，往往也针对具体情况在法中作出有溯及力或有一定溯及力的规定。各国规定大体有这样几种情况：（1）从旧原则，即新法没有溯及力；（2）从新原则，即新法有溯及力；（3）从轻原则，即比较新法与旧法，按照轻的法来处理；（4）从新兼从轻原则，即新法原则上溯及既往，但旧法对行为人的处罚较轻时，则从旧法；（5）从旧兼从轻原则，即新法原则上不溯及既往，但新法对行为人的处罚较轻时，则从新法。

目前各国采用的通例是"从旧兼从轻"原则，即新法原则上不溯及既往，但新法不认为犯罪或罪轻的，可以适用新法。我国现行刑法就是采用"从旧兼从轻"的原则。

第二节　法律效力等级

一、法律效力等级

法律效力等级，又称法律效力位阶。[1] 法律效力等级就是指在一个国

---

[1]　张文显主编. 法理学［M］. 北京：法律出版社，1997：90.

家法律体系的各种法律渊源中，由于其制定主体、程序、时间、适用范围等不同，导致各种法律效力也不同，由此而形成的一个法律效力等级体系。当代中国就已经形成了一个以宪法为核心的社会主义法律体系，在这个法律体系中的各种法律规范所依附的各类法律渊源之间就有一个等级位阶体系。影响法律效力等级的因素主要有法的制定主体、制定时间和法的适用范围。正是由于这诸多因素的影响，形成了不同效力的法，并进而形成法律效力等级或效力层次。

法律效力等级是和立法体制紧密相关的，越是在立法主体多的国家，法律的形式越多样，法律的效力等级也就越复杂。一般说来，法律的效力高低是和法律的内容及其立法者相关联的，立法主体的地位较高，法律的内容较重要，法律的效力也就比较高。

由于具体国情的原因，我国的立法体制相对复杂，拥有立法权的国家机关比较多。因此，为了保证整个法律体系的和谐、统一与科学，确定一个合理的法律效力等级就非常重要。根据我国《宪法》和《立法法》的有关规定，我国法律的效力等级分为下面几个层次。

第一等级：宪法。宪法是国家的根本大法，由最高的国家权力机关即全国人大制定，规定的内容具有根本性和重要性。因此，宪法在整个法律体系中处于最高效力等级，是其他法律的最终依据。

第二等级：法律、国际公约。这里的"法律"专指全国人大及其常委会制定的规范性文件，国际公约指我国参加和缔结的国际公约。它们的效力仅次于宪法，处于效力等级的第二个层次。

第三等级：行政法规。国务院根据宪法和法律，就行政管理制定的行政法规的效力处于第三个层次。

第四等级：地方性法规、自治条例、单行条例和行政规章。一般来说，地方性法规、自治条例和单行条例、行政规章这三类规范性法律文件的效力处于同一个效力等级，但是由于该类法律文件的制定主体比较多，所以在其内部依据制定主体的级别高低又有所区别。具体说来包括：上一级人大和政府制定的规范性文件高于下一级人大和政府制定的规范性文件，同级人大制定的规范性文件高于同级政府制定的规范性文件。对此，《立法法》第 80 条规定："地方性法规的效力高于本级和下级地方政府规章。省、自治区的人民政府制定的规章的效力高于本行政区域内的较大的市的人民政府制定的规章。"

二、法律效力等级遵循的原则

法律效力等级与不同法律渊源的效力之间的关系：在一国法律体系的各种法律渊源中，其制定主体、程序、地位、适用范围等不同，导致各种法律效力也不相同。研究法律效力位阶主要是解决相互冲突的法律渊源的效力之间的矛盾，即为了实现法律的统一实施而处理相同或不同效力法律之间的关系，确定不同法律之间的相关地位；其结果是导致效力上优先的法律发生效力时，其他法律没有效力，从而最终解决适用过程中法律之间的冲突与矛盾。在当代中国法律渊源体系中，根据法律制定主体、程序和适用范围等不同，法律效力确认原则主要包括以下几个方面。

（一）宪法至上原则

宪法规定了一个国家中最基本的权利、权力和义务，具有最高的法律效力。宪法至上原则是指一国宪法作为国家根本大法，在法律规范中具有至高无上的地位；它意味着国家一切法律、法规都不得与宪法相抵触，否则不具有任何法律效力。此外，宪法还具有最普遍的法律效力，不仅制定法律、法规的所有活动都必须有宪法明文规定的根据，实施法律、法规的所有活动都必须以宪法为依据；而且一国的所有社会主体都得服从宪法，即一切国家机关、武装力量，所有政党、社会团体、法人、组织和全体公民，都必须遵守宪法，在宪法规定的范围内活动。

（二）等级序列原则

在一国范围内，法律制定的主体不同，其制定法律的权限亦不同，法律的效力亦不同。这样，不同等级序列的权限最终形成了不同等级序列的法律规范。一般说来，在我国统一的法律体系中，制定法律机关的地位越高，其所制定的法律效力也相应处于优势地位：一方面，地位低的主体如果要制定法律，它必须以地位高的主体所制定的法律为依据；另一方面，如果不同等级的主体所制定的法律相互矛盾或冲突，其结果只能是地位低的主体所制定的法律没有法律效力。等级序列原则实质上以制定法律机关的等级来决定法律效力的大小。

（三）特别法优于一般法原则

特别法是相对于一般法而言的，指依特定程序、针对特定事项所制定的法律。特别法优于一般法原则主要适用于同一主体所制定的法律，它意味着在同一主体制定的法律规范中，按照特定的、更为严格的程序制定的法律规范，其效力优先于按照普通程序制定的法律规范的效力；或者同一主体在某一领域既有针对一般性对象的立法，又有不同于一般立法的针对该领域中特殊对象的立法时，特殊立法效力通常优于一般性立法。

（四）后法优于前法或新法优于旧法原则

这一原则是指同一主体按照相同程序先后就同一领域的问题制定了两个以上法律规范，如果依据上述诸项原则仍难以认定其法律效力，则可依据法律制定的时间先后来确定其优先顺序，即后来制定的法律在效力上高于先前制定的法律，后法优先适用。此外，这一原则还可以指具有传承关系的两项法律，一旦后法成立、生效，便自然取代前法效力。这种后法优先原则，既可由后法的明文规定予以说明，也可以是没有明文规定的默认。

（五）成文法优先原则

一般说来，一国法律渊源有不同的内容，如英美法系承认判例法是一种正式的法律渊源，而我国现行法律渊源中则不包括判例法等。因此，成文法优先原则，是确认立法机关制定的成文法与司法机关的判例、习惯等不成文规则在法律效力上的关系，一般以优先适用成文法为原则；仅在特殊情况下，如司法机关享有司法审查权时，才可能有例外。

（六）国际法优先于国内法原则

一般而言，国际法既不高于也不从属于国内法，同时，国内法也是既不高于也不从属于国际法。但在一定情形下，国际法却可成为国内法律渊源之一，因此必然会存在国内法与国际法在法律效力上的确认问题。国际法优先原则是指在特定条件下，应该优先适用与国内法相冲突的国际法。例如，在涉及履行其依据国际法所承担的国际义务时，主权国家不得以国内法为由而予以拒绝。在一国国内立法涉及国际法时，凡为主权国家所参加或所认可的国际条约或国际惯例，对国内法也具有拘束力，国内法不得与该国际条约或国际惯例相抵触。这就是国际法优先原则的基本精神。当然，这一原则不是绝对的，如果是主权国家拒绝承认或声明保留的国际法条款，就不适用这一原则。

三、中国的法律效力等级体系

任何一个国家都必须妥当安排各类法律渊源之间的效力等级关系，明确各类法律渊源的位阶，同时还必须设置一定的机制以解决法律渊源之间的效力冲突。根据《宪法》和《立法法》的规定，中国的法律效力等级体系表现如下。

1. 上位法与下位法的效力等级关系

宪法具有最高的法律效力，一切法律、行政法规、地方性法规、自治条例和单行条例、规章都不得同宪法相抵触。

法律的效力高于行政法规、地方性法规、规章。其中基本法律的效力又高于基本法律以外的法律。

行政法规的效力高于地方性法规、行政规章。

地方性法规的效力高于本级和下级地方政府规章。其中省、自治区的人民代表大会及其常务委员会制定的地方性法规的效力又高于本行政区划内较大的市的人民代表大会及其常务委员会制定的地方性法规。

省、自治区的人民政府制定的规章的效力高于本行政区域内的较大的市的人民政府制定的规章。

自治条例和单行条例依法对法律、行政法规、地方性法规作变通规定的，在本自治地方适用自治条例和单行条例的规定。

经济特区法规根据授权对法律、行政法规、地方性法规作变通规定的，在本经济特区适用经济特区法规的规定。

部门规章之间、部门规章与地方政府规章之间具有同等效力，在各自的权限范围内施行。

2. 法律渊源中效力冲突的解决机制

在理想状态下，一个国家的所有不同形式、不同效力的法律相互之间应当是一个和谐统一的整体，但是事实上没有任何一个国家的法律体系是完美无缺的，出现法律与法律之间的矛盾和冲突倒是经常可以见到的事。在我们国家，立法主体众多，立法监督有限，出现法律效力冲突的可能性就更大。所谓法律效力冲突，系指不同形式的法律因为内容规定不一致而带来的适用效力上的相互抵触和矛盾；这种冲突可能是发生在同等效力的法律之间，也可能是发生在上位法和下位法之间。正因如此，在法律上，还要专门寻求法律效力冲突的解决机制，以使法律间的效力冲突能够得以合理的解决。在中国，不同效力的法律渊源之间对同一事项的规定出现不一致的情况，可以根据上位法与下位法的效力等级关系原理加以解决。

具有相同效力的法律渊源对同一事项的规定出现不一致的情况，根据以下方式加以解决：

（1）法律之间对同一事项的新的一般规定与旧的特别规定不一致，不能确定如何适用时，由全国人民代表大会常务委员会裁决。

（2）行政法规之间对同一事项的新的一般规定与旧的特别规定不一致，不能确定如何适用时，由国务院裁决。

（3）地方性法规、规章之间不一致时，由有关机关依照下列规定的权限作出裁决：同一机关制定的新的一般规定与旧的特别规定不一致时，由制定机关裁决；地方性法规与部门规章之间对同一事项的规定不一致，不能确定如何适用时，由国务院提出意见，国务院认为应当适用地方性法规的，应当决定在该地方适用地方性法规的规定；认为应当适用部门规章的，应当提请全国人民代表大会常务委员会裁决；部门规章之间、部门规章与地方政府规章之间对同一事项的规定不一致时，由国务院裁决。

（4）根据授权制定的法规与法律规定不一致，不能确定如何适用时，由全国人民代表大会常务委员会裁决。

【阅读材料】有关法律效力的法律条文

1. 《立法法》（节选）

第七十八条 宪法具有最高的法律效力，一切法律、行政法规、地方性法规、自治条例和单行条例、规章都不得同宪法相抵触。

第七十九条 法律的效力高于行政法规、地方性法规、规章。

行政法规的效力高于地方性法规、规章。

2. 《民法通则》（节选）

第八条 在中华人民共和国领域内的民事活动，适用中华人民共和国法律，法律另有规定的除外。

本法关于公民的规定，适用于在中华人民共和国领域内的外国人、无国籍人，法律另有规定的除外。

3. 《刑法》（节选）

第六条 凡在中华人民共和国领域内犯罪的，除法律有特别规定的以外，都适用本法。

凡在中华人民共和国船舶或者航空器内犯罪的，也适用本法。

犯罪的行为或者结果有一项发生在中华人民共和国领域内的，就认为是在中华人民共和国领域内犯罪。

第十二条 中华人民共和国成立以后本法施行以前的行为，如果当时的法律不认为是犯罪的，适用当时的法律；如果当时的法律认为是犯罪的，依照本法总则第四章第八节的规定应当追诉的，按照当时的法律追究刑事责任，但是如果本法不认为是犯罪或者处刑较轻的，适用本法。

本法施行以前，依照当时的法律已经作出的生效判决，继续有效。

◆ 配套练习题

一、不定项选择题

1. 法律终止生效是法律时间效力的一个重要问题。在以默示废止方式终止法律生效时，一般应当选择下列哪一原则？（　　）

    A. 特别法优于一般法　　　　B. 国际法优于国内法

    C. 后法优于前法　　　　　　D. 法律优于行政法规

2. 关于法律、行政法规、地方性法规、自治条例和单行条例、规章的适用，下列哪些选项符合《立法法》规定？（　　）

    A. 同一机关制定的特别规定与一般规定不一致时，适用特别规定

    B. 法律、行政法规、地方性法规原则上不溯及既往

    C. 地方性法规与部门规章之间对同一事项的规定不一致不能确定如何适用时，由国务院裁决

    D. 根据授权制定的法规与法律规定不一致不能确定如何适用时，由全国人大常委会裁决

二、思考题

1. 简述中国的正式法律渊源的效力位阶关系。

2. 试论法律的溯及力。

三、案例与问题讨论

1. 1948 年联合国《世界人权宣言》第 11 条第 2 款规定："任何人的任何行为或不行为，在其发生时依国家法或国际法均不构成刑事罪者，不得被判为犯有刑事罪。刑罚不得重于犯罪时适用的法律规定。"1966 年联合国《公民权利和政治权利国际公约》第 15 条规定："任何人的任何行为或不行为，在其发生时依照国家法或国际法均不构成刑事罪者，不得据以认为犯有刑事罪。所加的刑罚也不得重于犯罪时适用的规定。如果在犯罪之后依法规定了应处以较轻的刑罚，犯罪者应予减刑。"

问题：请对上述规定从法理学上进行分析，并解释说明其理论依据。

2. 2003 年 7 月 30 日，国务院出台了《婚姻登记条例》，该行政法规根据 2001 年 4 月 28 修订的《婚姻法》的有关规定，取消了婚姻登记中的强制婚检制度，这被认为是婚姻登记改革的一大进步。但是后来人们发现，1994 年颁布的《中华人民共和国母婴保健法》（以下简称《母婴保健法》）第 12 条则要求："男女双方在结婚登记时，应当持有婚前医学检查证明或者医学鉴定证明。"这说明，两部法律在婚姻登记是否应当进行婚检的问题上发生了冲突。在这个问题尚未解决之际，《黑龙江省母婴保健条例》

以地方法规的形式恢复了强制婚检，这在全国上下引起了广泛争议。❶

问题：该案中涉及哪些法律冲突，如何解决？

四、参考阅读文献

1. 沈宗灵. 比较法研究 ［M］. 北京：北京大学出版社，1998：第二编第四章，第三编第五章.

2. ［美］E. 博登海默. 法理学——法律哲学与法律方法. 修订版 ［M］. 邓正来，译. 北京：中国政法大学出版社，2004：第 15～16 章.

---

❶ 孙佳悦. 法学专家：《黑龙江省母婴保健条例》属越权立法 ［N］. 中国青年报，2005 – 07 – 26.

第八章　当代世界的两大法系

第一节　法系概述

一、法系的概念

法系（Legal Family），又称"法律家族"，是西方法学家对世界各国法律所进行的一种最常用的分类时使用的一个概念。法系是具有共性或共同传统的法律制度的总称，每个法系包括很多成员。虽然法系划分的标准主要是依法律的历史传统进行的，但是法系的分类标准仍然是相对的，又是综合的。同时，影响法系形成的因素十分复杂。法律是上层建筑中的制度和意识形态，它当然受经济基础的决定性影响，但法律在受经济基础制约的同时，也受经济以外的因素包括其他上层建筑因素的影响。关于法系的分类法学界往往论说不一。著名的法国比较法学者达维德在《当代世界主要法律体系》中将法系的划分标准确定为：（1）思想意识因素，其内容包括政治哲学观点、经济结构、文化传统等；（2）法律概念与技术因素，主要指法律词汇、法律结构、法律渊源等。根据这两个标准，达维德将世界各国和地区的法律分为四个法系：普通法系、罗马—日耳曼法系、社会主义法系和其他法系。而德国法学家茨威格特和克茨则以更复杂的划分标准，把世界各国和地区的法律分为八个法系：罗马法系、日耳曼法系、北欧法系、普通法系、社会主义法系、远东法系、伊斯兰法系和印度法系。❶日本法学家穗积陈重也将世界各地的法律划分为七大法系：印度法系、中国法系、伊斯兰法系、英国法系、罗马法系、日耳曼法系和斯拉夫法系。近世西方国家的一些比较法学家大都认为当代世界的主要法系有大陆法系、英美法系、社会主义法系和伊斯兰法系。无论怎样划分，就当代世界

---

❶　[德] 茨威格特，克茨．比较法总论 [M]．潘汉典，等译．贵阳：贵州人民出版社，1992：141.

法律而言，有些法系曾经存在过，但现在已经消失，如中华法系；也有一些虽未完全消失，但其影响力已大大缩小，如伊斯兰法系。因此，在当代仍然有世界性影响的法系，主要是普通法系和大陆法系。各国法学家给予更多关注的也主要是这两个法系。我国法理学界基本上接受了西方比较法学家关于法系划分的主要观点，赞同把当今的法系主要划分为上述四种。其中大陆法系和英美法系对资本主义国家法律甚至世界各国法律影响最大。

二、法系的一般特征及概念辨析

如上所述，凡是具有某些共同特征和历史传统的，有着同一源流关系的法律，就属于同一法系。由此可见，法系是跨越国界的对法律现象进行综合描述的最大概念。因此，法系与国内法的体制及其分类既有联系，又有区别；尤其在全球化的浪潮下，其区别在法学上的意义是主要的，是必须强调的。法系一般具有以下特征：（1）法系是具有共同历史传统和外部特征的同类法律的总称。一般而论，法系是学者们依据各种法律所具有的不同历史传统和外部特征为标准，对迄今为止种类繁多的人类社会不同的法律制度所进行的一种分类。凡具有共同的历史传统及相同的法律存在样式的，就构成了同一个法系。例如，民法法系通常是指以罗马法的历史传统为基础，以及在此基础上所形成的，具有相同外部特征的所有各国各地区法律的总称；而普通法法系则通常是指以英国自中世纪以来的判例法传统为基础，以及在此基础上所形成的，具有相同外部特征的所有各国各地区法律的总称。（2）法系一般为若干国家或特定区域内同类法律的总称。既然法系是根据不同国家和地区的法律传统及其外部特征的不同，将具有共同法律传统和外部存在样式的若干国家和地区的法律归为一个法律家族的现象，那么，它就不是专指一个国家或以国家为界限的某一种法律制度。因而，法系就是具有某种共同的法律文化传统，以及包容了受此法律文化传统影响的，并在此基础上形成的，具有共同操作、运作特征的若干国家和特定地区的法律体制现象。因此，法系是超越了国家和地区界限的某一共同法律的概念。要正确把握法系的含义，必须把法系同法律体系、法学体系、法律文件体系、法的历史类型等概念区别开来。（1）法律体系是指由一个国家内部各个现行法律部门所构成的有机统一整体。也就是说，其不包括国际法；而且法律部门也不同于部门法，前者包括宪法，后者一般不包括宪法。（2）法学体系是指由法学的各个分支学科所组成的有机体系。它与法系有一定联系，但又区别于法系。法学体系是一种学科体系，是一种学理分类。而法系是一种关涉传统的体系，是一种现实分类。二者都具有一定的确定性，但同时又具有一定的开放性与适时变化性。(3) 法律文件体系可以划分为规范性法律文件体系和非规范性法律文件体系。其与法系比较起来是一个横向分类与纵向分类的区别。(4) 法的历史类型是按照历史上法的阶级本质和其所依赖的经济基础对法所进行的基本分类。这是马克思主义法学关于法的分类方法之一。与法系比较，前者侧重于时间性，后者侧重于地域性；前者侧重于实质特征，后者侧重于形式特征。

第二节　大陆法系与英美法系

一、两大法系的概念

(一) 大陆法系

大陆法系又称民法法系、罗马法系、法典法系、罗马—德意志法系，是以罗马法为基础而发展起来的法律的总称。大陆法系最先产生于欧洲大陆，以罗马法为历史渊源，以民法为典型，以法典化的成文法为主要形式。大陆法系包括两个支系，即法国法系和德国法系。法国法系是以 1804 年《法国民法典》为蓝本建立起来的，它以强调个人权利为主导思想，反映了自由资本主义时期社会经济的特点。德国法系是以 1896 年《德国民法典》为基础建立起来的，强调国家干预和社会利益，是垄断资本主义时期法的典型。属于大陆法系的国家和地区除了法国、德国外，还包括意大利、西班牙等欧洲大陆国家；也包括曾是法国、西班牙、荷兰、葡萄牙四国殖民地的国家和地区，如阿尔及利亚、埃塞俄比亚等及中美洲的一些国家；国民党统治时期的旧中国也属于这一法系。

(二) 英美法系

英美法系，也称英国法系、普通法法系、判例法法系、海洋法系，是指以英国中世纪以来的普通法为基础，以判例法为主要标志并与其有继受关系而发展起来的法律的总称。它因以英国的普通法为基础，以判例法为主要的法律渊源并主要分布于一些濒临各海洋的国家，故有以上几种名称。

二、两大法系的形成与演变

（一）大陆法系的形成与演变

大陆法系是当代历史最为悠久、影响最为广大的法系。所谓的大陆法系又称民法法系，是指以罗马法的观念为基础、罗马法提供的现成法律形式为蓝本发展起来的，以成文法典为主要标志的法律制度的总称，通常又称为罗马法系。它的起源可以溯及公元前450年《十二铜表法》颁布的时代。大体而言，11～16世纪是大陆法系的形成时期，在这个时期罗马法复兴，并在教会法、习惯法和商法的相互影响下得以发展；进入17、18世纪以后，在资产阶级革命和古典自然法理性主义思潮的作用下，大陆法系进入第二个发展时期；19～20世纪，随着法典编纂运动在欧洲大陆的广泛开展，最终形成了一个以法国法系和德国法系两个支派为代表，以欧洲大陆为中心，辐射至亚非拉广大地区，成文法典占统治地位的法系。

大陆法系的形成主要经历了以下几个时期。

1. 大陆法系的起源：古罗马法时期

罗马法是古罗马奴隶制国家法律规范的总称。作为"商品生产者社会的第一个世界性法律"，它的产生经历了长达10个世纪的漫长历史发展过程。

（1）十二铜表法时期（公元前8世纪～3世纪前后）。这是习惯法向成文法发展的时期。公元前452年，成立了一个以克劳狄乌斯为首的十人委员会，于公元前451年制定出成文法十表，一年后又制定出两表，即所谓的《十二铜表法》，这个由古老习惯和命令汇集而成的十二表法，构成了整个罗马法发展的基础。（2）市民法与万民法并存时期（公元前3世纪～1世纪末）。作为罗马私法的重要组成部分，在这段时期，古罗马的市民法与万民法并行发展，最后完全统一。古罗马法是罗马土生土长的法律，这种法即市民法或公民法。市民法采属人主义，仅适用于罗马公民。万民法是在罗马扩张过程中与其他民族接触而发展起来的，指各国共有的法律，在于调整罗马市民与异邦人之间的关系。万民法与市民法相比，更具灵活性，体系更完备，更能适应罗马奴隶制经济的发展。二者在发展过程中，相互借鉴补充，逐步融合；这一时期的罗马法已不是纯粹的罗马法，内容得到了丰富。（3）罗马法的古典时期（1～3世纪）。罗马法得到空前发展，进入成文法时期。其主要特点是：法的渊源和形式实现多元化，法律规范的内容不断得到调整和补充，法律适用范围扩大，罗马法日趋完备。同时，法学打破了祭司垄断并走向世俗，诞生了历史上第一批世俗法学家阶层；通过法律咨询、编撰、办案、解答法律、著述立说等活动，罗马法学家的地位和作用得到了加强。在 1 世纪前后，罗马形成了以拉别奥为鼻祖、普洛克鲁斯为代表的“普洛克鲁斯派”和以卡皮托为创始人、萨比鲁斯为首的“萨比鲁斯学派”等著名学派，出现了一个持续达一百六七十年之久的法学界百家争鸣的局面，极大地丰富和发展了罗马法。“据统计，目前留传下来的罗马法学家的作品，十分之九以上均出自于这一时期。”❶ 到 2 世纪时，罗马各大法学派渐融合趋于一致，涌现出以盖犹斯（Gaius）、帕比尔安（Papinianus）、乌尔比安（Pomitius Ulpanus）、保罗（Paulus）、莫迪斯蒂努斯（Modestinus）五大法学家为代表的著名法学家。同时根据 426 年罗马皇帝狄奥多西二世发布的《引证法》，五大法学家的法律解答构成了罗马法的一个渊源，为以后《民法大全》的编纂奠定了坚实的基础。（4）查士丁尼全面编纂法典时期（3 世纪初至 6 世纪中叶）。这一时期是罗马法的集大成时期。从 3 世纪中叶起，罗马帝国出现了全面衰退的现象。查士丁尼（527 ~ 565 年）即位之初，就企图以武力消灭西欧各封建国家，恢复罗马帝国的版图；同时编纂历代罗马皇帝的法律，力图中兴昔日罗马法，并以此来治理国家。从 529 ~ 534 年历时 6 年，分别颁布了《查士丁尼法典》（529 年）、《查士丁尼法学总论》（533 年）、《查士丁尼学说汇纂》（533 年）三部法律汇编，在其死后又编定了《查士丁尼新律》。中世纪，对上述四部法律进行汇编，合称《查士丁尼民法大全》或《罗马法大全》。这部法典完整系统地保留了罗马法的精华，对于欧洲各国法律制度的形成和发展产生了划时代的影响。

　　2. 大陆法系的形成：罗马法复兴时期（11 世纪末至 17 世纪）

　　查士丁尼死后，东罗马帝国陷入长期危机，日趋衰落；实行属人主义的日耳曼法取代了罗马法的统治地位，西欧大陆进入日耳曼法与罗马法并存时期。同时，根据西哥特王国时期编纂的《阿拉利克罗马法典》，罗马人仍适用罗马法。在罗马法的故乡——意大利，只有《法学阶梯》、《法典》和《新律》在不同程度上为人们所了解，而作为《查士丁尼民法大全》最为重要的法律文献《查士丁尼学说汇纂》似已湮没无闻。直到 1119年，意大利的波伦亚大学偶然发现了淹没长达 6 个世纪的《查士丁尼民法大全》手稿，《查士丁尼学说汇纂》才又为世人所广泛熟知。罗马法的复

---

❶　F. Schultz. The History of Roman Legal Science［M］. 1946：99；转引自沈宗灵．比较法研究［M］. 北京：北京大学出版社，1998：81.

兴正是从波伦亚大学研究和教授《查士丁尼民法大全》开始的。

（1）注释法学派时期（11世纪中叶至13世纪中叶）。注释法学派（The School of Glossators）诞生于11世纪末的波伦亚大学，主要以经院哲学为其理论基础，运用逻辑方法对《罗马法大全》尤其是《学说汇纂》的文本进行注释，把《民法大全》作为优于粗俗的习惯和法庭实践的成文理性法，作为维持现存社会秩序的一种规范来研究，进行纯粹的文义上的注释；但由于其以权威注释取代法典本意，逐步走向衰落。（2）评论法学派时期（13世纪中叶至14世纪）。（3）人文主义法学派时期（15~16世纪）。人文主义法学派，是兴起于15世纪，以人文主义为指导，用一种历史、比较的方法将罗马法作为一种历史现象来研究的学派。人文主义法学派承继了注释法学派和评论法学派的传统，在弄清了罗马法文本含义的基础上，力图获得罗马法的历史知识，并将它们应用于现实。作为大陆法系的历史渊源，罗马法是大陆法系的基础，但并不是构成大陆法系的唯一渊源；同一时期的教会法、商法对大陆法系的形成亦有着不同程度的影响。大陆法系的第二个重要渊源，是罗马天主教会的教会法（又称寺院法）。教会本身是在罗马法的基础上发展起来的，其以《圣经》为伦理基础，吸收了罗马法的原则、内容和形式，是圣经和罗马法的产物，反过来又影响着罗马法的发展。在罗马法复兴的时候，法学家们也注重对教会法的研究。教会法的发展丰富了大陆法系有关婚姻法、继承法、刑法和程序法等方面的内容。中世纪的商法作为大陆法系的另一个重要法律渊源，是随着商业的恢复和发展以及商业城市的兴起而形成的。当时欧洲的商业控制了地中海沿岸，形成了以意大利城市为商业中心的商业带，不断发展的商业贸易逐渐形成了交易的习惯准则。最初的交易习惯只是在同业公会内实行，但是海上贸易促使沿海城市里所发展的商法很快具有了国际性，成为遍及整个商业世界的普通商法。中世纪末期，法国分别于1637年、1681年颁布了《陆上商事条例》和《海上商事条例》，这两部法律使商法第一次在一个国家内得以统一，并对近代商法产生深远的影响，最后于18、19世纪被大陆法系各国汇编成为商法典。

3. 大陆法系的定型时期（18~20世纪初）

随着资产阶级革命的深入发展，大陆法系进入了一个新的发展时期。这一时期，法国革命和古典自然法在欧洲大陆取得的统治地位，成为促进18世纪以来的总括性、体系性的法典编纂的原动力。❶ 以1804年《法国民典》为开端，欧洲大陆各国相继进行了广泛的法典编纂运动。

---

❶ 转引自沈宗灵. 比较法研究［M］. 北京：北京大学出版社，1988：81.

（二）英美法系的形成与演变

1. 普通法的形成

1066年之前，英格兰作为英伦三岛上非常古老的王国，奉行的是当地的传统法律，史称盎格鲁·撒克逊法。1066年诺曼公爵威廉征服英国后，他和继任者为巩固统治，扩大王权，与地方上的贵族进行妥协。首先他在伦敦从最初的国王的御前会议中分离出专职的案件审理人员和机构，这就是历史上最早的王室的法庭，又有财政法院、王座法院等称谓。英王为了扩大王权，开始派出人员到国家各地审理案件。根据威廉在征服过程中和英格兰各地的贵族达成的协议，要尊重当地的习惯，按照地方的习惯法来受理、判决案件。英王为了扩大王权，一方面要派官员到各地参与审判，另一方面又要尊重当地的司法习惯。这就使得在各地审理的案件最终汇总到英王所在地伦敦的皇家威斯敏斯特教堂。人们互相交流，参照各地习惯形成判案意见。在归纳、整合、统一过程中，他们发现，各地的规定虽然彼此各有不同，但是对某一类权利争议还是可以归纳出相同规定的；所以他们就从案例中整理出通用的规则，之后以英王的名义把通用规则普遍适用于各地以后案件的审理中。这就是最早的源于地方司法习惯、源于个案审理而归纳出来的通行于全国的普遍适用的法律，所以叫做普通法。普通法恰恰是通过对一个个案件的归纳、总结而形成的基本的法律规则、法律原则。所以，从普通法自身渊源而言，其又被称为判例法。在这个过程中就奠定了"遵从先例，以此为正当性"的原则。普通法在其形成过程中，根本原因是因为王权的扩大，王权和地方贵族权利之间的妥协；这两种力量的合力构成了普通法这一特殊的法律制度。

2. 衡平法的兴起

（1）令状制度。

在普通法的形成过程中，为了强化王权的作用，还形成了令状制度。即所有人想在地方上通过地方贵族的法庭来审理自己的纠纷，往往需要国王的许可，这就是所谓的令状。获得令状就是提起诉讼的前提。最初的令状的内容这样写道：以国王的名义，就某个争议，要求本地贵族审理案件。久而久之，令状就成为个案当事人能够提起自己权利争议交付法庭审理的一个权利的证书，因此就形成了程序上的特别规则，后人归纳为"程序先于权利"。换言之，不得到令状就不能进入司法程序，所主张的权利就不能得到有效维护。

（2）衡平法。

这种令状所导致的特定的权利争议的案件所形成的审理程序，会因为令状本身而有所限制。如，在实际生活中，与他人发生了实际的利益冲突，但是因为没有与这个利益冲突相对应的令状，而申请新令状又未必得到，所以如果适用普通法可能就不能得到普通法的有效救济；而按照古老的日耳曼人的传统，所有的日耳曼百姓都有要求自己的国王为自己主张权利的资格，这就使得当时出现了不断有人到国王面前陈述自己的权利，要求国王给出说法的现象。随着类似事情越来越多，国王将这些事件转交给御前大臣，由这些大臣来处理这些利益纷争。这些国王的代表在处理这些利益纷争的时候，秉持的是抽象的价值判断，如所谓的公平、正义来解决个案中的权利争议。这样一来就规避了令状和传统普通法严格的程序限制。尽管以前没有对这样的权利争议的普通法的规定，也没有得到新的令状，但大法官们可以根据他们公平、正义的良心判断对争议给出结论，而这样的一个判断更多援用的是习惯法，这当中就有从古代罗马以来留存下来的，已经被作为地方习惯法的罗马法和日耳曼人征服以来的日耳曼法传统。久而久之，就在伴随着普通法形成过程中出现了一类法律形式——衡平法，也就是对原有普通法无从关照或不能给予有效救济的法律个案冲突利益的一种平衡。这样的一种衡平法所采用的个案的诉讼形式和适用的规则和法律条文，都和传统的普通法有所不同。这样，在衡平法的判决中又发明了禁止令的制度，而这一制度又和普通法对某类争议的判决产生了冲突，在执行上会有矛盾。随着矛盾的激化，其到 16 世纪和 17 世纪之后更加突出。直到英王詹姆斯一世的时候，确立了"衡平法优先"原则，即在一个案件中若普通法和衡平法发生了冲突，以衡平法为准。但这并不意味着衡平法越来越居于主导地位。从历史的形成过程看，普通法一直是主要的法律制度和法律内容，而衡平法仅仅是对这一主要法律制度的有效补充。所以英国法学家总结说："如果英国的法律制度没有普通法，衡平法是不能够独立存在的；如果没有衡平法，英国的法律制度仍然能够通过普通法继续延续下来。"由于历史形成的缘故，当 12 世纪欧洲大陆出现罗马法复兴，按照罗马法的法典结构、概念、逻辑进行重新的法典编纂、设计的时候，这时的英国正在形成根据自身的判例法传统被社会所接受的普通法的传统。随着英国普通法的形成，尽管有相伴而生的衡平法，在衡平法具体的法律概念、原则中融入了许多历史上罗马法、教会法、日耳曼法的因素，但在整个法律体系结构上，英国形成了有别于欧洲大陆的，以普通法为代表的法律制度系统。所以，在谈到英美法的时候又称之为普通法法系。

三、两大法系的差异

大陆法系和英美法系在法的价值与精神上具有相同或相似之处，所确认和保障的经济、政治和社会制度基本一致；但由于受不同历史传统和哲学观念的影响，它们在法的形式上各具特点。20世纪以后，两大法系之间的差异日益缩小。但是，如果我们从两大法系的历史传统角度来看，它们的差异还是存在，并且还会继续延续下去。

一从法律渊源传统来看，大陆法系具有制定法的传统；而英美法系具有判例的传统。

二从法典编纂传统来看，大陆法系的基本法律一般都采用系统的法典形式；而英美法系一般不倾向于法典形式，其制定法一般是单行的法律和法规。

三从法律结构传统来看，大陆法系的基本结构是在公法和私法的分类基础上建立的；英美法系的基本结构是在普通法（主要代表立法机关的法律）和衡平法（主要代表审判机关的"法律"）的基础上建立的。

四从法律适用传统来看，大陆法系的法官在确定事实以后首先考虑制定法的规定，遵循从抽象到具体的演绎推理模式，重视法律解释技术；但他们只能适用法律而不能创造法律。英美法系法官在确定事实之后，首先考虑的是以往类似案件的判例，并将本案与先例加以比较，从中归纳出可以适用于本案的一般性法律规则或者原则，这种判例运用方法又称为"区别技术"；他们不仅适用判例，还可以在无先例遵循的情况下创造新的判例。

五从诉讼程序传统来看，两大法系也存在一些传统的差异。大陆法系倾向于职权主义；而英美法系倾向于当事人主义。

六从职业教育传统来看，大陆法系在律师和法官的职业教育方面突出法学理论，所以大陆法系自古罗马以来就有"法学家法"的称号；而英美法系的职业教育注重处理案件的实际能力。

【案例】布朗戈诉国家案（1873年）

法国吉隆德（Gronde）省国营烟草公司雇用了一位开翻斗车的工人，他在开车作业时，不慎将原告布朗戈的女儿撞伤。布朗戈遂以吉隆德省省长为被告，就女儿受伤所造成的损害向普通法院提起诉讼，要求国家赔偿损害。布朗戈认为，对于国营烟草公司的人员所犯的过失，国家应负民事上的责任。其诉讼依据主要有三条：一是《法国民法典》第1382条："任何行为使他人受损害时，因自己的过失而致使损害发生之人，对该他人负赔偿责任。"

二是同法第 1383 条:"任何人不仅对因其行为所引起的损害,而且对因其过失或疏忽所造成的损害,负其赔偿责任。"三是同法第 1384 条:"任何人不仅对自己的行为所造成的损害,而且对由其负责的人的行为或在其管理之下的行为所造成的损害,均应负其赔偿责任。"布朗戈认为,被告吉隆德省省长是该省行政机关的首脑,可以作为该地区的国家代表。

判决要旨:由于原告诉请的仅仅是就其女儿的受伤要求一些赔偿,因此普通法院很快受理了该案,没有因为被告是省长而拒绝受理。但是,吉隆德省省长向该普通法院提出了不服管辖的请求书。他认为,这一案件涉及国家公务管理过程中所作出的行为,因而应当由行政法院而不是普通法院审理。普通法院收到吉隆德省省长的管辖异议书后,坚持认为自己有对该案的管辖权。按照法院组织法的规定,这类涉及普通法院与行政法院管辖权限的争议,应当提交权限争议委员会裁决。委员会受理了这一争议,在咨询了麦克马洪政府的意见后,作出裁决:"国家因公务需要而雇用一些人员,因这些人员对私人造成损害而加之于国家的责任,不应受在《法国民法典》中为调整私人关系而确立的原则支配。这种责任既不是通常的责任,也不是绝对的责任;调整这种责任关系有其固有的特殊规则,根据公务的需要,或者根据调整国家公权力与私人权利的需要,可能有所变化。"这一裁决排除了普通法院对公务诉讼的管辖权,确定行政法院是审理此类诉讼的唯一具有权威的机关。裁决很大程度上参考了第三共和国政府专员戴维(David)的意见。戴维在为权限争议委员会提供意见时说:"凡因公务缘由而对行政机关提出的各种诉讼,普通法院根本无权审理。不管这些诉讼的目的是什么,也不管他们是不是仅仅要求普通法院对行政机关引起行政决定造成的损害赔偿宣布经济制裁的诉讼,而不是要求普通法院撤销、变更或解释行政机关的规定,普通法院也无权审理。"作为布朗戈案裁判的主要依据,权限争议委员会指出,有两部法律明确禁止普通法院以任何方式干扰行政机关的活动:一部是 1790 年 8 月 16~24 日法案,另一部是 1794 年 9 月 16 日法案。这两部都仍是生效的法案,依照其规定,普通法院无权审理任何因公务而提起的诉讼。受政府专员戴维的意见影响,权限争议委员会坚持认为,《法国民法典》或其他民事法律规定不能作为排除普通法院审理权的诉讼的依据。另一方面,当国家作为物的所有者、契约的当事人时,也受到《法国民法典》或其他民事法律的支配。在这些情形下,政府专员并不绝对地否认国家受司法支配,并在受私法支配的情况下受普通法院管辖。因此,布朗戈案也并未将国家绝对排除在司法

管辖范围之外。❶

◆ 配套练习题

一、不定项选择

1. 1804年的《法国民法典》和1990年的《德国民法典》均是以罗马法为基础编纂而成的。从《法国民法典》、《德国民法典》和罗马法的本质和渊源上看，下列选项中的哪些表述是正确的？（ ）

   A. 三者都归属于同一法的历史类型

   B. 法的发展过程具有历史延续性

   C. 法律概念、技术和原则具有继承性

   D. 它们之间存在着相互移植的关系

2. 下列有关法源的说法哪些不正确？（ ）

   A. 大陆法系的主要法源是制定法

   B. 英美法系的法源中没有成文宪法

   C. 不同国家的法源之间不能进行移植

   D. 在法律适用过程中，一般先适用正式法源，然后适用非正式法源

3. 大陆法系和英美法系的主要区别表现在哪些方面？（ ）

   A. 法律渊源　　　　　　　B. 法的分类

   C. 法典编纂　　　　　　　D. 诉讼程序和判决程序

4. 下列哪项不属于大陆法系的渊源？（ ）

   A. 法国民法典和德国民法典

   B. 自由大宪章

   C. 教会法

   D. 罗马法

5. 从日本现行法律制度看，其主要传统、渊源和风格属于下列哪一法系？（ ）

   A. 中华法系　　　　　　　B. 罗马法系

   C. 印度法系　　　　　　　D. 英美法系

6. 从法律构成看，英美法系国家主要采用（ ）。

   A. 制定法　　　　　　　　B. 单行法

   C. 判例法形式，但也有制定法　D. 习惯法

---

❶ 胡建森主编. 外国行政法规与案例述评［M］. 北京：中国法制出版社，1997：606.

7. 下列哪些选项属于英美法系的特征？（　　　）

    A. 法院的判例、法理等，没有正式的法律效力

    B. 在法的基本分类中有普通法与衡平法之分

    C. 在诉讼程序上采取当事人主义

    D. 成文法是法的渊源之一

二、参考阅读文献

1. ［美］格伦顿，等．比较法律传统［M］．米健，等译．北京：中国政法大学出版社，1993.

2. ［美］伯尔曼．法律与革命——西方法律传统的形成［M］．贺卫方，等译．北京：中国大百科全书出版社，1993.

3. ［德］茨威格特，海因·克茨．比较法总论［M］．潘汉典，等译．北京：法律出版社，2003.

4. ［法］勒内·达维德．当代主要法律体系［M］．漆竹生，译．上海：上海译文出版社，1984.

5. ［日］大木雅夫．比较法［M］．范愉，译．北京：法律出版社1999.

6. ［美］约翰，亨利·梅利曼．大陆法系［M］．顾培东，禄正平，译．北京：知识出版社，1984.

7. 沈宗灵．比较法研究［M］．北京：北京大学出版社，1998.

8. 宋冰．读本：美国与德国的司法体制及司法程序［M］．北京：中国政法大学出版社，1998.

9. 封丽霞．法典编纂论——一个比较法的视角［M］．北京：清华大学出版社，2002.

第九章　法律体系

第一节　法律体系释义

一、法律体系的概念

法学中有时也称"法的体系"或简称为"法体系"，是指由一国现行的全部法律规范按照不同的法律部门分类组合而形成的一个呈体系化的有机联系的统一整体。● 从以上法律体系的概念来看，法律体系有以下几个特点。

第一，法律体系是一个国家的全部现行法律构成的整体。这就是说，它既不是几个国家的法律构成的整体，也不是一个地区或几个地区的法律构成的整体，而是一个主权国家的法律构成的整体；既不包括一国历史上的法律或已经失效的法律，也不包括一国将要制定的法律或尚未生效的法律，只包括现行的国内法和被本国承认的国际法。法律体系不仅是一个国家的社会、经济、政治和文化等条件和要求的综合性法律表现，而且是一个国家主权的象征和表现。

第二，法律体系是一个由法律部门分类组合而形成的呈体系化的有机整体。"体系"一词指由若干事物构成的一个相互联系的有机整体，它和静态意义上的"系统"概念相似。法律体系作为一个"体系"，它的内部构成要素是法律部门；并且法律部门也不是七零八散地堆积在一起，而是按照一定的标准进行分类组合，呈现为一个体系化、系统化的相互联系的有机整体。这既是法律体系的客观构成，也是法律体系的一种理性化要求。

第三，法律体系的理想化要求是门类齐全、结构严密、内在协调。门类齐全是指在一个法律体系中，在宪法的统摄下，调整不同社会关系的一

● 张文显主编．法理学［M］．北京：高等教育出版社，2007：123.

些最基本的法律部门应该具备，不能有缺漏；结构严密是指不但在整个法律体系之间要有一个严密的结构，而且在各个法律部门内部也要形成从基本法律到和基本法律相配套的一系列法规、实施细则等；内部协调是指在一个法律体系中，一切法律部门都要服从宪法并与其保持协调一致，即普通法与根本法相协调、程序法与实体法相协调等，也即恩格斯曾指出的："在现代国家中，法不仅必须适应于总的经济状况，不仅必须是它的表现，而且还必须是不因内在矛盾而自己推翻自己的内部和谐一致的表现。"❶

第四，法律体系是客观法则和主观属性的有机统一。从最终极的意义上讲，法律体系是经济关系的反映，它必须适应于总的经济状况，因此，法律体系的形成是由客观经济规律和经济关系决定的；但从法律关系的形成过程来讲，它又离不开人的意志、主观能动性、意识形态、文化传统等作用，由此而使世界各国的法律体系呈现出不同的模式、形态等。因此，法律体系是客观法则和主观属性的有机统一。

二、研究法律体系的意义

学习和研究法律体系具有重大的理论意义和实践价值。

首先，学习和研究法律体系，可以帮助我们更好地认识和理解法的本质。

其次，学习和研究法律体系可以有助于国家的立法活动。

再次，学习和研究法律体系，可以有助于法学研究，有助于法学教育和法制宣传。

最后，学习和研究法律体系，有助于学习和借鉴外国的法律和法学的经验。

三、法律体系与相关概念的异同

1. 法律体系与法制体系

法制体系，有时也称法制系统，它同法律体系虽一字之差，但含义不同。法制体系是指法制运转机制和运转环节的全系统。法制体系（或法制系统）包括立法体系、执法体系、司法体系、守法体系、法律监督体系等，是由这些体系组合而成的一个呈纵向的法制运转体系。法律体系着重说明的是呈静态状的法律本身的体系构成；而法制体系则既包括静态的法

---

❶ 马克思恩格斯选集. 第 4 卷 ［M］. 北京：人民出版社，1995：702.

律规范，更着重说明的是呈动态状的法制运转机制系统。从相互关系来讲，法制体系包容着法律体系，而法律体系则组合在法制体系之中。

2. 法律体系与法学体系

这是两个不同的但却有密切联系的概念。

法学体系是指一个国家的有关法律的学科体系，它属于社会科学范畴，具有意识形态和思想文化属性；而法律体系则是指一国现行的法律规范体系，属于社会规范体系范畴，是社会及个人的行为准则，有实际的法律效力，并产生实际的法律后果。一个属思想范畴，一个属规范体系，这是两者的本质区别。但两者之间又有密切的联系：第一，法律体系是法学体系形成、建立的前提和基础。一个国家的法学体系中的实体法学（也称应用法学）内容，是同法律体系中的法律部门划分相对应的。如法律部门划分为宪法、民法、商法、行政法、经济法、刑法、诉讼法、国际法等，法学体系也就相应地划分为宪法学、民法学、商法学、行政法学、经济法学、刑法学、诉讼法学、国际法学等。第二，法律体系也是法学体系发展的重要动力。随着法律体系中新的法律内容的增加和扩充，便会促成新的法学体系内容的出现。比如，行政法的产生和出现，便促动了行政法学的产生；行政诉讼法的产生，便促动了行政诉讼法学的出现；等等。第三，法学体系反过来也会成为法律体系发生变化的原因和根据。这表现在两个方面：（1）法学的研究结果，会促成新的法律的产生，补充和调整原有法律体系的内容和结构；（2）法学关于"法律体系"的学术研究，也会改变原有的法律体系布局和结构，使法律体系重新布局，以适应变化了的客观情势和认识发展的要求。

3. 法律体系与法系

这是两个含义不同的法学概念。法系是指由不同的国家或地区在历史上所形成的具有相同法的结构和渊源的一种法的类型；法系的概念更多表达的是一种法律传统，它是跨越历史和国度的。而法律体系则指的是一国内的由现行法律规范所组合而成的法律部门的统一整体；它只能是现实法，而且主要在一主权国家范围内构成。

第二节　法律部门的划分

一、法律部门（部门法）的概念

"法律部门"这一概念，在有的法学著作和教材中被称为"部门法"，它是指根据一定的标准和原则，按照法律调整社会关系的不同领域和不同方法等所划分的同类法律规范的总和。法律部门是法律体系的基本组成要素，各个不同的法律部门的有机组合，便成为一国的法律体系。

第一，法律部门既是一个法学概念，也是组成法律体系的一种客观的基本要素。它主要是根据法律所调整的不同的法律关系（社会关系）的性质，划分为不同的法律部门。如将凡调整民事法律关系的法律规范，归属于民法法律部门；将凡调整刑事法律关系的法律规范，归属于刑法法律部门等。这虽然是一种学理上的划分，但这种划分对于法律体系的建立以及法制实践是非常重要的，它直接影响着立法、执法、司法的实践进程。因此，法律部门这一概念是一种法律文化的产物。

第二，在某一法律部门中，又可以划分为若干个子部门，这些子部门是法律部门的进一步细化和具体化，在法律部门中具有相对的独立性。子部门是由调整包含在法律部门大范围中的一些特殊种类的法律制度和法律规范构成的，它同法律部门是一种"种属关系"。如，同样是调整民事法律关系的民法法律部门中的各种法律制度和法律规范，根据其调整的特殊种类的法律关系的不同，又可划分为著作权法、合同法、商标法、专利法等子部门；调整宪法法律关系的宪法法律部门，又可划分为立法法、组织法、选举法等子部门。子部门的划分一方面说明法律体系从法律部门到子部门是一个大的系统化的结构，同时也对法律体系的完善、健全提供了一个逐步深化的指向。

第三，法律部门是构成法律体系的基本要素，而构成法律部门和子部门的基本要素则是法律制度及其相应的法律规范的总和。比如，在一个国家的法律体系中，凡是调整民事法律关系的法律制度和法律规范，则属于民法法律部门的范围；凡是调整刑事法律关系的法律制度和法律规范，则属于刑法法律部门。这就产生一个问题，任何一个国家的不同的法律部门就不只有一部法律或一部法典，还包括那些散见于其他法律中的有关法律制度和法律规范。因此，"总和"这一概念表达了有的法律部门和子部门是以一部法律或法典为轴心，由包括其他法律中的相关法律制度和法律规范在内组合而成的，如民法法律部门、刑法法律部门；有的法律部门和子部门则没有一部轴心法律或法典，而是由若干部性质相同或相近的规范性法律文件组合而成的，如行政法法律部门、经济法法律部门等。

第四，上一点说明了组成法律部门和子部门的法律制度和法律规范的多来源性和总和性。反过来，法律制度对于法律部门来讲，又存在一种交叉性和综合性，即同一法律制度可能由一个或几个法律部门中的具有相同或相近调整属性的法律规范所组成。比如，所有权法律制度，就有可能体现在宪法、民法、经济法、商法等多个法律部门中；辩护制度、证据制度、回避制度等就有可能体现在刑事诉讼法、民事诉讼法、行政诉讼法等多个不同的诉讼法律子部门中。

二、法律部门的划分标准

（一）主要标准：法律所调整的社会关系

法律是调整社会关系的，制定法律规范的目的就在于调整相应的社会关系，离开以社会关系为调整对象的法律规范是不存在的。而且，人与人之间的社会关系是多种多样的，涉及不同的领域，如政治、经济、文化、宗教、家庭、民族等。由于社会关系的多样性，就需要有不同的法律规范来调整不同的社会关系，这就为法律部门的划分提供了客观的基础，从而也使法律的调整对象成为划分法律部门的主要标准。

我们可以将调整同一类社会关系的所有法律规范归入一个法律部门。如把调整平等主体之间的财产关系和人身关系的法律规范归入民法部门，调整诉讼行为和诉讼关系的法律规范归为诉讼法部门等。

（二）辅助标准：法律调整的方法

法律调整的方法是指对社会关系施加法律影响的方法、方式的总和。法律调整的方法从不同的角度也可作不同的分类：

（1）从调整的法律关系角度，可分为平权调整方法和隶属调整方法。以此方法我们可以区分调整财产关系的法律规范中，哪一些是属于民法部门，哪一些是属于行政法部门的。

（2）从法律作用于人的行为的基本方式看，法律调整方法可分为积极义务的方式、允许的方式和禁止的方式。在民法部门中一般以允许方式居多，而在刑法部门中则以禁止的方式为主。

（3）从法律后果角度看，可以分为奖励和制裁两种方法。特别是制裁，能够反映法律的重要特征。据此，我们可以将采用刑事制裁的法律规范归入刑法部门，采用民事制裁的归入民事法律部门，采用行政制裁的纳入行政法部门。

三、划分法律部门的原则

（一）整体性原则

以整个法律体系为划分的对象，划分的法律必须囊括一国现行法律的全部内容，使法律体系中的所有法律规范等因素都有适当的部门归属。只有坚持这一原则，法律部门的划分才能达到使个人能了解和掌握本国现行法律的目的。

（二）适当平衡原则

划分法律部门时应当考虑各法律部门之间法律规范的规模或数量上保持大体上的均衡，不能使某些法律部门的内容特别多，而某些法律部门的内容特别少。当然，这种均衡只能是相对的，因为不同类型的社会关系其涉及面本身有大有小，不可能完全均衡。因此，均衡原则只要求适当的平衡，不能失之过宽或失之过窄。

（三）前瞻性原则

虽然法律部门的划分是对一国现行法律的划分，只能以现行法律规范为主，但是法律体系的内容总是在不断的发展变化之中；因而划分法律部门必须要有一定的前瞻性，这样才能保持法律部门划分具有一定的稳定性。前瞻性原则要求我们在划分法律部门时，要充分认识法律对某些社会关系调整的未来发展及其重要性程度，了解一个国家近期内的立法目标和立法规范，为某些未来要出现的法律规范设立相应的法律部门。例如，关于社会保障法，我国目前的立法还很不完善，没有多少法律法规，但从社会未来发展及国外立法经验看，将其作为一个独立的法律部门是必要的。

（四）重点论原则

凡事都有两个方面或者两点，但是，这两点一般不会总是处于平衡状态；也就是说，平衡是相对的，不平衡是绝对的，总有一个方面或一点处于支配或者占主导地位，这是重点论。具体的社会关系和法律规范，其情况是极为复杂的，有时用一个或者几个标准予以划分，也很难弄清属于哪个法律部门。比如，著作权法和专利法，既属于行政管理领域的社会关系，也属于知识产权关系；按照前者可以划入行政法部门，按照后者可划入民法部门。所以，考虑到其内涵的知识产权因素，应划归民法部门。

（五）合目的性原则

划分部门法的目的是为了方便人们了解和掌握本国的现行法律。所谓方便了解和掌握，因为人们不可能都了解和掌握国家的全部现行法律。实际上，对于绝大多数公民来说，这是没有必要的。但是对于最重要的法律和同自己关系最密切的法律，却必须了解和掌握。同时，人们在学习和研究时，尤其是要从其中了解和解决相关法律问题时，必须要借助划分法律部门的知识，才能达到自己的目的。

第三节 当代中国的法律体系

"当代中国的法律体系"这一命题，从法理学的角度看有两层含义：一是指它的实然状态，即实际的客观存在着的法律体系；二是指它的应然状态，即理想的应当具有的法律体系。在此处，我们主要考察一下当代中国实际存在的法律体系。当代中国的法律体系，在经历了几十年的曲折历史之后，尤其是在1979年中国实行改革开放、加强社会主义民主和法制建设之后，经过近20年的努力，已初步形成了以宪法为核心的社会主义法律体系框架。这个法律体系包括以下一些主要的法律部门。

一、宪法法律部门

在当代中国的法律体系中，宪法是根本大法，它规定国家的各种根本制度、基本原则、方针，规定国家机关的组织和活动的基本原则，以及公民的基本权利和义务等。因此，它在当代中国的法律体系中处于中心的、主导的地位。

在宪法这一占主导地位的法律部门中，现行的主要法律规范就是1982年通过的《宪法》，以及1988年、1993年、1999年和2004年四次的《中华人民共和国宪法修正案》（以下简称《宪法修正案》）共31条。除此之外，宪法法律部门还包括如下一些种类的宪法性法律文件和规范：

（1）国家机关组织法。主要有全国人民代表大会组织法、国务院组织法、人民法院组织法、人民检察院组织法、地方各级人民代表大会和地方各级人民政府组织法等。

（2）国家权力机关议事规则及人民代表法。主要有全国人民代表大会议事规则，全国人民代表大会常务委员会议事规则，全国人民代表大会和地方各级人民代表大会代表法等。

（3）选举法。主要有全国人民代表大会和地方各级人民代表大会选举法，人民解放军选举全国人民代表大会和地方各级人民代表大会代表的办法，香港特别行政区选举人民代表的办法等。

（4）民族区域自治法。主要有民族区域自治法。

（5）特别行政区基本法。目前主要有香港特别行政区基本法和澳门特别行政区基本法。

（6）立法授权法。此类规范现主要有全国人大常委会授权广东省、福建省人民代表大会及其常务委员会制定所属经济特区的各项单行经济法规的决议，授权国务院改革工商税制度发布有关税收条例草案试行的决定，全国人大授权国务院在经济体制改革和对外开放方面可以制定暂行的规定或者条例的决定，授权海南省人大及其常委会制定在海南经济特区实施的法规，授权深圳经济特区制定特区法规和规章的决定等。

（7）国籍法和其他公民权利法。此类规范现主要有国籍法、义务教育法、残疾人保障法、妇女权益保障法、未成年人保护法等。

宪法法律部门还应该有几类非常重要的法律，如立法法、监督法等。随着我国社会主义市场经济法律体系的逐步完善，宪法法律部门还会不断得到丰富和扩充。

【案例一】"孙志刚事件"引发三博士上书，启动普通公民的违宪审查权

就职于广州一服装公司的大学生孙志刚未携带身份证逛街时，被广州黄村街派出所以没有暂住证为由予以收容。2003年3月18日，孙被送往广州收容遣送中转站，后又被收容站送往广州收容人员救治站，并于3月20日死亡。中山大学中山医学院法医鉴定中心的鉴定表明："综合分析，孙志刚符合大面积软组织损伤致创伤性休克死亡"——即孙志刚是被打死的。事件披露后，受到社会各界的关注，此事亦引起中央有关领导的高度重视。经调查，此案已取得突破性进展，涉案的13名犯罪嫌疑人全部被公安机关缉捕归案，3名在此案中渎职的工作人员已被检察机关立案侦查。2003年5月14日，3位法学博士以普通公民的身份向全国人大常委会提出审查《城市流浪乞讨人员收容遣送办法》的建议。

案例解析： 宪法是我国的根本大法，是法的主要渊源。它规定了国家制度和社会制度的根本问题，包括国家的性质、任务、政治制度、经济制度、公民的基本权利和义务、国家机关的组织和活动的基本原则等，具有最高的法律地位和法律效力。任何法律、法规、决定和命令都不得同宪法相抵触，否则无效。所谓违宪审查，是指特定的国家机关对某项立法或某种行为是否合宪所进行的具有法律效力的审查和处理。这一制度的主要目的就是裁定并处罚违宪行为，尤其是立法机关和行政机关制定违宪的法律和法律性文件的行为；以制约国家权力，保障公民权利，保证宪法的有效实施。宪法规定，我国的违宪审查程序由全国人大常委会执行，而2000年颁布实施的《立法法》，则首次赋予了普通公民对违宪审查"提出建议"的权利。《立法法》第88条第2款规定，全国人大常委会有权撤销同宪法和法律相抵触的行政法规。第90条第2款规定，公民认为行政法规同宪法或法律相抵触的，可以向全国人大常委会以书面形式提出进行审查的建议。本案中的 3 博士上书就基于此规定。在城市化高度发展的今天，以行政手段为主导的收容遣送制度的"治理功能"越来越弱；相反，依附于这个制度上的权力越来越暴露出容易被滥用的危险。暂住证和收容都涉及相当大的利益，其中在办证、罚款、放人过程中的获利都是巨大的，牟利的特征相当明显。《城市流浪乞讨人员收容遣送办法》是 1982 年制定的行政法规，其中有关限制人身自由的内容与我国《宪法》和《立法法》相抵触。我国《宪法》规定，公民的人身自由不受侵犯。《立法法》规定，对公民政治权利的剥夺、限制人身自由的强制措施和处罚，只能制定法律。只能由法律规定的事项而尚未制定法律的，全国人大及其常委会有权授权国务院对其中的部分事项先制定行政法规，但是有关犯罪和刑罚、对公民政治权利的剥夺、限制人身自由的强制措施和处罚、司法制度等事项除外。可见，《城市流浪乞讨人员收容遣送办法》属于应予改变或者撤销的行政法规。❶

二、行政法法律部门

行政法法律部门，是指有关调整国家行政管理活动中形成的社会关系的法律规范的总和，具体包括由国务院制定的有关一般行政管理的行政法规，也包括全国人大及其常委会制定的有关行政管理的法律或地方国家机关制定的有关行政管理的地方性法规。

行政法法律部门不像宪法、民法、刑法等那样，有一部轴心法律或法典，而是由许多单行的法律、法规、地方性法规等构成。这是由于国家行政管理活动的多样性、复杂性及国家管理活动的广泛性所决定的，它很难集中在一部统一的行政法典或法律性文件中。行政法律关系的主体双方的法律地位一般是不平等的，它体现了管理与被管理间的行政隶属关系。但是随着市场经济的逐步发展，有些行政法律关系会趋于平等化，体现出行政法律关系主体双方的平等性；如行政合同关系就须建立在合同双方的自愿、平等、协商基础之上，而不是一味的命令—服从关系。

【案例二】工商所的行为是否违法

王某系某市个体经营者。从 1994 年 3 月开始，王某在本市大唐轻纺市

---

❶　王丽瑛主编．案例法理学评析［M］．北京：中国人民公安大学出版社，2005：119 - 121.

场中租用了一间房屋，为丝袜生产者进行丝袜包装并兼作生活用房。1994年5月3日下午，该市工商局所属市场工商所工作人员来王某处检查后认为，其无营业执照，属违法经营，责令其到工商所申办营业执照。王某认为袜子生产者已经领取了营业执照，而自己只是负责包装袜子，无须申办营业执照。双方发生争吵。工商所人员要将王某房内的6箱袜子搬到工商所，但不出具扣留凭证，双方为争夺袜子发生争执。工商所工作人员随即将王某扭送到市场管理办公室，并用手铐将其铐在办公室窗户的铁栅栏上长达4小时之久。事后，王某向工商局提出行政赔偿申请，被工商局拒绝。王某遂向法院提起行政诉讼。法院审理后认为，工商局工作人员用手铐将王某铐在窗户上属于限制公民人身自由的行政处罚措施。根据《中华人民共和国行政处罚法》（以下简称《行政处罚法》）和《治安管理处罚法》等法律的规定，只有公安机关和国家安全机关才拥有限制公民人身自由的行政处罚权。而工商所的工作人员没有限制公民人身自由的权力，其行为是一种严重的越权行为，侵犯了公民的人身自由，应当承担相应的赔偿责任。

案例解析：行政法是有关国家行政管理活动的法律规范的总称。它调整的社会关系主要是国家行政机关相互之间和国家行政机关同企业、事业、社会组织之间以及行政机关同公民之间的行政管理关系。行政法有独特的调整方法，即行政命令。行政机关发布指示或命令的行政行为对行政关系的发生、变更和消灭具有决定作用。行政法的调整对象极为复杂，因而行政法部门是由很多单行的法律、法规组成的，如《行政处罚法》、《食品卫生法》、《治安管理处罚法》等。本案中，工商局的工作人员没有依法行政，而是越权执法，违反了法定程序，其执法行为就不符合合法性原则的要求。

三、民商法法律部门

民商法法律部门是指调整平等主体的公民与公民之间、法人与法人之间、公民与法人之间的财产关系和人身关系以及商事关系的法律规范的总和。世界上大多数国家是采用以一部较完整的民法典和商法典作为民法法律部门的轴心法律规范，而我国目前尚无较完整的民法典和商法典，只是以一部《民法通则》作为民法法律部门的轴心法律规范，附之以其他一些单行民事和商事法律，这些单行民事法律包括婚姻法、继承法、收养法、经济合同法、涉外经济合同法、技术合同法、商标法、专利法、著作权法、企业破产法、海商法、公司法、票据法、保险法等。民商法的调整特点主要是自愿、平等、合意、等价、有偿等。

【案例三】饲养动物致人损害赔偿案

2003年9月16日中午，原告到两被告家中被两被告饲养的狗咬伤耳朵。当天，原告被送往汕头大学医学院第二附属医院住院治疗。医生诊断为右耳郭断裂伤，并为原告施行了手术。2003年10月19日，原告出院。住院期间的医疗费用为人民币10062.41元。出院医嘱，约一个半月后再住院，施行右耳郭缺损乳突皮瓣修复皮瓣断蒂术。2003年12月16日，原告再次到汕头大学医学院第二附属医院住院进行手术治疗。2003年12月26日，原告出院。住院期间的医疗费用为人民币5304.82元。出院医嘱，右耳郭皮瓣上毛发需门诊施行2～3次脱毛治疗；右耳郭耳轮需门诊手术修整。事故发生后，两被告已支付原告款项人民币1100元。本案在审理期间，经汕头市中级人民法院司法技术鉴定中心法医鉴定，鉴定结论为原告目前的损伤不宜评残，损伤后续治疗费用人民币8000元。2003年10月22日，汕头市龙湖区新溪镇北中村人民调解委员会召集原被告双方进行调解，双方未能达成协议，调解无果。原告遂诉至法院，请求法院依法判令：（1）两被告赔偿原告医疗费人民币15561.43元、护理费人民币2200元、住院伙食补助费人民币2200元、后续治疗费人民币10000元、精神抚慰金人民币5000元，合共人民币34961.43元；（2）被告承担本案诉讼费用。在庭审时原告增加诉讼请求，请求判令被告承担鉴定费人民币200元。同时，原告变更诉讼请求，将后续治疗费变更为人民币8000元。

案例解析：根据《民法通则》的规定，公民由于过错（故意或过失）侵害他人人身的，应当承担民事责任；受害人对损害的发生有过错的，可以减轻侵害人的民事责任。侵害公民身体造成死亡的，应当支付丧葬费、死者生前抚养的人必要的生活费等费用。

【案例四】所有权受民法调整，股权受商法调整

1998年5月，某市的国有企业红星化工厂因经营不善，陷于困境，经市政府批准进行裁员分流和股份制改造。红星化工厂决定出资50万元，分流的20名职工各出资1万元，以有限责任公司的形式设立红星饮料有限公司。1998年10月，红星饮料有限公司登记成立。经公司董事会决定，化工厂委派的董事王某任公司董事长兼总经理，分流的20名职工各出资1万元成为公司的股东和职工。在全体职工的努力下，饮料公司经营得红红火火，化工厂和职工每年都有分红。2000年上半年，化工厂仍不景气，遂决定从饮料公司调拨 50 万元用于支付本厂职工的工资。王某以需经公司股东会同意为由予以拒绝。化工厂表示化工厂与饮料公司本是一家，饮料公司也是化工厂出资设立，并对王某以撤职相威胁。王某无奈只得同意从饮料公司划拨 50 万元给化工厂。饮料公司的职工知道实情后，认为化工厂无偿要去 50 万元没有道理，严重侵害了他们和公司的利益，遂诉至法院要求化工厂返还此 50 万元。

案例解析：民法是调整平等主体之间的财产关系和人身关系的法律规范的总称。民法所调整的社会关系主要是商品经济关系，即横向的财产关系。这种关系的性质决定了民法的基本原则是当事人法律地位平等和公平、等价有偿的原则。这是民法不同于行政法、经济法的主要特点。民法除调整商品经济关系外，还调整不具有商品关系特性的继承关系、赠与关系、借用关系以及与人身不可分离又不具有直接财产内容的人身关系。民法在我国法律体系中占有重要地位。商法是调整商事关系的法律规范的总称。两者的区别在于：(1) 民事关系是平等主体之间基于民事行为而形成的社会关系，这种民事行为既包括非经营活动，也包括经营活动。而商事关系仅仅是商主体实施商行为（经营行为）所形成的社会关系，不包括非经营活动。(2) 民事关系不仅包括财产关系，也包括人身关系。而商事关系主要涉及财产关系，不涉及与自然人相关的人身关系。(3) 民事关系中的财产关系反映的是商品交换关系，重点是财产的支配权。而商事交易中的财产关系不仅包含商品交换，而且包含商品的生产和经营关系；不仅包括财产的支配权，更多的是财产的管理权、经营权。(4) 民事关系强调主体的平等权利，即私法上的权利。商事关系不仅强调这种私法上的平等权，同时强调公法上的国家主体对商主体的管理权，强调因国家管理所形成的各种关系，如商事登记管理关系等。本案例中，红星化工厂从饮料公司无偿调拨 50 万元的行为侵害了饮料公司的法人财产权，其所持的理由实质上是混淆了财产所有权（民法调整）与股东所享有的股权（商法调整）的界限。基于民法和商法的规定，无论是红星化工厂还是红星饮料有限公司，均对各自财产享有法人财产权，它们的财产权利都平等地受到法律的保护，彼此都不得侵犯对方的财产权利及其合法权益。化工厂无偿调拨饮料公司 50 万元，显然侵害了饮料公司的财产权。化工厂对饮料公司有 50 万元的出资，就权利性质而言，依据民法，化工厂在饮料公司成立前对此 50 万元拥有所有权，可依法占有、使用、收益和处分；依据公司法，在饮料公司成立后化工厂对 50 万元出资的所有权即转化为股权，化工厂只能依公司法的规定（召开股东大会等）行使股权，而不能再直接行使所有权。

四、经济法法律部门

经济法法律部门是指调整国家在国民经济管理中和各种经济组织的活动中所发生的经济关系的法律规范的总和。作为法律部门的经济法和人们日常生活中所泛指的经济法既有联系，又有区别。泛指的经济法，包括一切有关经济内容的经济立法和调整经济关系的法律；而作为法律部门的经济法，则主要指那些国家在调整国民经济管理中和各种经济组织之间的活动中所发生的经济关系的法律规范。经济法和民法、商法、行政法等法律部门之间有较为密切的联系，由于其调整对象都是经济关系，因而有些法律规范有所交叉。如经济合同法，既可适用于经济合同，也可适用于民事合同等。由于经济法所调整的经济关系的复杂性和广泛性，很难由一部法典作为经济法法律部门的轴心法律规范。我国目前也没有一部法典型的经济法法律规范，而是由大量单行的经济法组合而成，主要有计划法、预算法、全民所有制企业法、集体所有制企业法、私人企业法、各种外资企业法、对外贸易法、全民所有制企业转换经营机制条例、银行法、信贷法、证券法、金融法、物价管理法、产品质量法、统计法、会计法、基本建设法、农业法、消费者权益保护法、反不正当竞争法等。

【案例五】受民法调整还是经济法调整

某市煤气总公司是该市唯一经营人工管道煤气的企业。该公司自1986年供应人工管道煤气以来，所有用户的人工煤气灶均按该公司统一制式的煤气代办工程承包合同规定，由该公司提供，用户在使用管道煤气时都要与该公司签订此合同。合同中约定，由煤气总公司包勘测设计、包建筑安装、包燃具供应、包通气点火。煤气总公司指定市燃气实业公司为其燃气灶具的唯一经销商。用户王某于1990年8月与煤气总公司签订合同后，接受燃气实业公司的灶具使用煤气；但由于灶具质量不合格，灶具安装3天后就无法使用。王某要求燃气实业公司退换，被燃气实业公司以王某与其没有买卖灶具合同关系为由拒绝。王某一气之下向法院起诉煤气总公司，要求其返还煤气灶款，接受退还的煤气灶；同时王某向市工商局举报，反映煤气总公司不允许用户自行购置煤气灶具的问题。

案例解析： 经济法是调整国家对经济管理所发生的经济关系的经济法律、法规的总和，其调整对象是国家在市场经济条件下对整个国民经济的宏观调控和规范经济行为，以及国家同企业之间、企业相互之间的纵向经济关系。目前，我国还没有形成完整的经济法体系，经济法同民法、行政法仍有交叉，其间的联系和区分还有待逐步明确。民法和经济法均调整财产关系，但两者还是有很大区别的：第一，在调整市场秩序方面，民法是私法，确认和保护市场主体的地位和利益，强调个人的权利。而经济法是具有私法因素的公法，确保和强调社会整体利益和安全，反对个体暴利和绝对私权。第二，从对市场秩序规范调整的内容上看，民法和经济法虽然都要在规范市场主体、客体、交易行为和竞争行为等方面发挥作用，但两者的调整仍表现出较大的差异：（1）民法对市场交易主体的设立、组织、资格、条件等进行一般规定，但一些特殊性市场主体，如政府交易机构、市场优势拥有者等则由专门的经济法律、法规加以规范。（2）就市场交易客体而言，民法规范了市场交易中的一般有形物、无形物的构成、特征、交易方式等，但对国家禁止流通物、限制流通物等的品种、类别、流转规则等，则往往由经济法加以确认。（3）民法通过合同等基本制度确立了市场交易的基本规则，但是一些关系国计民生的重要市场，如粮油、房地产、证券、保险、劳动力等市场，需要有与普通商品市场不同的交易方式和规则，因此，由经济法来确立与其性质相适应的特殊规则和制度。（4）就市场主体的竞争行为而言，民法以意思自治、等价有偿、诚实信用等原则为市场主体进行竞争确立了基本行为准则，但是对各种垄断和不正当竞争、限制竞争等行为的规范调整则是经济法的基本任务。第三，从对市场秩序的调整方法来看，民法以主体地位平等为基础，以主体意思自治为原则，以自愿、平等、等价有偿等方法来保障市场主体的交易行为和竞争行为的顺利进行。经济法调整的是需要由国家进行干预的各类经济关系，因此，经济法对市场秩序的调整，以公权介入为主，以命令和服从为基本特征，以指令性和指导性调整为基本方法。第四，在法律责任的承担上，民法主要是财产责任，而经济法上的违法责任承担方式既可以单独适用民事、行政、刑事责任，也可三种责任同时并用。

本案中，王某与煤气总公司之间的争议，是一合同纠纷。从形式上看，他们之间的合同，是双方意思表示一致的结果，但从实质上看，王某作为普通消费者，在与煤气总公司缔约过程中，无法与其进行平等的协商；对于煤气总公司提出的缔约条件要么接受，要么不接受，没有具体协商的可能。在这里，煤气总公司利用其自然垄断的优势地位，在缔约过程中强制性地剥夺了王某自己选用燃气灶具的权利，使王某被迫接受不合理条件，增加了王某的经济负担；煤气总公司限定消费者购买其指定的经营者经销的煤气灶的行为，同时也排斥了其他经营者参与竞争销售，妨碍了竞争机制功能的发挥。从对此种限制竞争行为的法律调整来看，作为单个的消费者王某，可以基于民法确认的平等、自愿等原则，通过民法上确立的合同无效、违约责任等制度来获得救济和保护。民法虽然保障单个的消费者能够获得救济和补偿，但在保障其他经营者参与竞争的权利，维护公平竞争的交易秩序方面发挥的作用还是有限的。所以，现代国家都纷纷制定反垄断法、反不正当竞争法，来打击和制止各种损害公平竞争的行为。我国颁布的《反不正当竞争法》第6条明确规定，限定他人购买其指定的经营者的商品，以排挤其他经营者的公平竞争的行为属于不正当竞争行为。就本案而言，王某可依民法追究煤气总公司的合同责任，从而获得个体利益的保护；同时，政府主管机关还应依经济法追究煤气总公司不正当竞争的经济法律责任，从而维护竞争秩序和社会利益。现代市场经济的秩序靠的是民法和经济法的共同规范，以实现其安全、效率、公平、公正等价值目标。

五、劳动法法律部门

劳动法法律部门是调整有关劳动关系以及与劳动关系紧密相连的其他关系的法律规范的总和。劳动法法律部门的内容主要有：劳动合同的成立与解除，集体劳动合同的签订与执行，法定工作时间和休息时间的制度，劳动报酬、工资制度，最低工资保障制度，劳动保护与劳动安全卫生的规定，劳动保障和生活福利，劳动纪律与奖罚制度，职工培训、工会和职工自主管理，劳动争议的处理，劳动法的监督与检查制度，劳动争议调解、仲裁、诉讼制度，工会与企业、行政机关之间的法律关系等。我国劳动法法律部门主要是以一部《中华人民共和国劳动合同法》为轴心法律规范，附之以其他一些单行的劳动法规范。

【案例六】劳动合同与雇佣合同

2008年2月，南京某饭店聘请李闻聪任厨师长。工作一段时间后，李闻聪感觉并无原先想象中那么好："经常加班加点还没工资，也不办理任何保险，甚至连当初承诺的劳动合同也不签。"李闻聪多次和饭店老板交涉均无结果。后厨的十几个人在李闻聪"策反"下集体辞职，并打起劳动官司，索要加班工资、经济补偿金等各种待遇。老板则坚称这些人并非饭店工作人员："我把后厨承包给李闻聪，这些人是李闻聪招聘的，和饭店无关。"李闻聪出示饭店考勤表，上面既有十多名员工的名字，还有饭店经理签字。经调解，饭店最终支付所有后厨人员各项补偿及工资近5万元。

案例解析：上海市高级人民法院民一庭《关于审理劳动争议案件若干问题的解答》规定："用人单位知道或应当知道其工作人员或承包人以单位名义在外招用人员，不为反对意见；或受招用人员有充分理由相信该工作人员或承包人是代表用人单位的，如果劳动者确实是为该用人单位工作的，应当认定受招用人员与该用人单位之间形成劳动关系。"双方虽未签订书面的合同，但双方存在事实劳动关系。因为他们在饭店工作期间，受饭店的劳动管理；即使李闻聪与饭店有承包关系，后厨员工由他负责招聘，也应当确认他们与饭店的劳动关系。

六、自然资源法和环境法法律部门

自然资源法和环境法法律部门是指有关自然资源、环境保护、污染防治以及其他防止公害的法律规范的总和。该法律部门主要包括自然资源法和环境保护法两大类。自然资源法主要指对各种自然资源的规划、合理开发、利用、治理和保护等方面的法律规范；环境保护法主要是指保护环境、防治污染和其他公害的法律规范。我国目前有关自然资源方面的法律规范主要有森林法、草原法、渔业法、矿产资源法、水法、水土保持法、土地管理法、节约能源管理条例等；有关环境保护方面的法律规范主要有环境保护法、海洋环境保护法、水污染防治法等。

【案例七】环境污染案

2003 年 12 月 20 日，养殖户郑涛发现自己承包的鱼塘出现冬季鱼浮头并有鱼死亡。经查系城市排污管道破裂，污水改道进入鱼塘所致。郑涛当即决定先抽水捕鱼，同时与当地市政公司交涉。2004 年 1 月 3 日，当地市政公司动工重新铺设了一条排污管道。在此期间，因污水进入鱼塘，造成部分鱼死亡，部分鱼严重异味。因久旱无雨，郑涛曾于 2004 年 2 月 10 日、2 月 14 日用漂白粉、生石灰消毒，在鱼塘水变清后又购进了一批鱼苗，但鱼塘鱼苗仍被再次污染而死亡。

郑涛认为，此次生活水污染导致库存的 1 万余斤成品鱼严重异味而不得不廉价出售，另有 3000 余斤鱼有浮头并死亡。按每斤 2 元计算，仅鱼损就 2 万余元，鱼苗损失 7000 元，另有消毒费、抽水电费、水质检测费用等，合计经济损失 39992 元。为此，郑涛提供证人证明，污染时每天死鱼多在 500 斤；另有证人证明，污染鱼因有异味而以每斤 1 元购买；当地渔政监督管理站勘验检查笔录证明，鱼损为 3 万余元；当地环境监测站环境监测报告证明，该鱼塘水质已污染；另有华醒公司出具说明，证明排污管道系由市政公司使用。于是，郑涛向当地法院起诉，要求当地市政公司赔偿所有损失 39992 元。

案例解析：环境法是关于保护环境和自然资源的法律规范的总和。环境法是新兴的部门法律，它对于保证现代化建设中合理利用自然环境和资源，防止环境污染和生态环境被破坏，保护人民健康，促进经济发展具有重要的作用。本案中，原告经营的养殖场是因为污水进入鱼塘，造成了部分鱼死亡，部分鱼严重异味。经当地环境监测站环境监测报告证明，该鱼塘水质已污染。在损害后果与污染环境的行为具有前后联系且被告没有任何证据证明这种损失是由于其他原因造成的情况下，应该推定环境污染行为与原告的损害之间具有因果关系。因为环境污染致害责任适用无过错责任，无须证明被告具备主观过错就可以要求他承担侵权损害赔偿责任。赔偿数额应该包括直接损失、间接损失以及污染行为造成的受害人健康的潜在危害。

七、刑法法律部门

刑法法律部门是指有关犯罪和刑罚的法律规范的总称。在当代中国的法律体系中，刑法是一个非常重要的法律部门，也是惩治各种犯罪现象和犯罪行为，打击各种严重破坏社会关系和社会秩序的犯罪分子，维护正常的社会秩序的重要法律部门。

刑法适用于那些实施了具有较严重的社会危害性、已经触犯了刑事法律规范的行为的犯罪人；刑法所采用的调整方法是最严厉的一种法律制裁方法，即刑罚的方法。所以，刑法法律部门并不是主要以调整对象来划分，而是以其调整方法——刑罚制裁的方法来划分，即凡属用刑罚制裁方法的法律规范都属于刑法法律部门。我国目前的刑法法律部门主要是以1997 年八届人大五次会议修订通过的《刑法》为轴心的法律规范，还包括一些散见于经济法规、行政法规中关于追究刑事法律责任的规定等。

【案例八】张波故意伤害罪案

被告人张波与被害人韩瑞斌均系市保安公司保安。因在工作中，张波替被害人韩瑞斌花钱办事，后张波多次向韩讨要办事所花的费用，但韩瑞斌不给。2008 年 3 月 21 日 21 时许，被告人张波指使张锋（另案处理）、张铧（在逃）等人用巴掌、拳头教训一下韩瑞斌。当晚，张波在市英皇会馆门口，对张锋、张铧等人指认韩瑞斌后，韩瑞斌骑电动车，张锋、张铧等人坐出租车尾随其后。至建设西路与卫校西街，张铧下车跺韩瑞斌，韩瑞斌发现有人要打自己，便骑电动车加快速度向西跑。张锋、张铧等人坐出租车追韩瑞斌至市建设西路电厂菜市场汇友网吧内，拿出刀对韩瑞斌进行殴打，将韩瑞斌砍伤。经鉴定，韩瑞斌之损伤程度为轻伤；伤残等级经鉴定为七级。解放区人民法院经审理，认定被告人张波构成故意伤害罪，判处有期徒刑2年。被告人认为一审判决量刑过重，提起上诉。二审法院经审理，作出了驳回上诉、维持原判的裁定。

案例解析：刑法是关于犯罪和刑罚的法律规范的总称，是国家的重要法律之一，是国家对严重破坏社会关系和社会秩序的犯罪分子定罪量刑的根据。我国《刑法》的基本原则是：罪刑法定原则；罪刑相适应原则；罪责自负原则；惩罚与教育相结合原则等。我国现行《刑法》于1979年颁布，1997年八届人大五次会议作全面修订，条数由原先的192条增加到452条。修订前全国人大常委会先后通过的《关于严惩严重破坏经济的罪犯的决定》、《关于严惩严重危害社会治安的犯罪分子的决定》、《关于惩治走私罪的补充规定》、《关于惩治贪污罪贿赂罪的补充规定》、《关于惩治泄露国家秘密犯罪的补充规定》等，或纳入新刑法，或已不再适用而被废止。修订后的《刑法》已成为较完备的法典。

本案中，张波以报复为目的，伙同他人对被害人实施了故意伤害的行为，被告人张波已经构成了故意伤害罪。

八、诉讼法法律部门

诉讼法法律部门是指有关诉讼程序的法律规范的总和。诉讼法是一种程序法，但它只是程序法之一种，是涉及有关诉讼程序的法律规范；而程序法除了包括诉讼法之外，还包括立法程序法、选举程序法和行政程序法等。诉讼法是相对于实体法而言的一个重要的法律部门。实体法是规定各种实体权利和义务的法律；而诉讼法则是规定在诉讼过程中各个诉讼主体的诉讼权利和诉讼义务的法律。诉讼法中也可能包含一部分少量的实体权利和义务，但就其主要内容而言，它主要是诉讼权利和义务的规范。我国目前的诉讼法律部门主要由三大类诉讼法构成：刑事诉讼法、民事诉讼法、行政诉讼法；这三大类诉讼法都各自有一部法律。刑事诉讼法除了一部轴心法律外，还有散见于全国人大常委会所作的有关刑事诉讼的一些决定；民事诉讼法除了一部轴心法律外，还有散见于其他法律中（如婚姻法中有关离婚程序）有关民事诉讼的规定。

【案例九】青岛船舶纠纷选择大连海事法院管辖

2007年3月4日，大连海事法院受理了一起船舶改装合同纠纷，争议标的达3000万元人民币。原告青岛市远东海运有限公司诉称，2003年，其与被告我国香港地区中鹏发展有限公司签订船舶改装合同两份，由原告为被告改装"粤航8"、"粤航9"两轮船。原告按合同约定改装完毕，双方经结算，两船的改装费共计1294万元。被告仅于2004年支付20万元，其余款项一直未予支付。原告向大连海事法院起诉，要求被告支付欠款2800万元人民币，并对两船享有留置权。双方当事人在船舶改装合同中明确约定由大连海事法院管辖。

案例解析：诉讼法是关于诉讼程序的法律规范的总称。根据诉讼案件的性质，诉讼法可以分为刑事诉讼法、民事诉讼法和行政诉讼法等。相对于实体法，诉讼法是程序法，其任务是从程序方面保证实体法的实现。一般来说，诉讼法的内容包括：规定司法机关以及其他诉讼参与人进行诉讼活动的原则、程序、方式和方法；规定检查或监督诉讼活动的原则、程序、方式或方法；关于执行程序的规定等。根据我国民事诉讼法的规定，法院管辖遵循属地原则。本案合同签订地、合同履行地、诉讼标的物所在地等均在青岛，而不在其管辖区内，大连海事法院没有法定的管辖权。但是，协议管辖优于地域管辖。

◆ 配套练习题

一、不定项选择

1. 法制体系与法律体系的关系是（　　　）。

    A. 法制体系与法律体系是两个完全不相关的概念

    B. 法制体系包含着法律体系

    C. 法律体系说明的是呈静态状的法律本身的体系构成，法制体系说明的是呈动态状的法制运转机制系统

    D. 法制体系组合在法律体系之中

2. 法律体系是一个重要的法学概念，人们尽可以从不同的角度、不同的侧面来理解、解释和适用这一概念，但必须准确地把握这一概念的基本特征。下列关于法律体系的表述中哪种说法未能准确地把握这一概念的基本特征？（　　　）

    A. 研究我国的法律体系必须以我国现行国内法为依据

    B. 在我国，近代意义的法律体系的出现是在清末沈家本修订法律后

    C. 尽管我国香港地区的法律制度与内地的法律制度有较大差异，但中国的法律体系是统一的

    D. 我国古代法律是"诸法合体"，没有部门法的划分，不存在法律体系

3. 根据一定标准和原则划分的同类法律规范的总和可称为（   ）。

    A. 法规体系   B. 立法体系

    C. 法律部门   D. 法律体系

4. 下列诸项中正确的说法是（   ）。

    A. 宪法是我国法律体系的基础性和主导性的部门法

    B. 特别行政法是指对特别的主体加以调整的法律规范的总称

    C. 行政法和行政法规是法律体系中两个不同的部门法

    D. 民法是指调整平等主体之间的人身关系的法律规范的总称

5. 下列诸项中正确的说法是（   ）。

    A. 法学体系为健全和发展法律体系指出方向、目标和任务，法律体系为法学体系提供条件和对象

    B. 从版权法和专利法的主导因素看，将它们列入行政法部门比列入民法部门更合适

    C. 作为部门法的行政法，是指国务院以及地方行政机关所制定的规范性文件的总称

    D. 作为一个部门法的经济法，是指调整经济生活领域的一切法律规范的总称

6. 以下关于法律体系概念叙述正确的有（   ）。

    A. 法律体系不仅包括一国正在施行的法律，也包括一国将要制定的法律

    B. 法律体系包括现行的国内法和被本国承认的国际法

    C. 法律体系是按照一定的标准进行分类组合，呈现为一个体系化、系统化的相互联系的有机整体

    D. 法律体系的理想化要求是门类齐全、结构严密、内在协调

7. 划分部门法的标准有（   ）。

    A. 法律的调整方法   B. 法律所调整的社会关系

    C. 法律所调整的机制   D. 法律的制定时间

8. 下列诸项中正确的说法是（   ）。

    A. 法律体系是关于法学研究的范围和分科

    B. 一定意义上可以说，没有法律体系，就不会有立法体系；没有

一定系统的立法，也就不会有什么法律体系

C. 法律体系是一个国家统一协调的各个部门法构成的有机联系的整体，而每个部门法又是由相对独立、各具特征的法所构成的

D. 划分部门法的目的是为了方便人们了解和掌握本国历史上和现行的法

9. 下列诸项中说法正确的是（　　　）。

A. 法律体系中的各部门法是由同类法律规范构成的

B. 法律调整对象和法律调整方法都是划分部门法的客观标准

C. 一个部门法包括了很多法律规范和具体的法律制度，一个具体的法律制度往往也可以涉及多个部门法

D. 环境保护法是保护自然环境的，因此它所调整的对象是自然现象而不是社会关系

10. 我国的基本法律部门包括下述哪些？（　　　）

A. 宪法、法律、行政法规、地方性法规

B. 宪法、民法、刑法、诉讼法、行政法

C. 婚姻法、仲裁法、律师法、商法

D. 经济法、劳动法与社会保障法、环境法

11. 法律部门划分的原则包括（　　　）。

A. 整体性原则

B. 规范性原则

C. 均衡原则

D. 以现行法律为主，兼顾即将制定的法律

12. 以下关于宪法的论述正确的是（　　　）。

A. 宪法是治国安邦的总章程

B. 宪法是我国最重要的主导的法律部门

C. 宪法是我国社会制度、国家制度、公民的基本权利和义务及国家机关的组织与活动的原则等方面的法律规范的总和

D. 宪法规定国家和社会生活的根本问题，反映了我国社会主义法律的本质和基本原则

13. 甲公司是瑞士一集团公司在中国的子公司。该公司将 SNS 柔性防护技术引入中国，在作了大量的宣传后，开始被广大用户接受并取得了较大的经济效益。原甲公司员工古某利用工作之便，违反甲公司保密规定，与乙公司合作，将甲公司的 14 幅摄影作品制成宣传资料向外散发；乙公司还在其宣传资料中抄袭甲公司的工程

设计和产品设计图、原理、特点、说明，由此获得一定的经济利益。甲公司起诉后，法院根据《著作权法》、《伯尔尼保护文学艺术作品公约》的有关规定，判决乙公司立即停止侵权、公开赔礼道歉、赔偿损失 5 万元。针对本案和法院的判决，下列何种说法是错误的？（　　）

A. 一切国际条约均不得直接作为国内法适用

B. 《伯尔尼保护文学艺术作品公约》视为中国法律渊源

C. 《伯尔尼保护文学艺术作品公约》不是我国法律体系的组成部分，法院的判决违反了"以法律为准绳"的司法原则

D. 《著作权法》和《伯尔尼保护文学艺术作品公约》分属不同的法律体系，法院在判决时不应同时适用

14. 下列有关法系与法律体系含义的表述哪些是正确的？（　　）

A. 法系是根据英国普通法（判例法）和欧洲大陆法典法的历史传统而对法作的分类

B. 法律体系是由行政法、民法、经济法、刑法、诉讼法等构成的内部和谐一致、有机联系的整体

C. 法系是具有同一历史传统的国家和地区的法的总称

D. 法律体系的体系，不包括其他国家的法或完整意义上的国际法

15. 法律体系是指一个国家在一定历史阶段上以现行的和即将制定的法律规范为基础，以宪法为主体，由不同的部门法律组成的一个内容和谐一致、形式完整统一的有机整体。依照这一理论，下列哪些法不属于一国法律体系中的内容？（　　）

A. 国内法　　　　　　　　B. 国际法

C. 已失效的国内法　　　　D. 已失效的国际法

二、材料分析

材料一："在现代国家中，法不仅必须是它的表现，而且还必须是不因内在矛盾而自相矛盾、自相抵触的自己的一种内部和谐一致的表现。"

材料二：根据人民网 2004 年 9 月 15 日的报道：在首都各界纪念全国人民代表大会成立 50 周年大会上，中共中央总书记、国家主席胡锦涛作了重要讲话。他说，以宪法为核心的中国特色社会主义法律体系已经初步形成。胡锦涛说："人民代表大会制度的建立，为我国社会主义制度的建立打下了政治基础，极大地调动了全国各族人民建设国家、管理国家的积极性。"1954 年，第一届全国人民代表大会成立以后，全国人民代表大会及其常务委员会认真落实宪法关于人民代表大会制度的各项

规定，制定了关于国家机构、经济建设和社会秩序方面的一批重要法律，全国人民代表大会代表视察制度、全国人民代表大会常务委员会与全国人民代表大会代表的联系制度等一些具体制度也逐步建立和完善。胡锦涛说，由于随后在国家工作的指导上出现了"左"倾错误，特别是"文化大革命"的"左"倾严重错误，人民代表大会制度一度遭到严重破坏。1978 年，中国进入改革开放和现代化建设新的历史时期，人民代表大会制度也进入了新的发展阶段。从这一阶段开始以来，全国人民代表大会制定了现行《宪法》和 4 个宪法修正案。他说："为了保障人民民主，必须加强社会主义法制，使民主制度化、法律化，使这种制度和法律具有稳定性、连续性和极大的权威。"目前，中国把直接选举人民代表大会代表的范围扩大到县，普遍实行了差额选举制度。同时，中国还完善了全国人民代表大会常务委员会的职权，规定全国人民代表大会和全国人民代表大会常务委员会共同行使国家立法权，共同监督宪法实施。1978 年以来，全国人民代表大会及其常务委员会制定了 200 多件现行有效的法律，国务院制定了 650 多件现行有效的行政法规，地方人民代表大会及其常务委员会制定了 7500 多件现行有效的地方性法规，民族自治地方的人民代表大会制定了 600 多件自治条例和单行条例。胡锦涛说，这些法律法规有力地推动和保障了改革开放和社会主义现代化建设的顺利进行。

材料三：党的十六大提出到 2010 年形成中国特色社会主义法律体系的立法目标。

问题：结合以上材料来论述中国特色社会主义法律体系。

三、参考阅读文献

1. ［英］哈特. 法律的概念［M］. 张文显，郑成良，等译. 北京：中国大百科全书出版社，1996.

2. 朱景文. 比较法社会学的框架和方法——法制化、本土化和全球化［M］. 北京：中国人民大学出版社，2001.

3. 徐国栋. 民法基本原则解释——成文法局限性之克服［M］. 北京：中国政法大学出版社，1992.

4. 舒国滢. 法律原则适用的困境——方法论视角的四个追问［J］. 苏州大学学报，2005（1）.

5. 魏清沂. 论部门法的划分标准［J］. 甘肃政法学院学报，2001（1）.

6. 梁治平. 法辨［M］. 贵阳：贵州人民出版社，1989.

7. ［美］威格摩尔．世界法系概览．上，下［M］．何勤华，等译．上海：上海人民出版社，2004.

8. ［法］勒内·达维德．当代主要法律体系［M］．漆竹生，译．上海：上海译文出版社，1984.

第十章　我国主要的法律部门

第一节　宪法

一、宪法的概念和特点

宪法是规定国家根本制度和根本任务、集中表现各种政治力量对比关系、保障公民权利的国家根本法。

宪法是国家根本大法，除具有法的一般共性外，还具有不同于一般法律的特点。与普通法律相比较，宪法具有以下特征。

1. 宪法的内容与普通法律不同

宪法规定国家生活与社会生活中的最根本、最重要的问题，包括一个国家的社会制度和国家制度的基本原则，国家机关的组织与活动的基本原则，公民的基本权利和义务，以及掌握国家政权的阶级或集团认为需要规定的其他重要问题。而一般法律只规定社会生活中某一方面的问题。

2. 宪法的效力与普通法律不同

由于宪法规定的内容是国家和社会生活中带有根本性的问题，所以宪法具有最高的法律效力，是国家一切立法活动的基础，是制定各种普通法律的依据，在整个国家法律体系中处于最高的地位。一切普通的法律都不得与宪法的规定相违背，如果违背了宪法的规定，就是违宪。违宪的法律应当修改或废除。

3. 宪法的制定和修改程序与普通法不同

宪法的制定与修改通常是由特定的机关依照特定的程序进行的，一般法律则由国家立法机关按一般程序制定和修改。如有的国家专门召开立宪会议或制宪会议制定宪法，有的先成立专门的宪法起草委员会负责起草宪法，然后交全民讨论，最后由立法机关通过。宪法案一般要由制宪和修改机关 2/3 或 3/4 绝对多数票赞成，有的最后还经全民公决才能成立。我国《宪法》明确规定，宪法的修改，由全国人大常委会或 1/5 以上的全国人大代表提议，并由全国人大以全体代表的 2/3 以上多数通过。一般法律案由立法机关成员的过半数票赞成就可通过。

二、我国的基本制度

（一）人民民主专政制度

人民民主专政制度是我国的国家性质，即国体。所谓国家性质，是指社会各阶级和利益集团在国家中的地位。这种地位体现着两种关系：统治阶级和被统治阶级的关系；统治阶级内部领导者与被领导者的关系。我国的人民民主专政制度有着鲜明的特点。首先，人民民主专政是具有中国特色的无产阶级专政。关于无产阶级专政即无产阶级民主的学说，是马克思主义的精髓，人民民主专政理论则是马克思主义关于无产阶级专政学说在中国具体条件下的创造性发展。其中国特色表现为：中国是经历了漫长的封建制度的国家；中国是农民人口众多的国家；中国是公有制为主体，多种经济形式共存的国家；中国是存在广泛统一战线的国家。

具体而言，人民民主专政是对人民的民主。人民是什么，这个概念在不同的国家和各个国家的不同历史时期，有着不同的内容。我国现行《宪法》规定："中华人民共和国是工人阶级领导的、以工农联盟为基础的人民民主专政的社会主义国家。"这一规定表明，工人阶级是人民民主专政的领导力量；工农联盟是人民民主专政的基础；知识分子同工人、农民一样，是人民民主专政的主要依靠力量。人民民主专政诚然是最大多数人的民主，但并不是全民民主。《宪法》序言规定：在我国，剥削阶级作为阶级已经消灭，但是阶级斗争还将在一定范围内长期存在。中国人民对敌视和破坏我国社会主义制度的国内外敌对势力和敌对分子，必须进行斗争。所以从国家职能来看，人民民主专政是民主与专政的结合。其实，世界上任何政权都是民主与专政的结合。

（二）多党合作和政治协商制度

中国共产党领导的多党合作和政治协商制度，是我国一项基本政治制度。我国 1993 年修改《宪法》时，将这一制度写入《宪法》序言。它是马克思主义同中国革命与建设相结合的一个创造，对于巩固扩大爱国统一战线，发展社会主义民主，促进全国各族人民大团结，实现党和国家的总任务具有重要意义。

（三）人民代表大会制度

人民代表大会制是我国的政权组织形式，即政体。所谓政体，是指特定社会的统治阶级，采取何种原则和方式去组织反对敌人、保护自己、治理社会的政权机关。人民代表大会制度是指我国的一切权力属于人民；人民在普选的基础上选派代表，组成全国人民代表大会和地方各级人民代表大会作为行使国家权力的机关；其他国家机关由人民代表大会产生，受人民代表大会监督，对人民代表大会负责；人大常委会向本级人民代表大会负责，人民代表大会向人民负责。

（四）单一制下的地方制度

单一制是国家结构形式问题。所谓国家结构形式是指统治阶级采用何种原则和方法划分国家整体和部分之间、中央和地方之间的关系。国家依据这种关系，进行行政区划，设置行政单位。随着国家形式的不断完善，世界各国主要形成了单一制和联邦制两种国家结构形式。我国由于历史原因、民族原因、经济因素和国防需要，采用了单一制的国家结构形式。正如我国宪法所确认的："中华人民共和国是统一的多民族的社会主义国家。"

在单一制国家结构形式下，我国有三种中央与地方的关系模式，即中央与普通地方的关系、中央与民族自治地方的关系和中央与特别行政区的关系。

法律意义上的普通行政地方是以普通法律授权而建立的地方制度，不享有国家通过法律特别授予的权力。这主要包括省制、市制、县制和乡镇制。民族区域自治制度是指在统一的祖国大家庭内，在中央的统一领导下，以少数民族聚居区为基础，建立民族自治地方，设立自治机关，行使自治权，使实行区域自治的民族的人民实现当家做主管理本民族内部地方性事务的权利。各民族自治地方都是中华人民共和国不可分离的部分。我国的民族自治地方包括自治区、自治州和自治县三级。自治地方的自治机关是人民代表大会和人民政府，法院和检察院不实行自治。自治机关的核心是依据宪法和民族区域自治法行使自治权。特别行政区是我国"一国两制"构想在宪法上的体现，是考虑到我国香港、澳门、台湾地区问题而设立的。特别行政区是我国的一级地方政权，但与一般省不同，它享有高度自治权。这表明，我国在维护国家主权、统一和领土完整的原则方面是坚定不移的，但在具体政策、措施方面又有很大的灵活性。我国《宪法》第31条规定："国家在必要时得设立特别行政区。在特别行政区内实行的制度按照具体情况由全国人民代表大会以法律规定。"

（五）我国的经济制度

经济制度是指在人类社会一定历史发展阶段上占统治地位的生产关系

的总和，是上层建筑赖以建立的基础。《宪法》第6条中规定："中华人民共和国的社会主义经济制度的基础是生产资料的社会主义公有制，即全民所有制和劳动群众集体所有制。"

我国经济形式有如下几种：

（1）全民所有制经济。全民所有制经济是由社会主义国家代表全体人民占有生产资料的一种所有制形式。

（2）劳动群众集体所有制经济。劳动群众集体所有制经济是由集体经济组织内的劳动者共同占有生产资料的一种形式。

（3）劳动者个体经济和私营经济。劳动者个体经济是指城乡劳动者个人占有少量生产资料和产品，从事不剥削他人的个体劳动，收益归己的一种所有制形式。

（4）中外合资、中外合作和外商独资企业。三资企业是我国改革开放、引进外资的成果，称为国家资本主义。

此外，国家保护公民个人合法财产所有权和私有财产继承权，是我国社会主义经济制度的一个重要内容。2004年我国《宪法修正案》第22条规定："公民的合法的私有财产不受侵犯。""国家依照法律规定保护公民的私有财产权和继承权。""国家为了公共利益的需要，可以依照法律规定对公民的私有财产实行征收或者征用并给予补偿。"

（六）文化制度

我国文化制度，集中体现在《宪法》第19~24条有关社会主义精神文明建设的规定中。社会主义精神文明建设大体上可以分为教育、科学、文化建设和思想道德建设两个方面。例如，《宪法》第19条规定："国家发展社会主义的教育事业，提高全国人民的科学文化水平。国家举办各种学校，普及初等义务教育，发展中等教育、职业教育和高等教育，并且发展学前教育。国家发展各种教育设施，扫除文盲，对工人、农民、国家工作人员和其他劳动者进行政治、文化、科学、技术、业务的教育，鼓励自学成才。"《宪法》还规定，国家发展自然科学和社会科学事业，普及科学知识和技术知识，奖励科学研究成果和技术发明创造。《宪法》关于社会主义精神文明建设的规定集中反映在总纲中。《宪法》总纲规定，国家通过普及理想教育、道德教育、文化教育、纪律和法律教育，通过在城乡不同范围的群众中制定和执行各种守则、公约，加强社会主义精神文明建设。宪法还规定，国家提倡爱祖国、爱人民、爱劳动、爱科学、爱社会主义的公德，在人民中进行爱国主义、集体主义和国际主义、共产主义的教育，进行辩证唯物主义和历史唯物主义的教育，反对资本主义、封建主义和其他的腐朽思想。

（七）我国的国旗、国歌、国徽和首都

《宪法》第 136 条第 1 款规定："中华人民共和国国旗是五星红旗。"我国国旗是国家的象征和标志，它代表着国家主权和尊严。每个公民和组织，都应当尊重国旗。《宪法》第 136 条第 2 款规定："中华人民共和国国歌是《义勇军进行曲》。"这是 2004 年《宪法修正案》第 31 条增加规定的。《宪法》第 137 条规定："中华人民共和国国徽，中间是五星照耀下的天安门，周围是谷穗和齿轮。"《宪法》第 138 条规定："中华人民共和国首都是北京。"北京是我国中央机关所在地，是我国政治、文化中心。

三、我国公民的基本权利和义务

（一）公民的概念

公民是指具有某个国家国籍的人。所谓国籍就是指一个人属于某个国家的一种法律上的身份，即属于某一国家的公民资格。我国《宪法》第 33 条第 1 款规定："凡具有中华人民共和国国籍的人都是中华人民共和国公民。"我国国籍法对取得中国国籍的人作了具体规定。就是说，成为我国公民除了要求具有我国国籍之外，没有其他资格的限制。

（二）我国公民的基本权利

2004 年《宪法修正案》第 24 条规定："国家尊重和保障人权。"

根据我国宪法的规定，我国公民的基本权利包括以下内容。

1. 平等权

中华人民共和国公民在法律面前一律平等。我国公民不分民族、种族、性别、职业、家庭出身、宗教信仰、教育程度、财产状况、居住期限，一律平等地享有宪法和法律规定的权利。公民在适用法律上一律平等，任何公民的权利都要受法律保护，任何公民违法犯罪都要依法给予相应制裁；公民在遵守法律方面一律平等，任何公民都必须受法律约束，严格遵守法律，不得有超越于法律之上的特权。

2. 政治权利和自由

宪法和法律规定公民有参与国家政治生活的民主权利，以及在政治上享有表达个人见解和意愿的自由。这主要包括：（1）选举权和被选举权。（2）言论、出版、集会、结社、游行、示威的自由。言论自由是指宪法规定公民通过口头或书面以及著作表达自己意见的自由；出版自由是公民以出版物形式表达其思想和见解的自由；集会自由是公民为某种目的，临时集会在一定场合讨论问题或表达意愿的自由；结社自由是公民为一定宗旨组织或参加具有持续性的社会团体的自由；游行自由是公民采取列队行进方式来表达意愿的自由；示威自由是公民为表示其强烈意愿而聚集在一起，以显示其决心和力量的自由。1989 年，我国制定了《中华人民共和国集会、游行、示威法》，具体规定了行使这一自由的程序、救济等内容，从法律上确定了保障与限制集会、游行、示威自由的界限。

3. 宗教信仰自由权

这项自由包含以下意思：（1）公民有信仰宗教与不信仰宗教的自由。（2）有信仰这种宗教的自由，也有信仰那种宗教的自由。（3）在同一种宗教中，有信仰这个教派的自由，也有信仰那个教派的自由。（4）有过去信仰宗教而现在不信仰宗教的自由，也有过去不信仰宗教而现在信仰宗教的自由。为此，我国宪法规定，任何国家机关、社会团体和个人不得强制公民信仰宗教或者不信仰宗教，不得歧视信仰宗教的公民和不信仰宗教的公民。宪法同时规定，国家保护正常的宗教活动。任何人不得利用宗教进行破坏社会秩序、损害公民身体健康、妨碍国家教育制度的活动。

4. 人身自由权

广义的人身自由权主要包括：（1）公民的人身自由不受侵犯，即公民的人身不受非法逮捕、拘禁，禁止非法剥夺或者限制人身自由以及非法搜查身体。公民没有违反法律时，任何人都不得侵犯他的人身自由。（2）公民的人格尊严不受侵犯。人格，在法律上是指一个人作为权利与义务主体的独立资格。公民的人格尊严是指公民作为法律关系的主体的独立资格应受到尊重。我国宪法规定了公民的人格尊严不受侵犯。禁止用任何方法对公民进行侮辱、诽谤和诬告陷害。（3）公民的住宅不受侵犯。公民的住宅不得随意侵入；不得随意搜查；不得随意查封。侦查人员为搜集犯罪证据、查获犯罪人，必须严格依法进行。（4）公民的通信自由和通信秘密受法律保护。对此，宪法规定，除因国家安全或者追查犯罪的需要，由公安机关或者检察机关依照法律规定的程序对通信进行检查外，任何组织或者个人不得以任何理由侵犯公民的通信自由和通信秘密。

5. 批评建议权，申诉、控告、检举权和取得赔偿权

批评建议权，是指公民对任何国家机关和国家工作人员的工作有权进行监督，对他们的缺点错误有权提出批评和建议。申诉、控告、检举权，是指公民对任何国家机关和国家工作人员的违法失职行为，有向有关国家机关提出申诉、控告或者检举的权利，但不得捏造或歪曲事实进行诬告陷害。当公民的合法权益受到侵害时，有权向有关机关提出申诉。取得赔偿

权，是指由于国家机关和国家工作人员侵犯公民权利而受到损失的人，有依照法律规定取得赔偿权。现在，我国已制定国家赔偿法，为公民取得赔偿权提供了具体法律依据。

6. 社会经济权利

社会经济权利，是指宪法关于公民应当享有的经济生活和物质利益方面的权利。其主要包括：

（1）劳动的权利和义务。我国宪法把劳动既规定为公民的权利，同时又规定为公民的义务。为保障公民劳动权利与义务的实现，宪法规定国家通过各种途径，创造劳动就业条件，加强劳动保护，改善劳动条件，在发展生产的基础上，提高劳动报酬和福利待遇，同时国家对就业前的公民进行必要的劳动就业训练。

（2）休息权。我国劳动者的休息权受宪法和法律的保护。为实现这一权利，宪法规定，国家发展劳动者休息和休养的设施，规定职工的工作时间和休假制度。

（3）退休人员的生活保障权。我国宪法和有关法律、法规都对退休制度作了规定，使退休人员的生活受到国家和社会的保障。

（4）物质帮助权。宪法规定了我国公民在年老、疾病或者丧失劳动能力情况下，有从国家和社会获得物质帮助的权利。

7. 文化教育权利和自由

这主要包括：（1）受教育的权利和义务。（2）进行科研、文化创作、其他文化活动的自由。

8. 国家保护妇女的权益

依照宪法规定，我国妇女在政治、经济、文化、社会和家庭生活等各方面，享有同男子平等的权利。国家保护妇女的权利和利益。实行男女同工同酬，培养和选拔妇女干部等。

9. 婚姻、家庭、母亲和儿童受国家的保护

宪法规定，婚姻、家庭、母亲和儿童受国家保护；禁止破坏婚姻自由；禁止虐待老人、妇女和儿童。

10. 华侨、归侨的合法权益受国家保护

国家保护华侨的正当的权利和利益，保护归侨和侨眷的合法权利和利益。

（三）我国公民的基本义务

（1）维护国家统一和民族团结。

（2）遵守宪法和法律，保守国家秘密，爱护公共财产，遵守劳动纪

律，遵守公共秩序，尊重社会公德。

（3）维护祖国的安全、荣誉和利益。

（4）依法服兵役和参加民兵组织。

（5）依法纳税。

（6）劳动和受教育的义务。

（7）夫妻双方有实行计划生育的义务。

（8）父母有抚养教育未成年子女的义务，成年子女有赡养扶助父母的义务。

（四）我国公民的基本权利和义务的主要特点

1. 权利和自由的广泛性

我国公民的权利和自由的广泛性表现在以下两个方面：（1）享有权利主体非常广泛。在现阶段，我国享有权利的主体有占全国人口绝大多数的工人、农民、知识分子、拥护社会主义的爱国者和拥护祖国统一的爱国者。（2）公民的权利和自由的范围十分广泛。除《宪法》第2章列举的公民享有政治、经济、文化、宗教和人身自由的权利外，在总纲和国家机构中还确认了公民在其他方面的权利和自由，如保护公民个人的合法财产权、继承权、民主管理权等。

2. 权利和义务的平等性

公民权利和义务的平等性主要表现为：（1）公民在享有权利和适用法律上都一律平等。公民享有宪法和法律规定的权利，同时必须履行宪法和法律规定的义务。国家机关在适用法律上一律平等。国家不允许任何组织和个人享有宪法和法律之上的特权。（2）男女平等和各民族一律平等。

3. 权利和义务的现实性

宪法在确认公民的基本权利和义务时，从我国的实际出发，充分考虑现阶段我国政治、经济、文化发展的实际水平，来确认权利与自由的范围、内容以及物质保障条件。在规定公民权利和自由时，还规定了公民行使自由和权利的法律保障和物质保障。

4. 权利和义务的一致性

权利和义务是相互统一的。公民享有权利就必须履行义务；公民履行义务才能享有权利。某些权利和义务是相互结合的。如劳动和受教育，既是公民的权利，又是公民的义务。权利和义务是相互促进的。

四、我国的国家机构

国家机构是指统治阶级为了行使国家权力，实现国家职能而建立的一套国家机关的总称。依据宪法，我国国家机构分中央国家机关和地方国家机关；中央国家机关又分为全国人大及其常委会、中华人民共和国主席、国务院、中央军事委员会、最高人民法院、最高人民检察院等等。

（一）最高国家权力机关

1. 全国人民代表大会

全国人民代表大会是最高国家权力机关和国家立法机关。它由省、自治区、直辖市、特别行政区和军队选举产生的代表组成。每届任期 5 年。在任期届满的 2 个月以前，全国人大常委会必须完成下届全国人民代表大会代表的选举。如果遇到不能选举的非常情况，由全国人大常委会以全体组成人员的 2/3 以上多数通过，可以推迟选举，延长本届全国人大代表的任期。在非常情况结束后 1 年内，必须完成下届全国人民代表大会代表的选举。全国人民代表大会会议每年举行一次，由全国人大常委会召集。

全国人大的职权包括：（1）行使国家立法权。修改宪法，制定和修改刑事、民事、国家机构的和其他的基本法律。（2）监督宪法的实施。（3）决定、选举和罢免国家领导人。选举中华人民共和国主席、副主席；选举全国人大常委会组成人员；根据中华人民共和国主席的提名，决定国务院总理的人选；提据国务院总理的提名，决定国务院其他组成人员的人选；选举中央军事委员会主席；根据中央军事委员会主席的提名，决定中央军事委员会其他组成人员的人选；选举最高人民法院院长和最高人民检察院检察长。有权罢免由其选举和决定的国家领导人。（4）决定国家生活中的重大问题。包括审查和批准国民经济和社会发展计划、国家的预算及其执行情况的报告；改变或撤销全国人大常委会不适当的决定；批准省、自治区、直辖市的建置；决定特别行政区的设立及其制度；决定战争与和平问题。（5）应当由全国人大行使的其他职权。

2. 全国人大常委会

全国人大常委会，是全国人大的常设机关，是在全国人大开会期间经常行使国家权力的机关，是国家立法机关，与国家主席结合起来行使元首职权。全国人大常委会由委员长、副委员长若干人、秘书长、委员若干人组成，每届任期同全国人大相同。委员长、副委员长连续任职不得超过两届。全国人大常委会组成人员不得担任国家行政机关、审判机关、检察机关的职务。

其职权主要包括：（1）解释宪法、监督宪法的实施。（2）行使国家立法权。（3）行使监督权。（4）任免权。（5）对国家重大问题和外事工作的决定权。（6）荣典权。（7）全国人大授予的其他职权。

3. 全国人大代表

全国人大代表，是人民集体行使国家权力的使者。为了保障全国人大代表工作顺利进行，宪法和代表法还赋予了代表特定的权利：（1）提出议案的权利。（2）言论免责权。（3）人身受特别保护权等。

（二）中华人民共和国主席

根据宪法规定，中华人民共和国主席、副主席由全国人民代表大会选举产生。年满45周岁的有选举权和被选举权的中华人民共和国公民才可以被选举为中华人民共和国主席、副主席。中华人民共和国主席、副主席每届任期同全国人民代表大会每届任期相同，连续任职不得超过两届。

中华人民共和国主席的职权是：向全国人民代表大会提名国务院总理的人选；根据全国人民代表大会和全国人大常委会的决定，公布法律，任免国务院的组成人员，授予国家的勋章和荣誉称号，发布特赦令，宣布进入紧急状态，发布动员令，宣布战争状态；代表国家，进行国事活动，接见外国使节；根据全国人民代表大会常务委员会的决定，派遣和召回驻外全权代表，批准和废除同外国缔结的条约和重要协定。

中华人民共和国副主席协助主席工作，并受主席委托，代行主席的部分职权。中华人民共和国主席缺位时，由副主席继任主席的职位。

（三）国务院

国务院即中央人民政府，是最高国家权力机关的执行机关，是最高国家行政机关。国务院对全国人民代表大会负责并报告工作；在全国人民代表大会闭会期间，对全国人大常委会负责并报告工作。

国务院由总理、副总理若干人、国务委员若干人、各部部长、各委员会主任、审计长、秘书长组成。国务院每届任期同全国人大任期相同。总理、副总理、国务委员连续任职不得超过两届。

总理领导国务院工作，副总理、国务委员协助总理工作。总理、副总理、国务委员、秘书长组成国务院常务会议。总理召集和主持国务院常务会议和全体会议。

根据宪法规定，国务院实行总理负责制。总理负责制也就是首长负责制，它的含义是国务院总理在领导国务院工作中处于主导地位，对国务院工作负全部责任，并有完全的决定权。

国务院各部、各委员会实行部长、主任负责制。各部部长、各委员会主任负责本部门的工作，召集和主持部务会议和委务会议。

国务院设立审计机关，对国务院各部门和地方各级政府的财政收支，对国家的财政金融机构和企业事业组织的财务收支，进行审计监督。审计机关在国务院总理领导下，依照法律规定独立行使审计监督权，不受其他行政机关、社会团体和个人的干涉。

（四）中央军事委员会

按照马克思主义的基本原理，军队应是国家机构的重要组成部分。宪法规定中华人民共和国中央军事委员会领导全国武装力量。中央军事委员会由主席、副主席若干人和委员若干人组成。全国人民代表大会选举中央军事委员会主席，并根据中央军事委员会主席的提名，决定中央军事委员会其他组成人员的人选。全国人民代表大会有权罢免中央军事委员会主席和中央军事委员会其他组成人员。在全国人大闭会期间，全国人大常委会有权根据中央军事委员会主席的提名，决定中央军事委员会其他组成人员的人选。中央军事委员会每届任期同全国人民代表大会每届任期相同。

中央军事委员会实行主席负责制。中央军事委员会主席对全国人大和全国人大常委会负责。宪法的这些规定，明确了军队在国家体制中的地位，将有利于进一步加强我国军队的革命化、现代化建设。

（五）地方各级人民代表大会和地方各级人民政府

根据《宪法》第95条规定，省、直辖市、县、市、市辖区、乡、民族乡、镇设立人民代表大会和人民政府。自治区、自治州、自治县设立自治机关。

地方各级人民代表大会是地方国家权力机关。省、直辖市、设区的市的人民代表大会代表由下一级的人民代表大会选举，并受原选举单位的监督。县、不设区的市、市辖区、乡、民族乡的人民代表大会代表由选民直接选举，并受选民监督。

县级以上的地方各级人民代表大会设立常务委员会，由主任、副主任若干人和委员若干人组成，对本级人民代表大会负责并报告工作。县级以上的地方各级人民代表大会常务委员会的组成人员不得担任国家行政机关、审判机关和检察机关的职务。

地方各级人民政府，是地方各级国家权力机关的执行机关，是地方各级国家行政机关。地方各级人民政府对本级人民代表大会负责并报告工作。县级以上的地方各级人民政府在本级人民代表大会闭会期间，对本级人民代表大会常委会负责并报告工作。地方各级人民政府对上一级国家行政机关负责并报告工作，同时受国务院统一领导。

地方各级人民政府实行省长、市长、县长、区长、乡长、镇长负责制，以提高国家行政工作的效率，更有效地领导和组织地方的各项建设事业。

宪法恢复了农村的乡政权，实行政社分开。这一重大改革，有利于加强基层政权的建设。此外，宪法还就我国长期行之有效的居民委员会、村民委员会等群众性自治组织的地位和作用作了规定。

（六）人民法院和人民检察院

1. 人民法院

人民法院是国家的审判机关，依法行使审判权。国家审判权是指人民法院依照法律审理和判决刑事、民事、行政案件的权力。它是整个国家权力不可分割的组成部分。

我国审判机关的组织系统为最高人民法院、地方各级人民法院和军事法院等专门人民法院。地方各级人民法院又分为高级人民法院、中级人民法院和基层人民法院。最高人民法院是国家最高审判机关。它监督地方各级人民法院和专门人民法院的审判工作。上级人民法院监督下级人民法院的审判工作。最高人民法院对全国人民代表大会和全国人大常委会负责并报告工作；地方各级人民法院对产生它的人民代表大会及其常委会负责并报告工作。各级人民法院的院长由同级人民代表大会选举。

我国宪法和人民法院组织法还规定了人民法院行使国家审判权时应该遵循的原则和制度。这主要有：人民法院依照法律规定独立行使审判权；对于一切公民在适用法律上一律平等，使用本民族语言、文字进行诉讼；公检法三机关分工负责、互相配合、互相制约；公开审判制度；两审终审制；辩护制度；回避制度；集体领导制度等。

2. 人民检察院

人民检察院是国家的法律监督机关。它对国家机关及其工作人员和公民是否遵守宪法和法律行使检察权。检察权指的是对宪法、法律的实施进行检察监督的权力，这也是国家权力的重要组成部分。

我国人民检察院分为最高人民检察院、地方各级人民检察院和军事检察院等专门人民检察院。地方各级人民检察院分为省、自治区、直辖市人民检察院，省、自治区、直辖市人民检察院分院，自治州和省辖市人民检察院，县、市、自治县和市辖区人民检察院。

最高人民检察院领导地方各级人民检察院和专门人民检察院的工作，上级人民检察院领导下级人民检察院的工作。最高人民检察院对全国人民代表大会和全国人民代表大会常务委员会负责并报告工作。地方各级人民检察院对本级人民代表大会及其常委会负责并报告工作。

人民检察院组织法规定，检察长统一领导检察院的工作；各级人民检察院设立检察委员会，在检察长的主持下，讨论决定重大案件和其他重大问题。如果检察长不同意多数人的决定，可以报请同级人大常委会决定。

第二节　民法

一、民法的概念和基本原则

（一）民法的概念

民法是法律体系中的一个独立的法律部门，居于基本法的地位。"民法"一词有广义和狭义之分。广义的民法是指调整民事活动的所有法律规范的总称，它不仅包括形式上的民法或民法典，也包括单行的民事法规和其他法规中的民事法律规范。狭义的民法，是指形式上的民法。我国目前尚未颁布民法典，通常所称的民法系指广义的民法。目前，立法机关正在起草《中华人民共和国民法典》。

民法的调整对象是指民法所调整的社会关系的范围与性质。我国《民法通则》第 2 条规定："中华人民共和国民法调整平等主体的公民之间、法人之间、公民和法人之间的财产关系和人身关系。"因此，民法的概念可表述为：民法是调整平等主体之间的财产关系和人身关系的法律规范的总称。民法的调整对象包括两个方面。

1. 平等主体之间的财产关系

所谓财产关系是指人们在生产、分配、交换、消费过程中形成的具有经济利益内容的社会关系。民法只调整平等主体之间的财产关系。这一财产关系有以下特点：（1）它在法律上表现为静态的财产所有关系和动态的财产流转关系。（2）当事人的法律地位平等。（3）当事人在经济利益上以平等交换、等价有偿为原则。

2. 平等主体之间的人身关系

所谓人身关系是指与人身密切联系而无直接财产内容的社会关系。它是人们在社会生活中因人格和身份而发生的社会关系。这种关系是与人身不可分离的，它一般不具有直接的经济内容。民法调整的人身关系是平等主体之间发生并且能够用民事方法加以保护的那部分人身关系，包括人格关系和身份关系。前者指与公民、法人作为民事主体有密切联系的社会关系，如生命、健康、姓名、名誉等社会关系；后者指因血缘、婚姻等身份关系而发生的家庭、收养、抚养、赡养、监护等社会关系。

（二）民法基本原则

我国民法的基本原则主要有：

（1）当事人法律地位平等原则。

（2）自愿、公平、等价有偿、诚实信用原则。

（3）保护公民、法人合法权益原则。

（4）禁止滥用民事权利原则。该原则包括：民事活动必须遵守国家法律和政策的原则；民事活动应尊重社会公德，不得损害社会公共利益，破坏国家经济计划，扰乱社会经济秩序。

二、民事法律关系

民事法律关系是指由民法调整形成的具有民事权利义务内容的财产关系和人身关系。民事法律关系包括三个要素。

（1）民事法律关系的主体，又称为民事主体，是指在民事法律关系中享有民事权利和承担民事义务的人。

（2）民事法律关系的客体，是指民事法律关系主体之间的权利义务所指向的对象。不同类型的民事法律关系，其客体各不相同。物权关系的客体是物——各种动产与不动产；债权关系的客体是给付行为；人身权关系的客体是人身利益；知识产权关系的客体是智力成果。例如，甲购买乙的房子，双方订立房屋买卖合同。在这一买卖法律关系中，交付房屋和支付房款的行为便是双方权利、义务所指向的对象，即构成民事法律关系的客体。

可以作为民事法律关系客体的有：物、行为（包括作为与不作为）、智力成果、人身利益、权利等。

（3）民事法律关系的内容，是指民事主体之间法律确认的民事权利和民事义务。民事权利是指法律规定的民事主体能作出一定行为或能要求他人做出或不做出一定行为的能力或资格；民事义务是指民事主体按照法律的规定或按照他人的要求必须作出一定行为或不作出一定民事行为的责任。

三、自然人和法人

民事主体包括自然人（公民）和法人。自然人包括个体工商户、农村承包经营户和个人合伙。法人包括企业法人，机关、事业单位和社会团体法人。

（一）自然人

自然人是指基于出生而获得生命、具有生理属性的人类个体。自然人是最重要的民事主体。与自然人概念相近的是法律上的公民。公民是指具有一国国籍的自然人。例如，我国宪法规定，凡是有我国国籍的人"都是中华人民共和国公民"（《宪法》第33条）。所以，我国公民的概念就是具有我国国籍的自然人。但是在我国领域里，还有具有外国国籍的人和无国籍人，按照《民法通则》第8条第2款的规定，除法律另有规定外，民法通则关于公民的规定也适用于在我国领域内具有外国国籍的自然人和无国籍的自然人。所以，自然人一词的含义比公民要广一些，它包括本国公民和具有外国国籍的自然人以及无国籍的自然人。我国《民法通则》在立法中同时采用了公民和自然人两个概念，但民法理论上以及正在起草中的民法典草案使用的是自然人的概念。

1. 自然人的民事权利能力

自然人的民事权利能力是指法律赋予自然人享受权利和承担义务的资格。它是自然人取得民事权利，承担民事义务的前提条件。根据《民法通则》的规定，我国自然人的民事权利能力始于出生，终于死亡。

2. 自然人的民事行为能力

自然人的民事行为能力是指自然人能够以自己的行为参与民事法律关系，取得民事权利和承担民事义务的能力。自然人的民事行为能力与民事权利能力不同。民事行为能力并不是自然人从出生就有的，而是根据自然人对自己的行为及其可能产生的后果的认识和判断能力，以及处理自己的事务的能力来确定的。

按《民法通则》规定，自然人的民事行为能力划分为：

第一，完全民事行为能力人：18周岁以上的人为完全民事行为能力人，即成年人；16周岁以上不满18周岁，以自己的劳动收入为主要生活来源的，视为完全民事行为能力人。

第二，限制民事行为能力人：10周岁以上的未成年人，可以进行与他的年龄、智力相适应的民事活动；不能完全辨认自己行为的精神病人，可以进行与他的精神健康状况相适应的民事活动；其他民事活动要由其法定代理人代理。

第三，无民事行为能力人：不满10周岁的未成年人和不能辨认自己行为的精神病人，由其法定代理人或监护人代理民事活动。

3. 监护

监护是指法律规定的自然人或单位对无民事行为能力人或限制民事行为能力人的人身、财产和其他合法权益进行监管和保护的一种制度。实施监管和保护的人或单位为监护人，被监管和保护的人为被监护人。

《民法通则》规定，未成年人的父母是未成年人的法定监护人，未成年人的父母已经死亡或者没有监护能力的，则由有监护能力的祖父母、外祖父母、兄、姐，或者其他有监护能力的近亲属作为监护人。此外，无上述法定监护人的，基层组织或父母的所在单位也可以成为未成年人的监护人。

对于无民事行为能力或限制民事行为能力的精神病人，《民法通则》规定监护人的顺序是：（1）配偶；（2）父母；（3）成年子女；（4）其他近亲属；（5）没有近亲属或者近亲属不宜作为监护人的，由他所在的单位或基层组织或民政部门担任监护人。

监护人是被监护人的法定代理人。监护人的职责是：（1）保护被监护人的合法权益，并对其进行教育、监督；（2）代理被监护人进行民事活动，以及参与民事诉讼活动；（3）对被监护人的不法行为承担财产赔偿责任。

4. 宣告失踪和宣告死亡

宣告失踪，是指《民法通则》规定的，自然人下落不明满2年的，利害关系人可以向人民法院申请宣告他为失踪人。战争期间下落不明的，下落不明的时间从战争结束之日起计算。

失踪人的财产由他的配偶、父母、成年子女或者关系密切的其他亲属、朋友代管。代管有争议的，没有以上规定的人或者以上规定的人无能力代管的，由人民法院指定的人代管。失踪人所欠税款、债务和应付的其他费用，由代管人从失踪人的财产中支付。

被宣告失踪的人重新出现或者确知他的下落，经本人或者利害关系人申请，人民法院应当撤销对他的失踪宣告。

宣告死亡，是指《民法通则》规定的，自然人有下列情形之一的，利害关系人可以向人民法院申请宣告他死亡：第一，下落不明满4年的；第二，因意外事故下落不明，从事故发生之日起满2年的。战争期间下落不明的，下落不明的时间从战争结束之日起计算。

人民法院受理此类案件后，应当发出寻找失踪人的公告。公告期间1年届满，人民法院才能根据事实，作出宣告死亡的判决或驳回申请的判决。被宣告死亡的人重新出现或者确知他没有死亡，经本人或者利害关系人申请，人民法院应当撤销对他的死亡宣告。

但宣告死亡毕竟是一种法律推定，事实上被宣告死亡的自然人仍可能生存或生还。因此，《民法通则》规定："有民事行为能力人在被宣告死亡期间实施的民事法律行为有效。"死亡宣告与失踪宣告一样，可依法被撤销，被撤销死亡宣告的自然人有权请求返还财产。依照继承法取得他的财产的自然人或者组织，应当返还原物；原物不存在的，给予适当补偿。

5. 个人合伙

（1）合伙的概念和特征。

个人合伙是指两个以上自然人按照协议，各自提供资金、实物、技术等，合伙经营、共同劳动的一种组织形式。

《民法通则》规定，合伙人应当对出资数额、盈余分配、债务承担、入伙、退伙、合伙终止等事项，订立书面协议。个人合伙可以起字号，依法经核准登记，在核准登记的经营范围内从事经营。个人合伙的经营活动，由合伙人共同决定，合伙人有执行或监督的权利。合伙人可以推举负责人。合伙负责人和其他人员的经营活动，由全体合伙人承担民事责任。

（2）合伙人的权利与义务。

合伙人的权利：①合伙事务的经营权、决定权、监督权；合伙的经营活动由合伙人共同决定，无论出资多少，每个人都有表决权。②合伙利益的分配权；合伙人分配盈利应当按照出资比例或者合伙协议的约定进行，对于合伙经营的积累，合伙人享有共同的权利。③合伙人有退伙的权利，但合伙人退伙时须按协议的约定办理。

合伙人的义务：①按照约定出资并维护合伙财产的统一。②分担合伙的经营损失和清偿合伙的债务。

（3）合伙人的财产。

合伙人投入的财产，由合伙人统一管理和使用。合伙经营积累的财产，归合伙人共有。

合伙人的债务，由合伙人按照出资比例或者协议的约定，以各自的财产承担清偿责任。合伙人对合伙的债务承担连带责任，法律另有规定的除外。偿还合伙债务超过自己应当承担数额的合伙人，有权向其他合伙人追偿。

（二）法人

1. 法人的概念和法人具备的条件

法人是指具有民事权利能力和民事行为能力，依法独立享有民事权利和承担民事义务的社会组织。

根据《民法通则》规定，法人必须具备下述条件：（1）依法成立；（2）有独立的财产和经费；（3）有自己的名称、组织机构和场所；（4）能够独立承担民事责任。

2. 法人的民事权利能力

法人的民事权利能力是指法人享有参与民事活动，取得民事权利和承担民事义务的能力或资格。法人的民事权利能力起于法人成立，在法人解散、被撤销、被宣告破产或因其他原因终止时消灭。

法人的民事权利能力的内容是由法人成立的宗旨和业务范围决定的。法人不得进行违背其宗旨和超越其业务范围的活动，在需要超出其原有的业务范围时，应通过法定程序变更其业务范围。

3. 法人的民事行为能力

法人的民事行为能力是指法人能够以自己的行为进行民事活动，取得权利并承担义务的能力或资格。法人的民事行为能力与自然人的民事行为能力有所不同。法人依法成立后，不仅取得民事权利能力，同时即具备民事行为能力。在法人终止时，二者也同时终止。

法人的民事行为能力是由法人的机关来实现的，法人机关是指法人的最高权力机构或者它的最高管理机构。在法人机关中，只有法人的主要负责人才是法人的法定代表人。

4. 法人的种类

第一，企业法人，是指以生产经营为其活动内容，实行独立经济核算，自负盈亏，向国家纳税的单位。企业法人主要包括：全民所有制企业法人；集体所有制企业法人；私营企业法人；个人独资企业法人；联营企业法人；中外合营企业法人；外资企业法人。

第二，非企业法人，是指不直接从事生产和经营活动，以国家管理和非经营性的社会活动为其内容的法人。因此，非企业法人也可以称为非营利法人。它主要包括国家机关法人、事业单位法人、社会团体法人等。

四、民事法律行为和代理

(一) 民事法律行为制度概说

1. 民事法律行为的概念和特征

民事法律行为是指公民或法人以设立、变更、终止民事权利和民事义务为目的的具有法律约束力的合法民事行为。

民事法律行为具有如下特征。

(1) 民事法律行为是人为的法律事实。

(2) 民事法律行为是一种表意行为，与事实行为相对称。

(3) 民事法律行为以意思表示为核心要素。

2. 民事法律行为的有效条件

民事法律行为有效，指法律行为因符合法律规定而获得能引起民事法律关系设立、变更和终止的法律效力。法律行为有效，证明法律行为已成为合法行为，因而获得了国家的保护。依《民法通则》第 55 条的规定，任何法律行为均需具备如下一般有效要件：

（1）行为人具有相应的民事行为能力。

（2）行为人的意思表示真实。

（3）行为不得违背法律或者社会公共利益。

通常情况下，法律行为具备以上有效条件，即产生法律效力。但在特殊情况下，法律行为除具备一般有效条件外，还须具备特殊有效要件，才能产生法律效力。例如，附条件或附期限的法律行为，它们成立且具备有效条件后并不马上生效，只有在条件成就、期限届至之后，法律行为才发生法律效力。

3. 民事法律行为的形式

民事法律行为的形式，是指行为人内在的意思表现于外部的一种形式。民事法律行为可以采用书面形式、口头形式或者其他形式。法律规定用特定形式的，应当依照法律规定。

4. 有效民事行为、无效民事行为和可以变更、可以撤销的民事行为

民事行为从法律后果角度可以分为：

（1）有效民事行为，是指具备《民法通则》规定的必备条件的民事行为。

（2）无效民事行为，是指不具备我国《民法通则》规定的条件的民事行为。对于无效民事行为，无论当事人的意愿如何，都是无效的，而且从行为开始时就没有法律约束力。根据《民法通则》第 58 条的规定，下列民事行为无效：①无民事行为能力人实施的；②限制民事行为能力人依法不能独立实施的民事法律行为；③一方以欺诈、胁迫的手段或者乘人之危，使对方在违背真实意思的情况下所为的；④恶意串通，损害国家、集体或者第三人利益的；⑤违反法律或者社会公共利益的；⑥经济合同违反国家指令性计划的；⑦以合法形式掩盖非法目的的。

（3）可变更、可撤销的民事行为，是指一部分意思表示不真实，违背自愿原则所为的民事行为。其主要包括两种：第一，行为人对行为内容有重大误解。这是指行为人对行为的性质、对方当事人、标的物的品种、质量、规格和数量等的错误认识，使行为的后果与自己的意思相悖，并造成较大损失。第二，显失公平。这是指一方当事人利用优势或者利用对方

当事人没有经验等，致使双方的权利与义务明显违反公平和等价有偿原则的。对于重大误解或者显失公平的民事法律行为，当事人请求变更的，人民法院应当予以变更；当事人请求撤销的，人民法院可以酌情予以变更或者撤销。

依我国《合同法》的规定，因受欺诈、胁迫和乘人之危而订立的合同为可变更、可撤销的合同。

民事行为无效的法律后果，是指对于无效或被撤销的民事行为，从行为开始即为无效。尚未履行的，不得履行；正在履行的，行为人应当立即终止履行。

当民事行为被确认无效或者被撤销后，双方当事人应根据不同情况分担各自的民事责任；（1）返还财产。（2）赔偿损失。（3）双方恶意串通，实施民事行为损害国家、集体或第三者利益的，应收缴双方取得的财产，收归国家、集体所有或返还给第三者。

（二）代理

1. 代理的概念及法律特征

代理是某人（代理人）依据本人（被代理人）的委托或者法律规定以及人民法院或有关单位指定，以本人名义与第三人所实施的，民事法律行为的后果直接由本人承受的制度。

代理行为有如下法律特征：

（1）代理人必须是以被代理人的名义进行活动。

（2）代理人在被代理人授权范围内独立作出意思表示。

（3）代理行为必须是具有法律意义的行为，即能够在被代理人与第三人之间发生、变更和终止某种民事权利和民事义务。

（4）代理行为产生的法律后果直接由被代理人承受。

2. 代理的种类

按照代理权产生的根据不同，可以分为：

（1）委托代理。这是指代理人根据被代理人的授权行为所产生的代理，又称授权代理。

（2）法定代理。这是指法律根据一定的社会关系的存在而设立的代理。它主要是为无行为能力人和限制行为能力人所设立的一种代理方式。

（3）指定代理。这是指根据指定单位或人民法院的指定而产生的代理。一般是对于无法定代理人的未成年人和丧失行为能力人，有关指定机关和未成年人的父母所在单位或住所地的居民委员会等，可以为其指定监护人，由监护人代理其参与民事活动。

3. 代理关系的消灭

代理关系根据一定的法律事实而产生，也可以根据一定的法律事实的出现而消灭。

有下列情形之一的，委托代理终止：

（1）代理期间届满或者代理事务完成；（2）被代理人取消委托或者代理人辞去委托；（3）代理人死亡；（4）代理人丧失民事行为能力；（5）作为被代理人或者代理人的法人终止。

有下列情形之一的，法定代理或者指定代理终止：（1）被代理人取得或者恢复民事行为能力；（2）被代理人或者代理人死亡；（3）代理人丧失民事行为能力；（4）指定代理的人民法院或者指定单位取消指定；（5）由其他原因引起的被代理人和代理人之间的监护关系消灭。

五、物权

（一）物权的概念和特征

物权是权利主体在法律规定的范围内，对物的直接支配或管领，并排除他人干预的财产权。

物权的法律特征是：

（1）物权是一种对世权。即社会上所有的人都负有不得侵犯他人物权的义务，该义务主体是不特定的人。

（2）物权的客体是特定的物。物权的客体须是权利主体所能支配和利用的物质实体，一般为有体物。电、热、光、声等无体的自然财产，如果在法律上有排他的支配可能性，也被视为物。

（3）物权的内容是对物的直接管领和支配。权利主体为实现其物权，只要符合法律规定，不需要他人积极的相应的协助行为，只需要依自己的意思管领标的物，直接支配物而享受其利益。

（4）物权具有独占性和排他性。即同一物上不能有内容互不相容的两个物权，物权人有权排除他人对于其行使物上权利的干涉。

（二）物权法的体系和主要内容

《中华人民共和国物权法》（以下简称《物权法》）已于2007年3月16日由中华人民共和国第十届全国人民代表大会第五次会议通过，该法自2007年10月1日起施行。根据《民法通则》、《物权法》、《中华人民共和国担保法》（以下简称《担保法》）等法律的规定，物权法的体系是：

（1）所有权，是指所有人对其自己所有的财产进行占有、使用、收益、处分。所有权是最完善、最充分的一种权利，为充分发挥其效用，可以从中分离、派生、引申出各种其他的权利，但是占有和处分权是最重要的权利。

（2）用益权，指对他人所有的物在一定的范围内使用、收益的权利，主要包括国有、集体土地的使用权，其他自然资源的使用权，土地承包经营权等。

（3）担保权，是为了担保债的履行，在债务人或第三人的特定财产上设定的物权，主要有抵押权、质权、留置权。

（4）占有，指对物的控制、占领权。

（三）所有权的取得和消灭

1. 所有权的取得

所有权的取得有两种方式。

第一，原始取得：是指根据法律的规定，因一定的法律事实，财产所有权第一次产生或者不以原所有人的所有权和意志为根据，而直接取得所有权。其主要方式有生产和扩大再生产、没收、收益、添附、无主财产收归国家或集体所有等。

第二，继受取得：又称传来取得，是指所有人通过某种法律行为从原所有人那里取得财产的所有权。其主要方式有买卖、受赠、继承和其他合法方式等。

2. 所有权的消灭

所有权由于一定法律事实的发生而消灭。导致财产所有权消灭的法律事实主要有：第一，转让所有权；第二，放弃所有权；第三，所有权客体的消灭；第四，司法机关根据法律程序，强制所有人转移所有权。

（四）用益物权

用益物权是从所有权分离出来的他物权，是指对他人财产进行使用和收益的权利。用益物权的法律特征是：

（1）用益物权是以所有权的权能为内容，而对所有权的行使有所限制的权利。这种权利对物的非所有人来说是一种有限的支配权；对物的所有人来说，对其所有权的行使也是一种限制。从这个意义上说，用益物权也称为限制物权。

（2）用益物权是非所有人基于法律、合同或其他合法途径而取得的权利，是对他人的财物享有的直接支配权。

（3）用益物权是从所有权分离出来的相对独立的他物权，是可以对抗所有权的对世权。

（五）担保物权的概念和特征

担保物权是为了担保债务的履行，在债务人或第三人的特定物或权利上所设定的物权。担保物权的法律特征是：

（1）担保物权是一种从物权。担保物权的存在，是以债权的存在为前提的，并且随着债权的消灭而消灭，是从属于债权的从物权。

（2）担保物权必须以特定物或权利为标的。一般物权是对标的物直接使用、收益、处分的支配权，即以支配物的本身为标的；而担保物权则是以一定价值的取得为目的，其宗旨是确保债的清偿。因此，担保物权的标的必须是特定的。

（3）担保物权人有排除他人干涉的权利和追及权。担保物落入他人之手，债权人可以追及主张其权利。同时，在债务人不履行债务时，可以行使对担保物的处分权，并取得优先受偿的权利。

担保物权制度主要集中规定于《担保法》中。

六、债权

（一）债的概念和特征

债是按照合同的约定或者依照法律的规定，在当事人之间产生的特定的权利和义务关系。享有权利的人是债权人，负有义务的人是债务人。债权人有权要求债务人依照法律的规定或者按照合同的约定履行义务，债务人有义务履行债权人的要求，这种关系就称为债或债权关系。

债作为一种民事法律关系，有如下特征：

（1）债的关系当事人都是特定的。

（2）债的关系的客体包括物、知识产权和行为。

（3）债权的实现必须依靠义务人履行义务的行为。

（4）债可以因合法行为而发生，也可以因不法行为而发生。

（二）债的发生根据

债的发生必须以一定的法律事实为根据。引起债发生的主要根据如下。

1. 合同之债

合同也称为契约，是平等主体的公民、法人、其他经济组织之间设立、变更、终止权利义务关系的协议。合同是债发生的最重要、最普遍的根据。

2. 侵权行为之债

侵权行为是指民事主体非法侵害公民或法人的财产所有权、人身权利或知识产权的行为。如果一方行为人侵犯了他人的财产或人身权利，侵权行为人就与遭受损害的受害人之间发生一定的权利义务关系。受害人成为债权人，侵害人成为债务人。

3. 不当得利之债

不当得利是指没有法律上或合同上的根据，取得不应获得的利益而使他人受到损失的行为。当这种法律事实发生后，即在不当得利者与利益损失人之间发生了债的关系，利益所有人有权请求不当得利者退还其不当得利，不当得利者有义务将其不应获得的利益返还给所有人。

4. 无因管理之债

无因管理是指没有法定的或者约定的义务，为避免他人利益遭受损失，自愿为他人管理事务或财物的行为。无因管理人有权要求受益人偿付因管理其财物而支付的必要费用。在无因管理发生后，管理人和受益人之间就产生债的关系，管理人是债权人，受益人是债务人。

5. 单方面民事法律行为之债

单方民事法律行为是指因一方的意思表示就可以成立的民事法律行为。这种单方法律行为能在与该行为有关的当事人之间发生一定的权利义务关系，即债的关系；例如遗赠或生前赠与行为等。

（三）债的担保

债的担保是为督促债务人履行债务，保障债权得以实现的一种法律制度。债的担保方式有保证、抵押、质押、定金、留置。

（1）保证，是指第三人与债权人约定，当债务人不履行债务时，由第三人按照约定履行债务或承担责任的一种保证方式。第三人被称为保证人。

（2）抵押，是指合同的一方当事人或者第三人，用自己特定的财产向对方当事人保证履行合同义务的一种保证方式。

（3）质押，是指债务人或第三人将其财产移交于债权人占有，以该财产作为债权的担保，从而保证合同义务履行的一种保证方式。当债务人不履行债务时，债权人有权依法以该财产卖得价款优先受偿。提供财产进行质押担保的为出质人，对方为质权人。

（4）定金，是指为确保合同履行，一方向对方支付一定货币的保证方式。当给付定金的一方不履行合同的，无权请求返还定金；当接受定金的一方不履行合同的，应当双倍返还定金。

（5）留置，是指合同的一方当事人由于对方不履行合同义务，对已经占有的对方财产采取扣留处置的一种保证方式。扣留期限届满对方当事人仍不履行合同义务时，留置人有权依法变卖扣留的财产，并从价款中优先得到清偿。

（四）债的消灭

债因下列法律事实的出现而消灭：（1）因履行而消灭。（2）因双方协议而消灭。（3）因当事人死亡而消灭。（4）因抵消而消灭。（5）因债权人免除债务而消灭。（6）因债务人依法将标的物提存而消灭。（7）因法律规定或者当事人约定终止的其他情形而消灭。

七、人身权

（一）人身权的概念

人身权是指法律赋予民事主体的与其生命和身份延续不可分离而无直接财产内容的民事权利。人身权是我国公民和法人的人身关系在法律上的体现和反映。人身权是与财产权同时并存的民事主体所享有的民事权利。

人身权具有的主要法律特征有两个，即：（1）人身权具有与法律主体人身的不可分离性。（2）人身权具有绝对权的属性。

（二）人身权的种类

人身权分为人格权和身份权两方面内容。

1. 人格权

人格权是法律规定的基于民事法律关系主体的资格所应享有的权利，主要包括：（1）姓名权；（2）荣誉权；（3）名誉权；（4）生命权；（5）身体健康权；（6）自由权；（7）肖像权。

2. 身份权

身份权是指因民事主体的特定身份而产生的权利，主要包括：（1）知识产权中的人身权利；（2）监护权；（3）公民在婚姻家庭关系中的身份权，即亲权；（4）继承权。

八、民事责任

（一）民事责任的概念与构成

1. 民事责任

民事责任是指民事法律关系主体违反民事义务，侵犯他人合法权益，依照民法所应承担的法律责任。

民事责任具有以下特征：（1）民事责任主要是财产责任。（2）民事责任是平等主体之间的责任。（3）民事责任主要采取等价补偿的办法。（4）

民事责任可以依照法律由当事人协商决定。

2. 民事责任的构成

构成民事责任的具体条件多种多样。从这些具体条件中，可以概括出构成民事责任的一般条件。它们是：

（1）存在民事违法行为。民事违法行为是民事责任的首要条件，其中包括作为与不作为。

（2）存在损害事实。只有在违法行为造成损害事实的情况下，行为人才承担民事责任。损害包括财产损害和非财产损害。

（3）违法行为与损害结果之间有因果关系。它要求作为原因的违法行为与作为结果的违法行为之间有内在的必然联系。

（4）违法行为人有过错。过错是指违法行为人对自己的行为及其后果所持有的故意或过失的主观心理状态。故意是行为人明知自己的行为会对他人造成损害，而希望或放任这种结果发生的心理状态。过失是行为人应预见却没有预见或虽已预见到自己的行为可能造成损害却轻信可以避免的心理状态。对于故意和过失的判断应采用主观和客观相结合的方法进行。

上述四项条件共同构成民事责任的成立条件。其中违法行为人的过错起着关键性的作用，故民事责任主要适用过错责任。但在行为人没有过错，法律规定应承担民事责任的情况下，行为人也应承担民事责任，即适用无过错责任原则。无过错责任的特征是：（1）不以行为人的过错为构成民事责任的条件，而是基于损害事实的存在，根据行为人的活动及所管理的人或物的危险性所造成的损害后果的因果关系为依据。（2）只能在法律有明文规定的情况下才能适用。（3）致害人通常以限额赔偿承担民事责任。

从整体上看，我国民事责任的归责原则以过错责任原则为主，又规定了无过错责任原则和公平责任原则。公平责任原则指当事人对造成损害都无过错，又不能适用无过错责任原则要求致害人赔偿责任，而使受害人遭受的重大损失得不到赔偿；在此情况下，由人民法院依据具体情况依"公平合理负担"判由双方分担损失的原则。

（二）免除民事责任的条件

行为人有违约或侵权之事实，但由于有不可归责之事由，法律规定可以不承担民事责任。这种情形即免除民事责任的条件，简称免责条件。免除民事责任的情况主要有下列几种：

（1）正当防卫。自然人为使公共利益、本人或者他人的人身安全和其他合法权利免受正在进行的非法侵害而加以反击的合法行为，如果造成了损害，不承担民事责任。

（2）紧急避险。自然人为使公共利益、本人或他人的人身和其他合法权利免受正在发生的危险袭击，不得已而采取的损害他人较小利益的行为，不承担民事责任。

（3）不可抗力。自然人因不可抗力不能履行合同或者造成他人损害的，不承担民事责任，法律另有规定的除外。

所谓不可抗力，是指不能预见、不能避免并不能克服的客观情况，如水灾、火灾、地震、风暴、旱灾、飓风、战争、罢工等。

（三）承担民事责任的方式

《民法通则》规定，承担民事责任的方式主要有：（1）停止侵害；（2）排除妨碍；（3）消除危险；（4）返还财产；（5）恢复原状；（6）修理、重作、更换；（7）赔偿损失；（8）支付违约金；（9）消除影响、恢复名誉；（10）赔礼道歉。

上述承担民事责任的方式，可以单独适用，也可以合并适用；而且不排除同时适用其他法律制裁。

请根据民事责任的归责原则分析下面的案例。

【案例】李俊喜欢养花，经常把花盆放置在其房间的外窗台上。1994年4月16日，天气预报称今日全市有6～7级大风，李俊因赶时间上班，未将放在窗外的一盆花搬进室内。中午12点许，住在同楼的江新放学回家，当走到李俊家的楼下时，被大风刮落的花盆砸破了头部，昏倒在地。邻居见状，忙把其送到医院。经住院治疗，诊断为开放性颅脑损伤。江新住院治疗期间花去医疗费共计18069元。见到江新被砸伤的邻居李某证实花盆是从住在五层的李俊家掉下来的；另一位邻居张某亦证实坠落下来的花盆是李俊的，因为前几天他去李俊家收水电费时，李俊还向其炫耀过这盆花如何名贵。于是，江新父母找到李俊要求其赔偿损失。李俊说花盆不是他的，即使是他家的花盆也是大风刮下的，属不可抗力，不同意赔偿。江新父母遂向人民法院起诉，要求李俊赔偿损失。

问题：本案中李俊应否承担民事责任？江新能否得到应有的赔偿？

第三节　经济法

一、经济法的产生

经济法是一个新兴的法律部门，经济法学是一门新兴的法律学科。经济法的问世是法在 20 世纪最重要的发展之一，其产生和发展是社会经济生活发展的客观要求，是法对经济关系调整之历史发展的必然结果。

由于私有制和自由主义的经济引起社会矛盾激化，发达资本主义国家于 19 世纪末 20 世纪初，走向了垄断和社会化发展阶段。自由放任经济及极端的私法自治导致权利滥用、贫富悬殊、社会不公、经济危机等现象，靠市场的力量是无法摆脱这种困境的。于是，资本主义国家不得不改变对市场被动的不干预政策，逐步采用"国家干预"、"宏观调控"、"混合经济"等新的做法，加强组织和管理经济的职能；以国家"有形之手"直接、具体地干预和参与社会经济生活；以国家的经济集中限制私人垄断财团，以社会总代表的身份协调各方利益关系，调控经济进程。国家通过其经济职能和社会职能的依法行使，对经济运行进行宏观调控和有效协调，以维护竞争秩序，克服经济个体的逐利行为可能给社会公共利益带来的不良影响，保障社会公共利益。

社会经济生活的变迁，促成了法律观念的变革和进步。传统的法律所倡导的个体权利本位显得不合时宜，而法的社会本位思想逐渐形成并占据了主导地位，为社会所尊崇。法的社会本位强调法应以社会公共利益为出发点，对国家和其他经济主体之间的关系进行平衡；为实现社会共同生活的增进，法应对个体权利的行使实施限制。许多国家从社会整体利益的角度出发，制定和颁布了一系列以保护经济上的弱者、保证社会有一个正常和自由的竞争环境、维护社会经济的安定和繁荣为宗旨的法律，如反不正当竞争法、反垄断法、消费者权益保护法、产品质量责任法等。这些法律与传统法律迥然有异，在社会本位的旗帜下共同构成了相对独立的一个新兴的法域，遂有法学家将其诠释为"经济法"。

经济法在中国的兴起是改革开放对经济法制建设的必然要求。改革开放的精髓之一就是要解放和发展生产力，促进国民经济的协调稳定发展，以满足人们日益增长的物质文化生活需要。这需要作为上层建筑的法律为改革开放保驾护航。

二、经济法的概念

（一）经济法是调整特定经济关系之法

市场经济是法治经济，社会主义市场经济要求法律调整。对经济进行调整的法律部门有很多，不同的法律从不同的角度和层面对经济关系进行调整。如，宪法从最高层面对国家经济体制、基本经济制度及其主要方面作了基本规定。1993 年 3 月，八届全国人大一次会议通过的《宪法修正案》明确规定："国家实行社会主义市场经济。"民法对公民、法人、合伙等平等民事主体之间的财产所有、财产流转等关系进行调整；行政法在合理设置经济管理机关及其权限和责任、加强监督等方面进行调整；刑法则主要在惩治、打击经济犯罪等方面发挥作用等。

经济法也是对经济关系进行调整之法，但经济法并不能也不可能调整所有经济关系；它只调整特定的经济关系，即通过物而形成的人与人之间的关系，简称物质关系或物质利益关系。经济法调整的特定经济关系是国家在管理、协调经济运行过程中发生的宏观调控关系、市场规制关系和体现国家意志的流转和协作关系。

1. 宏观调控关系

宏观调控又称为宏观经济管理，是指政府从经济发展的全局和整体出发，按预定目标，综合运用多种政策和手段对国民经济运行过程进行的调节、控制、组织和协调活动。宏观调控的主要目标是实现经济总量即社会总需求与总供给的均衡，保证物价稳定和充分就业，优化国民经济的产业结构和区域结构，实现国际收支平衡，促进国民经济持续、稳定、协调发展。为实现上述目标，政府综合运用财政税收、金融、计划、产业、收入分配、对外贸易等政策和手段，由此所形成的财政税收管理、金融管理、产业政策管理、计划、对外贸易管理关系就构成了宏观调控关系的主要内容。

2. 市场规制关系

市场经济客观存在垄断、外部效应、公共物品、信息偏在等情况，完全由市场机制调节很难达到资源配置的最优状态。为了矫正市场失灵造成的市场经济运行中的效率损失，促进资源配置的效率，就需要发挥政府对微观经济的规制作用。政府为了维持市场经济的正常运行，对特定市场主体的组织及其行为实施规制而形成的社会经济关系就是市场规制关系。这些经济关系主要包括以下方面。

一是市场主体规制关系。这是指政府对市场主体的组织及与组织有关的行为进行管理中发生的社会关系。为防止市场经济中市场主体的非理性行为，保证市场的有序化和有限资源得到高效率配置，维护社会交易安全和社会公共利益，政府有必要对市场主体的组织及与组织有关的行为实施必要的、适度的干预。通过政府的管理使得社会公共利益观念渗透到市场主体的组织和与组织有关的行为中。市场主体的组织主要包括市场主体企业形态设定，市场主体的设立、变更和终止，市场主体章程和治理结构等内容。与组织有关的行为是指与特定市场主体的组织特点相联系的活动，如公司的证券发行、利润分配、财务管理、审计监督等。

二是因处理不完全竞争而形成的规制关系。竞争是市场经济的核心要素，没有竞争就不可能充分发挥市场机制的作用。但竞争并不具有自我持续的特性。一方面，竞争会导致垄断，垄断反过来会抑制市场机制的有效运作，妨碍效率的提高。另一方面，市场竞争天然地具有损害竞争的倾向，如虚假或欺诈性的广告、假冒商标和标志、窃取商业秘密等各种不正当竞争行为。对市场竞争中这些不公平、不公正行为，市场本身是无力消除的；需要政府通过反垄断法和反不正当竞争法等，对市场主体的行为和市场竞争状态加以规制，以反对垄断，制止不正当竞争行为，维护市场经济秩序。

三是因处理自然垄断而形成的规制关系。电、煤气、自来水等公用事业部门以及邮政、电信等行业具有很强的由其技术决定的规模经济效益，同时这些部门的固定资本又具有很强的长期使用性和沉淀性，因而极易构成自然垄断。赋予这些部门或行业内的特定企业垄断供给权，有政策上的合理性；但为了防止资源配置效率的低下和价格歧视以及损害消费者利益的不良现象，政府就必须在法定权限范围内对这些自然垄断性企业的市场准入、退出、价格、服务的数量和质量、投资、财务会计等行为实行规制，以实现资源的有效配置，确保服务供给的公平性。

四是因处理信息不完全与信息不对称而形成的规制关系。信息不完全既有可能是信息供应不充分，也有可能是有人故意隐瞒事实真相、掩盖事实信息甚至提供虚假的信息造成的。信息不对称是指交易双方有信息优劣的差异，如消费者与生产者、经营者相比，不具备关于企业提供物品或服务的价格、质量、特性、效能等方面的充分知识。为纠正信息不完全、信息不对称的问题，政府有必要通过消费者权益保护法、产品质量法、广告法、计量法、标准化法、证券法、银行法、保险法等，规定产品质量和安全的标准，强化对广告的制约、对商品说明的制约，强化证券市场信息披露制度、对内幕交易的禁止和制约，以及加强对银行、证券、保险等金融业方面的规制。

3. 直接体现为国家参与意志的流转和协作关系

这些关系的具体表现形式有：

一是国家通过政府机构或设立企业、委托代理人直接参与经济活动所形成的经济关系。如：政府进行基础设施投资时订立的定购货合同和工程承包合同；政府与农民订立的农副产品定购合同；政府与国有企业订立的承包经营合同。又如：中央银行与商业银行订立的再贷款合同、国债回购合同；国家政策性银行与一般企业订立的借贷合同和担保合同等。这类经济关系的一方或双方当事人是国家机关或必须执行国家政策的企业，合同的内容需要充分体现国家的政策或意志；而以当事人自由的意思表示制度为核心的民法及其合同制度，无法对其进行有效调整。

二是平等的国家机关或财政主体之间的经济协作关系。所谓平等的国家机关或财政主体，是指在行政或财政上互相没有隶属关系的国家机关。它们在交往时的地位是平等的。例如，在国家实施西部大开发战略中，许多沿海省市与西部省区政府之间签订的各种经济合作协议，建立长期稳定的对口协作关系等。

需要强调的是，经济法调整的流转与协作关系一般都与国家的规划、计划相联系，与国家的整体战略部署相关，体现国家的全局利益安排，具有国家意志性，是直接体现国家意志的经济关系，而不是反映社会个体利益之间的经济关系。

（二）经济法的定义

综上所述，经济法是调整在管理、协调经济运行过程中发生的宏观调控关系、市场规制关系和体现国家意志的流转和协作关系的法律规范的总称。

三、经济法概况

我国的法律体系包括刑法体系、民法体系、行政法体系、国际法体系和经济法体系，其中经济法是社会上运用最多的法律。一般认为经济法体系由市场主体法、市场秩序法和市场调控法三大块法律、法规组成。其中市场主体法主要包括公司法、中国人民银行法、商业银行法、保险公司法、全民所有制工业企业法、乡镇企业法、私人企业法、合伙企业法、中外合资经营企业法、中外合作经营企业法、外资企业法、破产法等法律和相关的行政法规；市场秩序法主要包括反不正当竞争法、产品质量法、消费者权益保护法、证券法、票据法、专利法、商标法、著作权法、合同法等法律、法规；市场调控法主要包括税收征管法、企业所得税法、个人所得税法、各种财税法、土地管理法、城市房地产管理法、各类环境保护法、劳动法等法律法规。

四、经济法的本质和基本原则

（一）经济法的本质

与其他法律部门相比，经济法除了具有一般法的本质属性外，还具有自己核心的本质，即：经济法是社会本位法，是国家干预经济之法，也是规范国家干预经济活动的法律。

法的社会本位观念是经济法的主导观念。经济法的社会本位强调，经济法应从社会整体利益出发对各类主体的意志、行为和利益进行平衡协调，实现社会经济运行良性发展。

对市场个体来说，经济法要求市场主体的个别行为必须置于社会经济运行的整体利益中来加以考察和评判；市场主体的个体行为，只有符合社会经济的整体利益，才能够获得肯定性评价。这就要求市场主体个体行为的社会实现，不能仅仅表现为微观利益的增盈或者微观利益的实现及富有效率，同时它还必须体现为有助于社会整体利益的实现；倘若与此相悖，必将受到经济法的否定。当然，经济法强调社会本位，并不是无条件地把社会整体利益绝对化，从而无谓地牺牲市场主体的个体利益，而是要把市场主体的个别行为统一于整个社会经济运行之中，借助于法律机制的调整作用，实现社会个体利益与社会整体利益的平衡协调。

对市场经济中的政府来说，政府通过行使其经济职能和社会职能，对经济运行进行宏观调控和市场监管，以维护竞争秩序，克服市场主体的逐利行为可能给社会公共利益带来的不良影响，保障社会公共利益；这是必需的。但另一方面，政府对社会经济生活的参与、协调，实质上就是国家权力的行使，若干预不当，影响市场主体的合法经营行为，导致市场主体的个体活力不强、效率低下，那么整个社会利益亦将受到损害。

为此，经济法的社会本位要求政府对社会经济的调控和协调行为必须置于整个社会经济运行的整体利益之中来加以评判，政府对经济的调控和协调行为必须以社会利益为最高准则；防止其以社会利益之名造成对社会个体利益和权利、对经济的过分干预，弱化以至于虚化社会个体利益。换言之，经济法赋予国家干预、参与和管理经济生活的根本目的，是以社会整体利益为出发点和归宿，为了在有序化的经济状态中保持和促进经济的活力，维持其生机；而不是单纯的管理和限制，更不是把经济管死。

为了保证政府作用的发挥符合市场经济发展的内在要求，在依法赋予政府对经济生活的参与、协调职能时，必须依法对政府的参与、协调行为进行规范界定。现代经济法作为保障和实现经济自由的法律手段，经济自由是其出发点和归宿，它应当为了自由而干预、限制，而不是通过干预去限制乃至扼杀经济自由。由此决定了经济法调整具有促进、协调、组织、参与、引导和市场操作等丰富而深刻的内涵，远非简单的行政干预，所以将经济法仅仅等同于国家干预之法是不准确的。换言之，经济法既是国家干预、参与、协调经济之法，又是干预政府之法。

（二）经济法的基本原则

经济法的基本原则是经济法所特有的原则，是经济法的灵魂和经济法体系的依据，是经济法宗旨的具体体现，是经济法的规范和法律文件所应贯彻的指导性准则，贯彻于经济法的立法、执法和司法全过程。

1. 平衡协调原则

这是经济法的社会本位性所决定的一项原则。所谓平衡协调原则是指经济法的立法和执法要从整个国民经济的协调发展和社会整体利益出发，来协调各利益主体的行为，平衡其相互利益关系，以引导、促进或强制实现社会整体发展目标与个体利益目标的统一。

平衡协调原则贯彻于经济法的整个体系之中。如宏观调控法律制度中的预算基本平衡、信贷基本平衡、国际收支基本平衡、产业关系协调的要求；税收制度中的通过税率平衡个人收入的时高时低，实现社会个人分配的公正；竞争法律制度中的反对垄断和不正当竞争，以平衡各方利益主体关系，恢复、发扬经济民主和经济自由；消费者保护法律制度中的通过平衡消费者与生产经营者在实力上的悬殊差异，实现实质上的平等和社会公正等。

平衡协调是一种价值体现，作为以平衡协调为基本原则的法律规范体系，经济法追求经济自由与经济秩序的统一、经济效益与社会效益的统一、经济民主与经济集中的统一、国家调控与市场配置资源的统一、鼓励维护竞争与反对垄断、保护弱者的统一。

2. 维护公平竞争原则

经济法维护公平竞争的原则直接体现在竞争法——反垄断法和反不正当竞争法中，而且经济法的各项制度，诸如产业政策、财政税收、金融证券、价格、企业组织等也都充分考虑市场主体的公平竞争；政府的经济管理和市场操作也应该做到公开、公平、公正，不得违背和破坏市场公平竞争的客观法则。

维护公平竞争原则和制度的出现，是国家通过"有形之手"（即国家调节之手）来纠正市场"看不见的手"（即市场调节之手）所导致的弊端，同时又力求使"看不见的手"在最大范围内、最高程度上发挥作用的产物。片面强调自由竞争和市场机制的自发作用，排斥政府对市场的管理、调控，或者强调以计划、管理、调控为名，抑制乃至否定市场的机制和作用，这些观念和做法与维护公平竞争原则格格不入。维护公平竞争，表明了经济法和国家在维护市场经济及其竞争秩序中的积极能动作用。这一原则作为经济法立法和执法的重要依据之一，是经济法的永恒追求。国外学者把反垄断法称为"经济宪法"、"经济的基石"、"市场经济的宪章"等，认为反垄断法和反不正当竞争法在经济法中具有核心和基本的地位，是经济法的原则法。

五、经济法的调整方法

经济法是一门综合性的部门法，是专门就国家经济生活中的某一类社会关系进行法律调整的法律，包括维护正常的市场秩序和保护当事人的合法权益。国家的经济生活涉及生产、流通、分配和消费各领域，法律维护一定的秩序和保护公民、法人的权利需要借助于一定的方法；经济法规定的法律关系既有普通的民事权利义务关系，又有行政法律规定的强制权利义务关系。所以，经济法的调整方法有三种：（1）民事方法。当事人的法律地位平等，法律平等保护当事人的财产利益。（2）行政方法。当事人双方是管理与被管理的不平等关系，行政机关依据经济法的规定可以对被管理方给予资格、限制资格和取消资格，以及对被管理方收费、罚款、没收非法所得和给予其他行政处罚。（3）刑事方法。当事人的行为如果触犯了国家刑法的规定，就应承担相应的刑事责任。不少经济部门法，例如公司法、知识产权法、票据法、证券法、税法等法律，都规定了刑事责任，按刑法的有关规定追究行为人的刑事责任。

六、经济法的立法概况

我国的立法包括由全国人大及其常委会制定的法律，国务院及其部委制定的行政法规，地方法规和规范性文件。经济立法是我国立法的一个重点。我国的经济立法有三个特点：（1）法律、法规数量多。每年的立法中，涉及经济的立法数量要占整个立法数量的 2/5 以上；除了法律之外，还有大量的行政法规、地方法规和规范性文件。（2）立法机构多。其有人大，也有行政机关。（3）法律、法规调整的领域极为广泛。众多的经济权利义务要求有相应的法律予以规范，以适应市场的不同需求。

七、经济法与市场经济

在新中国成立后的很长一段时期内我国实行的是计划经济,各行业、各领域需要设置什么部门和什么企业都由国家计划统一规划,各企业的产品也由国家包销,各企业的自身利益与生产效益无直接关系,企业之间也少有利益冲突,作为生产、流通、分配和消费的主体也少有冲突。因此,调整各个主体之间权利义务关系的法律规范自然也比较少。自从我国改革开放以来,各个主体的利益关系被法律所肯定和保护,有关利益冲突的纠纷也越来越多。在此种情况下,国家制定了许多经济法律、法规,并且一直强调加快经济立法是立法部门和国家行政管理部门的一项重要的工作。从这一点也可以说明法律是由社会需要产生的,有什么样的利益就会产生什么样的权利义务,有什么样的权利义务就可能会产生什么样的纠纷。经济法正是以处理经济领域中的各种法律纠纷和社会利益为目的的。

经济法在当前市场经济环境中,主要起到两个方面的作用。一个是规范行政管理部门管理经济的行为;一个是调整各主体的权利义务关系。经济法以国家的权威去约束当事人依法享有权利和履行义务,涉及各个经济领域的经济法可以给当事人从事经济活动更为方便有效的保护;同时由于经济法中含有国家行政控制力量,可以将当事人的私人行为控制在国家允许的市场机制范围内,可以更方便地将国家对经济的引导、鼓励、限制和禁止的经济政策融进当事人的经济行为中。

第四节 刑法

一、刑法概述

(一) 刑法的概念

刑法是规定犯罪及其法律效果(主要是刑罚)的法律。刑法规制的对象是犯罪与刑罚,即规定什么样的行为是犯罪,对该种犯罪应适用什么样的刑罚;且二者存在密切联系。所以,根据内容,刑法又称"犯罪法"或"刑罚法"。

在中国,刑法有以下三种形式(或存在形式、渊源)。

(1) 刑法典。现行刑法典指 1997 年 10 月 1 日起施行的《刑法》。它是一部全面系统地规定犯罪与刑罚的法律,又称刑法典。《刑法》分为总则和分则两编，此外还有附则。总则分 5 章，共 101 条。分则共 10 章，350 条，分别规定了 400 余种犯罪的罪状和法定刑。总则规定的是犯罪与刑罚的通用性规则；分则规定的是各种具体犯罪的罪状和法定刑。总则与分则的关系是一般规定与特殊规定的关系。附则仅有 1 条，规定刑法的施行时间并以附件形式列出废止的刑法规范目录。

刑法典的修订与修正。我国曾在 1979 年 7 月 1 日通过、1980 年 1 月 1 日起施行过第一部《刑法》，其后还陆续颁行了 20 余个单行刑事法条例、决定等。现行 1997 年《刑法》是对 1979 年刑法典及其后的单行法进行修订后形成的，所以又称修订后的《刑法》；与此相应，1979 年刑法典及其单行法被称为修订前的刑法。修订后《刑法》施行后，除了颁行过一个单行刑法外，对《刑法》修补均采用"修正案"形式。截止到 2009 年，已先后制定出 7 个刑法修正案。

（2）单行刑法或特别法。如《关于惩治骗购外汇、逃汇和非法买卖外汇犯罪的决定》（1998 年 12 月）。该决定是现行《刑法》之后，全国人大常委会颁行的唯一包含犯罪及其法律效果内容的单行刑法。

（3）附属刑法。这是指在经济、行政等（如海关法、环保法）非刑罚法规中附带规定的一些涉及犯罪与刑罚（或追究刑事责任）的条款。现有的附属刑法条款内容仅限于申明有关违法行为触犯刑法的依刑法追究刑事责任，没有确立犯罪与刑罚的新内容，但对刑法有关条款的适用具有重要指导意义。

刑法的广义和狭义。狭义刑法特指刑法典，例如，"刑法第 13 条"是指我国《刑法》（刑法典）第 13 条。广义刑法则包含上述一切形式的刑法。

（二）刑法的任务

我国《刑法》第 2 条规定："中华人民共和国刑法的任务，是用刑罚同一切犯罪行为作斗争，以保卫国家安全，保卫人民民主专政的政权和社会主义制度，保护国有财产和劳动群众集体所有的财产，保护公民私人所有的财产，保护公民的人身权利、民主权利和其他权利，维护社会秩序、经济秩序，保障社会主义建设事业的顺利进行。"可见，我国刑法的任务包括惩罚和保护两个方面。

（三）刑法的基本原则

刑法的基本原则是指贯穿于全部刑法规范，指导和制约刑法的制定和实施的全过程，并体现我国刑事法制的基本精神的根本性准则。我国《刑法》第 3~5 条分别规定了我国刑法的三项基本原则：罪刑法定原则、适用刑法人人平等原则、罪责刑相适应原则。

1. 罪刑法定原则

我国《刑法》第 3 条规定："法律明文规定为犯罪行为的，依照法律定罪处刑；法律没有规定为犯罪行为的，不得定罪处刑。"这是关于罪刑法定原则的规定。罪刑法定原则的基本含义是指：法无明文规定不为罪，法无明文规定不处罚；也就是指什么行为构成犯罪、构成什么罪及处以何种刑罚，均须由法律明文规定。

2. 适用刑法人人平等原则

我国《刑法》第 4 条规定："对任何人犯罪，在适用法律上一律平等。不允许任何人有超越法律的特权。"适用刑法人人平等，要求对所有的犯罪人，不论其社会地位、民族、种族、性别、职业、宗教信仰、财产状况如何，在适用刑法上一律平等，任何人不得有任何超越法律的特权。

3. 罪责刑相适应原则

罪责刑相适应原则，是指根据犯罪人罪行的大小和刑事责任的大小，决定所处刑罚的轻重；即罪轻刑轻，罪重刑重，罪刑相当，罚当其罪。我国《刑法》第 5 条规定："刑罚的轻重，应当与犯罪分子所犯罪行和承担的刑事责任相适应。"

二、犯罪与犯罪构成

（一）犯罪的概念和特征

1. 犯罪的概念

所谓犯罪，是指国家以刑法规定的应当受到刑罚处罚的具有严重社会危害性的行为。

我国《刑法》第 13 条规定："一切危害国家主权、领土完整和安全，分裂国家、颠覆人民民主专政的政权和推翻社会主义制度，破坏社会秩序和经济秩序，侵犯国有财产或者劳动群众集体所有的财产，侵犯公民私人所有的财产，侵犯公民的人身权利、民主权利和其他权利，以及其他危害社会的行为，依照法律应当受刑罚处罚的，都是犯罪，但是情节显著轻微危害不大的，不认为是犯罪。"这一规定揭示了犯罪的本质即严重的社会危害性和犯罪的法律特征即依照刑法应当受刑罚处罚性，同时还把犯罪和一般违法行为区别开来。犯罪概念是对犯罪的本质和形式的揭示。

2. 犯罪的特征

根据我国《刑法》第 13 条的规定，犯罪具有下述三个基本特征。

（1）犯罪是严重危害社会的行为，具有严重的社会危害性。

（2）犯罪是具有刑事违法性的行为。

一切犯罪行为都具有社会危害性，但并非一切具有社会危害性的行为都是犯罪。只有触犯了刑法的具有社会危害性的行为，才能认为是犯罪。也就是说，只有既危害社会又触犯刑法的行为，才构成犯罪。

（3）犯罪是具有应受刑罚惩罚性的行为。

犯罪必然具有社会危害性和刑事违法性，但是具有社会危害性和刑事违法性的行为并不都是犯罪；只有法律规定应受刑罚惩罚的行为，才是犯罪。

（二）犯罪构成

所谓犯罪构成是指刑法规定的某一行为构成犯罪所应当具备的一切客观和主观要件的总和。

任何一种犯罪都由具体的犯罪要件构成，从具体的犯罪要件中抽象出具有共同性的要件，就是犯罪的共同要件。犯罪的共同要件包括犯罪客体、犯罪的客观方面、犯罪主体和犯罪的主观方面等四个要素。犯罪构成的这四个方面是每一个犯罪所必须具备的。犯罪构成是刑事责任的基础。

1. 犯罪客体

犯罪客体是指刑法所保护的而为犯罪行为所侵害的社会关系。犯罪客体是构成犯罪的必要条件之一。

犯罪对象与犯罪客体是不同的概念。犯罪对象是指犯罪行为所直接作用的具体物或具体人，它是某种社会关系的体现者，但它不等于社会关系本身；犯罪客体必须是一种社会关系。例如，某一盗窃罪侵犯了财产所有关系，但是没有破坏盗窃之物。有的犯罪只有犯罪客体，但是没有犯罪对象，例如偷越国境罪、非法集会罪等。犯罪客体决定了犯罪性质，同时也是犯罪分类的基础。而犯罪对象则决定不了犯罪性质，同一个犯罪对象，可能会确定为不同的犯罪；如同样是割电线的犯罪行为，可能构成危害公共安全罪中的破坏公用电信设施罪，也可能构成侵犯财产罪中的盗窃罪。

2. 犯罪的客观方面

犯罪的客观方面是指刑法所规定的、行为构成犯罪所必须具备的各种外在表现或客观事实，包括危害行为和危害结果以及行为与结果之间的因果关系。犯罪的客观方面与犯罪的客体关系密切。犯罪的客体说明犯罪行为所侵犯的社会关系；而犯罪的客观方面则说明了犯罪客体在什么条件下，通过什么危害行为受到了什么样的侵害。

犯罪客观方面的要件具体表现为危害行为、危害结果及其因果关系，以及行为的时间、地点、方法和对象。其中，犯罪行为是任何犯罪构成的必要要件；危害结果是绝大多数犯罪构成的必要要件；特定的时间、地点、方法和对象，是法律规定的某些犯罪的必要条件。一般认为犯罪行为是犯罪客观方面的必要要件，而危害结果及特定的时间、地点、方法和对象是犯罪客观方面的选择要件。犯罪的客观方面是行为人构成犯罪并承担刑事责任的客观基础。

（1）危害行为。犯罪必须是一种危害社会的行为。危害行为是犯罪客观方面的核心要件，它是指行为人在主体意志支配下所实施的危害社会并为刑法所禁止的行为。任何种类、任何形态犯罪的犯罪构成中，都必须有危害行为这一要素。

（2）危害结果。刑法中的危害结果即犯罪结果，是指犯罪行为所引起的法定的危害社会的结果。危害结果是犯罪客观方面的重要内容。危害结果有广义的危害结果和狭义的危害结果之分。广义的危害结果，是指由行为人的危害行为所引起的对社会的一切损害。狭义的危害结果，是指作为犯罪构成要件的危害行为给具体客体造成的结果。刑法上所指犯罪客观方面的危害结果是狭义的结果。

我国刑法规定的犯罪构成多数要求有实际的危害结果，但是某些犯罪并不要求一定有危害结果的发生；只要实施了某种行为，就可以认定为犯罪，例如煽动颠覆国家政权罪、诬陷罪和伪证罪等。危害结果不但影响定罪，也影响量刑。

（3）危害行为与危害结果之间的因果关系。按照刑法规定，一个人只能对自己的危害行为及其造成的危害结果承担刑事责任；罪责自负是我国刑法的基本原则之一。当危害结果发生时，首先要查明危害行为与危害结果之间有没有因果关系，只有二者之间存在因果关系，行为人才承担这种危害结果的刑事责任。所谓因果关系，是指行为和结果之间存在一种内在的必然联系或者规律性联系，而不是偶然联系。当然，行为与结果有因果关系是承担刑事责任的基础，但不是所有有因果关系的行为都要承担刑事责任，如对于行为人主观上既没有故意也没有过失的所谓"意外事件"，就不能负刑事责任。

（4）犯罪的时间、地点和方法。犯罪的时间、地点和方法也是犯罪客观方面的内容，会影响到犯罪行为本身的社会危害性程度，对于正确量刑有一定意义。

3. 犯罪主体

犯罪主体是指实施犯罪行为、依法应负刑事责任的自然人和单位。犯罪主体要件，是刑法规定的犯罪主体必须具备的条件，是决定犯罪成立及犯罪性质的重要因素。根据我国刑法规定，犯罪主体包括自然人犯罪主体和单位犯罪主体。

自然人犯罪主体，是指达到法定刑事责任年龄，具有刑事责任能力，实施危害社会的行为，依法应受刑罚处罚的人。我国《刑法》第 17 条规定：已满 16 周岁的人犯罪，应当负刑事责任。已满 14 周岁不满 16 周岁的人，犯故意杀人、故意伤害致人重伤或者死亡、强奸、抢劫、贩卖毒品、放火、爆炸、投毒罪的，应当负刑事责任。已满 14 周岁不满 18 周岁的人犯罪，应当从轻或者减轻处罚。因不满 16 周岁不予刑事处罚的，责令他的家长或者监护人加以管教；在必要时，也可由政府收容教养。不满 14 周岁的人犯罪，一律不负刑事责任。

刑法规定自然人犯罪主体必须具备刑事责任能力。刑事责任能力，是指行为人所具备的刑法意义上辨认和控制自己行为的能力。只有那些达到一定年龄、精神正常，因而具备刑事责任能力的自然人，才能够成为犯罪的主体。我国《刑法》第 18 条、第 19 条规定，精神病人在不能辨认或者不能控制自己行为的时候造成危害结果，经法定程序鉴定确认的，不负刑事责任，但是应当责令他的家属或者监护人严加看管和医疗；在必要时，由政府强制医疗。间歇性的精神病人在精神正常的时候犯罪，应当负刑事责任。尚未完全丧失辨认或者控制自己行为能力的精神病人犯罪的，应当负刑事责任，但可从轻或者减轻处罚。醉酒的人犯罪，应当负刑事责任。又聋又哑的人或者盲人犯罪，可以从轻、减轻或者免除处罚。

根据我国刑法的规定，刑事责任能力的程度可以分为完全刑事责任能力、完全无刑事责任能力、相对无刑事责任能力以及限制刑事责任能力。

单位犯罪是相对于自然人犯罪而言的。根据《刑法》第 30 条规定，单位犯罪是指公司、企业、事业单位、机关、团体实施的危害社会的、依法应当负刑事责任的行为。

4. 犯罪的主观方面

犯罪的主观方面，是指犯罪主体对自己所实施的犯罪行为及其危害结果所抱的心理态度，包括罪过、犯罪的动机和目的等因素。罪过表现为两种形式，即犯罪的故意和犯罪的过失。罪过是所有犯罪主观方面的必要要件；犯罪动机和犯罪目的只为某些犯罪主观方面所必需，又称为选择性主观要件。

所谓犯罪故意，是指行为人明知自己的行为会发生危害社会的结果，并且希望或者放任这种结果发生的心理态度。犯罪故意是构成故意犯罪的必要要件，是故意犯罪的主观心理态度。

所谓犯罪过失，是过失犯罪的主观心理态度，是与犯罪故意并列的犯罪主观罪过形式之一。根据我国《刑法》第 15 条的规定，犯罪过失是指行为人应当预见自己的行为可能发生危害社会的结果，因为疏忽大意而没有预见，或者已经预见而轻信能够避免的心理态度。过失犯罪，法律有规定的才负刑事责任。《刑法》第 16 条规定："行为在客观上虽然造成了损害结果，但是不是出于故意或者过失，而是由于不能抗拒或者不能预见的原因所引起的，不是犯罪。"这在刑法理论上称之为意外事件。意外事件没有刑法中规定的罪过，不能构成犯罪。

试用犯罪主观方面的理论分析下面案例中王某的罪过形式：

【案例一】2002 年 2 月，被告人王某与女朋友廖某同去广东打工。2004 年 3 月，廖某结交新男友后向王某提出分手，王不同意，多次要求与廖某恢复恋爱关系未果。2004 年 4 月 2 日，王某购买了一公升汽油放在其租住的房间，然后邀廖某前来，再次要求她与新男友分手，两人重修旧好，但廖某坚决不同意。王某一气之下将汽油倾倒在廖某身上，扬言要与其同归于尽。廖某见状赶忙放松口气，以期缓和气氛。此时，王某烟瘾发作，便走到门口掏出打火机点火抽烟，不料引爆空气中的汽油挥发物，进而引燃廖某身上的汽油。王某见状，忙脱下身上的衣服努力灭火，但为时已晚。廖某因大面积烧伤，不治身亡。

（三）正当防卫和紧急避险

正当防卫和紧急避险都属于排除社会危害性的行为。排除社会危害性行为的共同特征在于这类行为在形式上具有一定的社会危害性，符合某种犯罪构成，而实质上不具有社会危害性和刑事违法性。

分析黄某的行为是否构成犯罪：

【案例二】杨某，男，45 岁，无业。黄某，女，30 岁。一日晚 10 点，黄某下了夜班骑自行车回家，途经一偏僻小路时遇到杨某。杨某见四处无人，强行拦住黄某欲行不轨。黄某见走不脱就推说路上可能有人经过，不如找一隐蔽地方。行至一水塘，黄某骗杨某先脱衣服，趁机将杨某推下水塘。随后，黄某急忙到附近村上喊人抓坏蛋。杨某不会游泳，村民赶到时杨某已经溺水身亡。

1. 正当防卫

根据《刑法》第 20 条规定，所谓正当防卫，是指为了使国家、公共利益、本人或者他人的人身、财产和其他权利免受正在进行的不法侵害，对不法侵害人所实施的制止其不法侵害且没有明显超过必要限度的损害行为。正当防卫制度的设立有利于及时有效地制止和抵御不法侵害，使国家、公共利益、本人或者他人的合法权利免受侵害，有利于有效地威慑、减少和预防犯罪，有利于鼓舞和支持人民群众同违法犯罪行为作斗争。

2. 紧急避险

根据《刑法》第 21 条规定，紧急避险是指为了使国家、公共利益、本人或者他人的人身、财产和其他权利免受正在发生的危险，不得已采取的损害另一较小合法权益的行为。紧急避险的本质在于，在两个合法权益发生冲突且只能保存其中一个的紧急情况下，法律允许为了保护较大的权益而牺牲较小的权益，从而使可能遭受的损失减少到最低限度。紧急避险虽然给较小权益造成损害，但从整体上说，它是有益于社会的行为，不仅不应当承担刑事责任，而且应当受到鼓励和支持。

（四）故意犯罪的停止形态

故意犯罪的停止形态，是指故意犯罪在其产生、发展和完成的过程及阶段中，因主客观原因而停止下来的各种犯罪状态。犯罪的停止状态，按其停止下来时犯罪是否已经完成为标准，分为犯罪的完成形态即犯罪既遂和犯罪的未完成形态即犯罪的预备、未遂和中止。犯罪既遂就是指行为人所故意实施的行为已经具备了某种犯罪构成的全部要件。

1. 犯罪预备

根据《刑法》第 22 条规定，所谓犯罪预备是指行为人为了实施犯罪，准备工具、制造条件，由于行为人意志以外的原因而未能着手实行犯罪行为的犯罪停止形态。刑法规定，对于预备犯，可以比照既遂犯从轻、减轻处罚或者免除处罚。

2. 犯罪未遂

根据《刑法》第 23 条规定，所谓犯罪未遂是指已经着手实行犯罪，由于犯罪分子意志以外的原因而未得逞的犯罪停止形态。刑法规定，对于未遂犯，可以比照既遂犯从轻或者减轻处罚。

3. 犯罪中止

根据《刑法》第 24 条规定，所谓犯罪中止，是指在犯罪过程中，犯罪分子自动放弃犯罪或者自动有效地防止犯罪结果发生的犯罪停止形态。

【案例三】甲、乙二人预谋抢劫，于某日凌晨 1 点拦截一辆出租车，准备在乘车过程中对司机进行抢劫。当车经过一个检查站时，工作人员对甲、乙二人进行盘问；见二人神情可疑，并发现二人携带绳索、刀具等物，遂将二人带到派出所进行讯问。甲、乙二人交代了预谋抢劫的事实情况。

问题：甲、乙二人的行为是否构成犯罪？如果构成犯罪，甲、乙二人的行为属于哪一种犯罪形态？

（五）共同犯罪

1. 共同犯罪的概念

共同犯罪，是指二人以上共同故意犯罪。共同犯罪是故意犯罪的一种特殊形态，是相对于单个人故意犯罪而言的。

2. 共同犯罪人的种类

在共同犯罪的形式中，由于各个共同犯罪人所处的地位和所起的作用，以及对社会的危害程度不同，刑法把共同犯罪人分为主犯、从犯、胁从犯和教唆犯。

主犯，是指组织、领导犯罪集团进行犯罪活动的或者在共同犯罪中起主要作用的犯罪分子。主犯比其他共同犯罪人具有更大的社会危害性，应当从重处罚。从犯，是指在共同犯罪中起次要或者辅助作用的犯罪分子。由于从犯在共同犯罪中不起主要作用，刑法规定，对于从犯，应当从轻、减轻处罚或者免除处罚。胁从犯，是指被胁迫参加犯罪的犯罪分子。胁从犯在共同犯罪中处于被动地位，罪行也比较轻。刑法规定，对于被胁迫参加犯罪的，应当按照他的犯罪情节减轻处罚或者免除处罚。教唆犯，是指故意唆使他人实施犯罪的犯罪分子。教唆犯必须有教唆他人实施犯罪的故意和教唆他人犯罪的行为。刑法规定，教唆他人犯罪的，应当按照他在共同犯罪中所起的作用处罚。教唆不满 18 周岁的人犯罪的，应当从重处罚。如果被教唆的人没有犯被教唆的罪，对于教唆犯，可以从轻或者减轻处罚。

（六）我国刑法规定的犯罪种类

我国刑法的分则编，根据犯罪行为所侵犯的同类客体和社会危害程度，将犯罪分为 10 类，包括：危害国家安全罪；危害公共安全罪；破坏社会主义市场经济秩序罪；侵犯公民人身权利、民主权利罪；侵犯财产罪；妨害社会管理秩序罪；危害国防利益罪；贪污贿赂罪；渎职罪以及军人违反职责罪。

三、刑罚论

（一）刑罚的概念

刑罚，是指刑法规定的，由国家审判机关依法对犯罪分子所适用的一种最严厉的强制性法律制裁措施。

（二）刑罚的种类

我国的刑罚体系由主刑和附加刑组成。主刑有管制、拘役、有期徒刑、无期徒刑和死刑。附加刑又称为从刑，包括罚金、剥夺政治权利和没收财产。附加刑也可以独立适用。

对于犯罪的外国人，可以独立适用或者附加适用驱逐出境。

1. 主刑

主刑，是刑法规定的对犯罪分子适用的主要刑罚方法。主刑只能独立适用，不能附加适用。主刑的种类如下：

（1）管制，是指由人民法院判决，对犯罪分子不予关押，但限制其一定自由，由公安机关执行的一种刑罚方法。刑法规定，管制的期限，为3个月以上2年以下；数罪并罚时管制最高不能超过3年。在一般情况下，管制适用于那些犯罪较轻，不关押也不至于再危害社会，但又有必要限制其一定自由的危害国家安全的犯罪分子或者其他刑事犯罪分子。

（2）拘役，是指短期剥夺犯罪分子的人身自由，就近执行并实行劳动改造的一种刑罚方法。其主要适用于罪行较轻，需要短期关押的犯罪分子。拘役的期限为1个月以上6个月以下；数罪并罚时，拘役最高不能超过1年。

（3）有期徒刑，是指剥夺犯罪分子一定期限的人身自由，强制其进行劳动并接受教育改造的一种刑罚方法。有期徒刑是我国刑罚中适用最广泛的一种刑罚。有期徒刑的期限为6个月以上15年以下；数罪并罚时，有期徒刑可以超过15年，但最高不能超过20年。

（4）无期徒刑，是指剥夺犯罪分子终身自由，强制其参加劳动并接受教育改造的一种刑罚方法。其适用于罪行严重，但又不必要判处死刑的犯罪分子。无期徒刑在主刑中仅次于死刑，是最严厉的剥夺自由刑。

（5）死刑，是指剥夺犯罪分子生命的一种刑罚方法。它是我国最严厉的刑罚方法。死刑只适用于罪行极其严重的犯罪分子。对于应当判处死刑的犯罪分子，如果不是必须立即执行的，可以判处死刑同时宣告缓期2年执行。

2. 附加刑

附加刑，是补充主刑适用的刑罚。它既可以作为主刑的附加刑，也可以独立适用。附加刑的种类如下：

（1）罚金，是指人民法院判处犯罪分子和犯罪单位向国家缴纳一定数额金钱的刑罚方法。

（2）剥夺政治权利，是指依法剥夺犯罪分子一定期限参加国家管理和政治活动权利的一种刑罚方法。

按照刑法规定，剥夺政治权利包括剥夺以下权利：选举权和被选举权；言论、出版、集会、结社、游行、示威自由的权利；担任国家机关职务的权利；担任国有公司、企业、事业单位和人民团体领导职务的权利。对于危害国家安全的犯罪分子，应当附加剥夺政治权利；对于故意杀人、强奸、放火、爆炸、投毒、抢劫等严重破坏社会秩序的犯罪分子，可以附加剥夺政治权利。

剥夺政治权利的期限，除《刑法》第 57 条规定外，为 1 年以上 5 年以下。判处管制附加剥夺政治权利的，剥夺政治权利的期限与管制的期限相等，同时执行。

独立适用剥夺政治权利的，依照刑法分则的规定。

对于被判处死刑、无期徒刑的犯罪分子，应当剥夺政治权利终身。

在死刑缓期执行减为有期徒刑或者无期徒刑减为有期徒刑的时候，应当把附加剥夺政治权利的期限改为 3 年以上 10 年以下。

附加剥夺政治权利的刑期，从徒刑、拘役执行完毕之日或者从假释之日起计算；剥夺政治权利的效力当然施用于主刑执行期间，即如果判处徒刑和拘役附加剥夺政治权利，那么在徒刑和拘役期间自然是被剥夺政治权利的，在徒刑和拘役执行完毕以后执行附加的剥夺政治权利。

（3）没收财产，是指将犯罪分子个人所有财产的一部或全部，强制无偿地收归国有的一种刑罚方法。没收财产主要适用于罪行严重的危害国家安全的犯罪和严重的经济犯罪。没收全部财产的，应当对犯罪分子个人及其抚养的家属保留必要的生活费用。不得没收属于犯罪分子家属所有或者应当所有的财产。没收财产前犯罪分子所负担的正当债务，需要以没收财产偿还的，经债权人请求，应当偿还。

（三）刑罚的适用

1. 量刑

量刑是指人民法院根据行为人所犯罪行及其刑事责任的轻重，对犯罪分子依法决定刑罚的审判活动。

2. 累犯

累犯，是指被判处一定刑罚的犯罪人，在刑罚执行完毕或者赦免以后，在法定期限内又犯一定之罪的情况。我国刑法规定，对于累犯应当从重处罚。对于累犯，不适用缓刑和假释。

3. 自首和立功

（1）自首，是指犯罪分子犯罪以后自动投案，如实供述自己的罪行或者被采取强制措施的犯罪嫌疑人、被告人和正在服刑的罪犯，如实供述司法机关还未掌握的本人其他罪行的行为。刑法规定，对于自首的犯罪分子，可以从轻或减轻处罚；其中犯罪较轻的，可以免除处罚。

（2）立功，是指犯罪分子揭发他人犯罪行为，查证属实，或者提供重要线索，从而得以侦破其他案件的行为。刑法规定，犯罪分子有一般立功表现的，可以从轻或者减轻处罚；有重大立功表现的，可以减轻或者免除处罚；犯罪后自首又有重大立功表现的，应当减轻或者免除处罚。

4. 数罪并罚

数罪并罚，是指一人犯两个以上的罪，人民法院对犯罪分子在法定时间界限内所犯的数罪分别定罪量刑后，按照法定的并罚原则和刑期计算方法，酌情决定其应执行的刑罚的一种刑罚制度。简言之，数罪并罚就是对一人所犯数罪合并处罚的制度。刑法规定，判决宣告以前一人犯数罪的，除判处死刑和无期徒刑的以外，应当在总和刑期以下，数刑中最高刑期以上，酌情决定执行的刑期，但是管制最高不能超过 3 年，拘役最高不能超过 1 年，有期徒刑最高不能超过 20 年。如果数罪中有判处附加刑的，附加刑仍需执行。

5. 缓刑

缓刑，是刑法上的一种刑罚制度。法院在刑事审判中，根据被判处刑罚的罪犯的犯罪情节和悔罪表现，规定一定的考验期，暂缓刑法的执行。如在考验期内满足一定的条件，原判刑罚将不再执行的一种制度。因此，简言之，缓刑是有条件地不执行所判决的刑罚。

6. 减刑

减刑，是指被判处管制、拘役、有期徒刑或者无期徒刑的犯罪分子，因其在刑罚执行期间认真遵守监规，接受教育改造，确有悔改表现的，或者有立功表现的，可以适当减轻其原判刑罚的一种刑罚制度。

7. 假释

假释，是指对被判处有期徒刑、无期徒刑的犯罪分子，在执行一定刑期之后，因认真遵守监规，接受教育改造，确有悔改表现，假释后不致再危害社会的，附条件地将其提前释放的一种制度。

8. 刑罚的消灭

刑罚的消灭，是指由于法定的或事实的原因，致使代表国家的司法机关不能对犯罪人行使具体的刑罚权。刑罚消灭的前提是对犯罪人应当适用或执行刑罚或者正在执行刑罚，刑罚消灭意味着司法机关丧失对犯罪人行使具体的刑罚权。刑罚消灭必须基于一定法定的或事实的原因。

（1）追诉时效。

追诉时效，是指依法对犯罪分子追究刑事责任的有效期限。超过追诉时效，司法机关就不能再追究犯罪人的刑事责任。

（2）赦免。

赦免是刑罚消灭的原因之一。所谓赦免，是指国家对于犯罪分子宣告免于追诉或者免除执行刑罚的全部或者一部分的法律制度。

第五节　行政法

一、行政法概述

（一）行政法的概念

行政法是我国法律体系中的一个部门法。像其他许多部门法一样，行政法是人们按照它所调整的社会关系，对规定在各类法律文件中的法律规范进行划分的结果。行政法，是调整一定范围行政关系法律规范的总和。我们这里所说的行政法，是一个部门法的概念，而不是某个特定法律文件的名称。

（二）行政法律规范

行政法律规范是规定行政机关管理职权和责任的行为规则。它的逻辑结构与其他部门法基本相同，都是由假定条件、行为模式和法律后果三部分组成，行政法律规范的特殊性表现为以下几方面：

（1）没有统一完备的法典。行政法律规范不集中地规定于一个法典式法律文件中，在多数情形下都规定在分散的、经常变化的各类法律文件当中。国家行政管理职权的内容，难以在一个法律文件中作穷尽性列举规定。

（2）行政职责职权的统一性、必要性。调整行政关系的法律规范以行政职权为中心。对行政机关而言，不但行政职责是必须履行的义务，而且行政职权也是必须实施的。行政职权和行政职责统一在履行的必要性上。行政机关在取得公共职权后，不能像民事主体行使民事权利那样选择或放弃，否则会构成渎职或失职。

（3）立、改、废的经常性。从行政法律规范效力的延续看，它处于经常化的变动过程中，这是由国家行政管理内容的经常性更新决定的。行政管理所面临的是日新月异的社会活动及其矛盾。成文法多数是在总结过去经验基础上概括形成的，不可能对后来发生的事情准确预料，国家又不能像民事主体那样以自主协商的方式来确定行政职权，这就出现成文法落后于社会变化的滞后性给依法行政带来的矛盾。解决这个问题的出路之一就是建立行政法规范立、改、废经常化的机制。我们不能用民法、刑法、诉讼法的"稳定"观念来评价行政法律规范的稳定性问题，而只能从行政法调整对象本身的特点和发展来树立关于行政法律的稳定观念。

二、行政法律关系

（一）行政法律关系的概念

行政法律关系，是指基于行政法律规范的调整，在行政关系当事人之间形成的权利义务关系。就行政管理而言，那些不能对被管理一方直接产生行政法律效果的活动所引起的关系，例如行政指导、行政咨询和行政建议所引起的关系，就不具有行政法意义，不能发生行政法律关系。

（二）行政法律关系的特征

行政法律关系具有以下特征：

（1）行政机关是行政法律关系必要和永久的当事人。

（2）行政法律关系当事人的权利义务不对等。其主要表现为：①行政机关单方面行为即可形成行政管理关系，无须征得相对一方的同意。②行政意思表示效力先定。行政决定一旦正式作出即产生相应的法律效力，非经法律程序不得变更和撤销。

（3）禁止行政机关自行设定职权。行政法律关系的内容，特别是行政机关的职权职责，都是法律预先确定的，行政法上的权利义务不能由当事人自行约定，也不能协商取舍，更不能放弃。

三、行政法的基本原则

（一）人民代表大会制度原则

人民代表大会制度是我国的根本政治制度，是我国行政权力的源泉和行政权力合法性的基础。从整体意义上处理行政权力与人民之间的关系，人民代表大会制度是基本准则。人民代表大会制度决定了国家行政权力的形成方式和组织形式、行政机关的法律地位以及行政机关同其他国家机关的关系。它规定着国家行政权力的政治属性，体现着国家行政权力与人民之间在政治上的统一性，为建立和处理新型的社会主义行政权力与法的关系提供了政治前提。

（二）依法行政原则

为了防止行政权力行使的任意性和滥用，使其能够正确、公正地行使，而不因领导人的改变或领导人注意力的改变而改变；为了建立和维护权威的行政管理秩序，提高行政效率，应当也必须实行依法行政的原则，建立和健全行政法律制度。依法行政是依法治国的基本内容和基本要求。

（三）合理行政原则

合理行政原则的主要含义是行政决定应当具有理性，属于实质行政法治的范畴，尤其适用于裁量性行政活动。最低限度的理性，是指行政决定应当具有一个有正常理智的普通人所能达到的合理与适当，并且能够符合科学公理和社会公德。

（四）程序正当原则

程序正当是当代行政法的主要原则之一。它包括以下几个原则：（1）行政公开原则。除涉及国家秘密和依法受到保护的商业秘密、个人隐私以外，行政机关实施行政管理应当公开，以实现公民的知情权。（2）公众参与原则。行政机关作出重要规定或者决定，应当听取公民、法人和其他组织的意见。特别是作出对公民、法人和其他组织不利的决定，要听取他们的陈述和申辩。（3）回避原则。行政机关工作人员履行职责，与行政管理相对人存在利害关系时，应当回避。

（五）高效便民原则

此原则分为两个方面。（1）行政效率原则。基本内容有二：一是积极履行法定职责，禁止不作为或者不完全作为。二是遵守法定时限，禁止超越法定时限或者不合理延迟。延迟是行政不公和行政侵权的表现。（2）便利当事人原则。在行政活动中增加当事人程序负担，是法律禁止的行政侵权行为。在国际贸易中，行政当局不合理延迟和增加当事人程序负担，也被认为是政府设置的贸易壁垒形式。

（六）诚实守信原则

此原则分为两个方面。（1）行政信息真实原则。行政机关公布的信息应当全面、准确、真实。无论是向普通公众公布的信息，还是向特定人或者组织提供的信息，行政机关都应当对其真实性承担法律责任。（2）权利安全原则。除因法定事由并经法定程序，行政机关不得撤销、变更已经生效的行政决定；因国家利益、公共利益或者其他法定事由需要撤回或者变更行政决定的，应当依照法定权限和法定程序进行，并对行政管理相对人因此而受到的财产损失依法予以补偿。

（七）权责统一原则

此原则分为两个方面。（1）行政效能原则。行政机关依法履行经济、社会和文化事务管理职责，要由法律、法规赋予其相应的执法手段，保证政令有效。（2）行政责任原则。行政机关违法或者不当行使职权，应当依法承担法律责任。这一原则的基本要求是行政权力和法律责任的统一，即执法有保障、有权必有责、用权受监督、违法受追究、侵权须赔偿。

四、行政组织

（一）行政组织和行政主体

行政组织是国家组织的一种类型。它是指由国家设置，实现国家职能的行政职位的总和。作为一种社会组织，行政组织是自然人的结合体，是有系统的人的集团。作为国家行政权力的物质体现和载体，行政组织又是占有行政职位的人与实现其职能所必需的物质设施和手段的结合体。设置行政组织是国家的专属权力，所以行政组织的形式和设立程序都受严格的限定。在我国，合法的行政组织是由人民代表机关设立或者由行政机关依法定权限成立的国家行政机关。

行政主体是指能够以自己的名义行使国家行政权力，并独立承受法律后果的国家机关和社会组织。行政主体并非一个严格的法律概念，它是适应行政诉讼和行政复议实践需要，经过理论概括而出现和广泛使用的。

（二）行政组织法

行政组织法是行政法的组成部分。行政组织法的内容主要有：行政机关的性质、任务和职能；行政机关的职位和机构设置；行政机关的组织规则和工作规则；行政机关的职权和职责；行政机关的监督机制和法律责任；设立、变更和撤销行政机关的职权和程序；公务员的录用和管理。

五、抽象行政行为

（一）抽象行政行为的概念和特点

抽象行政行为，是指国家行政机关制定法规、规章和其他有普遍约束力的行为规则的行为。目前关于抽象行政行为最重要的法律，是2000年7月1日开始实施的《立法法》。

抽象行政行为的主要特点：（1）它是国家行政机关的行为。这一特点表明了抽象行政行为与国家权力机关、司法机关、军事机关制定抽象行为规则的区别，例如行政法规与军事法规不同；还表明了它与一般非国家社会组织制定内部规则行为的区别。（2）抽象行政行为对象的普遍性。它指行政机关是对不特定的人或一般人或不特定事项作出的意思表示。这一特点表明了抽象行政行为与具体行政行为的区别。

（二）国务院的行政法规

行政法规是国务院为领导和管理国家各项行政工作，根据宪法和法律，依照有关程序制定的政治、经济、教育、科技、文化、外事等各类法规的总称。行政法规以宪法和法律为依据，其效力高于地方性法规和规章。

国务院制定行政法规的权限，主要有两方面：（1）为执行法律的规定需要制定行政法规的事项；（2）《宪法》第 89 条规定的国务院行政管理职权的事项。

应当由全国人民代表大会及其常务委员会制定法律的事项，国务院根据全国人民代表大会及其常务委员会的授权决定先制定的行政法规，经过实践检验，制定法律的条件成熟时，国务院应当及时提请全国人民代表大会及其常务委员会制定法律。

（三）中央部门行政规章

此又称部门规章，是指国务院各部、各委员会根据法律和国务院的行政法规、决定、命令，在本部门的权限内，按照规章制定程序发布的规范性文件。

（四）地方政府规章

地方政府规章，是指省、自治区、直辖市以及省、自治区的人民政府所在地的市和经国务院批准的较大的市的人民政府，根据法律、国务院行政法规和地方性法规，按照规章制定程序发布的规范性文件。

六、具体行政行为

具体行政行为，是一系列有共同特征的行政措施的总和。所谓共同特征，是指该种行政措施是国家行政机关依法对特定的公民、法人和其他组织，就特定事项作出的能产生行政法律后果的行为。

具体行政行为是对具体行政事务或者对特定人的一次性处理。这种处理效力的直接性，即直接引起公民、法人和其他组织权利义务的取得、变更和消灭，是可以产生直接法律效果的活动。具体行政行为个别性的特征有三种基本形式：（1）就特定事项对特定人的处理。例如，给予 A 进行工商活动的营业许可证，对 B 进行罚款 50 元的行政处罚。（2）就特定事项对可以确定的一群人的处理。例如，在特定的时间段和区域内禁止车辆通行，或在一定区域内就特定的事项向确定的人群收取费用。（3）就特定的事项对不特定人的处理。该具体行政行为只是取决于事项的特定性而无法确定所涉及的人。例如，行政机关发布决定，禁止使用有坍塌危险的桥梁。

判断具体行政行为合法性的基本标准是：（1）行使行政职权的主体合法；（2）合乎法定职权范围；（3）作出具体行政行为的证据确凿；（4）适用法律、法规正确；（5）符合法定程序；（6）不滥用职权。

具体行政行为一般包括行政许可行为、行政确认行为、行政奖励行为与行政给付行为、行政征收行为、行政处罚行为、行政强制行为、行政裁决行为、行政指导行为、行政合同行为等。

七、行政处罚

（一）行政处罚的概念

行政处罚是指行政机关或其他行政主体依照法定权限和程序对违反行政法规和行政管理秩序的公民、法人或其他组织给予惩罚、制裁的具体行政行为。实施行政处罚的主体是作为行政主体的行政机关和法律、法规授权的组织，行政处罚的对象是实施了违反行政法律规范行为的相对人，即公民、法人或者其他组织。行政处罚的性质是一种以惩戒违法为目的、具有制裁性的具体行政行为，同时又是一种重要而应用广泛的具体行政行为。

（二）行政处罚的种类和设定权限

1996年3月全国人大通过的《行政处罚法》将行政处罚的种类规定为：（1）警告；（2）罚款；（3）没收违法所得，没收非法财物；（4）责令停产停业；（5）暂扣或者吊销许可证，暂扣或者吊销执照；（6）行政拘留；（7）法律、行政法规规定的其他行政处罚。

根据《行政处罚法》的规定，行政处罚设定权限分工如下：（1）全国人大及其常委会制定的法律可以设定各种行政处罚；其中，限制人身自由的行政处罚只能由法律设定。（2）国务院制定的行政法规可以设定除限制人身自由以外的行政处罚。（3）地方性法规可以设定除限制人身自由、吊销企业营业执照以外的行政处罚。（4）国务院部、委员会制定的部门规章和地方政府规章可以在法律、法规规定的给予行政处罚的行为、种类和幅度的范围内作出具体规定。行政规章只可以设定警告或者一定数额罚款的行政处罚。部门规章罚款的限额由国务院规定，地方政府规章罚款的限额由省、自治区、直辖市人民代表大会常务委员会规定。（5）规章以下的规范性文件不得设定行政处罚。

（三）行政处罚的实施、管辖与适用

1. 行政处罚的实施机关

行政处罚的实施机关包括：（1）国务院或者经国务院授权的省、自治区、直辖市人民政府可以决定一个行政机关行使有关行政机关的行政处罚权。（2）法律、法规授权的具有管理公共事务职能的组织可以在法定授权范围内实施行政处罚。（3）限制人身自由的行政处罚权只能由公安机关行使。（4）行政机关依照法律、法规或者规章的规定，可以在其法定权限范围内委托有条件的组织实施行政处罚，该行政机关负责监督并对该行为的后果承担法律责任。

2. 行政处罚的管辖

行政处罚由违法行为发生地的县级以上地方人民政府具有行政处罚权的行政机关管辖。法律、行政法规另有规定的除外。对管辖发生争议的，报请共同的上一级行政机关指定管辖。

3. 行政处罚的适用

（1）行政机关实施行政处罚时，应当责令当事人改正或者限期改正违法行为。对当事人的同一个违法行为，不得给予两次以上罚款的行政处罚。

（2）不满14周岁的人有违法行为的，不予行政处罚，责令监护人加以管教；已满14周岁不满18周岁的人有违法行为的，从轻或者减轻行政处罚。精神病人在不能辨认或者不能控制自己行为时有违法行为的，不予行政处罚，但应责令其监护人严加看管和治疗。间歇性精神病人在精神正常时有违法行为的，应当给予行政处罚。

（3）行为人有下列情形之一的，应当依法从轻或者减轻行政处罚：主动消除或者减轻违法行为危害后果的；受他人胁迫有违法行为的；配合行政机关查处违法行为有立功表现的；依法应当从轻或者减轻行政处罚的其他情节。

（4）如果一个违法行为同时触犯了两个以上不同性质的行政法律规范，应由两个以上不同的行政机关分别实施行政处罚，例如工商局吊销其营业执照，卫生局还可以罚款；但对当事人的同一个违法行为，不能两次罚款或者重复罚款。

（5）违法行为构成犯罪的，依法追究刑事责任，人民法院判处拘役或者有期徒刑时，行政机关已经给予当事人行政拘留的，应当依法折抵相应刑期；人民法院判处罚金时，行政机关已经给予当事人罚款的，应当折抵相应罚金。

（6）违法行为在 2 年内未发现的，除法律有特别规定的情况外，不再给予行政处罚。行政违法行为的追究时效从违法行为发生之日起计算，违法行为有连续或者继续状态的，从行为终了之日起计算。

4. 行政处罚的决定程序

《行政处罚法》针对不同种类及不同程度的行政处罚规定了三种不同的行政处罚决定程序：

（1）简易程序。简易程序又称当场处罚程序。简易程序是对轻微的行政违法行为作出较轻的行政处罚的程序，对于违法事实确凿并有法定依据，只限于警告和一定数额罚款的（对公民处 50 元以下，对法人或者其他组织处 1000 元以下的罚款），才适用简易程序。

（2）一般程序。一般程序适用于除适用简易程序以外的行政处罚。一般程序要求享有行政处罚权的行政主体依法对有违法行为的当事人进行立案、调查取证或者检查，执法人员不得少于两人；必须查明事实；执法人员与当事人有直接利害关系的，应当回避；调查终结，行政主体按照一般程序作出行政处罚决定。

（3）听证程序。听证程序是一般程序中的特殊程序和补充程序。根据《行政处罚法》规定，行政机关作出责令停产停业、吊销许可证或者执照、较大数额罚款三种行政处罚决定前，应当告知当事人要求举行听证的权利；当事人要求听证的，行政机关应当组织听证。

无论是简易程序还是一般程序，行政机关在作出处罚决定之前，都应当向当事人出示执法身份证件；告知当事人作出行政处罚的事实、理由及依据；并告知当事人依法享有的复议或诉讼的行政救济权利；当事人有权进行陈述和申辩，行政机关不得因当事人申辩而加重处罚；应当填写预定格式、编有号码的行政处罚决定书；行政处罚决定书应当载明当事人的违法行为、行政处罚的依据、罚款数额、时间、地点以及行政机关名称，并由执法人员签名或者盖章。简易程序应将处罚决定书当场交付当事人，一般程序的行政处罚决定书于宣告后当场交付当事人，或 7 日内送达当事人。

八、行政许可

（一）行政许可的概念、特征、种类

行政许可是指行政机关根据公民、法人或者其他组织的申请，经依法审查，准予其从事特定活动的行为。

行政许可的特征：（1）行政许可是依申请的行政行为，无申请即无许可；（2）行政许可是外部管理性的行政行为，内部审批不属于许可法调整范围；（3）行政许可是准予相对人从事某种活动的权利或资格的行为。

行政许可的种类：（1）普通许可；（2）特许（赋权许可）；（3）认可（资格许可）；（4）核准（资质确定）；（5）登记（主体资格确定）；（6）其他许可。

（二）行政许可的功能

行政许可对于维护公民人身财产安全和公共利益，对于加强经济宏观管理，保护并合理分配有限资源，都有着重要的作用。行政许可主要有三种功能：一是控制危险、保障安全；二是配置资源，合理开发利用有限的、稀缺的资源；三是提供信誉、证明，提供信息和公信力，提高从业水平或者某种技能。

（三）《行政许可法》的基本原则

2003 年 8 月 27 日十届全国人大常委会通过了《中华人民共和国行政许可法》（以下简称《行政许可法》），2004 年 7 月 1 日起施行。《行政许可法》基本原则如下：（1）许可法定原则（行政许可设定权法定，设定事项和范围法定，许可的条件和程序法定）；（2）行政许可公开、公平、公正原则；（3）效率和便民原则；（4）当事人权益保障原则；（5）信赖保护原则；（6）被许可的权利不得转让原则；（7）行政许可不予收费原则；（8）监督与责任原则。

九、行政复议

（一）行政复议概述

行政复议是我国解决行政机关与行政相对方之间的行政争议的重要法律制度之一。行政复议是指公民、法人或者其他组织认为行政机关的具体行政行为侵犯其合法权益，依法请求上一级行政机关或法定复议机关重新审查原具体行政行为是否合法、适当，并作出复议决定的一种活动。

1991 年 1 月 1 日起实施的《行政复议条例》对行政复议制度作了较为系统具体的规定，1999 年 4 月 29 日九届全国人大常委会第九次会议通过了《中华人民共和国行政复议法》（以下简称《行政复议法》），从此，我国独立的行政复议制度正式诞生。

行政复议的特征是：（1）行政复议的申请人是认为行政主体的具体行

政行为侵犯其合法权益的公民、法人或者其他组织；（2）行政复议的被申请人是行政机关；（3）行政复议是依申请的行为，没有当事人的申请，行政复议程序无从开始；（4）行政复议申请必须向有行政复议职权的行政机关提出；（5）行政复议按照特定的行政程序进行，一般不是解决行政争议的最终手段。

行政复议的基本原则是：（1）复议机关依法独立行使复议权原则；（2）被申请人对作出的具体行政行为负举证责任原则；（3）复议期间不停止执行原则；（4）行政复议不适用调解原则；（5）合法、公正、及时、便民原则；（6）依法对具体行政行为进行合法性审查和合理性审查原则；（7）书面复议原则。

（二）行政复议的受案范围

公民、法人或者其他组织对下列具体行政行为的合法性或者合理性不服的，可以向行政机关申请复议：

（1）对行政机关作出的警告、罚款、没收违法所得、没收非法财物、责令停产停业、暂扣或者吊销许可证、暂扣或者吊销执照、行政拘留等行政强制措施决定不服的；（2）对行政机关作出的有关许可证、执照、资质证、资格证等证书变更、中止、撤销的决定不服的；（3）对行政机关作出的关于确认土地、矿藏、水流、森林、山岭、草原、荒地、滩涂、海域等自然资源的所有权或者使用权的决定不服的；（4）认为行政机关侵犯合法的经营自主权的；（5）认为行政机关变更或者废止农业承包合同，侵犯其合法权益的；（6）认为行政机关违法集资、征收财物、摊派费用或者违法要求履行其他义务的；（7）认为符合法定条件，申请行政机关颁发许可证、执照、资质证、资格证等证书，或者申请行政机关审批、登记有关事项，行政机关没有依法办理的；（8）申请行政机关履行保护人身权利、财产权利、受教育权利等法定职责，行政机关没有依法履行的；（9）申请行政机关依法发放抚恤金、社会保险金或者最低生活保障费，行政机关没有依法发放的；（10）认为行政机关的其他具体行政行为侵犯其合法权益的。

《行政复议法》规定，对行政机关作出的行政处分或其他人事处理决定不服的，也就是对内部行政行为不服的，不能申请复议，只能向有关部门申诉；对于行政机关对民事纠纷作出的调解或其他处理不服的，也不能申请复议，只能依法要求仲裁或提起诉讼。

《行政复议法》规定，公民、法人或者其他组织认为行政机关的具体行政行为所依据的规章以下的规范性文件不合法的，也就是对规章以下的抽象行政行为不服的，在对具体行政行为申请行政复议时，可以一并向行政复议机关提出复议申请。

（三）行政复议的管辖

所谓行政复议管辖，是指行政复议机关受理复议申请的权限和分工，即某一行政争议发生后，应由哪一个行政机关来行使行政复议权。只有有管辖权的行政机关进行的复议活动，作出的复议决定才是合法有效的。

（1）对县级以上地方各级人民政府工作部门的具体行政行为不服的，由申请人自由选择行政复议机关，可以向上一级主管部门申请复议，也可以向该部门的本级人民政府申请复议。（2）对海关、金融、国税、外汇管理等实行垂直领导的行政机关的具体行政行为不服的，向上一级主管部门申请复议。（3）对地方各级人民政府的具体行政行为不服的，向上一级人民政府申请复议。（4）对国务院部门或者省、自治区、直辖市人民政府的具体行政行为不服的，由原处理机关管辖，也就是同级管辖；对国务院各部门或省、自治区、直辖市行政复议机关的复议决定不服的，可以向国务院申请裁决，也可以选择向人民法院提起行政诉讼；国务院的复议是终局复议，对其作出的最终裁决不能再提起诉讼。（5）对法律、法规授权的组织的具体行政行为不服的，向直接管理该组织的行政主体申请复议。（6）对两个或者两个以上行政机关以共同的名义作出的具体行政行为不服的，向其共同上一级行政机关申请行政复议。

（四）行政复议的申请与受理

（1）受理行政复议申请的机构是有复议权的行政复议机关内设的审理行政复议案件的专门机构，行政复议机构往往是行政复议机关内负责法制工作的部门。

（2）申请复议的期限。公民、法人或者其他组织应当在知道具体行政行为之日起60日内提出行政复议申请；但法律规定的申请期限超过60天的除外。因不可抗力或者其他正当理由耽误法定申请期限的，申请期限自障碍消除之日起继续计算。

（3）复议机关应当自收到复议申请之日起5日内，对复议申请分别作出以下处理：①不符合规定的，决定不予受理并书面告知理由；②不属于本机关受理的行政复议申请，应当告知申请人向有关行政复议机关提出，或按规定在7日内移送有关行政复议机关。

（4）行政复议机关无正当理由不予受理的，上级行政机关应当责令其受理；必要时，上级行政机关也可以直接受理。

（5）除法律、法规规定行政复议为终局裁决的以外，公民、法人或者其他组织可以自收到不予受理决定书之日起或者行政复议期满之日起15日内，依法向人民法院提起行政诉讼。

（五）行政复议决定

1. 行政复议决定的种类

（1）维持决定。即具体行政行为认定事实清楚、证据确凿、适用法律依据正确、程序合法、内容适当，决定维持原具体行政行为。

（2）履行决定。即被申请人不履行法定职责的，决定其在一定期限内履行。

（3）撤销、变更、确认决定。即认为具体行政行为主要事实不清、证据不足，或适用法律依据错误，或违反法定程序，或超越、滥用职权，或具体行政行为明显不当的，可以分别作出撤销、变更决定和确认具体行政行为违法的决定。决定撤销或者确认该具体行政行为违法的，可以责令被申请人在一定期限内重新作出具体行政行为。

2. 行政复议决定的效力

行政复议决定有以下四方面的效力：（1）行政复议决定是终局决定的，产生最终的法律效力，当事人不服的，只能向有关机关提出申诉；（2）除法律规定终局的复议外，申请人对复议决定不服的，可以在收到复议决定书之日起15日内，或者法律、法规规定的其他期限内向人民法院起诉；（3）申请人逾期不起诉又不履行的，维持原具体行政行为的复议决定，由最初作出具体行政行为的行政机关申请人民法院强制执行，或者依法强制执行；（4）申请人逾期不起诉又不履行的，改变原具体行政行为的复议决定，由复议机关申请人民法院强制执行，或者依法强制执行。

第六节 诉讼法

一、诉讼法的概念和基本原则

（一）诉讼法的概念和种类

诉讼，是指国家司法机关依照法定程序，解决纠纷、处理案件的专门活动。鉴于各种诉讼所要解决的纠纷性质的不同，适用实体法不同，采用法律制裁方法的不同，在诉讼程序上分为刑事诉讼、民事诉讼和行政诉讼三大类。

诉讼法是调整和规范国家司法机关和当事人以及其他诉讼参与人之间发生的诉讼活动关系的法律规范的总称。由于它是诉讼程序的法律，因此又称为程序法。我国现行的诉讼法包括刑事诉讼法、行政诉讼法和民事诉讼法。民事诉讼法是规定人民法院和民事诉讼参加人进行民事诉讼活动必须遵守的法律规范的总称。行政诉讼法是规定人民法院和行政诉讼参加人进行行政诉讼活动必须遵守的法律规范的总称。刑事诉讼法是公安、司法机关和刑事诉讼参与人进行刑事诉讼活动必须遵守的法律规范的总称。

我国的民事诉讼法典是 1991 年 4 月 9 日第七届全国人大常委会第四次会议通过并于 2007 年修订的《中华人民共和国民事诉讼法》（以下简称《民事诉讼法》）；行政诉讼法典是 1989 年 4 月 4 日第七届全国人大常委会第二次会议通过的《中华人民共和国行政诉讼法》（以下简称《行政诉讼法》）；刑事诉讼法典是 1996 年 3 月 17 日第八届全国人大第四次会议修正的《中华人民共和国刑事诉讼法》（以下简称《刑事诉讼法》）。

（二）我国诉讼法共同的基本原则

诉讼法的基本原则，是指贯穿于整个诉讼过程始终，指导司法机关和诉讼参与人进行诉讼活动的基本准则。三个诉讼法共同适用的原则有：司法机关依法独立行使职权；以事实为根据，以法律为准绳；公民在适用法律上一律平等；两审终审制；公开审判；回避；合议制；诉讼以民族语言文字进行；人民检察机关对诉讼活动实行法律监督；保障诉讼参与人诉讼权利。

1. 司法机关依法独立行使职权的原则

司法机关依法独立行使职权，是指国家司法权由司法机关统一行使，司法机关依法行使职权，不受行政机关、社会团体和个人的干涉。在我国，司法机关包括人民法院和人民检察院。根据我国《宪法》、《刑事诉讼法》、《民事诉讼法》、《行政诉讼法》、《中华人民共和国人民法院组织法》（以下简称《人民法院组织法》）、《中华人民共和国人民检察院组织法》（以下简称《人民检察院组织法》）等法律的规定，人民法院依照法律规定行使审判权，人民检察院依照法律规定行使检察权，不受行政机关、社会团体和个人的干涉。

2. 以事实为根据，以法律为准绳的原则

以事实为根据，以法律为准绳是一项基本的诉讼原则。我国《刑事诉讼法》第 6 条、《民事诉讼法》第 7 条、《行政诉讼法》第 4 条均明确规定了该项原则。

以事实为根据，是指司法机关进行司法活动，必须以查证属实的证据和凭借这些证据认定的案件事实作为处理案件的根据。所谓案件事实，就是案件发生的时间、地点，作案的手段、原因，造成的危害结果，以及作案人的年龄、精神状态等事实。以法律为准绳，既指司法机关按照法律规定的权限和程序查处案件，同时也指司法机关在查明案件事实的基础上，必须以法律作为判断和衡量案件事实和处理案件的唯一标准。

3. 公民在适用法律上一律平等的原则

公民在适用法律上一律平等的原则，是我国宪法规定的"公民在法律面前一律平等"原则在诉讼中的具体运用和体现。我国的《刑事诉讼法》第6条、《民事诉讼法》第8条、《行政诉讼法》第7条都明确规定了此项原则。

4. 两审终审原则

所谓两审终审原则，是指一个案件经过两级法院的审判即告终结的原则。我国《刑事诉讼法》第10条、《民事诉讼法》第10条、《行政诉讼法》第6条明确规定了该项原则。

两审终审原则的具体内容和要求包括：除最高人民法院以外的各级人民法院，按照第一审程序对案件审理后所作出的判决、裁定，尚不能发生法律效力和交付执行；只有在法定期限内，有上诉权的人没有提出上诉，（刑事诉讼中）同级人民检察院也没有提起抗诉，一审的判决、裁定才发生法律效力，交付执行。如果在法定期限内，有上诉权的人提出了上诉或者（刑事诉讼中）同级人民检察院提起了抗诉，案件就应当由上一级的人民法院按照第二审程序进行审理。二审审理后所作出的判决、裁定就是终审的判决、裁定，除依法还必须经过核准程序的案件外，二审判决、裁定宣告后，立即发生法律效力，交付执行。

5. 审判公开原则

所谓审判公开，是指除了法律规定的特殊情况外，人民法院审理案件的过程和判决的宣告都公开进行，允许公民旁听，允许新闻界依法公开采访、公开报道。我国《宪法》第125条、《刑事诉讼法》第11条、《民事诉讼法》第10条、《行政诉讼法》第6条都对审判活动坚持公开原则作出了具体规定。对于依法应当公开审理的案件，人民法院在开庭审理前，必须在法律规定的期间，并采取可以使群众知道的适当方式、方法，向群众、向社会公布将要审理的案件的案由、被告人的姓名以及开庭的时间和地点，以便群众有可能前来旁听。

6. 回避原则

回避原则是指同案件有某种利害关系或其他特殊关系的审判人员或有关人员不得参与本案处理的一项诉讼原则。我国《刑事诉讼法》第28条、《民事诉讼法》第10条和《行政诉讼法》第6条都明确规定了这项原则。

7. 合议原则

合议原则是指除了简单的民事案件、轻微的刑事案件和法律另有规定的案件可以由审判员一人独任审判外，人民法院审判第一审案件须由审判员组成合议庭或者由审判员和人民陪审员组成合议庭进行。

8. 诉讼以民族语言文字进行的原则

诉讼以民族语言文字进行的原则是指人民法院在少数民族聚居或多民族共同居住的地区审理案件，应当用当地民族通用的语言、文字进行审判和发布法律文书。我国《宪法》第 134 条、《刑事诉讼法》第 9 条、《民事诉讼法》第 11 条、《行政诉讼法》第 8 条都明确规定了该项原则。

9. 人民检察机关对诉讼活动实行法律监督的原则

人民检察机关对诉讼活动实行法律监督的原则是指人民检察院有权对民事诉讼、刑事诉讼和行政诉讼活动实行法律监督。《刑事诉讼法》第 8 条、《民事诉讼法》第 14 条、《行政诉讼法》第 10 条明确规定了该原则。

10. 保障诉讼参与人诉讼权利的原则

保障诉讼参与人诉讼权利的原则是指在诉讼活动中，司法机关应当充分保障和便利诉讼参与人行使依法享有的诉讼权利。我国的相应法律中对此原则有明确规定。例如，我国《刑事诉讼法》第 14 条规定："人民法院、人民检察院和公安机关应当保障诉讼参与人依法享有的诉讼权利。对于不满十八周岁的未成年人犯罪的案件，在询问和审判时，可以通知犯罪嫌疑人、被告人的法定代理人到场。诉讼参与人对于审判人员、检察人员和侦查人员侵犯公民诉讼权利和人身侮辱的行为，有权提出控告。"《民事诉讼法》第 8 条规定："民事诉讼当事人有平等的诉讼权利。人民法院审理案件，应当保障和便利当事人行使诉讼权利"。

【案例一】据《中国青年报》2004 年 5 月 28 日报道，山东莘县四强化工公司委托吉林省松原市前郭灌区濮源化工油脂公司加工蓖麻籽，在提货时遭强行阻止。四强公司被迫停产，将濮源公司告上法庭。松原市中级人民法院作出了由加工方给付原告蓖麻 487 吨、蓖麻饼 163 吨、赔偿经济损失 37.8 万元的判决。然而，该判决因为松原市政法委的介入发生了变化。松原市中院根据"市政法委会议纪要精神"及相关法律条文，作出了中止对该判决执行的裁定。松源市中院的裁定书中有这样一段话："根据中共松原市政法委 2004 年 1 月 16 日会议纪要精神，依照《民事诉讼法》第 234 条第（5）项之规定，裁定如下：本院（2001）松经初字第 52 号民事判决书中止执行。"

问题：松原市政法委和松原市中院的做法违背了诉讼法的哪项基本

原则？

（三）特有原则

特有原则，是指只适用于某种诉讼的基本原则。我国的三部诉讼法分别规定了一些只适用于该种诉讼的特有原则。

（1）民事诉讼法的特有原则主要有：当事人诉讼权利平等原则；辩论原则；处分原则；社会支持起诉原则；根据自愿和合法进行调解原则。

（2）行政诉讼法的特有原则主要有：对具体行政行为进行合法性审查原则；当事人在行政诉讼中法律地位平等原则；辩论原则；不适用调解的原则。

（3）刑事诉讼法的特有原则主要有：公检法三机关分工负责，互相配合，互相制约原则；犯罪嫌疑人、被告人有权获得辩护的原则；专门机关与群众相结合的原则；保障刑事诉讼参与人依法享有诉讼权利的原则；刑事审判实行陪审制的原则；未经人民法院依法审判对任何人都不得确定为有罪的原则。

二、证据和证明

【案例二】原告高某在某超市购买了一箱啤酒，后在家中宴请朋友时，拿出这箱瓶装啤酒招待客人。当打开其中的一瓶时，发生爆炸，将高某的手、脸炸伤数处。高某被送到医院，花去医疗费 3000 余元。出院后，高某诉至法院，要求该超市赔偿经济损失。

问题：高某应当向法院提供哪些证据来证明其主张？

（一）诉讼证据

1. 证据与诉讼证据的概念

所谓证据，是指用以证明某一事物客观存在或某一主张成立的有关事实材料。所谓诉讼证据，是指能够证明案件真实情况的客观事实。

2. 诉讼证据的基本特征

诉讼证据具有三个基本特征：客观性、关联性和合法性。

诉讼证据的客观性是指诉讼证据是客观存在的事实，而不是人们主观猜测和虚假的东西。关联性是指诉讼证据与案件的待证事实之间有客观的联系。这种关联性，要求诉讼证据应该能够全部或部分地证明案件的有关事实是存在还是不存在。在具体的诉讼中，只有那些能够证明案件待证事实是否存在的客观材料，才可以作为该案的诉讼证据。合法性是指诉讼证据必须是按照法律的要求和法定程序而取得的事实材料。

3. 证据的种类与分类

证据种类是指法律规定的表现各待证事实的证据资料的各种外在形式。我国《刑事诉讼法》、《民事诉讼法》和《行政诉讼法》都对证据的种类作了明确的规定。概括起来，证据的种类主要包括如下七类：（1）书证；（2）物证；（3）视听资料；（4）证人证言；（5）当事人的陈述，被害人陈述，犯罪嫌疑人、被告人供述和辩解；（6）鉴定结论；（7）勘验、检查笔录，现场笔录。

常见的证据分类有如下几种：（1）本证与反证；（2）直接证据与间接证据；（3）原始证据与传来证据；（4）言辞证据与实物证据。

4. 证据的收集与保全

证据的收集，是指为了证明自己的诉讼主张或查明特定的案件事实，特定的国家专门机关、律师、一般公民、法人或者其他组织通过一定的行为、采取必要的方法获取和汇集证据的活动。收集证据，对于查明案件事实、正确处理案件，具有十分重要的意义。

证据的收集应当遵循两项基本原则：第一，收集证据应严格按照法定的权限和程序进行。只有依法收集的证据才具有合法性。第二，依靠群众。依靠群众有助于收集到确实、充分的证据。证据的收集还应当满足一些基本要求：第一，收集证据必须迅速及时，这是时间方面的要求。第二，收集证据必须客观、全面，这是内容方面的要求。第三，收集证据必须深入、细致。第四，收集证据过程中应当充分运用现代科学技术手段。

证据保全是指在证据可能灭失或者以后难以取得的情况下，人民法院在开庭审理前，根据诉讼参加人的请求或者依照职权采取一定措施先行加以固定和保护的诉讼行为。在民事诉讼和行政诉讼中，保全证据既可以由诉讼参加人主动申请，也可以由人民法院主动采取。在刑事公诉案件的诉讼中，如果证据可能灭失或者以后难以取得，公安机关或者检察机关就应当行使职权，采取侦查措施予以收集。故在刑事自诉案件中，如果需要保全证据，自诉（反诉）人也可以向人民法院提出申请，由人民法院采取保全证据的措施。

（二）证明、证明责任和证明标准

1. 证明

从诉讼法的角度来看，证明就是国家公诉机关和诉讼当事人在法庭审理中依照法律规定的程序和要求向审判机关提出证据，运用证据阐明系争事实、论证诉讼主张的活动。诉讼证明是一种特殊的证明，要受到法律的限制和约束，因而和存在于自然科学与社会科学中的一般证明相比，具有自身的特点：（1）证明的主体只能是控诉机关和当事人。（2）证明的任务是阐明案件事实或论证诉讼主张。（3）证明的根据是能够证明案件真实情况的事实即诉讼证据，而不是一般的公理、定律或经验。（4）证明的范围和对象受法律规定和案件事实的限制。控诉机关和当事人在诉讼活动中，必须严格按照法律规定和案件事实限定的范围进行证明活动，而不能任意超越或突破。

2. 证明责任

证明责任，是证明主体为了使自己的诉讼主张得到法院裁判的确认，所承担的提供和运用证据支持自己的主张，以避免对于己方不利的诉讼后果的责任。证明责任又称为举证责任，是各国普遍承认和运用的一项诉讼制度。它所要解决的问题是：诉讼出现的案件事实，应当由谁提供证据加以证明；以及在诉讼结束时，如果案件事实仍处于真伪不明的状态，应当由谁来承担败诉或不利的诉讼后果。证明责任包含了主张责任、提供证据责任、说服责任和不利后果负担责任四个方面的内容。尽管在刑事诉讼、民事诉讼和行政诉讼中都存在证明责任的问题，但由于三大诉讼法所要解决的案件性质不同，因而三大诉讼法关于证明责任的规定有明显区别。

在刑事诉讼中，由于普遍奉行无罪推定的原则，因此我国刑事诉讼中，证明责任是审判人员、检察人员和侦查人员的法定责任，是只有通过提供确实充分的证据才能解除的并且永远不会转移的诉讼责任。当然这个原则也有例外。比如，《刑法》第395条规定：国家工作人员的财产或者支出明显超过合法收入，差额巨大的，可以责令说明来源。本人不能说明其来源是合法的，差额部分以非法所得论，处5年以下有期徒刑或者拘役，财产的差额部分予以追缴。在此类案件中，需要被告人来承担证明自己无罪的责任。在行政诉讼中举证责任由被告人即行政主体承担，这是行政诉讼中确定举证责任的一项基本原则。在民事诉讼中，证明责任的承担在基本原则和指导思想上与刑事诉讼、行政诉讼都有显著区别。民事诉讼中的证明责任，既不是绝对由原告承担，也不是绝对由被告承担，更不是由双方平均分配，各承担一半，而是按照一定的分配标准由原被告分担。在有的案件中，可能主要由原告负证明责任；而在有的案件中，可能主要由被告负证明责任；还有的案件，可能由原被告承担相等的证明责任。

3. 证明标准

所谓证明标准，是指负担证明责任的人提供证据对案件事实加以证明所要达到的程度。当事人提供的证据达到了证明标准，便意味着履行完了他的证明责任。根据我国《刑事诉讼法》、《民事诉讼法》和《行政诉讼法》的相关规定，我国诉讼证明中的最高标准是：案件事实清楚，证据确实、充分。该证明标准要求：第一，据以定案的证据均已查证属实；第二，案件事实均有必要的证据予以证明；第三，证据之间、证据与案件事实之间的矛盾得到合理排除；第四，得出的结论是唯一的，排除了其他的可能性。

在前面的案例二中，根据"谁主张，谁举证"的原理，原告高某起诉时应提供证据证明自己的诉讼请求和理由。他应提供的证据有：（1）该啤酒确系某超市所销售商品的证据；（2）啤酒瓶爆炸情况的证据；（3）本人受损害的证据，包括医院鉴定证明、医疗费用单据、误工证明等；（4）发生爆炸前原告是否违反使用方法等。

三、民事诉讼法

（一）民事诉讼中的管辖

民事诉讼中的管辖，是指各级人民法院及同级人民法院之间受理第一审民事案件的分工和权限。即当事人在民事权益受到侵害而发生争议时，应到哪一级的哪一个人民法院去起诉或者应诉，请求法院给予司法保护。我国民事诉讼法规定的管辖，包括级别管辖、地域管辖、移送管辖和指定管辖。

级别管辖是指按照人民法院组织系统来划分上级、下级人民法院之间受理第一审民事案件的分工和权限。基层人民法院管辖法律另有规定以外的第一审民事案件；中级人民法院管辖重大涉外第一审民事案件，在本辖区有重大影响的第一审民事案件，以及最高人民法院确定由中级人民法院管辖的第一审民事案件；高级人民法院管辖在本辖区有重大影响的第一审民事案件；最高人民法院管辖在全国有重大影响的和认为应当由自己审理的第一审民事案件。

地域管辖是指确定同级人民法院在各自的辖区内管辖第一审民事案件的分工和权限。它是在人民法院组织系统内部，从横向确认人民法院的管辖范围。根据民事案件的不同情况，地域管辖分为以下几种：一般地域管辖，特殊地域管辖，专属管辖，共同管辖，选择管辖，协议管辖。

移送管辖，是指人民法院发现受理的案件不属于本院管辖的，应当移送有管辖权的人民法院审理。受移送的人民法院认为受移送的案件依照规定不属于本院管辖的，应当报请上级人民法院指定管辖，不得再自行移送。

指定管辖，是指上级人民法院将某一案件指定下级人民法院管辖。根据《民事诉讼法》的规定，适用指定管辖有两种情况：一是由于特殊原因，使有管辖权的人民法院不能行使管辖权的，由上级人民法院指定管辖。二是由于两个或两个以上的人民法院对某一案件的管辖权发生争议，而又协商不成时，报请他们的共同上级人民法院指定管辖。

（二）民事诉讼参加人

民事诉讼参加人包括诉讼当事人和诉讼代理人。当事人包括原告和被告、共同诉讼人、第三人。诉讼参加人不同于诉讼参与人，诉讼参与人除诉讼参加人以外，还包括证人、鉴定人和翻译人员等。

民事诉讼中的当事人，是指因自己民事上的权利义务关系与他人发生纠纷，以自己名义参加诉讼，并受人民法院裁判约束的利害关系人。其包括原告、被告、共同诉讼人、诉讼代表人和第三人。

诉讼代理人是指为了保护被代理人的民事权益，依照法律规定或法院指定或经当事人委托授权，以被代理人的名义，在法律规定或被代理人授权范围内进行民事诉讼活动的人。诉讼代理人分为法定代理人、指定代理人和委托代理人。

（三）民事诉讼中的强制措施

民事诉讼中的强制措施，是指在民事诉讼过程中，人民法院为了排除对民事诉讼的干扰、破坏，保证诉讼活动的顺利进行，依法对实施妨害民事诉讼的行为的人所采取的强制手段。民事诉讼法规定的强制措施有5种：拘传；训诫；责令退出法庭；罚款；拘留。

（四）民事诉讼审判程序

民事诉讼审判程序包括第一审普通程序、简易程序、第二审程序、特别程序、审判监督程序、督促程序、公示催告程序和企业法人破产还债程序。

1. 第一审普通程序

第一审普通程序是人民法院审理民事案件通常适用的程序。普通程序包括起诉和受理、审理前的准备、开庭审理、判决和裁定等环节。

2. 简易程序

简易程序，是基层人民法院和它派出的法庭审理简单民事案件所适用的程序。所谓简单民事案件，是指事实清楚、权利义务关系明确、争议不大的民事案件。

适用简易程序的简单民事案件，原告可以口头起诉。当事人可以同时到基层人民法院及其派出的法庭请求解决争议。受诉人民法院和法庭可以当即审理，可以用简便方式随时传唤当事人、证人。由审判员一人独任审理。

3. 第二审程序

第二审程序是指人民法院审理上诉案件所适用的程序。上诉必须由法定的上诉人在法定期限内以上诉状的形式提出。法定的上诉人包括当事人、法定代理人、法定代表人，委托代理人须经被代理人特别授权才能提起上诉。对判决提起上诉的期限为 15 日，对裁定提起上诉的期限为 10 日。上诉状应当通过原审人民法院提出，也可以直接向第二审人民法院上诉。第二审人民法院应当组成合议庭，对上诉案件进行开庭审理。经过审理，按照不同情形分别作出处理。

4. 特别程序

特别程序是人民法院审理法定的特殊类型案件所适用的程序。这里的特殊类型案件是指：选民资格案件；宣告失踪、宣告死亡案件；认定公民无民事行为能力或者限制民事行为能力案件；认定财产无主案件。

5. 审判监督程序

审判监督程序，又称再审程序，是指对已经发生法律效力的判决、裁定、调解，人民法院认为确有错误，当事人基于法定的事实和理由认为有错误，人民检察院发现存在应当再审的法定事实和理由，而由人民法院对案件再行审理的程序。人民法院再审案件，应当另行组成合议庭。再审案件，原为第一审的，依第一审程序；原为第二审的，依第二审程序；上级法院提审的，依第二审程序。

6. 督促程序

督促程序，是债权人申请人民法院发出支付令，督促债务人履行一定给付义务的程序。债权人请求债务人给付金钱、有价证券，在债权人与债务人没有其他债务纠纷，并且支付令能够送达债务人的条件下，可以向有管辖权的基层人民法院申请支付令。

人民法院受理申请后，经审查认为债权债务关系明确、合法的，应当向债务人发出支付令。债务人在法定期限内不提出异议又不履行支付令的，债权人可以向人民法院申请执行。如果债务人依法向人民法院提出异议，人民法院收到异议后，应当裁定终止督促程序，支付令自行失效。债权人可以向人民法院起诉。

7. 公示催告程序

公示催告程序，是指人民法院以公告的方式，通知并催促不明确的利害关系人在规定期间内出现，为一定的行为。公示催告程序，是在票据持有人丧失票据的情况下，人民法院根据权利人的申请，以公告的方式，告知并催促利害关系人在指定期限内向人民法院申报权利，如不申报权利，人民法院依法作出宣告票据或其他事项无效的程序，有的也称之为除权程序。

四、行政诉讼法

（一）行政诉讼受案范围和管辖

【案例三】1998 年，某省政府发布 4 号文件，命令从文件生效之日的 1998 年 1 月 1 日起，由电信部门向手机用户代收 10 元帮困基金。这是一个关系到全省 100 多万手机用户切身利益的文件。2000 年 8 月 3 日，某学院教师张某、某报社记者王某向某市中级人民法院起诉某省人民政府，要求确认该文件违法并予以撤销。❶

问：该案是否属于行政诉讼受案范围？

1. 受案范围

行政诉讼受案范围，是指人民法院对行政机关的哪些行政行为有审判权。行政诉讼受案范围对行政管理相对人而言，是指对哪些行政行为不服可以向法院提起诉讼，请求法院保护其合法权益并提供救济；对行政机关而言，是指哪些行政行为可以接受司法机关的监督。

人民法院只受理公民、法人和其他组织不服行政机关的某些具体行政行为而提起的行政诉讼。《行政诉讼法》第 11 条规定，人民法院受理公民、法人和其他组织对下列具体行政行为不服提起的诉讼：（1）对拘留、罚款、吊销许可证和执照、责令停产停业、没收财物等行政处罚不服的；（2）对限制人身自由或者对财产的查封、扣押、冻结等行政强制措施不服的；（3）认为行政机关侵犯法律规定的经营自主权的；（4）认为符合法定条件申请行政机关颁发许可证和执照，行政机关拒绝颁发或者不予答复的；（5）申请行政机关履行保护人身权、财产权的法定职责，行政机关拒绝履行或者不予履行的；（6）认为行政机关没有依法发给抚恤金的；（7）认为行政机关违法要求履行义务的；（8）认为行政机关侵犯其他人身权、财产权的。此外，人民法院还受理法律、法规规定可以提起诉讼的其他行政案件。

《行政诉讼法》第 12 条规定，人民法院不受理对下列事项提起的诉

---

❶ 该案选自房绍坤，郭明瑞. 行政法案例教程［M］. 北京：北京大学出版社，2005：240.

讼：（1）国防、外交等国家行为；（2）行政法规、规章或行政机关制定、发布的具有普遍约束力的决定、命令；（3）行政机关对行政工作人员的奖惩、任免等决定；（4）法律规定由行政机关最终裁决的具体行政行为。

在案例三中，由于某省政府的 4 号文件并不是针对某一个具体对象，而是在全省范围内都发生法律效力，因此属于抽象行政行为。根据《行政诉讼法》的规定，抽象行政行为不属于行政诉讼的受案范围。如果当事人认为省政府的文件违法，可以通过向同级人大常委会提出申诉或其他途径获得解决。

2. 管辖

行政诉讼法规定的管辖可分为级别管辖、地域管辖、移送管辖和指定管辖。

行政诉讼法的级别管辖中，基层人民法院管辖除上级人民法院管辖以外的第一审行政案件。中级人民法院管辖的第一审行政案件有：确认发明专利权的案件、海关处理的案件；对国务院各部门或者省、自治区、直辖市人民政府所作的具体行政行为提起诉讼的案件；本辖区内重大、复杂的案件。高级人民法院管辖本辖区内重大、复杂的第一审行政案件。最高人民法院管辖全国范围内重大、复杂的第一审行政案件。

《行政诉讼法》规定的地域管辖有四种情况：（1）一般地域管辖以原告就被告为原则。行政案件由最初作了具体行政行为的行政机关所在地人民法院管辖。经复议的案件，复议机关改变原具体行政行为的，也可以由复议机关所在地人民法院管辖。（2）对限制人身自由的行政强制措施不服提起的诉讼，由被告所在地或者原告所在地人民法院管辖。（3）因不动产提起的行政诉讼，由不动产所在地人民法院管辖。（4）两个以上人民法院都有管辖权的案件，原告可以选择其中一个人民法院提起诉讼。

行政诉讼法中的移送管辖和指定管辖，与民事诉讼的有关内容基本相同。

（二）行政诉讼参加人

行政诉讼参加人包括行政诉讼当事人和行政诉讼代理人。行政诉讼当事人是因发生行政纠纷，以自己名义进行诉讼，并受人民法院裁判约束的人，包括行政诉讼的原告、被告、共同诉讼人和第三人。

原告是指认为行政机关和行政机关的工作人员的具体行政行为侵犯其合法权益，依照行政诉讼法的规定，以自己的名义向法院起诉的公民、法人和其他组织。作为原告的法人由其法定代表人参加诉讼。其他组织向人民法院提起行政诉讼的，由该组织的主要负责人作法定代表人；没有主要负责人的，可以由实际上的负责人作法定代表人。

行政诉讼的被告是指被公民、法人或者其他组织起诉，指控侵犯其行政上的合法权益，而由人民法院通知其应诉的行政机关。

当事人一方或者双方为 2 人以上，因同一具体行政行为发生的行政案件，或者因同样的具体行政行为发生的且人民法院认为可以合并审理的行政案件，为共同诉讼。在共同诉讼中，对具体行政行为不服而起诉的一方当事人为共同原告，因具体行政行为被起诉的一方当事人为共同被告。

第三人，是指同提起诉讼的具体行政行为有利害关系的其他公民、法人或者其他组织，可以作为第三人参加诉讼，或者由人民法院通知参加诉讼。行政诉讼中的第三人有权提出与本案有关的诉讼请求，如要求维持、撤销或变更具体行政行为等；对人民法院的一审判决不服的，有上诉权。

行政诉讼代理人的种类与民事诉讼代理人相同。

（三）行政诉讼程序

行政诉讼程序包括起诉和受理、审理和判决、执行三个基本阶段。

1. 起诉和受理

提起行政诉讼应具备四个条件：（1）原告是认为具体行政行为侵犯其合法权益的公民、法人或者其他组织；（2）有明确的被告；（3）有具体的诉讼请求和事实根据；（4）属于人民法院受案范围和受诉人民法院管辖。此外，起诉不能超过诉讼时效，不服复议决定的，可以在收到复议决定书之日起 15 日内起诉；直接起诉的，应当在知道作出具体行政行为之日起 3 个月内提出。法律另有规定的除外。

《行政诉讼法》规定，对于人民法院受案范围内的行政案件，公民、法人或者其他组织可以先向上一级行政机关或者法律、法规规定的行政机关申请复议，对复议不服的，再向人民法院提起诉讼；也可以直接向人民法院起诉。法律、法规规定应当先向行政机关申请复议，对复议不服再向人民法院提起诉讼的，依照法律、法规的规定。

人民法院接到原告的起诉状，应及时进行审查，符合起诉条件的，应当在 7 日内立案受理；不符合起诉条件的，应当在 7 日内作出不予受理的裁定。原告对裁定不服的，可以提起上诉。

2. 审理和判决

根据《行政诉讼法》的规定，人民法院审理行政案件以法律和行政法规、地方性法规为依据。行政诉讼法还规定人民法院审理行政案件，参照行政规章和地方性规章。人民法院认为地方性规章和行政规章不一致的，以及行政规章之间不一致的，由最高人民法院送请国务院作出解释或者裁决。合议庭审理行政案件的程序与民事诉讼基本相同。

人民法院对行政案件经过审理，可根据不同情况分别作出四种判决：

（1）判决维持被告作出的具体行政行为。这种判决适用于证据确凿，适用法律、法规正确，符合法定程序的具体行政行为。（2）判决撤销或者部分撤销被告作出的具体行政行为，并可以判决被告重新作出具体行政行为。这种判决适用于被告作出的具体行政行为主要证据不足，或者适用法律、法规错误，或者违反法定程序，或者超越职权，或者滥用职权。（3）判决被告在一定期限内履行其法定职责。被告不履行或者拖延履行法定职责的，人民法院可以作出这种判决。（4）判决变更行政处罚。对显失公正的行政处罚，作出变更判决。

行政诉讼当事人不服第一审人民法院的判决或者裁定的，有权在判决书送达之日起 15 日内，在裁定书送达之日起 10 日内，向上一级人民法院提起上诉。人民法院适用第二审程序对上诉案件进行审理后，可按不同情形，分别作出处理决定。

对于已经生效的判决或裁定，当事人可以提出申诉；人民检察院有权依法提出抗诉；人民法院院长对本院已生效的判决和裁定，上级人民法院对下级人民法院已生效的判决和裁定，有权依法提起再审。对已生效的判决和裁定进行再审，适用审判监督程序。

3. 执行

执行是指人民法院依照法定程序，强制义务人履行据以执行的法律文书所确定的义务。

发生法律效力的行政判决、裁定和行政赔偿调解书，由第一审人民法院执行。

当事人必须履行人民法院发生法律效力的判决、裁定。公民、法人或者其他组织拒绝履行判决、裁定的，或者对具体行政行为在法定期限内不提起诉讼又不履行的，行政机关可以向人民法院申请强制执行，或者依法强制执行。行政机关拒绝履行判决、裁定的，第一审人民法院可以根据不同情况，分别采取通知银行划拨、罚款、向有关行政机关提出司法建议、依法追究主管人员和直接责任人员的刑事责任等执行措施。

五、刑事诉讼法

【案例四】1994 年 4 月 11 日，湖北省京山县雁门口镇吕冲村的一口水塘里，发现一具无名女尸。京山县公安局认定死者为该村村民张在玉，随即以有故意杀人嫌疑为由，拘捕了张在玉的丈夫佘祥林。同年 10 月，佘祥林被原荆州地区中级人民法院一审判处死刑。佘祥林上诉至湖北省高院后，此案因疑点重重被发回重审。后经市、县有关部门协调，1998 年 6 月 15 日，京山县人民法院以故意杀人罪判处佘祥林有期徒刑 15 年。2005 年 3 月 28 日，在佘祥林已经服刑 11 年后，张在玉突然现身。"死者"复活，媒体哗然，佘祥林案很快被证实为一起典型的冤案。京山县公安局、京山县法院得知此信息后迅速派人赶赴雁门口镇进行调查核实，确认张在玉的确是出走 11 年后回家，而 1994 年 4 月 11 日在雁门口镇吕冲村发现的女尸不应是佘祥林的妻子张在玉。荆门市委、京山县委对此事高度重视，责成有关部门立即调查，依法处理。荆门市中级人民法院接到报告后，2005 年 3 月 29 日下午立即召开院党组会，布置对该案进行复查工作，启动再审程序，重新组成合议庭对该案进行审查。当晚，市中级人民法院召开审判委员会，对佘祥林故意杀人案进行了研究，决定撤销京山县人民法院（1998）京刑初字第 046 号判决和荆门市中级人民法院（1998）荆刑终字第 082 号刑事裁定，发回京山县法院重新审判。2005 年 4 月 13 日，湖北省京山县人民法院重审此案，当庭宣判原审被告人佘祥林无罪。

问题：刑事诉讼中有哪些程序？佘祥林案件经历了刑事诉讼中的哪些审判程序？

（一）刑事诉讼中的管辖

刑事诉讼中的管辖，包括立案管辖和审判管辖。

立案管辖，是指公安机关、人民检察院和人民法院受理刑事案件的分工和权限。我国刑事诉讼法规定的立案管辖包括以下内容：（1）公安机关直接受理的刑事案件。刑事案件的侦查由公安机关进行，法律另有规定的除外。（2）人民检察院受理的案件。贪污贿赂犯罪，国家工作人员的渎职犯罪，国家机关工作人员利用职权实施的非法拘禁、刑讯逼供、报复陷害、非法搜查、侵犯公民人身权利的犯罪以及侵犯公民民主权利的犯罪，由人民检察院立案侦查。对于国家机关工作人员利用职权实施的其他重大的犯罪案件，需要由人民检察院直接受理的时候，经省级以上人民检察院决定，可以由人民检察院立案侦查。（3）人民法院直接受理的案件。自诉案件，由人民法院直接受理。自诉案件是指由被害人及其法定代理人直接向人民法院起诉的刑事案件。其包括：告诉才处理的案件；被害人有证据证明的轻微的刑事案件；被害人有证据证明对被告人侵犯自己人身、财产权利的行为应当追究刑事责任，而公安机关或者人民检察院不予追究被告人刑事责任的案件。

审判管辖，是指行使国家审判权的法院组织系统内部在审判第一审刑事案件上的分工。审判管辖分为级别管辖、地域管辖和专门管辖。

级别管辖是指各级人民法院受理第一审刑事案件的分工和权限。基层人民法院管辖第一审普通刑事案件，但是依照刑事诉讼法由上级人民法院管辖的除外；中级人民法院管辖第一审危害国家安全案件，可能判处无期徒刑、死刑的普通刑事案件，外国人犯罪的刑事案件；高级人民法院管辖的第一审刑事案件，是全省（直辖市、自治区）性的重大刑事案件；最高人民法院管辖的第一审刑事案件，是全国性的重大刑事案件。此外，上级人民法院在必要时候，可以审判下级人民法院管辖的第一审刑事案件；下级人民法院认为案情重大、复杂，需要由上级人民法院审判的第一审刑事案件，可以请求移送上一级人民法院审判。

地域管辖是指同级人民法院之间受理第一审刑事案件的分工与权限。刑事案件由犯罪地的人民法院管辖。如果由被告人居住地的人民法院管辖更为适宜的，可以由被告人居住地的人民法院管辖。几个同级人民法院都有权管辖的案件，由最初受理的人民法院审判；在必要的时候可以移送主要犯罪地的人民法院审判。上级人民法院可以指定下级人民法院审判管辖不明的案件，也可以指定下级人民法院将案件移送其他人民法院审判。

专门管辖是指各专门人民法院之间以及专门人民法院与普通人民法院之间受理第一审刑事案件的范围。

（二）刑事诉讼参与人

刑事诉讼参与人，是指当事人、法定代理人、诉讼代理人、辩护人、证人、鉴定人和翻译人员。

当事人是指被害人、自诉人、犯罪嫌疑人、被告人、附带民事诉讼的原告人和被告人。他们是刑事诉讼的主要参与人。

其他诉讼参与人是指当事人以外的诉讼参与人，包括法定代理人、诉讼代理人、辩护人、证人、鉴定人和翻译人员等。

（三）刑事诉讼中的强制措施

我国刑事诉讼中的强制措施，是司法机关在刑事诉讼中依法对犯罪嫌疑人、被告人采取的限制人身自由的方法。在刑事诉讼中依法采取强制措施是为了防止犯罪嫌疑人、被告人等逃匿、毁灭罪证或继续犯罪，以保证刑事诉讼的顺利进行。

我国刑事诉讼法规定的强制措施有拘传、取保候审、监视居住、拘留和逮捕五种。

（1）拘传。拘传是指司法机关强制未被羁押的犯罪嫌疑人、被告人到案接受讯问的一种方法。

（2）取保候审。取保候审是指司法机关责令犯罪嫌疑人、被告人提出保证人或交纳保证金，保证其随传随到的一种强制方法。

（3）监视居住。监视居住是司法机关责令犯罪嫌疑人、被告人不得离开限定的居住区域的一种强制方法。

（4）拘留。拘留是公安机关在侦查中对现行犯或重大嫌疑分子所采取的一种暂时限制人身自由的强制方法，即刑事拘留。

（5）逮捕。逮捕是指司法机关依法短期剥夺犯罪嫌疑人、被告人人身自由的强制方法。

（四）刑事附带民事诉讼

刑事附带民事诉讼是指司法机关在追究被告人刑事责任的同时，附带解决被害人因被告人的犯罪行为而遭受的经济损失的赔偿活动。

提起附带民事诉讼必须具备三个条件：必须以被告人的犯罪行为成立为前提；必须是因为被告人的行为直接造成了被害人的物质损失；必须在刑事诉讼开始以后判决宣布以前提起。附带民事诉讼应当同刑事案件一并审判，只有为了防止刑事案件审判的过分迟延，才可以先审判刑事案件，然后由同一审判组织继续审理附带民事诉讼。

（五）刑事诉讼程序

刑事诉讼程序可分为：立案、侦查和提起公诉程序；审判程序；执行程序。审判程序包括第一审程序、第二审程序、死刑复核程序、审判监督程序。公诉案件一般要经过立案、侦查、提起公诉、审判、执行五个阶段。

1. 立案

立案是指公检法机关对报案、控告、检举和犯罪嫌疑人自首的材料，根据事实和法律，决定是否作为一个案件进行侦查或者审判的诉讼活动。

2. 侦查

侦查是指公安机关、人民检察院等在办理案件过程中，依法进行的专门调查和采取有关强制性措施的活动。人民检察院侦查的案件，侦查终结后应作出提起公诉、不起诉或者撤销案件的决定。公安机关侦查的案件，在侦查过程中，发现不应对犯罪嫌疑人追究刑事责任的，应当撤销案件；侦查终结后，对于需要移送人民检察院审查起诉的案件，应写出起诉意见书，连同案卷材料、证据一并移送同级人民检察院审查决定。

3. 提起公诉

提起公诉即人民检察院代表国家依法提请人民法院对被告人进行审判

的诉讼活动。人民检察院对刑事诉讼法规定的不追究刑事责任的犯罪嫌疑人，应当作出不起诉的决定。对于犯罪情节轻微，依照刑法规定不需要判处刑罚的，可以作出不起诉决定。

4. 审判

审判是指人民法院对于检察机关提起公诉的刑事案件以及公民个人直接起诉到法院的刑事自诉案件进行审理、判决的一种诉讼活动。

（1）第一审程序。

第一审程序是人民法院对刑事案件进行最初审理的步骤、方法和应当遵循的程序。公诉案件的第一审程序按照以下程序进行：①开庭。开庭时，由审判长查明当事人是否到庭，然后宣布案由，宣布合议庭组成人员、书记员、公诉人、辩护人、鉴定人和翻译人员的名单；告知当事人有申请回避、获得辩护等诉讼权利。②法庭调查。法庭调查的重点是审查案件事实，核实证据，查明犯罪事实和情节。③法庭辩论。法庭辩论开始时，先由公诉人发言，被害人发言，然后由被告人陈述和辩解，辩护人发表辩护意见，并可以互相辩论。④被告人最后陈述。最后陈述权是被告人的一项重要诉讼权利。被告人可以就定罪与量刑等问题充分发表意见。⑤评议和宣判。在被告人作最后陈述之后，审判长可宣布休庭，合议庭成员进行评议。评议以后当庭宣判或定期宣判。宣判时应将有关上诉的问题告知当事人。

（2）第二审程序。

第二审程序又称上诉审程序，是指上一级人民法院根据上诉或者抗诉，对下一级人民法院作出的第一审未生效的判决、裁定进行重新审理的程序。上诉是当事人或他的法定代理人，不服地方各级法院的一审判决和裁定，依法提请上一级法院重新审理的诉讼活动。抗诉是指地方各级人民检察院认为同级人民法院的一审判决或裁定确有错误，依法提请上一级人民法院重新审理的诉讼活动。二审法院审判上诉案件，不得加重被告人的刑罚，但人民检察院提出抗诉或者自诉人提出上诉的，不受此限。

（3）死刑复核程序。

死刑复核程序是我国刑事诉讼中的一种特殊程序，是享有死刑复核权的法院对死刑案件进行审查核准的诉讼活动。所有死刑案件都要经过死刑复核程序才能交付执行。死刑由最高人民法院核准；但某些死刑案件的核准权，最高人民法院得授权高级人民法院行使。中级人民法院判处死刑缓期2年执行的案件，由高级人民法院核准。

（4）审判监督程序。

审判监督程序是人民法院对已经生效的判决和裁定，认为在认定事实或适用法律上确有错误，依法进行再审的诉讼程序。

5. 执行

执行是指人民法院、人民检察院、公安机关、劳改机关及其他有关单位和组织依照法定程序，将已经发生法律效力的判决、裁定付诸实现的活动。它是刑事诉讼的最后程序，只有通过执行程序，刑事诉讼法的任务才能最后完成。死刑判决，由人民法院交付司法警察或武装警察执行。审判人员临场指挥，检察人员临场监督，公安人员负责警戒。对于被判处死刑缓期2年执行、无期徒刑、有期徒刑的罪犯，由公安机关交付监狱执行。对于被判处拘役、管制、剥夺政治权利的罪犯，以及暂予监外执行的罪犯，都由公安机关执行。罚金和没收财产的判决由人民法院执行。

在案例四中，由于司法机关没有严格按照法定程序办案，致使佘祥林案成为了一个冤案。佘祥林案经过了刑事审判中的第一审、第二审、审判监督程序和执行程序，这几乎涵盖了刑事审判程序中的所有程序。

◆ 配套练习题

一、案例分析

1. "宪法平等权第一案"，案例选自《天府早报》，2002年7月8日

2001年12月23日，成都某媒体刊登了中国人民银行成都分行招录行员的广告，其中第一项规定招录对象为："男性身高1.68米以上……"四川大学1998级法律系学生蒋韬身高力1.65米，他因此被排除在报名资格之外。蒋韬认为自己受到了歧视。2002年1月7日，蒋韬以自己的平等权被侵犯为由，毅然将中国人民银行成都分行告上法庭。2005年4月25日，此案在武侯区法院开庭审理，控辩双方在庭上围绕"原告宪法所赋平等权"等焦点激烈辩论，庭审历时3小时，法庭宣布"择日公布再审或宣判日期"。2005年7月5日，武侯区人民法院对这起宪法平等权官司作出宣判：驳回了蒋韬的起诉。法院给出这一行政裁定的理由有两条：第一，中国人民银行成都分行招录行员非被告行使职权的行政行为，不属法院主管；第二，未有侵权事实发生，不具有可诉性。

问题讨论：

（1）平等权是原则还是权利？

（2）中国人民银行成都分行是否具有侵权行为？

（3）是否存在法律缺位？

2. 成克杰受贿案，根据最高人民法院刑事裁定书（2000）刑复字第214号改编

被告人成克杰，男，1933年11月13日出生，壮族，广西壮族自治区上林县人，大学文化，原系第九届全国人民代表大会常务委员会副委员长，曾任中共广西壮族自治区委员会副书记、广西壮族自治区人民政府主席。

被告人成克杰在担任中共广西壮族自治区委员会副书记、广西壮族自治区人民政府主席期间，与其情妇李平（中国香港地区居民，另案处理）利用成克杰的职务便利，为他人谋取利益，收受贿赂款物合计人民币41090373元；案发后，已全部追缴。

北京市第一中级人民法院审理了北京市人民检察院第一分院指控被告人成克杰犯受贿罪一案，于2000年7月31日以（2000）一中刑初字第1484号刑事判决认定被告人成克杰犯受贿罪，判处死刑，剥夺政治权利终身，并处没收个人全部财产。

宣判后，被告人成克杰不服，提出上诉。北京市高级人民法院于2000年8月22日以（2000）高刑终字第434号刑事裁定，驳回上诉，维持原判，并报请最高人民法院核准。

最高人民法院依法核准北京市高级人民法院（2000）高刑终字第434号维持一审以受贿罪判处被告人成克杰死刑，剥夺政治权利终身，并处没收个人全部财产的刑事裁定。

问题讨论：

（1）刑法面前人人平等原则。

（2）犯罪构成要件。

3. 当事人均无过错，公平原则分担损失，选自中国律师网，http：//www. chineselawyer. com. cn/Pages/2005 - 4 - 19/s28208，html，2005 - 04 - 19

2004年2月，7岁的袁洁（化名）和6岁的韩振遥（化名）在一玉米秸堆旁玩耍。玩耍中，玉米秸突然起火，韩振遥慌忙跑出，袁洁因惊吓来不及逃出被烧伤，经鉴定为一级伤残。袁洁以韩振遥为被告，向河南省睢县人民法院提起人身损害赔偿诉讼。

原被告在诉辩中均称玉米秸着火的原因是对方用打火机点燃所致，但均未提供相关证据进行证明。法院也无法查明玉米秸着火的真正原因。法院经审理认为，原被告均举不出在此次事故中对方存在过错的证据，对于原告的损害应适用公平原则进行赔偿，判决韩振遥的监护人赔偿给袁洁18000元。宣判后，双方当事人均表示不上诉。

问题讨论：

（1）说明侵权民事责任的归责原则。

（2）适用公平责任应注意什么问题？

二、参考阅读文献

1. 拉德布鲁赫．法学导论［M］．米健，译．北京：中国大百科全书出版社，1997.

2. ［俄］B. B. 拉扎列夫主编．法与国家的一般理论［M］．王哲，等译．北京：法律出版社，1999.

3. 黄茂荣．法学方法与现代民法［M］．北京：中国政法大学出版社，2001.

第十一章　法律关系

第一节　法律关系概述

一、法律关系的概念与特征

在社会生活中、人们通过一定的行为和交往过程，结成具有不同内容与表现形式的社会关系。法律关系是社会关系的一种。所谓法律关系就是法律在调整社会关系的过程中所形成的人们之间的权利和义务关系。

在历史上，法律关系的概念最早来源于罗马法中的"法锁"（法律的锁链，Jurisvinculum）的观念。在古罗马，债被视为债权人根据法律要求债务人为一定给付的"法锁"。"法锁"的观念形象地描述了债作为私法关系存在约束性和客观强制性。作为一个专门性概念，法律关系是德国著名法学家萨维尼在他的《当代罗马法体系》（又译《现代罗马法体系》，1840年）一书中首先阐明的。开始时，法律关系的概念主要使用于私法领域。随着法律和法学的发展，其使用的范围也逐步扩大，从探讨私法领域的法律关系发展到公法领域的法律关系，法律关系理论也成为法理学的一项内容。

法律关系是一种特殊的社会关系，其特殊性表现在它具有不同于其他社会关系的特征。

（一）法律关系是依据法律形成的社会关系

法律关系是根据法律形成的社会关系，没有法律也就不可能产生法律关系。这一命题至少包含以下几个方面的含义：第一，法律关系的产生以相应的法律规范的存在为前提。如，婚姻家庭法律关系的产生，以婚姻家庭法的存在为前提，离开婚姻家庭法也就无从谈起婚姻家庭法律关系。第二，有些社会关系不适合法律调整。比如友谊关系、爱情关系、政党关系等，由于这些社会关系的性质的特殊性，不适合用法律调整。第三，法律关系不同于法律规范调整或保护的对象。第四，法律关系是合法的社会关系。不合法的社会关系，如非法同居关系、未经认可的收养关系等事实关系都不能看做是法律关系，但又可能与法律的适用相关联，是法律适用过程中必须认真处理的一类法律事实。事实关系，在法律对它们进行调整以前，不能成为法律关系。在此意义上，法律关系是人与人之间的合法（符合法律规范的）关系。在社会生活中，往往存在大量的事实关系，它们没有严格的合法形式，甚至是完全违背法律的。法律关系是合法的社会关系，这是它与其他社会关系的根本区别。

（二）法律关系是一种思想社会关系

社会关系是人们在相互交往的过程中形成的人与人之间的联系，它不同于人与自然的关系，不同于人与物之间的关系。法律关系属于社会关系，是人与人之间的关系，而不是人与物之间的关系，但又受到人与物关系的制约，比如人与环境的关系。

法律关系作为一种社会关系，是以人的意志为转移的，是人们有目的、有意识地建立的社会关系。这里包含两方面的含义：第一，法律是国家意志的体现；第二，法律关系的参加者的意志对于法律关系有着重要的意义。在法律关系的形成或实现的过程中国家意志和法律关系参加人个人的意志是相互作用的。

社会关系的种类繁多，如经济、政治、法律、思想、道德、宗教、文化以及家庭、婚姻、友谊等关系。法律关系是一种重要的社会关系，它不同于其他社会关系，这种不同主要体现在法律关系是根据法律形成的权利—义务关系。也就是说，法律关系是根据法律所结成的权利—义务关系或权力—义务关系。法律规定了权利（权力）和义务，以便人们根据法律作出符合法律预期的行为，或者使违反法律规定的人承受不利的法律后果。

社会关系可分为物质社会关系和思想社会关系，法律关系属于思想社会关系。马克思曾经指出："法的关系正像国家的形式一样，既不能从它们本身来理解，也不能从所谓人类精神的一般发展来理解，相反，它们根源于物质生活关系。""社会的物质生产力发展到一定阶段，便同它们一直在其中活动的现存生产关系或财产关系（这只是生产关系的法律用语）发生矛盾。"❶ 从这一论断中，可以看出法律关系与社会物质生活条件即生产方式或与社会生产力密切联系的生产关系之间的联系。法律关系之所以是思想社会关系，就在于它是根据法律规定结成的权利—义务关系。

---

❶ 马克思恩格斯全集. 第2卷［M］. 北京：人民出版社，1958：82.

（三）法律关系是以权利义务为内容的社会关系

法律关系的内容是特定法律主体之间的权利和义务。法律调整社会关系的方式主要是通过法律分配权利和义务。法律规则通过规定行为模式和法律后果的方式，赋予法律关系的参与人权利，并向他们强加相应的法律义务。法律规则所指示的内容，是权利和义务的一般规定，它所针对的是同一类不特定的主体，这些规定只是法律上的可能性。一旦特定的法律主体按照法律规则的指示进行法律行为或者出现了特定的法律事实，这种权利和义务的可能性就会转化为现实的权利和义务。在这个意义上，法律上权利和义务的可能性，通过法律行为或法律上有意义的事件，转化成现实的权利和义务。因此，权利和义务构成了法律关系的实质内容。没有特定法律主体的权利和义务，就不可能有法律关系的存在。

二、法律关系的分类

法律关系作为一个具有普遍意义的法学范畴，存在于各个法律部门及部门法理论之中。依据不同的标准和认识角度，可以对法律关系作不同的分类。例如，依据相对应的法律规范所属的不同法律部门，可将法律关系划分为宪法性法律关系、民事法律关系、行政法律关系、刑事法律关系和诉讼法律关系等；依据法律关系的存在形态和内容，可将其划分为一般法律关系和特殊法律关系、绝对法律关系和相对法律关系等。下面主要介绍以下法律关系的分类。

（一）调整性法律关系和保护性法律关系

依据法律关系的产生是否适用法律制裁，可以划分为调整性法律关系和保护性法律关系。

调整性法律关系是基于人们的合法行为产生的，并自觉发挥法的调整作用的法律关系。调整性法律关系不需要适用法律制裁，法律主体之间即能够依法行使权利、履行义务。譬如各种依法设定的民事法律关系、行政合同关系等。

保护性法律关系是指在主体权利和义务不能正常实现的情况下，通过法律制裁而形成的法律关系。保护性法律关系是因违法行为而产生的、旨在恢复被破坏的权利和秩序的法律规范，是法的实现的非正常形式。典型的保护性法律关系如刑事法律关系：一方主体（国家）适用法律制裁，另一方主体（犯罪人）必须接受这种制裁。

（二）纵向法律关系和横向法律关系

依据法律关系主体之间的相互地位，可以将其划分为纵向法律关系和横向法律关系。

纵向法律关系又称隶属型法律关系，是指法律关系主体之间存在隶属关系，一方服从于另一方。这种法律关系实际上就是主体之间的"权力—服从"关系，表现为不平等性和强制性。行政法律关系就是典型的纵向法律关系。

横向法律关系又称平权型法律关系，即法律关系主体之间的地位是平等的，相互间没有隶属关系。其特点是法律主体的地位是平等的，权利和义务的内容容许一定程度的任意性，例如民事财产关系、民事诉讼中的原被告关系等。

（三）单向法律关系、双向法律关系和多向法律关系

按照法律主体的多少及其权利义务是否一致为标准，可以将法律关系分为单向法律关系、双向法律关系和多向法律关系。

单向法律关系是指权利人享有权利，义务人仅履行义务，两者之间不存在相反的联系。例如不附条件的赠与关系、诺成行为等。双向法律关系是指在特定的法律主体相互间既享有权利，也负有义务，其中一方主体的权利对应另一方的义务。多向法律关系又称复合法律关系，是指三个或三个以上相关法律关系的复合体，其中既包括单向法律关系，也包括双向法律关系。例如：阳光公司欲出售荷花牌洗衣机40台给一国有企业（简称A单位），合同约定A单位支付货款4万元。在交货之前，40台洗衣机暂时寄放在临近阳光公司的一所福利工厂（简称B单位）的废旧仓库，阳光公司委托个体运营者赵某将货物按时运抵A单位。

这个案例涉及多重复杂的法律关系，其中包含阳光公司与A单位之间的货物买卖法律关系，阳光公司与B单位之间的货物仓储法律关系，阳光公司与赵某之间的货物运输法律关系等。

（四）第一性法律关系和第二性法律关系

依据相关的法律关系的作用和地位的不同，可将其分为第一性法律关系和第二性法律关系。

第一性法律关系又称主法律关系，是指不依赖于其他法律关系而独立存在，或者在多项法律关系中居于支配地位的法律关系。依据第一性法律关系而产生的、处于从属地位的法律关系，则称为第二性法律关系或从法律关系。例如在借款担保合同中，借贷合同条款属第一性的主法律关系，担保合同条款则属第二性的从法律关系。

第二节　法律关系的主体

一、法律关系主体的概念和种类

法律关系主体是指法律关系的参加者，即在法律关系中享有权利或承担义务的人或组织。

在法律关系中享有权利的人是法律关系的主体，承担义务的人也是法律关系的主体。享有权利的人可以称为权利主体或者权利人，承担义务的人可以称为义务主体或者义务人。在双边法律关系中，主体之间互有权利和义务。任何一方参加者既是权利主体，也是义务主体。在一起事件中，可能会发生多种法律关系。有的当事人在一种法律关系中是权利主体，可能在另一种法律关系中是义务主体。

法律关系的主体大体有以下种类。

1. 自然人

自然人一般是指表现为个体的公民，包括中国公民、外国人和无国籍人。所谓公民就是具有一国国籍的自然人。中国公民与外国人、无国籍人可以参加的法律关系的范围是不同的。例如，中国公民可以参加选举法律关系，作为权利主体行使选举权；但是外国人和无国籍人则不能参加这种法律关系，不能作为该项法律关系的主体。

2. 法人和其他组织

法人是指符合法律规定的条件，可以作为原告起诉或作为被告应诉，独立承担法律责任的组织。《民法通则》第 37 条规定："法人应当具备下列条件：（一）依法成立；（二）有必要的财产或者经费；（三）有自己的名称、组织机构和场所；（四）能够独立承担民事责任。"

法人是与自然人相对而言的。它并不是有血有肉的人，而是由许多有血有肉的人所组成的组织。法律把符合一定条件的组织作为一个整体，看做一个人，即法律上拟制的人。法人包括国家机关法人、企事业法人和社会团体法人。不同类型的法人根据法律的规定，可以参与不同的法律关系。

其他组织是指不符合法人条件的组织，它们根据法律的规定也可以参加一定范围内的法律关系。

3. 国家

国家是特定法律关系的主体，例如是国际法律关系的主体。在发行国债的过程中，国家与购买国债的人形成债权债务法律关系。

二、法律关系主体的构成要件

一个人或组织进入某种法律关系，成为法律关系的主体，必须具备一定的条件。这就是法律关系主体的构成要件。

（一）权利能力

权利能力是指法律关系主体享有权利、承担义务的资格。权利能力不同于权利，它是人们享有具体的权利的前提。权利能力是一个比权利更加抽象的概念。它是任何个人或组织参加法律的前提。没有它，就不能参加法律关系，也就不能作为法律关系的主体。

根据不同的标准可以对权利能力进行不同的分类。一般说来，根据权利能力享有者的范围，可以把权利能力分为一般权利能力和特殊权利能力。一般权利能力是指一般个人或组织都能普遍享有的权利能力；特殊权利能力是指具有一定特殊身份的个人或组织才享有的某种特定的权利能力。根据权利能力的性质，也可以把权利能力分为民事权利能力和政治权利能力。对于民事权利能力（包括经济权利能力），公民不分性别、年龄、种族、民族、信仰和出身，一般都普遍具有；社会组织一般从依法成立时就享有。政治权利能力则不如民事权利能力那么广泛和普遍。有的主体可能因未达到法定年龄或不具有其他法定要求而不能享受，也有的主体可能因被依法剥夺而丧失。

（二）行为能力

法律关系主体的行为能力是指法律关系主体能够依照自己的意志，通过自己的行为，依法取得权利和承担义务的能力。行为能力，一般都由各国根据一定的客观情况（年龄、智力）用法律加以具体规定。通观世界各国，通常都把作为自然人的本国公民依据行为能力划分为三类：

一是有行为能力人，或称完全行为能力人，是指依法可以通过自己的行为，建立或参加法律关系，从而取得权利、承担义务的人。这是指各国智力状态正常的成年人。成年人的年龄标准都由各国法律明确规定。

二是无行为能力人，即依法不能通过自己的行为建立或参加法律关系，从而取得权利、承担义务的人。一般是指未成年人中年龄相当小的部分，以及精神状态被确认为不正常的人。他们的民事权利的享有、民事义务的承担都由其代理人或监护人进行。

三是限制行为能力人，也就是能建立或参加部分法律关系，具有部分行为能力的人。在一些法律关系中，他们可以通过自己的行为享有权利、承担义务；而在另一些法律关系中，他们又不能以自己的行为去享有权利、承担义务。这一般是指达到一定年龄而又尚未成年的人。

对以上三类具有不同行为能力状况的人，各国的规定都有所差别。我国《民法通则》规定，18 周岁以上的公民是成年人，具有完全民事行为能力，可以独立进行民事活动，是完全民事行为能力人。16 周岁以上不满 18 周岁的公民，以自己的劳动收入为主要生活来源的，视为完全民事行为能力人。10 周岁以上的未成年人以及不能完全辨认自己行为的精神病人是限制民事行为能力人，可以进行与其年龄、智力相适应的民事活动。不满 10 周岁的未成年人和不能辨认自己行为的精神病人是无民事行为能力人。

法人，是指依法成立的，具有一定组织机构和独立财产的，能够以自己的名义享受权利、承担义务的国家机关、企事业单位、社会团体以及其他社会组织。法人的权利能力和行为能力较之公民的权利能力和行为能力又具有自己的特点。法人的权利能力、行为能力从该法人被核准之日产生，到解散时终止；法人的权利能力与行为能力是一致的，有什么权利能力就有什么行为能力；法人的权利能力与行为能力都由法律规定或主管机关批准。

第三节　法律关系的客体

从哲学上说，客体是与主体相对的范畴，是指主体的意志和行为所指向、影响、作用的客观对象。从这个意义上说，法律关系的客体是法律关系主体发生权利义务联系的中介，是法律关系主体的权利和义务所指向、影响和作用的对象。客体是法律关系不可或缺的构成要素，是法律关系产生和存在的前提。缺少法律关系客体，法律关系主体的权利和义务就成为毫无意义的东西。同时，法律关系客体也是一个历史的概念，随着社会历史的不断发展，其范围和形式、类型也在不断地变化着。在法律实践中，法律关系客体的具体形态多种多样，很难一一加以列举。在此，我们只分析几种最主要的法律关系客体。

1. 物

法律意义上的物是指法律关系主体支配的、在生产上和生活上所需要的客观实体。它可以是天然物，也可以是生产物；可以是活动物，也可以是不活动物。作为法律关系客体的物与物理意义上的物既有联系，又有不同；它不仅具有物理属性，而且应具有法律属性。物理意义上的物要成为法律关系客体，须具备以下条件：第一，应得到法律之认可。第二，应为人类所认识和控制。不可认识和控制之物（如地球以外的天体）不能成为法律关系客体。第三，能够给人们带来某种物质利益，具有经济价值。第四，须具有独立性。不可分离之物（如道路上的沥青、桥梁之构造物、房屋之门窗）一般不能脱离主物，故不能单独作为法律关系客体存在。至于哪些物可以作为法律关系的客体或可以作为哪些法律关系的客体，应由法律予以具体规定。在我国，大部分天然物和生产物可以成为法律关系的客体。但以下几种物不得进入国内商品流通领域，成为私人法律关系的客体：（1）人类公共之物或国家专有之物（如海洋、山川、水流、空气等）；（2）军事设施、武器（如枪支、弹药等）；（3）危害人类之物（如毒品、假药、淫秽书籍等）。

2. 人身、人格

人身和人格分别代表着人的物质形态和精神利益，是人之为人的两个不可或缺的要素。在现代社会，作为人身和人格之统一体的人是法律关系的主体，不允许作为法律关系的客体。但是，人之身体和人格在某些法律关系中可以成为法律关系的客体。特别是在现代社会，随着现代科技和医学的发展，使得输血、植皮、器官移植、精子提取等现象大量出现；同时也产生了此类交易买卖活动及其契约，带来了一系列法律问题。这样，人身不仅是人作为法律关系主体的承载者，而且在一定范围内可以成为法律关系的客体。但须注意的是：第一，活人的（整个）身体，不得视为法律上之"物"，不能作为物权、债权和继承权的客体，不得转让或买卖，禁止任何人（包括本人）将整个身体作为"物"参与有偿的经济活动。贩卖或拐卖人口、买卖婚姻，是法律所禁止的违法或犯罪行为，应受法律的制裁。第二，权利人对自己的人身不得进行违法或有伤风化的活动，不得滥用人身，或自践人身和人格。例如，卖淫、自杀、自残等均属违法行为或至少是法律所不提倡的行为。第三，对人身行使权利时必须依法进行，不得超出法律授权的界限，严禁对他人人身非法强行行使权利。例如，有监护权的父母不得虐待未成年子女的人身。

人身（体）部分（如血液、器官、皮肤等）的法律性质，是一个较复杂的问题。对于它属于人身还是属于法律上的"物"，不能一概而论。应从三方面分析：当人身之部分尚未脱离人的整体时，即为所属主体之人身本身；当人身之部分自然地从身体中分离，已成为与身体相脱离的外界之物时，亦可视为法律上之"物"；当该部分已植入他人身体时，即为他人人身之组成部分。

3. 精神产品

精神产品是人通过某种物体（如书本、砖石、纸张、胶片、磁盘）或大脑记载下来并加以流传的思维成果。精神产品不同于有体物，其价值和利益在于物中所承载的信息、知识、技术、标识（符号）和其他精神文化。同时它又不同于人的主观精神活动本身，是精神活动的物化或固定化。精神产品属于非物质财富。西方学者称之为"无体（形）物"。我国法学界常称为"智力成果"或"无体财产"。

4. 行为结果

在很多法律关系中，其主体的权利和义务所指向的对象是行为结果。作为法律关系客体的行为结果是特定的，即义务人完成其行为所产生的能够满足权利人利益要求的结果。这种结果一般分为两种：一种是物化结果，即义务人的行为（劳动）凝结于一定的物体，产生一定的物化产品或营建物（房屋、道路、桥梁等）；另一种是非物化结果，即义务人的行为没有转化为物化实体，而仅表现为一定的行为（通常为服务行为）过程所产生的结果（或效果）。

第四节　法律关系的内容

除主体与客体以外，构成法律关系第三个要素的是法律关系的内容。法律关系的内容是指法律关系主体以法律关系客体为媒介得以相互连接的方式。任何人与人之间的社会关系都可以被分解为主体、客体与内容这三个要素。法律关系与其他类型的社会关系在主体以及客体上很有可能是重合的。例如，甲与乙打乒乓球这种关系和甲与乙买卖乒乓球这种法律关系在主体上都是甲与乙，在客体上也都是乒乓球这个"物"，它们之间的不同仅在于其内容。前者的内容是"击打"，而后者的内容是"作为卖方的甲具有法律上的依据（资格、地位、能力）获得乙提供的价款，而作为买方的乙在法律上则必须提供价款给甲；相应地乙在法律上有依据获得乒乓球，而甲在法律上则必须提供乒乓球给乙"。"击打"这种关系内容是独立于主体认识而客观存在的，而"具有法律上的依据"、"在法律上必须"这类内容却不是客观存在的，它们只是人们头脑中所产生的一种想法，是人们在了解法律规定之后针对特定事实所作出的主观评价。

在法学上，把法律关系的这种特殊的内容称做权利或者义务。"法律上的资格、地位、能力"被称做权利，而"法律上必须"则被称做义务。

一、权利和义务释义

从语言的角度来看，在西方语言中，权利与法律往往使用同一个词来表达。如在古罗马人的拉丁文中，Jus 既指法，同时也指称权利。在现代欧陆语言中，如德语中的 Recht，法语中的 Droit，都同时兼具法以及权利的含义。在英语中，权利与法律在语言表达上是分开的，分别使用 Law 和 Right 来表达。尽管如此，西方语言中的权利在字义上都具有一个共同的特点，即都意指"正当"这个含义。

在汉语中，尽管"权"和"利"这两个字古已有之，但却不是作为一个合成词来使用的，其分别意指"权势"、"权衡"以及"利益"、"功用"、"利害"。现代汉语中"权利"这个词传自日本，并用其来对译西方语言中的 Recht、Droit、Right 等词。正因如此，在理解权利这个词的时候要特别注意不可以其汉语固有含义来解读，不能把重点放在"利益"、"权势"等意义上，而要放在"正当"的意义上，否则就会出现误读。

在法律上，义务是权利的关联词或对应词，二者经常被成对使用。义务一词在英语中一般被表述为 Duty，但它和 Responsibility、Liability、Obligation 等词极易相混。义务也有法律、道德、宗教、习惯以及其他社会规范意义上的义务，此处仅指法律意义上的义务，在它们之间并不存在必然的联系。例如，某人的一定行为可能既违反法律义务，也违反道德、习惯等规范上的义务。但也可能某人的一定行为仅违反法律义务，却并没有违反道德或习惯上的义务；或者反过来，他的行为可能仅违反道德或习惯义务，但却并不违反法律义务。

二、法律权利和法律义务

在法学上，往往注重于对权利进行理论解说，而义务被看做权利的对应物，在权利的性质解释清楚之后，义务的性质自然也就明白了。虽然权利是法学中最重要的一个概念，但是对于权利的性质到底为何却一直没有定论。尤其是法律中权利的种类非常繁多，如选举权、债权、所有权、监护权、言论自由权、受教育权等，这些权利在内容与发挥作用的方式上又各不相同。因此，要对如此复杂的现象给出一个统一的说明并不容易。一般说来，法学界传统上对于权利的性质有以下三种代表性的学说。

（一）意思说

意思说也被称为主观权利理论。此说认为权利的基础在于意思的自由或意思的支配力，权利若失去了人类的意思作为基础，该权利就不再存在。因此，权利也就是某人基于权利主体的地位所能支配的势力范围。相应地，义务就被看做是主体在其他主体的意思具有优势的范围之内受支配的状态。

意思说固然说明了权利的一个重要方面，但是将权利的本质全部归于属于主观层面的"意思"，则不免失之偏颇。因为有时没有意思能力的人，仍然可以拥有权利（如胎儿）。而权利本身的拥有，也不需要与意思有关。意思说通常还预设了权利先于法律的主张。依此，在国家与制定法存在以前，人就已经因其意思能力而具有诸多权利，国家只不过通过其颁行的制定法对这些本已存在的权利予以确认而已。但这毕竟只是近代天赋人权思想下的一种学说，并不能真正决定权利的性质。

（二）利益说

此学说也被称为客观权利理论。利益说认为权利是法律所保障的利益，拥有权利的人就是享有某种法律所保护的利益的人。而义务则被理解为法律上所确认的对主体的不利或负担。

利益说的优点在于纠正了意思说过于注重权利主体的主观意思的缺点；但是另一方面，利益说将重点完全放在法律所保护的"利益"上，却忽略了法律保护的利益范围很广，并不是每一种法律保护的利益都可以形成该利益享有人的"权利"。有时法律所保障的只是一种一般性的、抽象的公共利益，这常常出现在公法的领域中。例如治安管理法所保护的"公共安全与秩序"，环境法所保护的"无污染的生活环境"等。一般的主体虽然也因为这些法律制度的存在而享有这些利益，但是这些法律规范所保护的利益的存在并不当然自动地形成主体的某种"权利"，在法学中我们通常把这种利益称为"反射利益"。另外，依照利益说的主张，权利是基于法律所产生的，法律先于权利，这种观点使其无法合理地解释宪法中基本人权的性质问题。

（三）法力说

该学说认为，权利是法律为了使特定人享有一定的利益，所赋予特定人的可通过法律上的制度使其贯彻实施的地位、资格或能力。而义务则是主体对这种法律上之力（资格、地位、能力）的服从。

此学说妥当地调整了前两说的优缺点，是目前对于权利性质解释上的通说。因为权利并非完全不同于法律的另一种独立实体，权利本身就是法律规范在具体化方面的表现。因此，一方面，权利往往与义务成对出现。例如，某甲拥有要求某乙偿还 2 万元欠款的权利，此时某乙负有向某甲支付该欠款的义务。另一方面，权利也对应于某种客观法律规范在具体个案中所形成的法律关系。如，某甲拥有的这个权利（债权），也正是由甲与乙在符合法律规定的情况下所缔结的借贷契约（法律关系）中所得出的。在这种观念下，虽然前面提到的"反射利益"也受到法律的保障，但由于制定法并不赋予相关主体可通过法律制度实现反射利益的地位，因此反射利益并不构成权利。至于基本人权，法力说一方面反映了先于实在法秩序而存在的人权，另一方面则表现了实在法秩序所保障的基本人权。

依照法力说，我们可以给权利和义务作一个简单的界定：法律权利，是指主体所具有的以实现某种利益为目的的法律上的能力、资格或地位；法律义务，是指主体为保障其他主体法律上的能力、资格或地位的实现而承受的负担。

三、法律权利和法律义务的分类

（1）基本权利义务与普通权利义务。根据根本法与普通法的规定不同，可以将权利义务分为基本权利义务和普通权利义务。基本权利义务是宪法所规定的人们在国家政治生活、经济生活、文化生活和社会生活中的根本权利和义务。普通权利义务是宪法以外的普通法律所规定的权利和义务。

（2）绝对权利义务与相对权利义务。根据相对应的主体范围可以将权利义务分为绝对权利义务和相对权利义务。绝对权利和义务，又称"对世权利"和"对世义务"，是相对应不特定的法律主体的权利和义务：绝对权利对应不特定的义务人；绝对义务对应不特定的权利人。相对权利和义务又称"对人权利"和"对人义务"，是相对应特定的法律主体的权利和义务："相对权利"对应特定的义务人；"相对义务"对应特定的权利人。

（3）个人权利义务、集体权利义务和国家权利义务。根据权利义务主体的性质，可以将权利义务分为个人权利义务、集体（法人）权利义务和国家权利义务。个人权利义务是指公民个人（自然人）在法律范围内所享有的权利和应履行的义务。集体（法人）权利义务是国家机关、社会团体、企事业组织等的权利和义务。国家权利义务是国家作为法律关系主体在国际法和国内法上所享有的权利和承担的义务。

四、权利和义务的关系

在我国目前多数法理学教科书里，对于权利和义务的关系这个问题，有着较一致的见解，普遍认为它们是一种对立统一的关系——"没有无义务的权利，也没有无权利的义务"❶。具体说来，其表现为以下四种关系：（1）权利义务相互对应、相互依存、相互转化。（2）一个社会的权利总量与义务总量保持相等。（3）权利义务的价值一致性与功能上的互补性。（4）权利义务守恒定律。其有以下三层含义：其一，在权利义务总量不变的前提下，私权利义务与公权利义务成反比例关系；其二，私权利主体间的权利义务成等比例关系；其三，权利义务相对于一国经济、社会文化及民主的状况成正比例关系。

对此，首先要承认该种观点有其合理之处，在相当一部分法律领域中，权利和义务是以相互对应、相辅相成的面貌出现的。特别是在民事法律领域中，多数权利都能够找到与之相对应的义务，反之亦然。例如，公民的财产权对应的是其他公民的不得侵犯其财产的义务，子女赡养父母的义务对应的是父母要求子女赡养的权利。但也要注意到，无义务的权利和无权利的义务也确实存在于法律领域中。前者以司法机关的审判权、立法机关的立法权、行政机关的行政权等为例，这些"权利"没有与之相对应的义务，因为它们的目的并不是要求其他主体做或不做某事，而是为了赋予某主体资格、地位、能力去创设、改变或消灭法律规范及法律关系；后者则诸如国家所承担的保护自然环境的义务、提供就业机会的义务等，这些义务的存在并不意味着公民享有主张某种适宜的自然环境或者就业机会的权利。因此，对于"权利义务对立统一"这个论断不能从绝对意义上去理解，它的适用范围是有限的，并不能够将它推及到整个法律领域。

五、权利的界限

由于权利的行使具有积极、主动的特点，往往同时意味着其他主体的负担，因此，权利的界限问题值得重视。以下我们以归纳的方式总结权利行使在三方面的界限。

（1）权利的行使具有时间性。尽管法律往往没有明确的说明，但是按照权利自身的性质，其存续的时间可以确定。有些权利依其本性可以被主体终生享有，如生命权、健康权、姓名权等。而有些权利却只是在特定时间内才存在，如专利权等仅在特定时间段内才可行使，超出该时间范围，权利也就消失了。此外，除了权利自身的性质外，法律上的特别规定（如

---

❶　马克思恩格斯全集．第16卷［M］．北京：人民出版社，2007：16.

诉讼时效）也会使得权利在特定时间范围之外消失。

（2）权利的行使具有空间性。任何权利都是在一定的空间范围内发生作用的，超出这个范围，权利也就消失了。在总体上，所有的权利在原则上都仅在其所隶属的法律体系的管辖范围内才能发生效力。例如，中国法律所认可的权利，仅在中国的领土范围内才存在；如果中国公民处于国外，那么其原有的权利原则上不再发生效力。此外，在一个法律体系所辖范围之内，权利的行使在空间范围上还可能受到其自身性质的限制。比如，不动产所有权的作用范围是不动产的所在地，是固定的；而动产所有权的作用范围则依动产所在地的变化而变化。

（3）权利具有对人性。权利对人发挥作用的范围也是有区别的，有些权利针对不特定的多数人发挥作用，即其所针对的义务主体是不特定的一般人。例如，所有权的权利主体是特定的，而除此之外的所有人都负有不得侵犯权利人财产权的义务。相反，有些权利只针对特定的主体发挥作用，即其所针对的义务主体是特定人。例如，民事法律上的债权针对的是特定的债务人，而不可能是不特定的主体，否则债之关系便无法成立。

第五节　法律事实

法律事实，即依照法律规定，能够引起法律关系产生（发生）、变更和消灭的客观情况。法律关系的产生（发生）、变更和消灭，是指法律关系主体、客体以及内容（权利义务）的变化。依据法律事实的出现是否以人们的意志为根据，一般都把法律事实分为事件和行为。

一、事件

作为法律事实的事件，是指不以法律关系主体意志为转移的，依法能引起法律关系产生、变更和消灭的事实。自然灾害、人的出生、意外事故等，都可以导致法律关系的变化。例如，人的死亡可能导致遗产继承关系的产生，家庭抚养、赡养关系的变化，或者一些债权债务关系的消灭等。

二、行为

作为法律事实的行为，是指由法律关系主体意志支配的，依法能引起法律关系产生、变更、消灭的行为。它是人们有意识的自觉活动。行为可以分为作为行为和不作为行为，以及合法行为和违法行为。不论是作为的行为还是不作为的行为，不论是合法的行为还是违法的行为，都可能导致法律关系产生、变更和消灭。它们只要能依法引起法律关系的产生、变更和消灭，就是法律事实中的行为。

◆ **配套练习题**

一、不定项选择

1. 下列有关公民权利能力的表述，哪一项是错误的？（　　　）

   A. 权利能力是公民构成法律关系主体的一种资格

   B. 所有公民的权利能力都是相同的

   C. 公民具有权利能力，并不必然具有行为能力

   D. 权利能力也包括公民承担义务的能力或资格

2. 甲京剧团与乙剧院签订合同，演出某传统剧目一场。合同约定京剧团主要演员曾某、廖某、潘某出演剧中的主要角色，剧院支付人民币1万元。演出当日，曾某在异地演出未能及时赶回；潘某生病在家，没有参加当天的演出。这致使大部分观众退票，剧院实际损失1.5万元。后剧院向法院起诉京剧团，要求赔偿损失。针对此案，下列意见中何者为正确？（　　　）

   A. 在这一事例中，法律关系主体仅为甲京剧团与乙剧院

   B. 京剧团与剧院的法律关系为保护性法律关系

   C. 京剧团与剧院的法律权利和法律义务都不是绝对的

   D. 在这一事例中，法律权利和法律义务针对的主体是不特定的

3. 根据我国的法律规定，下列哪些情况可以形成法律关系？（　　　）

   A. 刘某因赌博欠吴某1万元

   B. 甲区警方查处存在火灾隐患的企业，有关人员或被拘留或被处以重罚

   C. 何某为急赶回家，将已过有效期限的身份证涂改，机场安检站不予放行登机

   D. 任某在医院进行肾移植手术

4. 林某，9岁，系某小学三年级学生。一天放学回家路上遇到某公司业务员赵某向其推销一种名为"学习效率机"的低配置电脑，开价5800元。林某信其言，用自己积攒的压岁钱1000元交付了定金，并在分期付款合同上签了字。事后林某父母知晓此事，以"行为人对行为内容有重大误解"为由要求赵某撤销合同并退款。对此下列

何种理解是正确的?（　　）

 A. 从法律角度看，林某表达的意思都是无效的

 B. 林某不能辨别自己行为的性质，所以不享有人身自由

 C. 林某父母要求撤销合同所持的理由是一种法律事实

 D. 根据行为能力的原理，林某父母所持理由在本案中不成立

5. 郝某的父亲死后，其母季某将郝家住宅独自占用。郝某对此深为不满，拒绝向季某提供生活费。季某将郝某告上法庭。法官审理后判决郝某每月向季某提供生活费 300 元。对此事件，下列哪一种理解是正确的?（　　）

 A. 该事件表明，子女对父母只承担法律义务，不享有法律权利

 B. 法官作出判决本身是一个法律事实

 C. 法官的判决在原告、被告之间不形成法律权利与法律义务关系

 D. 子女赡养父母主要是道德问题，法官判决缺乏依据

6. 下列有关法律关系客体的何种表述是错误的?（　　）

 A. 所有的法律关系客体均包含某种利益

 B. 无法律关系客体就无法律关系

 C. 多向（多边）法律关系的客体可以有主次之分

 D. 在确定法律关系客体的标准时，不涉及法的价值评价

7. 按照我国法律规定，限制行为能力的人包括（　　）。

 A. 未满 18 周岁的人

 B. 不能辨认自己行为的精神病患者

 C. 被逮捕的人犯

 D. 不能完全辨认自己行为的精神病患者

8. 凡是能直接引起法律关系产生、变更和消灭的条件或根据，称为（　　）。

 A. 法律关系主体   B. 法律关系客体

 C. 法律事实   D. 法律关系内容

9. 权利主体之间的权利与义务所指向的对象，称为（　　）。

 A. 法律事实   B. 法律关系客体

 C. 法律关系内容   D. 法律关系范围

10. 甲殴打乙并致乙死亡，为此甲赔偿乙家属 2 万元。乙家属料理后事后，分割了乙的财产。引起上述侵权赔偿关系和财产继承关系产生的法律事实分别是（　　）。

 A. 事件和行为   B. 行为和事件

　　C. 事件和事件　　　　　　　D. 行为和行为

二、案例与问题讨论

　　徐海亮与李兰枫于 2000 年 10 月 1 日结婚。2001 年 9 月 10 日，徐海亮外出不幸遭遇车祸，经抢救无效死亡。当时李兰枫已怀孕，预产期在 2001 年年底。徐海亮留有遗产 12 万元，生前没有遗嘱，还有父母健在。

　　请问：在分割徐海亮遗产时，是否需要给未出生的胎儿保留必要的份额？我国继承法对这一问题是如何规定的？

三、参考阅读文献

　　1. ［美］霍菲尔德. 司法推理中应用的基本法律概念 ［OL］. 陈端洪，译. 公法评论网，http//www，gongfa. com/chendhhuofeierde. htm.

　　2. 沈宗灵. 现代西方法理学 ［M］. 北京：北京大学出版社，1992：第 10 章.

　　3. 王涌. 寻找法律概念的 "最小公分母" ——霍菲尔德法律概念分析思想研究 ［J］. 比较法研究，1998（2）.

　　4. 王利明. 民法案例分析的基本方法探讨 ［OL］. 法律思想网，http：// law – thinker. com/ show. Asp？ id = 1889.

第十二章　法律责任

第一节　法律责任的概念

一、法律责任释义

在现代汉语中，"责任"一词有两种基本词义。（1）积极责任。即分内应做的事，它是基于某种角色而应承担的义务，如岗位责任、举证责任等。（2）消极责任。即没有做好应做的事而承担的不利后果，如违约责任、赔偿责任等。

有关"责任"的英语词汇有：（1）Duty，常译为义务、职责、责任。（2）Responsibility，译成责任、责任感；负担；可靠性；任务。（3）Culpability，译为应受处罚；有罪。（4）Liability，译成责任、义务；负担；不利；缺点；债务；赔偿责任。

可见，责任概念具有多义性，在不同语境中具有不同含义且不断流变。

与对责任一词的多样化理解一样，对法律责任一词，法学界的看法也不一样，有代表性的观点有以下几种。

（1）义务说。它把法律责任定义为"义务"、"第二性义务"。例如，《布莱克法律词典》解释说，法律责任是"因某种行为而产生的受惩罚的义务及对引起的损害予以赔偿或用别的方法予以补偿的义务"❶。还有学者认为，法律责任是"由于侵犯法定权利或违反法定义务而引起的、由专门国家机关认定并归结于法律关系的有责主体的、带有直接强制性的义务，亦即由于违反第一性法定义务而招致的第二性义务"❷。

（2）处罚说。它把法律责任定义为"处罚"、"惩罚"、"制裁"。如，

---

❶　布莱克法律词典 ［M］. 美国西部出版公司，1983：1197.

❷　张文显. 法学基本范畴研究 ［M］. 北京：中国政法大学出版社，1993：187.

哈特指出："当法律规则要求人们作出一定的行为或抑制一定的行为时，（根据另一些规则）违法者因其行为应受到惩罚，或强迫对受害人赔偿。"❶再如，凯尔森认为："法律责任的概念是与法律义务相关联的概念，一个人在法律上对一定行为负责，或者他在此承担法律责任，意思就是，如果做相反的行为，他应受制裁。"❷

（3）责任能力说及法律地位说。它把法律责任说成是一种主观责任。如，"责任乃是一种对自己行为负责，辨认自己的行为，认识自己行为的意义，把它看做是自己的义务的能力"❸。再如，责任"有时指应负法律责任的地方及责任能力（主观意义之责任)"❹。

（4）后果说。它把法律责任定义为某种不利后果。如，有学者指出："法律责任是指一切违法者，因其违法行为，必须对国家和其他受到危害者承担相应的后果。"❺还有学者指出："所谓法律责任是指由于某些违法行为或法律事实的出现而使责任主体所处的某种特定的必为状态。"❻

我们认为对责任从两种意义上进行理解要合理些。❼一方面，法律责任相当于法律义务；另一方面，法律责任是指由于违法行为、违约行为或者由于法律规定而应承受的某种不利的法律后果。欠债还钱、杀人偿命，是人们对法律责任的最通俗的解释。还钱、偿命对责任人来说都是不利的法律后果。

产生法律责任的原因大体上可以分为下面三种：①侵权行为，也就是违法行为。侵犯他人的财产权利、人身权利、知识产权、政治权利或精神权利而产生的法律责任在全部法律责任中占多数。②违约行为，即违反合同约定，没有履行一定法律关系中的作为的义务或不作为的义务。③法律规定，这是指无过错责任或叫严格责任。从表面上看，责任人并没有侵犯任何人的权利，也没有违反任何契约义务；仅仅由于出现了法律所规定的法律事实，就要承担某种赔偿责任，如产品致人损害责任。

❶　哈特．责任［J］//刘作翔，龚向和．法律责任的概念分析．法学，1997（10）．
❷　凯尔森．法与国家的一般理论［M］．北京：中国大百科全书出版社，1996：73.
❸　［前苏联］巴格里—沙赫马托夫．刑事责任与刑罚［M］．北京：法律出版社，1984：2.
❹　洪福增．刑事责任之理论［J］．刑事法杂志社印行，1982.
❺　林仁栋．马克思主义法学的一般理论［M］．南京：南京大学出版社，1990：186.
❻　杜飞进．试论法律责任的若干问题［J］．中国法学，1990（6）．
❼　沈宗灵主编．法理学［M］．北京：高等教育出版社，1998：404.

二、法律责任的功能

法律责任的功能是指法律责任制度的设置及其运作对人以及社会所产生的影响。法律责任对个人和社会所产生的影响是多方面的，这种影响主要集中体现在以下三个方面：第一，对责任的承担者施加强制；第二，对受害者予以补偿；第三，预防危害社会的行为。

（一）强制功能

强制是指通过压制或强迫的力量使人服从命令。强制力是任何法律制度都不可缺少的因素。在所有法律制度中，原则和规则都必须能够借助最后的手段保证其实施，通过切实的强制手段（如监禁）或财产制裁（比如罚金、损害赔偿、没收财产），使社会组织或者个人服从这些原则和规则。无论如何公正的法律制度也不能保证所有人都能自愿服从特定的法律制度，自愿承担一切义务。因而，通过强制使人们的行为与法律保持一致，就成了法律实施的最后一道防线。

强制的方式包括制裁和惩罚。"制裁是由法律秩序所规定以促使实现立法者认为要有的一定的人的行为。"❶ 惩罚就是惩戒、处罚。法律责任的强制功能，就是惩罚违法者和违约人，维护社会安全与秩序。在社会生活中，侵害、纠纷、争议和冲突在所难免。在人类历史的早期，以复仇或报复为形式的惩罚是主要的解决侵害、冲突和纠纷的方式；这种具有野蛮性、自发性的惩罚方式也是一种最古老的保护利益和维护权利的方式。随着社会的发展，人们以公共权力为后盾，由公民个人或国家机关根据法律程序要求行为人承担不利的法律后果，以此惩罚违法侵权者和违约人，从而以文明的方式平息纠纷和冲突，维护社会安全和秩序。法律责任的惩罚功能可以说是法律责任的首要功能。

公正是法律的固有价值，也是认识法律责任惩罚功能的一个重要尺度。惩罚是公正自身的保护机制。如果缺乏这种自身保护机制，公正将是不堪一击甚至不攻自破的。刑事法律责任就是一种强制性法律责任，强制是刑事责任的首要功能。民事法律责任主要不是一种惩罚责任，但它也执行惩罚的功能，具有惩罚的内容。违约金本身就含有惩罚的意思。收缴进行非法活动的财物和非法所得、罚款、拘留等，都是以执行惩罚和预防功

---

❶ ［奥］汉斯·凯尔森. 法与国家的一般理论［M］. 沈宗灵，译. 北京：中国大百科全书出版社，1996：54.

能为主的责任。

（二）救济功能

法律责任的救济功能，就是救济法律关系主体受到的损失，恢复受侵犯的权利。法律责任通过设定一定的财产责任，赔偿或补偿在一定法律关系中受到侵犯的权利或者在一定社会关系中受到损失的利益。救济，即赔偿或补偿，指把物或人恢复到违约或违法侵权行为发生前它们所处的状态。救济可以分为特定救济和替代救济两种。所谓特定救济，是指要求责任人做他应做而未做的行为，或撤销其已做而不应做的行为，或者通过给付金钱使受害人的利益得以恢复。比如停止侵害、排除妨害、恢复原状、赔偿损失等。这种救济的功能主要用于涉及财产权利和一些纯经济利益的场合。替代救济，是指以责任人给付的一定数额的金钱作为替代品，弥补受害人受到的名誉、感情、精神、人格等方面的损害。这种救济功能主要用于精神损害的场合。精神损害与其他人身损害一样，都是受害人所遭受的实际损失。替代救济是以金钱为手段在一定程度上弥补、偿付受害人所受到的心灵伤害，尽最大可能恢复受害人的精神健康，如果不能恢复，也使受害人的心灵得到抚慰。

民事责任主要是一种救济责任。民事责任的功能主要在于救济当事人的权利，赔偿或补偿当事人的损失。所以，民事责任主要是一种财产责任。当然，除财产责任以外，民事责任还包括其他责任方式。其中包括行为责任，如停止侵害、排除妨碍、消除危险、恢复原状、修理、重作、更换等；精神责任，如训诫、具结悔过；人身责任，如拘留。

（三）预防功能

法律责任的预防功能，就是通过使违法者、违约人承担法律责任，教育违法者、违约人和其他社会成员，预防违法犯罪或违约行为。法律责任通过设定违法犯罪和违约行为必须承担的不利的法律后果，表明社会和国家对这些行为的否定态度。这不仅对违法犯罪或违约者具有教育、震慑作用，也可以教育其他社会成员依法办事，不做有损社会、国家、集体和他人合法利益的行为。英国哲学家哈耶克从自由与责任密不可分的关系出发，指出责任的预防功能："在一般意义上讲，有关某人将被视为具有责任能力的认识，将对他的行动产生影响，并使其趋向于一可欲的方向。就此一意义而言，课以责任并不是对一事实的断定。它毋宁具有了某种惯例的性质，亦即那种旨在使人们遵循某些规则的惯例之性质。"❶ 他同时指出，发挥责任的预防功能同时也是追究责任的理由："课以责任的正当理由，因此是以这样的假设为基础的，即这种做法会对人们在将来采取的行动产生影响；它旨在告知人们在未来的类似情形中采取行动时所应当考虑的各种因素。"❷

　　正是从刑事法律责任的惩罚功能和预防功能考虑，刑事责任基本上是一种个人责任。一般来说，只有实施犯罪行为者本人才能承担刑事责任。因为人是具有主观能动性或叫"自由意志"的，一个人如果从事了犯罪行为，国家就要以刑事责任对其行为作出否定性反应，除对极个别罪大恶极者剥夺其生命外，对绝大多数犯罪者要进行惩罚、教育，使其不再危害社会。刑事责任也包括集体责任，有些国家称为"法人犯罪"的刑事责任，在中国称为"单位犯罪"的刑事责任。不管是惩处个人还是惩处单位，都是为了惩罚犯罪者，救济被侵害的权利，预防犯罪的再发生。

第二节　法律责任的构成与分类

一、法律责任的构成

　　法律责任的构成，是指法律责任认定的必备条件。一般而言，违法行为和违约行为是最主要、最基本的产生法律责任的原因。在这里，我们依据违法行为和违约行为的构成要素，可将法律责任的构成概括为责任主体、心理状态、违法或违约行为、损害结果和因果关系五个方面。

　　（一）责任主体

　　责任主体，是指因违法或违约行为而承担法律责任的人，包括自然人、法人和其他社会组织。但是，并非任何人都可以成为违法或违约行为的实施者，责任主体对于法律责任的有无、种类、大小有着密切的关系。这主要表现在以下两个方面。

　　（1）法律责任与主体行为能力相关。比如，我国刑法规定，已满 16 周岁的人具有完全刑事行为能力，应当承担全部刑事责任；已满 14 周岁不

---

　　❶　［英］哈耶克. 自由秩序原理［M］. 邓正来，译. 北京：生活·读书·新知三联书店，1997：89.
　　❷　［英］哈耶克. 自由秩序原理［M］. 邓正来，译. 北京：生活·读书·新知三联书店，1997：90.

满 16 周岁的人为限制刑事行为能力人，只对若干重大犯罪负刑事责任；已满 14 周岁不满 18 周岁的人犯罪，应当从轻或者减轻处罚。同时，不同法律的规定也有所区别。《民法通则》规定，18 周岁以上，以及 16 周岁以上不满 18 周岁并以自己的劳动收入为主要生活来源的，具有完全民事行为能力；10 周岁以上的未成年人为限制民事行为能力人；不满 10 周岁则无民事行为能力。由此，相应的法律责任也有所不同。

（2）法律责任的继受或转移。现实生活中，法律责任可能会被另一主体所继受，如继承法的相关解释规定，财产继承人在接受遗产范围内，必须继受被继承人生前应归还的相应债务。法律责任也经常出现从某一主体转移到另一主体的现象，如当事人债务转让、企业兼并或注销后的责任移转、担保责任随主权利变动等。

（二）主观过错

主观过错是指行为人实施违法或违约行为时的主观心理状态。在人类社会早期，按照客观原则进行归责，因而主观过错对法律责任的构成没有什么意义，即只要有危害他人或社会的行为，不管行为人是否有过错，都得承担法律责任。现代社会将主观过错作为法律责任构成的要素之一，不同的主观心理状态决定了某行为是否有责任及承担何种责任。现代刑事责任一般采用过错责任原则，主观过错对于区分罪与非罪、此罪与彼罪、一罪与数罪、重罪与轻罪具有重要作用；现代民事责任则以过错责任为原则，以无过错责任为补充。

过错，包括故意和过失两类。故意，是指明知自己的行为会发生危害社会的结果，仍希望或放任这种结果发生的心理状态；过失，是指应当预见自己的行为可能发生损害他人、危害社会的结果，因为疏忽大意而没有预见，或者已经预见而轻信能够避免，以致发生这种结果的心理状态。过失行为一般要负民事责任，但只有在法律明文规定时才负刑事责任。

过错与动机不同。过错，系指行为人实际做何事或不做何事；动机，则关系到他为何做或不做某事。比如，杀人在过错上只存在故意与过失之分；那么从动机上为何杀人，可能是复仇或谋财等。动机一般对责任的有无不产生影响，而是权衡责任轻重的因素。

（三）违法或违约行为

违法或违约行为，是法律责任的核心要素。行为，是由人的意志控制的任何事件。自然界发生的事件（如地震、洪水、电击）和人的无意识动作（如梦游、精神失常），不是由人的意志控制，也不是法律上讲的行为。另外，行为与思想有联系，如果思想活动公开表露出来，有时也构成法律上的行为，如诽谤、泄密。而在古代，纯粹的、尚未表露的思想和行为，都可能导致法律责任（如腹诽），现代法律对此杜绝。

违法或违约行为，可以分为作为与不作为。作为，是指直接做了法律所禁止或合同不允许的事，自然要导致法律责任，如抢劫、故意杀人须承担刑事责任，侵犯他人专利应予赔偿，逾期付款要加付滞纳金等。不作为，是指行为人能够履行自己的应尽义务而不履行该义务，也要承担法律责任，如公民不积极服兵役、政府行政不作为、义务人疏忽导致重大责任事故等。

（四）损害结果

损害结果，是指违法或违约行为给他人或社会的合法权益造成的损失或伤害。损害形式包括实际损害、已得利益和期待利益三种；损害结果可以是人身损害、财产损害、精神损害和其他方面的损害，但必须是业已发生的事实，而非主观虚构、推测或臆想；损害结果的认定，可以依据法定、约定、公理甚至一般的公众意识。值得注意的是，合法行为对他人造成的损害在法律明文规定的情形下也要承担责任，比如行政或司法机关的合法行政行为或司法行为损害了他人的合法权益，应当承担赔偿责任。另外，有些责任的承担，不以实际损害的存在为条件，如危害国家安全罪，不一定已对国家安全造成实际损害，但也要承担刑事责任。

（五）因果关系

因果关系，即违法或违约行为与损害结果之间的必然联系。如果某种现象的出现是因另一现象的存在引起的，则二者之间就存在因果关系。因果关系的有无，是认定法律责任的重要环节。法律上的因果关系有别于一般的因果关系，一个损害结果可能是由多种原因造成的，法律只考虑其中与法律责任认定有关的因素，如松花江污染事件是由于吉化公司爆炸造成苯类污染物流入松花江所致。其中，法律所关心的是爆炸起因这一异常事件，以便确定法律责任的有无和归属。法律上的因果关系包括直接因果关系和间接因果关系两大类。前者指一个现象直接导致另一现象的产生，如债权人为逼债而非法拘禁债务人，直接造成债务人失去人身自由；后者指一个现象是另一现象出现的必要条件，如高层窗台放置花盆，被狂风刮下致人伤亡，在窗台放置花盆这一行为就是致人损害的必要条件。一般来说，对直接因果关系造成损害，应当承担责任；而对间接因果关系造成的损害，只有法律明文规定时，才承担责任。

二、法律责任的分类

根据不同标准，法律责任有不同的分类。现就两种常见的分类予以介绍。

（一）民事责任、刑事责任、行政责任和违宪责任

最常见的分类是根据法律责任的类型，把法律责任分为民事责任、刑事责任、行政责任和违宪责任四种。

民事责任，是指公民或法人因违法、违约或其他事由而依法承担的不利后果。这里的违法或违约行为，除了民事违法或违约行为外，还包括部分刑事和行政违法行为，在某些国家甚至包括违宪行为。

刑事责任，是指因违反刑事法律而承担的不利后果。它是严格的行为人的个人责任，也是最严厉的法律责任。

行政责任，是指因行政违法行为而承担的不利后果。它包括违法行政责任和行政违法责任，前者是行政机关及其公职人员在行政行为中滥用职权、违法失职行为而导致的法律责任；后者是行政管理相对人违反行政管理法规而承担的法律责任。

违宪责任，是指违反宪法而承担的不利后果。违宪通常是有关国家机关制定的某种法律、法规和规章，以及国家机关、社会组织或公民的某种活动与宪法相抵触。任何一种违宪的法律、法规、规章和活动都是无效的，我国违宪责任的认定由全国人大及其常委会负责。

（二）过错责任、无过错责任和公平责任

所谓过错责任，是指以存在主观过错为必要条件的法律责任，即承担责任必须以行为有主观过错为前提。过错责任是法律责任中最古老、最为普遍的责任形式，"无过错即无责任"也一直是法律中的一个基本原则。在民法领域尽管还存在其他责任形式，但它直到现在也仍然是各国民法中最普遍的原则；在其他法律领域，过错责任更是占绝对统治地位的法律责任形式，例如在刑法中，没有过错就绝对没有刑事责任。

所谓无过错责任，是指不以主观过错的存在为必要条件的法律责任形式。这就说明，只要造成了损害，无论有没有过错，法律都直接规定要承担法律责任。无过错责任是法律为了解决近代工业社会发展所带来的越来越多的损害赔偿问题而采用的一种新的责任形式。在现代高度发达的工业社会中，诸如环境污染、交通事故、工业产品、工业事故等损害越来越多，如果要求受害人证明加害人的过错会很不公平，因此法律上逐渐确立

了无过错责任，以此作为对过错责任的补充。我国法律对于无过错责任的规定主要集中在民法和经济法领域。但要注意的是，只有法律明确规定适用无过错责任，才能适用无过错责任。《民法通则》第106条第3款规定："没有过错，但法律规定应当承担民事责任的，应当承担民事责任。"如果法律没有规定，就不能任意适用无过错责任形式。

所谓公平责任，是指法律无明文规定适用无过错责任，但适用过错责任又显失公平，因而不以行为人有过错为前提并由当事人合理分担的一种特殊的责任。这种责任形式主要是民法上为了弥补无过错责任和过错责任原则的不足而采取的一种特殊责任，它实际上是公平原则在民事法律领域内的具体运用。我国《民法通则》第132条规定："当事人对造成损害都没有过错的，可以根据实际情况，由当事人分担民事责任。"但是哪些情况可以适用公平责任，一般要视具体情况而定。我国《民法通则》对此也作了一些规定，例如第109条规定："因防止、制止国家的、集体的财产或者他人的财产、人身遭受侵害而使自己受到损害的，由侵害人承担赔偿责任，受益人也可以给予适当的补偿。"这种情况若要求受益人承担责任，就是属于一种公平责任。

第三节　法律责任的归责与免除

一、归责的概念和基本原则

归责，即法律责任的归结，是指由特定的国家机关或国家授权的机关依法对行为人的法律责任进行判断和确认。责任是归责的结果，但归责并不一定导致责任的产生。归责是一项严肃的活动，必须在一定的原则指导下进行。

归责的基本原则是具体法律部门归责原则的基础。归责是一个复杂的责任判断过程。它是特定法律制度的价值取向的体现，一方面指导着法律责任的立法，另一方面指导着法律实施中对责任的认定与归结。在我国，归责原则主要可以概括为责任法定原则、责任自负原则、公正合理原则、因果联系原则。

（一）责任法定原则

责任法定原则是指法律责任作为一种否定的法律后果应当由法律规范预先规定，包括在法律规范的逻辑结构之中；当出现了违法行为或法定事由的时候，按照事先规定的责任性质、责任范围、责任方式追究行为人的责任，而不能由执法者主观臆断。这具体表现为：①违法行为发生后应当按照法律事先规定的性质、范围、程度、期限和方式追究责任；②排除无法律依据的责任。

（二）责任自负原则

随着现代社会个体意识的深化，在法律责任的承担上只能由法律规定的责任人承担，不能允许"株连"现象的发生。这具体包括：①违法行为人应当对自己的违法行为负责，不对其他人的违法行为负责；②不能让没有违法行为的人承担法律责任，因法律规定承担责任的除外。

（三）公正合理原则

公正合理可以说是法的固有价值。古罗马法学家西塞罗有言道："法是善良和公正的艺术。"设定以及追究法律责任，当然也得符合公正合理的原则。这具体包括以下几点：（1）对任何违法行为都应依法追究相应的责任；（2）责任与违法或损害相称，即要求法律责任的性质、种类、轻重要与违法行为以及造成的后果相适应；（3）法律责任的设定应当考虑到人们的通常算计；（4）归责时应综合考虑使行为人承担责任的多种因素，或做到合理地区别对待，或坚持同样案件同样处理；（5）在设定及归结法律责任时还应考虑人的心智与情感因素，以期真正发挥法律责任的功能。哈耶克指出："既然我们是为了影响个人的行动而对其课以责任，那么这种责任就应当仅指涉两种情况：一是他预见课以责任对其行动的影响，从人的智能上讲是可能的；二是我们可以合理地希望他在日常生活中会把这些影响纳入其考虑的范围。"❶

（四）因果联系原则

因果联系原则是指在确定法律责任时要确认违法行为与损害结果之间的内在联系，即因果关系。这具体包括：（1）客观行为与损害结果之间的因果关系；（2）行为人的主观方面与外部行为之间的因果关系；（3）原因和结果之间的关联程度，即是必然的还是偶然的，是一因多果还是多因一果等。缺乏对任何一方面的因果关系的考察都将影响到法律责任的正确归结。

---

❶ ［英］哈耶克. 自由秩序原理［M］. 邓正来，译. 北京：生活·读书·新知三联书店，1997：99.

二、免责条件

免责，是指行为人存在违法或违约的事实，且具备承担法律责任的条件，但因某些法律规定而可以减轻或免除法律责任。

免责与无责任、不负责任存在很大区别。无责任、不负责任，是指行为人虽然存在违法或违约的事实，但不具备法律上应负责任的条件，故不承担法律责任，比如正当防卫、紧急避险、无责任能力以及不可抗力。

常见的免责条件有：（1）超过时效。权利人经过一定期限而不行使权利，义务人就免除责任。（2）不起诉。义务人由于不被起诉而实际上免除了责任，我国绝大多数民事、行政案件和某些轻微刑事案件都属于不告不理。（3）及时、有效补救。义务人或其他人在司法机关归责前及时采取有效补救措施，可以减免其责任。（4）达成协议。双方当事人在法律允许的范围内协商同意的免责，即所谓"私了"。（5）自首、立功。刑事案件中对于违法后有自首或立功表现的人，可以减免责任。

【材料阅读】河南报业网讯：2004年6月15日，河南省渑池县人民法院审结一起因矿主和民工签订事故免责协议而引起的债务纠纷案件。

2002年9月20日，原告赵军组织包工队到被告王发民开办的煤矿上务工。被告王发民要求原告组织的民工与矿上签订务工协议，协议中必须写明：工人务工期间发生伤亡事故，由包工队负责处理，与矿上无关，否则不准下井工作。原告赵军为了尽快安排工人上班，明知不妥，但迫于无奈仍与被告签订了务工协议。2003年4月，包工队在位于河南省渑池县果元乡赵沟村被告开办的煤矿施工中发生了人员伤亡事故，煤矿在事故处理中先行垫付事故处理款52600元。2004年元月，原告在与被告结算工人工资时，被告余欠45000元不予兑付，并声称依照双方所签订的务工协议，包工队还应结清剩余事故处理款7600元。原告多次与被告交涉、理论，均无效果。无奈原告将被告诉至法庭，要求其偿付剩余工人工资款45000元。

河南省渑池县人民法院经开庭审理后认为，合法的民事活动受法律保护，原告赵军组织包工队为被告王发民开办的煤矿采煤，经双方结算被告欠原告工资45000元，事实清楚、证据充分，现原告要求被告偿付所欠剩余工人工资款45000元，符合法律规定，依法应予支持。被告王发民以双方签订的务工协议约定事故处理费由包工队负责为由，不予偿付所欠原告工资款；因所签协议中"免除被告事故责任"一项与我国宪法和劳动法的立法精神相违背，也不符合最高人民法院1988年10月14日《关于雇工合同应当严格执行劳动保护法规问题的批复》关于在劳动合同中注明"工伤概不负责任"无效的内容，故对被告的理由不予支持。据此河南省渑池县人民法院依照《民法通则》第108条"债务应当清偿"的规定，判决被告王发民给付原告赵军工人工资款45000元。

第四节　法律责任的实现

法律责任的种类不同，实现法律责任的方式亦不同。根据国家强制力介入法律责任的程度不同，法律主体承担法律责任的方式可主要分为法律制裁、补偿、法律强制三种。

一、法律制裁

法律制裁，是指以法律规定为基础，由特定的国家机关依法对责任主体的人身自由、财产权益等实施的强制性惩罚措施。法律制裁是实现法律责任的重要方式。

法律制裁主要包括：

（1）违宪制裁。违宪制裁是对违宪行为所实施的一种强制措施。我国监督宪法实施的机关是全国人大及其常委会，它也是行使违宪制裁权的主体。承担违宪责任的主体，主要是国家机关及其领导人。制裁措施包括：撤销同宪法抵触的法律、行政法规、地方性法规；罢免国家机关的领导成员。

（2）民事制裁。民事制裁是由人民法院所确定并实施的，对民事责任主体给予的强制性惩罚措施。

它主要包括停止侵害、排除妨碍、消除危险；返还财产；恢复原状；修理、重作、更换；赔偿损失；支付违约金；消除影响、恢复名誉、赔礼道歉等。以上不同形式，可以分别适用，也可以合并适用。法院在审理民事案件时，除适用上述规定外，还可以予以训诫、责令具结悔过、收缴进行非法活动的财物和非法所得，并可以依法处以罚款和拘留。民事责任主要是一种财产责任，所以民事制裁也是以财产关系为核心的一种制裁。承担民事责任的主体既可以是公民，也可以是法人。

（3）刑事制裁。刑事制裁是司法机关对于犯罪者根据其刑事责任所确定并实施的强性惩罚措施。在现代社会，刑事制裁与民事制裁有三个区别：①制裁目的不同。刑事制裁旨在预防犯罪；民事制裁旨在补救被害人的损失。②程序不同。刑事制裁一般由检察机关以国家名义提起公诉；而民事制裁一般由被害人主动向法院提起诉讼。③在方式上，刑事制裁以剥夺或限制自由为内容，并以剥夺生命为最严厉的惩罚措施；民事制裁则主要是对受害人的财产进行补偿。刑事制裁也有财产刑，但要上缴国库。承担刑事责任的主体既可以是公民，也可以是法人，但对法人的刑事制裁只能是处以没收财产、罚金等财产刑。刑事制裁以刑罚为主要组成部分。但除刑罚以外，刑事制裁还包括一些非刑罚处罚方法。刑罚是人民法院对于犯罪者根据其刑事责任而实施的惩罚措施，分为主刑和附加刑两类，主要包括自由刑、生命刑、资格刑和财产刑。刑罚是一种最严厉的法律制裁。

（4）行政制裁。行政制裁是指国家行政机关对行政违法者依其行政责任所实施的强制性惩罚措施。与行政违法和行政责任的种类相对应，行政制裁可以分为行政处分、行政处罚和劳动教养三种。

行政处分是由国家行政机关或其他组织依照行政隶属关系，对于违反行政法律规定的国家公务员或所属人员所实施的惩罚措施，主要有警告、记过、记大过、降级、降职、撤职、留用察看和开除等形式。

行政处罚是由特定执法机关对违反行政法律规定的公民或社会组织所实施的惩罚措施，其处罚形式主要有警告、罚款、拘留等。

劳动教养是由专门的行政机关对违反行政法律规定、危害社会秩序和他人人身安全但尚不构成犯罪的违法行为者所实施的惩罚措施。

（5）经济制裁。通常所说的经济制裁，含义很广。这里所说的经济制裁主要是由人民法院和行政执法机关对经济违法行为者给予的强制性惩罚措施。由于我国经济法律制度的内容、范围尚未明确划定，所以关于经济制裁的具体形式，目前也有不同的看法。

一般说来，行政执法机关对不履行守法义务的个人或法人给予的吊销营业执照，没收财物和非法所得，责令停产、停业、关闭，责令限期改正、限期治理，停发生产许可证，撤销商标，追缴税款等，均可视为经济制裁的范畴。

二、补偿

补偿是通过国家强制力或当事人要求，责任主体以作为或不作为形式弥补或赔偿所造成损失的责任方式。补偿包括防止性的补偿、恢复性的补偿、补救性的补偿等不同性能的责任方式。补偿的作用在于制止对法律关系的侵害以及通过对被侵害的权利进行救济，使被侵害的社会关系恢复原态。补偿侧重于强调事实，较少渗入道德评判，目的主要在于弥补受害人的损害。

补偿的方式除了对不法行为的否定、精神慰藉外，主要为财产上的赔偿、补偿。在我国，补偿主要包括民事补偿和国家赔偿两类。

民事补偿是指依照民事法律规定，责任主体承担的停止、弥补、赔偿等责任方式，具体包括停止侵害、排除妨碍、消除危险、返还财产、恢复原状、修理、重作、更换、赔偿损失、消除影响、恢复名誉等。承担民事责任的方式主要为民事补偿。

国家赔偿包括行政赔偿和司法赔偿。行政赔偿是国家因行政主体及其工作人员行使职权造成相对人受损害，而给予受害人赔偿的一种责任方式；主要分为因违法行政行为侵犯人身权的赔偿、因违法行政行为侵犯财产权的赔偿。因征用土地等合法行政行为而造成相对人损害的行政补救也属于行政赔偿。司法赔偿是国家因司法机关及其工作人员行使职权造成当事人受损害，而给予受害人赔偿的一种责任方式；包括刑事赔偿和非刑事司法赔偿。由于认定事实、适用法律的错误，致使当事人受到损害的，国家要给予相应的赔偿。

三、法律强制

法律强制，指负有法定义务的责任主体不依法履行法律责任时，国家强力机关通过法律手段，强制责任人履行义务的责任方式。这种方式主要表现为行政强制。行政强制包括对人身的强制，如强制治疗、强制戒毒、强制隔离、拘传等；也包括对财产的强制，如强行划拨、强制扣缴、强制拆除等。法律强制一般多指国家行政权力主动介入或依据受害人的申请或请求而强迫责任主体承担法律责任，是被动实现法律责任的方式；只限于强制责任主体承担法律责任，而不对其采取惩罚性措施。

◆ 配套练习题

一、不定项选择

1. 法律责任方面的有关知识理论在实际生活中有直接的应用价值，准确理解法律责任的有关知识理论是完全必要的。就下面几种观点，请您将其中错误的表述列举出来（　　　）。

A. 以法律责任的内容为标准，可以将法律责任分为有限责任和无

限责任

  B. 刑事、民事、行政等法律责任的划分是以引起责任的行为性质为标准的

  C. 产生国家赔偿责任的原因是国家机关及其工作人员在执行职务过程中的侵害行为

  D. 构成违宪责任的违宪行为，所侵害的是由宪法规范所专门调整的国家机关之间和国家机关与公民之间的关系

2. 责任法定原则是法治原则在法律责任认定和归结问题上的具体运用。下列选项中哪些是该原则的要求？（ ）

  A. 法律责任应由法的规范预先规定

  B. 不允许任何的法的类推适用

  C. 国家不能用今天的法来要求人们昨天的行为

  D. 没有法律授权的任何国家机关或社会组织都不能向责任主体认定和归结法的责任

3. 根据我国法律的有关规定，下列选项中的哪一项行为不能减轻或免除法律责任？（ ）

  A. 家住偏僻山区的蒋某把入室抢劫的康某捆绑起来，并押了 6 个小时后，才将康某押送到 40 里外的乡派出所

  B. 蔡某偷了一辆价值 150 元的自行车，10 年后被人查出

  C. 医生李某征得患者王某的同意，锯掉其长有恶性肿瘤的小腿

  D. 高某在与三个青年打架时，拔出刀子将对方一人刺伤

4. 下列哪些情况会导致法律责任？（ ）

  A. 保安员曲某收 5 元自行车停车费，并不给收据

  B. 姜某向某报社写信揭露某纪录片造假，报社没有刊登

  C. 冯某经公共汽车售票员提醒后仍不给抱小孩的乘客让座，小孩被拥挤受伤

  D. 塑胶五金厂要求工人一天至少工作 15 小时，加班费为每小时 1.5 元

5. 违法行为的发生不是由行为者的自由意志，而是由客观条件决定的，因而只能根据行为人行为的环境和行为的社会危害性来确定法律责任的有无和轻重。此种观点属于下列选项中的哪一种理论？（ ）

  A. 规范责任论 B. 历史责任论

  C. 环境责任论 D. 社会责任论

6. 根据我国法律的规定，适用法律认定和归结法律责任时不遵循以下哪一项原则？（　　）

   A. 责任法定原则

   B. 公正原则

   C. 效益原则

   D. 保护主义原则

7. 西方法学家在研究法律责任时，就法律责任的本质问题出现过不同的理论。其中，影响较大的有道义责任论、社会责任论和规范责任论。下列哪一个选项为道义责任论的观点？（　　）

   A. 由于给社会造成经济损失，因而需要承担法律责任

   B. 违法者应对自己出于自由意志作出的违法行为负责，应该受到道义上的责难

   C. 只能根据行为人行为的环境和行为的社会危险性来确定法律责任的有无和轻重

   D. 法律对人的行为否定的态度体现在法律责任的认定和归结中，这种责任就是法律规范和更根本的价值准则评价的结果

8. 法律制裁以违法行为为前提，是追究法律责任的直接后果。在追究法律责任时，可依法从轻、减轻或免予法律制裁，下列哪一选项为其根据？（　　）

   A. 违法行为的具体情况

   B. 社会舆论的反映

   C. 行为人的身份和职务

   D. 行政首长的态度

9. 田某打架斗殴，公安机关依据《治安管理处罚法》的规定对其罚款50元，这种处罚属于下列哪一种？（　　）

   A. 刑事制裁　　　B. 行政制裁

   C. 违宪制裁　　　D. 民事制裁

10. 法官甲和法官乙就法律责任的有关内容展开讨论。法官甲的论点是：①违法行为和违约行为是最主要、最基本的产生法律责任的原因和根据，但不是认定和归结法律责任的全部情况。②"免责"也不能混同为"证成"。部分或全部免除责任并不意味着特定的违法行为是合理的、法律允许的或法律不管的。③责任自负原则也不是绝对的，在某些特殊情况下，为了保护社会利益的需要，会产生责任的转移承担问题。法官乙的论点是：①法律责任是社会

为了维护自身的生存条件而强制性地分配给某些社会成员的一种负担。②未达到法定责任年龄为免除法律责任的条件。③责任与处罚相当原则实际上是公平观念、公正观念在归责问题上的具体体现。对上述论点进行分析，下列选项哪一项是不正确的？（　　）

A. 法官甲的论点①和论点②

B. 法官甲的论点③和法官乙的论点③

C. 法官甲的论点①和法官乙的论点①

D. 法官乙的论点②

11. 某医院确诊张某为癌症晚期，建议采取放射治疗，张某同意。医院在放射治疗过程中致张某伤残。张某向法院提起诉讼，要求医院赔偿。法院经审理后认定，张某的伤残确系医院的医疗行为所致。但法官在归责时发现，该案既可适用《医疗事故处理条例》的过错原则，也可适用《民法通则》第123条的无过错原则。这是一种法律责任竞合现象。对此，下列哪种说法是错误的？（　　）

A. 该法律责任竞合实质上是指两个不同的法律规范可以同时适用于同一案件

B. 法律责任竞合往往是在法律事实的认定过程中发现的

C. 法律责任竞合是法律实践中的一种客观存在，因而各国在立法层面对其作出了相同的规定

D. 法律解释是解决法律责任竞合的一种途径或方法

12. 下列有关法律后果、法律责任、法律制裁和法律条文问题的表述，哪些可以成立？（　　）

A. 任何法律责任的设定都必定是正义的实现

B. 法律后果不一定是法律制裁

C. 承担法律责任即意味着接受法律制裁

D. 不是每个法律条文都有法律责任的规定

二、案例讨论与问题思考

1. 法律责任的构成

小莫里是个3岁的小男孩。他的爸爸出差了，他的妈妈晚上打算去参加一个舞会，就把他托付给了邻居。邻居带着小莫里在路边乘凉并与人聊天打牌，小莫里就在路边独自玩耍。大林在朋友家喝醉了酒要开车回家，朋友建议他还是坐出租车，但大林还是上了自己的车，朋友只好叮嘱他慢慢开。大林在回家的路上由于车速过快，超车时没有控制好方向，撞倒了

在路边的小莫里，导致小莫里死亡。

（1）在小莫里妈妈、小莫里邻居、大林和大林朋友这四个人当中，哪个人或者哪些人应当承担法律责任？

（2）应当承担法律责任的人分别应当承担何种法律责任？应当如何承担？

（3）你是如何判断他们是否应当承担法律责任的？

（4）大林喝醉了酒，还要承担法律责任吗？

2. 法律责任的归责原则

某甲与某乙系河南省某丝毯厂临时工。2003 年 1 月 31 日下午 3 时许，某甲的小女儿拿花生米到某乙家院内边吃边玩耍，某乙家的公鸡跑过去到小女孩嘴里争食。小女孩躲让不及，被公鸡啄住了鼻梁，顿时冒出血沫。当天夜里，小女孩发起高烧，因家长大意，直到第三天，小女孩高烧不退才急忙送到医院。经诊断，发烧系病菌入侵引起破伤风所致，当天因医治无效死亡。事后，某甲诉至法院，要求某乙进行巨额赔偿。

（1）某乙是否应当赔偿？

（2）所依据的原则是什么？

（3）某乙有无可以减轻责任的情形？

3. 苏格拉底的故事：公民为什么应当遵守法律？

苏格拉底是古希腊时代雅典著名的哲学家。公元前 399 年，苏格拉底被三个公民指控亵渎神灵和误导青年，并被雅典的一个人民法庭判处死刑。其时，雅典人正在装点海船，准备次日前往提洛岛祭祀阿波罗神。为确保城市洁净，一律暂缓处决死囚。苏格拉底乃被投入监狱，等待祭祀结束后处决。其间，弟子们轮流探监，陪伴老师度过最后的日子。一名富有的学生叫做克力同。他已经为苏格拉底的逃监做好了一切准备。不料，苏格拉底并不愿意逃跑。苏格拉底说，他与城邦的法律有一个契约。法律给他提供供养、安全等好处，他允诺遵守法律。他不能逃走，不能做不守契约的不义之人。最后，苏格拉底饮下鸩毒，从容就死。❶

苏格拉底之死，可以启发人思考的地方很多。其中一个就是，归根结底，法律效力来源于何处？或者说，公民为什么应当遵守法律，这种守法的义务是根据什么施加的？

---

❶　参见［古希腊］柏拉图．游叙弗伦．苏格拉底的申辩．克力同［M］．严群译．北京：商务印书馆，1983.

三、参考阅读文献

1.［奥］凯尔森．法与国家的一般理论［M］．沈宗灵，译．北京：中国大百科出版社，1996：第二、四、五、八章.

2.［英］哈特．惩罚与责任［M］．王勇，等译．北京：华夏出版社，1989.

3.［古希腊］柏拉图．游叙弗伦．苏格拉底的申辩．克力同［M］．严群，译．北京：商务印书馆，1983.

4. 何怀宏编．西方公民不服从的传统［M］．长春：吉林人民出版社，2001.

第十三章 法的运行

第一节 立法

一、立法的概念阐释

（一）古之解

立法一词，古已有之。例如，在古代文献《商君书》中记载："当时而立法，因事而制礼，立法明分，观俗立法，则治。"韩非也曾言："夫立法令者，以废私也。"《史记·律书》也讲："王者制事立法。"《洪范》曰："天子作民父母，为天下王。""圣人取类以正名，而谓群为父母，明仁、爱、德、让，王道之本也。爱待敬而不败，德须威而久立，故制礼以崇敬，作刑以明威也。"圣人既躬明哲之性，必通天地之心，制礼作教，立法设刑，动缘民情，而则天象地。故曰："先王立礼，则天之明，因地之性也。刑罚威狱，以类天之震曜杀戮也；温慈惠和，以效天之生殖长育也。"《书》云"天秩有礼"、"天讨有罪"，故圣人因天秩而制五礼，因天讨而作五刑。大刑用甲兵，其次用斧钺；中刑用刀锯，其次用钻凿；薄刑用鞭扑。大者陈诸原野，小者致之市朝，其所繇来者上矣。

以上反映的是中国古代的立法思想。相关的立法活动始于夏，"夏有乱政，而作禹刑"。成文法之公开源自公元前 536 年郑国的子产铸刑鼎。首创法律之编纂先河的是战国时期魏国李悝的《法经》。

法律编纂之辉煌，当推唐朝的《唐律疏议》。

（二）西方著作中的立法之词汇及其活动

在古希腊、古罗马著作中，反复出现"立法"之词汇。柏拉图《理想国》、亚里士多德《政治学》等著作都曾探讨过关于立法的问题。世界上最早的成文法典出现在两河流域地区（公元前 22 世纪的《乌尔纳姆法典》）。立法过程最长的法典是印度的《摩奴法典》（2BC‒2AD）。西方最早的法典是《十二铜表法》。最著名的法典编纂活动是 6 世纪时期由东罗马帝国的查士丁尼皇帝主持并编纂成的《国法大全》（《查士丁尼法典》、《查士丁尼学说汇纂》、《法学阶梯》、《查士丁尼新律》）。两大法系形成的标志是 1804 年制定的《拿破仑法典》。而人类第一部成文宪法则诞生于美国——《1789 年美国宪法》。

（三）现代解释

牛津法律词典关于立法的定义为依据某一特定的法律制度能有效宣布法律这种权力和权威的人或机构的一直的表示而慎重地制定或修改法律的程序。该术语也用指立法过程的产物，即由此所制定的法律。从这个意义上讲，其相当于成文法。❶ 当代西方学者关于立法概念的界说主要有两种：一是过程、结果两义说。其认为立法既指制定或变动法的过程，又指在立法过程中产生的结果即所制定的法本身。二是活动性质、活动结果两义说。其认为立法是制定和变动法因而有别于司法和行政的活动，同时又是这种活动的结果，这种结果与司法决定不同。在中国，近年来对立法概念的解释渐多。较普遍的观点有：第一，立法是指从中央到地方一切国家机关制定和变动各种不同规范性文件的活动。这是最广义的解释。第二，立法是指最高国家权力机关及其常设机关制定和变动法律这种特定规范性文件的活动。这是最狭义的解释。第三，立法是指一切有权主体制定和变动规范性文件的活动。而其中比较折中的定义为：立法是指有法的创制权的国家机关或经授权的国家机关在法律规定的职权范围内，依照法定程序，制定、补充、修改和废止法律和其他规范性法律文件以及认可法律的一项专门性活动；又称为法的创制、法的制定。

二、立法的特点

（1）立法的国家性。以国家立法权为前提，是以国家的名义进行的活动。习惯法与判例法和制定法的区别在于制定主体不同。习惯法是社会成员，判例法是法官。凯尔森认为："习惯法与制定法的区别在于，前者是创立法律的分权方式，后者是创立法律的集权方式；习惯法的创立者，是创立法律而后隶属其下的个人，制定法的立法者，是为制定法律而特设的机构。"❷

（2）立法的法定性。立法的主体是法定的国家机关，包括有创制权的

---

❶ ［英］沃克. 牛津法律大词典［M］. 李双元，等译. 北京：法律出版社，2003：689.

❷ 凯尔森. 国家与法律［M］//西方法律从思想史选编. 北京：北京大学出版社，1993：658.

国家机关以及经授权的国家机关。

（3）立法的程序性。立法是依照法定程序所进行的活动，它必须按照宪法和法律规定的程序进行。有权的国家机关必须严格按照法定的程序和步骤进行立法。

（4）立法的专业性和技术性。立法是一项专业性高、技术性强的活动，需要特殊的知识、手段、方法和技巧，如立法规划、立法的模式和语言语法等。符合法治要求的立法产品，必须具备一般性、公开或公布、可预期、明确、无内在矛盾、可遵循、稳定性和一致性等特质，而立法机关必须付出艰苦的努力和运用专门的技术手段才能完成这一任务。

（5）立法的专门性。立法的方式包括法的制定、法的修改、补充、废止、认可。

三、立法的基本原则

（一）立法的指导思想

《立法法》第3条规定："立法应当遵循宪法的基本原则，以经济建设为中心，坚持社会主义道路、坚持人民民主专政、坚持中国共产党的领导、坚持马克思列宁主义毛泽东思想邓小平理论，坚持改革开放。"

（二）立法的基本原则

1. 法治原则

具体讲，立法的法治原则可以进一步分化为三条下位原则：立法的合宪性原则；立法的法定性原则；立法的程序性原则。

（1）立法的合宪性原则，是指立法的精神、立法过程和立法内容都必须以宪法为依据，不得有与宪法相抵触之处。宪法是国家的根本大法，具有最高的法律效力。宪法的最高法律效力主要包括两个方面：一是宪法是制定普通法律的依据，任何普通法律、法规都不得与宪法的原则和精神相违背；二是宪法是一切国家机关、社会团体和全体公民的最高行为准则。宪法的最高法律效力同样对立法活动具有约束力，一切国家机关的立法活动都必须以宪法为准绳。凡是同宪法相违背的立法，不但不能有法律效力，而且应当受到追究。

（2）立法的法定性原则，是指立法权的取得和行使都应当遵循法律尤其是《立法法》的规定，立法活动的各个环节都应当依法运行。《立法法》作为规范立法活动的专门性法律，对立法权限划分、立法主体设置、立法运作过程、立法与政府和司法以及中央立法与地方立法之间的关系等问题，都作了明确的规定。国家权力机关和行政机关、中央和地方的各级立法，都必须严格遵守《立法法》的相关规定。

（3）立法的程序性原则，是指立法活动必须遵循相应的立法程序，不得违反立法的程序性规定进行任意立法。立法程序是指有权的国家机关，在制定、认可、修改和废止规范性法律文件的活动中所必须遵循或履行的法定的时间和空间上的步骤和方式。立法是体现国家职能和作用的必要手段和具体形式，是一项严肃的基本政治活动，必须以法律的形式对其活动过程进行规范。另外，严格遵守法定的立法程序，也是提高立法质量和立法权威性的保证。

【案例一】 律师指责娱乐场所管理条例违宪

2006 年 3 月 1 日起开始施行的《娱乐场所管理条例》第 5 条规定："有下列情形之一的人员，不得开办娱乐场所或者在娱乐场所内从业：（一）曾犯有组织、强迫、引诱、容留、介绍卖淫罪，制作、贩卖、传播淫秽物品罪，走私、贩卖、运输、制造毒品罪，强奸罪，强制猥亵、侮辱妇女罪，赌博罪，洗钱罪，组织、领导、参加黑社会性质组织罪的；（二）因犯罪曾被剥夺政治权利的；（三）因吸食、注射毒品曾被强制戒毒的；（四）因卖淫、嫖娼曾被处以行政拘留的。"然而，四川省成都市的律师邢连超和孙雷却对此提出质疑。他们认为，该条规定侵犯了公民的平等的劳动权即平等就业权，属于对特殊人群的歧视，违反了我国《宪法》、《立法法》和《中华人民共和国公司法》（以下简称《公司法》）。2006 年 3 月 16 日，他们致信全国人大常委会和四川省人大常委会，请求对该规定的违宪性和合法性进行审查。邢连超和孙雷认为："该条例第 5 条还与我国《公司法》冲突。因为《公司法》对股东资格没作严格限制，而该条例则对股东进行了限制。该条例作为行政法规，限制了公民依据《公司法》拥有的投资权，属于违反上位法，因此根据《立法法》是无效的。"❶

观点：涉嫌违宪的支持者，岳智明（河南省政法管理干部学院副教授）。有人对《娱乐场所管理条例》第 5 条规定的合宪性提出质疑并要求进行违宪审查，我个人认为这是非常有意义的法制事件。前两年，曾经有三位博士因孙志刚事件上书全国人大常委会，要求对当时的《城市流浪乞讨人员收容遣送办法》进行违宪审查。虽然我国未正式启动违宪审查程序，但直接促成了国务院废旧立新，并出台了新的救助管理办法。此后，不断有人或就某项法规政策的合宪性提出质疑，或因某项宪法权利受到侵

---

❶ 成都律师质疑《条例》违宪［N］. 扬子晚报，2006 - 03 - 20.

犯而提起诉讼。包括此次事件在内的一系列事件都受到社会各界的广泛关注，这充分表明了全社会法治观念和宪法意识在不断增强。《娱乐场所管理条例》关于"禁止四类具有黄赌毒违法犯罪记录人员从事娱乐业"的规定是否涉嫌违宪，我赞同四川两位律师的观点和理由。从宪政的基本原则和价值追求来看，平等地尊重和保障人权是任何法治国家的最高治国理念。我国《宪法》第33条关于"公民在法律面前一律平等"和"国家尊重和保障人权"的规定，充分体现了这一精神。所以，任何制定法律、法规以及政策的活动，都应当以此为最高准则。显然，该条例第5条涉嫌对特定人群采取了不平等的待遇和对其宪法权利的不合理的限制。从普通公民的角度来看，这一规定传达的信息是所有具有违法犯罪前科的人都将理所当然地受到就业限制和歧视。这样一来，各行各业完全可以同样的理由作出类似的规定，社会上对有劣迹者的歧视和防范心理不但不会消除，反而只会日益强化。那么，有违法犯罪记录人群的生存困境将更难解脱。这种状况绝不是我们愿意看到的，更不是立法的初衷。从执法角度来看，这种规定在实际操作中也存在一定的困难，很难执行到位。总地来讲，上述第5条规定有悖宪法精神，也不符合党和国家对待犯罪的基本政策，更有违以人为本的治国理念，所以其违宪性是显而易见的。❶ 通过对上述案例及其相关观点的反思，我们可以得到这样的启示，那就是随着社会公众法治观念的提高，立法活动必须严格依法进行，立法者必须考虑法治原则。

【案例二】关于强制婚检风波

强制婚检之争涉及三种法的冲突。一是法律和法律相冲突，即《婚姻法》和《母婴保健法》的冲突。二是国务院旧《婚姻登记条例》和《婚姻法》的冲突。新旧《婚姻法》都没有规定强制婚检，但旧《婚姻登记条例》中却规定了强制婚检。三是行政法规和地方法规的冲突，即国务院新《婚姻登记条例》和某省母婴保健条例的冲突。在法治国家，为了保证法律的系统性和完整性，对法律、法规的系统化是一件必不可少的工作，这不仅是保证法律实施的完整性和统一性的需要，也是避免国家机关在执法中产生矛盾的必不可少的工作。但取消强制婚检后，对于相关法律法规之间的抵触和矛盾没有及时正视和清理，从一个方面反映了我国立法工作的缺陷，即法的系统化不够。所谓法的系统化就是说要在最大限度上保证前后相继的、左右相邻的法之间的统一，从而把现行的规范性文件纳入统一

---

❶ 郭书山. 关于《娱乐场所管理条例》第五条的反思 [R/OL]. 华律网，2006 - 04 - 1711：04：51.

的、协调的、完整的体系中去。

2. 民主原则

第一，立法主体具有广泛性。立法主体应多元化，建立中央与地方、权力机关与行政机关合理的立法权限划分体制和监督体制。第二，立法内容具有人民性。立法应当以维护人民的利益为宗旨，注重确认和保障人民的权利。第三，立法活动过程和立法程序具有民主性。在立法过程中贯彻群众路线，促进公民对立法过程的参与。

3. 科学原则

立法活动必须坚持科学原则，使得所立之法能够更好地反映客观规律。坚持立法的科学原则，有助于克服立法的主观随意性和盲目性，避免或减少失误，提高立法的质量。另外，在立法实践中，还应遵循以下几条具体原则。（1）实事求是，一切从实际出发的原则。（2）在保持法的稳定性、连续性的同时，及时进行立、改、废的原则。"法律必须稳定，但又不能一成不变。"（3）原则性和灵活性相结合的原则。（4）总结实践经验和科学预见相结合的原则。

【案例三】关于《吉林省人口与计划生育条例》

"达到法定婚龄决定不再结婚并无子女的妇女，可以采取合法的医学辅助生育手段生育一个子女。"这在以前看似完全不可能的事情，在今天的吉林省已经变成了真真切切的事实。2002 年 11 月 1 日实施的《吉林省人口与计划生育条例》第 30 条第 1 款就对上述事情作出了明文的法律规定。从女性的角度出发，该条例的确立对女性的社会地位将会产生极其深远和不可估量的意义。可预见的是，这在将来会从根本上颠覆整个社会的秩序，所有的价值观和道德观、人类的以男权为社会主流的局面将会改写。不以人的意志为转移地确立母性的社会，这可能是女权主义者梦寐以求的事情。从法理的精神出发，这是一个不公平的条例。法律是伦理的底线，是体现社会人在某个范围之内的公平，法理的精神体现的是正义。所以从这方面出发，条例是违反了法理精神的。因为它实际上是剥夺了男性的生育权。正常的生育权是每生育一个孩子，男女都有份。大家都同样可以拥有生育权，但如果按条例的立法，很可能将来的男性将被剥夺了这个权利。随着观念和社会结构的改变，将来财富、权力等象征社会存在的一切则会发生根本性的颠倒。男性就不可避免地被挤到可有可无的位置，甚至男女人口的比例将会自然地调整，社会只需要很少的男人则可。❶

---

❶ http://www.sina.com.cn, 2002 – 11 – 13, 02：52.

四、立法体制

（一）立法体制的概念和类型

立法体制——国家立法机关权限划分的制度和结构。这是指关于国家机关立法权限划分的制度，也即对一个国家中各国家机关及其人员制定、认可、修改、废止法律和其他规范性法律文件的权限进行划分的制度。一国采用何种立法体制，在很大程度上取决于该国的国情，要受到该国经济、政治、文化和历史传统等因素的影响。其类型包括以下几种。单一型：立法权由一个国家机关甚至一人来行使。单一一级和单一两极立法体制。复合型：立法权由两个或两个以上的政权机关共同行使，例如古罗马时期的元老院和平民大会。制衡型：建立在立法、行政、司法三权既相互独立又相互制约的基础上。立法权原则上属于议会，但行政首脑有权对议会的立法活动施加影响，同时司法机关可动用违宪审查权对立法产生影响。其他类型的立法体制，例如安道尔、梵蒂冈等国家。

（二）立法体制比较分析（可引入民法的所有权和行使权相分离的理论解释）

1. 权力机关与行政机关的立法权限划分（附属立法或委托立法）

严格地说，行政机关是国家权力机关的执行机关；但自20世纪中期以来，社会管理事务的日益复杂，仅依靠权力机关的立法难以对付变化多端的社会情势，行政机关通过授权、委托的方式获取部分立法权限，成为某些活动的主体。

行政机关获得立法权的方式有两种：一是根据宪法和宪法性法律的规定；二是根据权力机关的授权。

2. 中央和地方的立法权限划分

在处理中央和地方立法权的问题上，有三种基本模式：集权模式；集权为主结合分权的模式；分权为主结合集权的模式。其中，两极制则完全是立法权的分割。而一元制也由国家立法权所派生，是附属的立法权而非完整的立法权，因为司法机关有权制定属于司法职权范畴的某些法律的实施细则，同时在立法机关所通过的法律有漏洞、空白、矛盾时，可通过司法解释作出一定限度的弥补。有学者认为是立法补充权，即使如此也是在立法优先权的前提下进行的。

五、当代中国的立法体制

我国现行的立法体制，基本上属于集权为主结合分权的模式，并具有自己的鲜明特色，即"一元、两级、多层次"的结构体系。"一元"是指依据宪法的规定，我国是实行单一制的国家，全国范围内只存在一个统一的、一体化的立法体系。最重要的国家立法权属于中央，中央立法在整个立法体制中处于领导地位。国家立法权只能由全国人大及其常委会行使，其他国家机关和地方政权都没有这个权力，行政法规、地方性法规均不得与宪法、法律相抵触。"两级"是指依据宪法和《立法法》的规定，我国立法体制分中央立法和地方立法两个立法等级。符合条件的地方国家机关可根据本行政区域的具体情况和实际需要，在不同宪法、法律、行政法规相抵触的前提下，开展地方立法。"多层次"是指根据宪法和《立法法》的规定，中央立法和地方立法还可以分成若干层次和类别。扼要地讲，全国人大及其常委会统一领导立法工作；国务院拥有相当大的立法权限；地方国家机关也行使一定的立法权限。如图 13 - 1 所示。

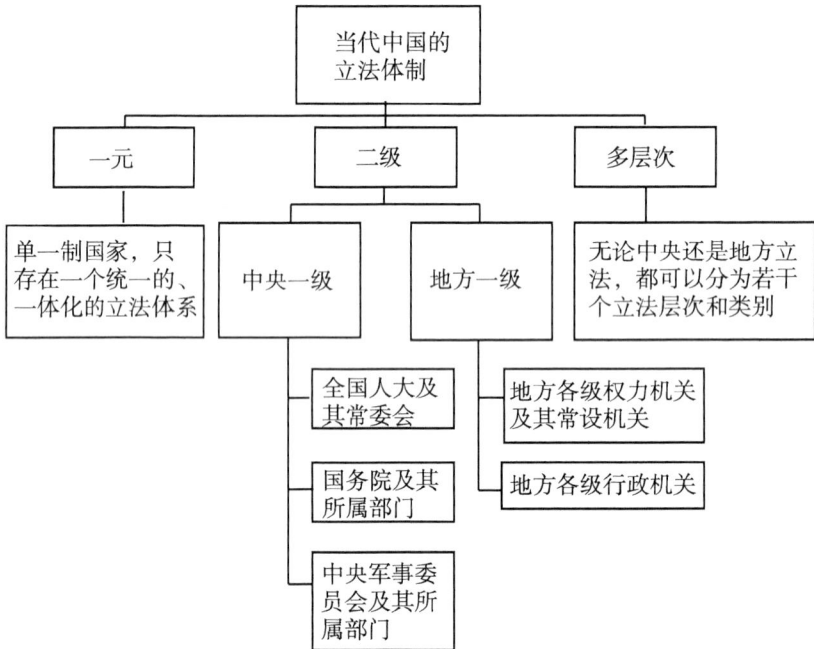

图 13 - 1　当代中国的立法体制

第二节　立法程序和立法技术

一、立法程序的概念

立法程序——有法的创制权的国家机关在制定、补充、修改或废止等法的创制活动过程中的法定步骤和方法。

形式上的三特征：

（1）专门性，针对立法行为而作出的要求；

（2）法定性，立法的步骤和方法必须有明确的法律依据；

（3）确定性，其具体内容由法律明文规定，从而抑制立法随意性。

内容上的三大块：

（1）立法准备阶段：一般指在提出法案前进行的立法活动，是为正式立法提供条件或奠定基础的活动。（2）法案通过阶段：是指由法案提出直到法的公布这一系列正式的立法活动所构成的立法阶段。（3）立法完善阶段：一般指法案变为法之后，为使该法进一步臻于科学化，更宜于体现立法目的和适合不断变化的新情况所进行的立法活动和立法辅助工作构成的立法阶段。

在西方国家的实践中，主要通过设立违宪审查制度，把立法机关分为基本平权的两院，在立法内容上进行限制。例如国会不得指定剥夺言论自由或出版自由的法律，不得制定溯及既往的法律等。

二、我国现行的立法程序

立法程序是立法主体在制定、认可、修改、补充和废止法的活动中，所应遵循的法定步骤和方法。

这一阶段的立法程序通常包括提案、审议、表决和公布。

（1）提出法案：就是由有立法提案权的机关、组织和人员，依据法定程序向有权立法的机关提出关于制定、认可、变动规范性法律文件的提议和议事原则的专门活动。

（2）审议法案：就是在由法案到法的阶段，由有权主体对法案运用审议权，决定其是否应列入议事日程、是否需要修改以及对其加以修改的专门活动。

（3）表决和通过法案：表决法案，指有权的机关和人员对法案表示最终的、具有决定意义的态度。通过法案，指法案经表决获得法定多数的赞成或同意所形成的一种立法结果。

（4）公布法案：是指由有权机关或人员，在特定时间内，采用特定方式将法公之于众。此亦称法的颁布。

三、立法技术

立法技术——立法机关在立法过程中所应用的有关立法的知识、经验、方法、技巧和规则的总称。

依据立法的进程或前后顺序，立法技术可以分为以下类别。

1. 立法预测技术

立法预测，是指立法机关根据对将来社会关系的科学预见和判断，来把握和筹划立法的时机和立法内容的方法和技术。具体讲，就是立法机关通过调查、分析和总结目前的社会情势和社会发展趋势，了解已有的新情况、新问题，估计即将碰到的新情况和新问题，认清这些情况和问题对法律提出了什么样的要求，并在此基础上确定应该立怎么样的法律以及在什么时机立法。

2. 立法规划技术

立法规划，又称立法计划，是指立法机关对需要完成的立法项目所进行的部署和安排。立法规划产生的社会背景，是立法工作不断向纵深发展的要求和立法实践内在规律的具体体现。制定立法规划的目的，是为了使立法工作有计划、有步骤、有组织、有目的地进行，从而使立法工作科学化、系统化。

3. 立法表达技术

立法表达，是指以法律文件、法律规范和法律语言为工具，准确、完整地表述立法意志、立法政策，进而有效地传播和落实立法意志、立法政策的技能和方法。立法表达技术的运用成功与否，不但直接影响到立法的质量，也会作用到法律实施和法律解释等司法环节。为了使立法表达准确无误，符合立法本意并有利于法的实施，必须对立法表达技术进行认真的研究和总结。立法表达技术水平的高低与否，也是衡量一国立法工作和法治建设水平的重要标志。

第三节 执法

一、执法的概念

执法，又称法的执行，是指国家机关及其公职人员依照法定职权和程序，贯彻、执行法律的活动。执法有广义和狭义之分。广义的执法，是指一切执行法律的活动，包括国家行政机关、司法机关及其公职人员依照法定职权和程序实施法律的活动。狭义的执法，则专指国家行政机关及其公职人员依法行使管理职权、履行职责、实施法律的活动。人们通常称行政机关为执法机关，就是在狭义上使用"执法"一词的。本节所讲的执法，仅指狭义的执法。

二、执法的特征

（1）执法是以国家的名义对社会进行全面管理，具有国家权威性。

（2）执法的主体包括国家行政机关及其公职人员和法律授权、委托的组织及其公职人员。

（3）执法具有国家强制性

法的执行是以国家的名义对社会进行全面管理，具有国家权威性。这是因为：首先，在现代社会，为了避免混乱，大量法律的内容是有关各方面社会生活的组织与管理。其次，根据法治原则，为了防止行政专横、专司社会管理的行政机关的活动必须严格依照立法机关根据民意和理性事先制定的法律来进行。

（4）执法具有主动性和单方面性。国家行政机关在执法中，一般都采取积极主动的行动去履行职责，而不需要行政相对人的意思表示。执法行为虽然是双方或多方的行为，但仅以行政机关单方面的决定而成立，不需要行政相对人的同意。

三、执法的主体（执法体系）

（一）国务院

国务院即中央人民政府，是最高国家权力机关的执行机关，是最高国家行政机关。在我国，国务院掌理全国行政事务，所以它实际上是权力最大的行政主体。

（二）国务院的行政机构

根据《国务院行政机构设置和编制管理条例》（1997 年 8 月 3 日实施）第 6 条第 1 款的规定，国务院行政机构根据职能分为国务院办公厅、国务院组成部门、国务院直属机构、国务院办事机构、国务院组成部门管理的国家行政机构和国务院议事协调机构（见图 13 – 2）。

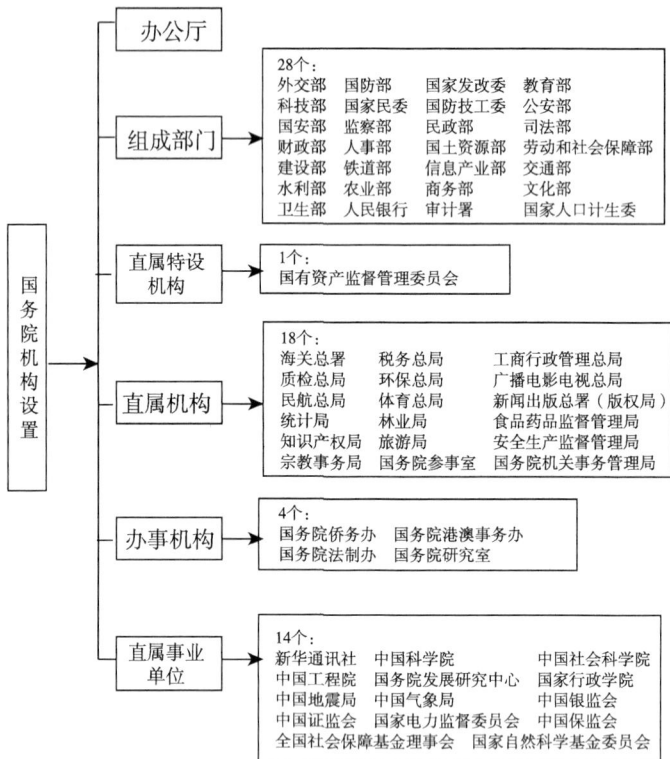

图 13 – 2　国务院组织结构图

（三）地方各级人民政府

地方各级人民政府是地方各级人民代表大会的执行机关，同时又在国务院的统一领导下，管理本辖区内的各项行政事务。我国地方各级人民政府，根据其性质、地位和作用可以划分为一般地方人民政府、民族区域自治地方人民政府和特别行政区地方人民政府三类。

（1）一般地方人民政府。这是指省、直辖市、市、县、乡、镇等地方各级人民政府。我国根据地域和层级关系共划分为四级人民政府：

第一级是省人民政府，包括省级人民政府和中央直辖市人民政府；第二级是设区的市级人民政府，包括省辖市人民政府、各直辖市的区人民政府；第三级是县级人民政府，包括不设区的市人民政府、县人民政府、省辖市的区人民政府；第四级是乡级人民政府，包括县、市下属的乡、镇人民政府。

（2）民族区域自治地方人民政府。根据我国宪法、地方组织法及民族区域自治法的规定，民族区域自治地方人民政府是我国境内各少数民族自治区、自治州（盟）、自治县（旗）、自治乡的人民政府，是民族区域自治机关的组成部分，是民族区域自治地方人民代表大会的执行机关。

（3）特别行政区人民政府。我国政府已分别于1997年7月1日、1999年12月20日先后设立香港特别行政区和澳门特别行政区。特别行政区直辖于中华人民共和国中央人民政府，并享有高度自治权；除外交和国防事务属于中央政府管辖外，特别行政区享有行政管理权、立法权、独立的司法权及终审权。

（四）地方各级人民政府的派出机关

派出机关是地方各级人民政府在必要时，经有权的上级政府批准设立的行政机关。派出机关在我国实际行政生活中发挥着一级政府的作用，它们自然具有行政主体的地位。

（五）地方各级人民政府的职能部门

宪法和有关法律规定，地方各级人民政府可以根据工作需要，在报上一级人民政府批准的情况下，设立若干工作部门。这些工作部门在省级通常称厅、局、委员会，在市、县通常称局。上述工作部门在性质上属于各级政府组成部分，但法律、法规却明确授权它们就专门事项以自己名义进行管理的权力，所以，它们具有当然的行政主体资格。

（六）地方政府职能部门的派出机构

派出机构是指享有独立对外进行行政管理职权的各级地方政府职能部门，根据工作需要在一定行政区域设置的管理某项行政事务的机构。派出机构是否具有行政主体的地位，在我国争论已久。最高人民法院《关于执行〈中华人民共和国行政诉讼法〉若干问题的解释》（2000年3月10日起施行）的出台，为这一争执划下了权威性的句点。该解释第20条第2～3款规定："行政机关的内设机构或者派出机构在没有法律、法规或者规章授权的情况下，以自己的名义作出具体行政行为，当事人不服提起诉讼的，应当以该行政机关为被告。法律、法规或者规章授权的行使行政职权的行政机关内设机构、派出机构或者其他组织，超出法定授权范围实施行政行为，当事人不服提起诉讼的，应当以实施该行为的机构或者组织为被告。"

（七）法律、法规、规章授权的非行政机关组织

按照组织的性质，法律、法规、规章授权的非行政机关组织大致有以下几种：（1）法律、法规、规章授权的企业。这类组织有的原为企业，后得到国家法律、法规、规章的授权而成为具有行政主体地位的经济实体。例如，中国工商银行、中国建设银行、中国农业银行、中国银行等，在现金管理方面享有行政主体的资格。（2）法律、法规、规章授权的事业单位。如《中华人民共和国学位条例》（以下简称《学位条例》）（1981 年 1 月 1 日起实施）第 8 条第 1 款规定："学士学位，由国务院授权的高等学校授予；硕士学位、博士学位由国务院授权的高等学校和科学研究机构授予。"这就赋予了高校学位授予权。（3）法律、法规、规章授权的社会团体和其他社会组织。社会团体是指社会成员本着自愿原则，依团体章程而依法组成的集合体。如工会、共青团、妇联、残疾人基金会、红十字会、法学会、佛教协会等。社会团体有时也因来自法律、法规、规章的授权而进行行政活动。

四、执法的原则

（一）合法性原则

执法的合法性原则也称为依法行政原则，是指行政机关必须依据法定权限、法定程序和法治精神进行管理，越权无效。其包含三层含义：

（1）执法机关必须严格按照法律的授权范围行使职权，任何超越职权的行为都是违法和无效的。（2）执法机关必须严格按照法定的程序行使职权，不允许违反程序。（3）按照法治的精神行使职权，维护人权、自由和社会正义。

【案例一】越权执法吃官司

近日，河南省邓州市骨伤医院以邓州市工商局违法行政造成其 62 万多元经济损失为由，向邓州市人民法院提起行政赔偿诉讼。这起赔偿案源于另一起行政案件，此案经过如下：2001 年 7 月，邓州市工商局的几位执法人员，来到邓州市骨伤医院，在未向值班人员出示任何证件的情况下，砸锁撬门，闯入该院制剂室，强行摘走墙上《制剂许可证》，拆掉室内空调，拉走库内原料、成品和其他生产设备 600 余件，而后封门换锁。同年 8 月，骨伤医院接到邓州工商局作出的处罚 9000 元罚款的决定书。此时，院方才知道这些人是邓州工商局的执法人员，他们在搞"打假保健康红盾行动"。2001 年 8 月 16 日，骨伤医院依法提起行政诉讼，诉称骨伤医院所属的制

剂室是经河南省卫生厅批准颁发《制剂许可证》的。该证规定的制剂范围为大输液，医院没有超范围制剂。因此，医院请求法院撤销工商局的具体行政行为，退还《制剂许可证》及其他财物，并赔偿其经济损失。邓州市工商局则认为，他们是在接到群众举报说医院的大输液有严重质量问题后，才对制剂室进行突击检查的。他们是认为制剂室的环境不符合行业管理要求，也没有合法有效证件，这才扣押医院的《制剂许可证》及相关财物的。邓州市人民法院审理此案后，认为邓州市工商局超越职权，违反法定程序，撤销了邓州市工商局扣押骨伤医院的《制剂许可证》、药品及相关财物的具体行政行为；经济赔偿诉讼另案处理。工商局不服，上诉至南阳市中级人民法院，二审法院维持了一审判决。❶

（二）合理性原则

执法的合理性原则是指执法主体在执法活动中，特别是在行使自由裁量权进行行政管理时，必须做到适当、合理、公正，即符合法律的基本精神和目的，具有客观、充分的事实根据和法律依据，与社会生活常理相一致。

【案例二】某市技术监督局在春耕期间，对该市农资公司经销的"大地"牌畜力播种机进行质量检查。技术监督局抽取了两台播种机进行了机械性能检查和现场模拟试验，发现该播种机存在严重缺陷，不符合国家规定的技术指标，而且还查明该产品无质量合格证书。技术监督局遂将该产品认定为不合格产品，并依据《产品质量法》的有关规定，作出了如下行政处罚：（1）没收违法所得10000元；（2）处以违法所得3倍的罚款，即30000元的罚款；（3）停止销售库存的产品，待技术处理之后方可销售。该农资公司不服，向人民法院提起行政诉讼。法院经过审理之后认为，依据《产品质量法》第38条"没收违法所得，并处以违法所得1倍以上5倍以下的罚款"的规定，技术监督局对农资公司作出的"没收违法所得，并处以违法所得3倍罚款的处罚"决定是合法的。但考虑到农资公司是贫困山区的小企业，效益不好；而且农资公司是初次销售该不合格产品，销售数量很少，技术监督局并处违法所得3倍的罚款就显得过多，构成了显失公正。因此人民法院依法变更了相应的处罚决定，减少了罚款数额。

在上述案例中，行政执法部门的处罚虽然合法，但考虑到具体情况，其处罚并不合理，所以法院依法予以变更。在行政机关执法的过程中，不但要遵守合法性的原则，还要遵守合理性的原则。

---

❶ 越权执法吃官司［N］．法制日报，2002－12－04（8）．

（三）效率原则

执法的效率原则是指执法主体在进行社会管理的过程中要尽可能少花钱多办事，以最低的执法成本获取最大的执法效益。执法行为归根结底是一种公共管理活动，和公司的管理一样需要强调成本和受益。执法的效率原则要求：执法机构应当精简，裁汰冗员，每个岗位各负其责、各司其职；执法行为应当及时快捷，不必要的拖延既耗费了行政相对人的时间和精力，也损害了政府的声誉，尤其是经济领域的执法拖延还会妨害生产；执法主体要合理分配和使用办公经费，珍惜纳税人的钱，花一分钱办一分事。

（四）正当程序原则

执法的正当程序原则指执法主体在行使管理职权时一定要严格依照法定程序进行；更为关键的是，执法所依据的程序应当是正当的，也就是说，这种程序应当公开、公平、公正、民主，符合法治的精神和理念。正当程序的原则要求执法程序必须公开和透明，事先公布令公民知悉；要求程序科学理性，具有确定性和可预测性。更重要的是，正当程序的原则要求执法机关在对公民作出不利决定时，必须要给公民知情权，要提供进行申辩和发表不满意见的条件，要给其寻求救济的机会。❶

【案例三】刘燕文诉北京大学案

刘燕文是北京大学无线电电子学系博士研究生，其博士论文为《超短脉冲激光驱动的大电流密度的光电阴极的研究》。1996 年 1 月 24 日，北京大学学位评定委员会召开第 41 次会议，应到委员 21 人，实到 16 人，投票结果是 6 票赞成、7 票反对、3 票弃权。因此，校学位评定委员会决定不批准授予刘燕文博士学位。在得知其学位论文没有获得通过后，刘燕文先后向北京大学、北京大学校长询问，得到的答复分别是"无可奉告"和"研究一下"。其向当时的国家教委学位办公室反映，被告知已责成北大给予答复，却一直未得到消息。1999 年 9 月 24 日，刘燕文分别以北京大学和北京大学学位评定委员会为被告，向北京市海淀区人民法院提起行政诉讼，请求授予其博士毕业证书和博士学位。法院在审理此案时认为北京大学的上述决定是不合法的。其重要原因之一是：北京大学学位委员会作出不授予刘燕文博士学位的决定，涉及学位申请者能否获得相应学位证书的权利，校学位委员会在作出否定决议前应当告知学位申请者，听取申请者的申辩意见；在作出不批准授予博士学位的决定后，从充分保障学位申请

---

❶ 舒国滢，李宏勃主编. 法理学阶梯［M］. 北京：清华大学出版社，2006：313.

者的合法权益原则出发，校学位委员会应将此决定向本人送达或宣布。但是，被告校学位委员会在作出不批准授予刘燕文博士学位前，未听取刘燕文的申辩意见；在作出决定之后，也未将决定向刘燕文实际送达，影响了刘燕文向有关部门提出申诉或提起诉讼的权利的行使。因此，法院判决撤销北京大学学位评定委员会不授予刘燕文博士学位的决定，并责令北京大学学位评定委员会于判决生效后 3 个月内对是否批准授予刘燕文博士学位的决议审查后重新作出决定。❶

在这个案例中，北京大学因《学位条例》授权而获得授予学生学位的职权，因此北京大学的行为是执法行为；而执法行为应当符合正当程序的原则。在本案中，北京大学败诉的原因之一就是其执法行为违背了正当程序的基本要求，没有给执法行为的相对人提供知情、申辩和救济的机会及权利。该案件因其对正当程序原则的强调和运用而成为中国行政诉讼法发展史上一个影响巨大的案件。

（五）应急性原则

应急性原则是指在某些特殊紧急情况下，出于国家安全、社会稳定和公共利益的特别需要，行政机关可以在限制条件下，采取没有法律依据的或者同法律抵触的措施。具体说，就是指在正常的宪政和法制体制难以运转的情况下，行政机关可以采取必要的应急措施，即使该项措施没有法律依据或者同法律相抵触，也应该视为有效。

【案例四】2003 年 4 月，整个中国遭遇了一场事关国家、民族生死存亡的"非典风暴"。在"非典"期间，为能够有效控制疫情，保护广大公民的生命财产安全，行政机关出台了一系列的应急措施，这些措施包括：（1）非法定的行政即时强制措施，如对患者的强制隔离治疗、对疑似病例或接触者的隔离、对相关场所的封锁和控制；（2）对不特定的公众科以非法定的义务，如要求公共场所的经营者对公共场所进行消毒，要求用工单位不得遣散员工并承担员工治疗费用，要求流动人员进行健康检查和登记；（3）颁布公共警告，控制人员流动；（4）简化防治"非典"药物的行政许可程序，如新药许可和进口药物许可；（5）对相关商品进行限价；（6）对特定人员科以非法定的义务，如要求国家工作人员不得离职，否则重罚。

这些应急的措施并没有明确的法律依据，不符合依法行政的原则，但考虑到当时全国所面临的紧急情况，这些措施都符合行政应急性原则，因

❶ 北京市海淀区人民法院行政判决书（1999）海行初自第 103 号［S］.

此被视为有效的行政行为。事后的一项民意调查显示，78% 的人认为政府的措施得当，74% 的人认为政府的措施令人满意。

第四节　司法

一、司法的概念

司法，又称为法的适用，通常是指国家司法机关依据法定职权和法定程序，具体应用法律处理案件的专门活动。人类社会早期，实行"以牙还牙"、"以血还血"的同态复仇式的私力救济方式；从人类历史的普遍性来看，现代国家普遍以通过司法活动裁决纠纷来取代私力救济。

西方各国的宪法中，基本上把国家权力分为立法权、行政权和司法全，司法权是维护法律实施和社会正义的最后一道防线。

二、司法的特点

（1）司法是由特定的国家机关及其公职人员，依据法定职权实施法律的专门活动，具有专门性。在古代社会，司法与行政合一，因此是由行政官员兼理司法审判；现代社会强调权力分立，因此专门设立司法机关。在欧美等西方国家，一般是由法院来单独行使司法权。在我国，人民法院和人民检察院是代表国家行使司法权的专门机关，司法权包括审判权和检察权两个部分。审判权即人民法院适用法律处理案件、作出判决和裁定的权力；检察权是人民检察院依法从事批准逮捕、提起公诉和抗诉等活动的权力。（法国检察机关隶属法院；德国隶属司法行政机关；美国司法部部长即为总检察长；日本检察官是行政官员）司法机关依照法律独立行使职权，不受行政机关、社会团体和个人的干涉。

（2）司法是司法机关以国家强制力为后盾实施法律的活动，具有国家强制性和权威性。司法机关作出的生效判决必须得到尊重和执行，非经合法程序任何人不能撤销和推翻。司法判决具有强制执行力，如果当事人不主动执行，则法院可以通过强制手段予以实施。

（3）司法是司法机关依照法定程序、运用法律处理案件的活动，具有严格的程序性。现代司法类似于戏剧表演和宗教仪式，特别强调遵守固定的步骤、形式、模式等要求。以西方刑事诉讼为例，它坚持所谓"毒树之果"的原则，认为凡是有毒的树上结出的果子也必然是有毒的；与此同理，凡是违背了程序的判决结果都必然是错误的。司法之所以特别重视遵守程序，目的在于通过程序规范法官权力，通过程序引导诉讼行为，并最终保证司法审判的公正。

（4）现代司法具有专业性的特点。法律必须要由具有一定资格和能力的专业人士来操作和运用。司法工作是裁判是非、解决纠纷的工作，既要认定事实，还要适用法律，必须要由专门的法律职业家而不是普通的公务员来承担。所以，世界上大部分国家都对司法官员设定有特别的任职条件。在我国，法官、检察官和律师等法律职业要求必须通过国家严格的司法考试，取得法律职业资格。

（5）司法必须有表明法的适用结果的法律文书，如判决书、裁定书和决定书等。这些法律文书具有法律约束力，它们作为一种法律事实，能够引起具体法律关系的产生、变更和消灭。

（6）行政权效力的先定性，司法权效力的终极性。行政的"先定性"是指行政行为一经作出，为了行政的权威和效率就需要预设其效力，使之具有相对稳定性，即使有不同意见，相对人和行政主体也首先服从该行政行为，非依法不得变更和撤销，即所谓"公定力"、"确定力"和"执行力"。司法权的终极性意味着它是最终判断权，一旦作出就具有权威性，如果朝令夕改，法律的权威、司法的权威就会荡然无存。

三、司法的基本原则

（一）合法原则

在我国，这条原则具体体现为"以事实为根据，以法律为准绳"的原则。

以事实为根据，是指司法机关处理案件时，只能以被合法证据证明了的事实和依法推定的事实作为适用法律的依据。需要注意的是，司法机关通过证据证明的事实或者推定的事实，在很多情形下，与客观事实相符合，但也并不尽然。请看以下案例。

【案例】张某向王某借了3万元钱，承诺一年之后偿还，并给王某打了一个借款欠条。后来，王某不慎将借款欠条丢失。一年之后，王某要求张某偿还欠款，张某要求王某出示欠条。王某拿不出欠条，张某拒绝还钱。王某遂诉至法院。在法院审理案件期间，张某拒不承认曾经向王某借钱。而王某也拿不出张某借钱的证据。法院最后判决王某败诉，对其主张不予支持。在该案中，就客观事实来讲，张某的确向王某借过钱。但法官在审理过程中，只能依据证据来认定事实，由于王某将欠条丢失，他无法证明张某借钱这件事。法官只能依据举证规则认定张某没有向王某借过钱，并依据所认定的这个事实判决案件。因此，所谓的以事实为根据中的"事实"，只能理解为法官通过特定法律程序所认定的"裁判事实"；而裁判事实可能符合客观事实，也可能不符合客观事实。以法律为准绳，就是指司法机关在司法时，要严格按照法律规定办事，把法律作为处理案件的唯一标准和尺度。

（二）平等原则

司法必须奉行平等原则。在我国，司法平等原则是宪法中规定的"公民在法律面前一律平等"原则在司法过程中的具体体现。法律面前一律平等原则的内容包括：（1）凡是我国公民都必须平等地遵守我国的法律，平等地享有法定权利和承担法定义务，不允许任何人有超越法律之上的特权；（2）任何公民的合法权益，都平等地受到法律的保护，他人不得侵犯；（3）任何公民的违法犯罪行为，都应平等地依法受到法律的制裁和追究。

（三）司法独立原则

司法独立原则，即司法权独立行使原则，是指司法机关在办案过程中，依照法律规定独立行使司法权。我国的宪法、有关组织法和诉讼法中都明确规定了该项原则。司法独立原则要求国家的司法权只能由国家的司法机关独立行使，其他任何组织和个人都无权行使此项权力；要求司法机关行使司法权只服从法律，不受其他行政机关、社会团体和个人的干涉。

需要注意的是，在实践中必须把握好"监督"与"非法干预"之间的界限。有时候，监督者的"监督"可能会演变为"干预"。

【材料阅读】关于独立的故事——"星期日上午会议"

1612 年 11 月 10 日，在一个难忘的星期日上午，应坎特布雷大主教的奏请，英国詹姆斯一世国王召见了英格兰的法官们，这就是历史上著名的"星期日上午会议"。召开这次会议的起因，是教会法院不依任何既定的法律和成规，不遵从任何控诉程序便对案件进行审判，在它试图仅凭一张完全世俗性质的诉状而派其随员进入被告的住宅并对其实施逮捕时，高等民事法庭颁布了禁令，取缔其有关诉讼行为。一些人对此感到不满，他们想到了君权神授的国王，希望利用国王来对抗普通法院；就建议国王按自己的意愿收回部分案件的审判权，由国王亲自审决。这次"星期日上午会议"的主题就是针对这一建议进行辩论并征求法官的意见。坎特布雷大主教在会议上继续鼓吹王权至上。他认为，法官只是国王的代表，国王认为有必要时，把本由自己决断的案件授权给法官们处理。关于这一点，在《圣经》中上帝的圣谕里已经明确地体现，是不言而喻的。针对这一论调，大法官爱德华·柯克（Coke）代表法官们给予了有力的回击。他说："根据英格兰法律，国王无权审理任何案件，所有案件无论民事或刑事，皆应依照法律和国家惯例交由法院审理。""但是，"国王说，"朕以为法律以理性为本，朕和其他人与法官一样有理性。""陛下所言极是，"柯克回答道，"上帝恩赐陛下以丰富的知识和非凡的天资，但微臣认为陛下对英国的法律并不熟悉，而这些涉及臣民的生命、继承权、财产等的案件并不是按天赋理性（Natural Reason）来决断的，而是按人为理性（Artificial Reason）和法律判决的。法律是一门艺术，它需要经过长期的学习和实践才能掌握，在未达到这一水平前，任何人都不能从事案件的审判工作。"詹姆斯一世恼羞成怒，他说，按这种说法，他应屈居于法律之下，这是大逆不道的犯上行为。柯克引用布莱克斯通的名言说："国王不应服从任何人，但应服从上帝和法律。"❶

（四）司法责任原则

司法责任原则，是指司法机关和司法人员在行使司法权过程中由于侵犯公民、法人和其他社会组织的合法权益，造成严重后果而承担相应责任的一种制度。

司法责任原则是权力与责任相统一的法治原则在司法领域的体现。在我国，已颁布实施的《中华人民共和国国家赔偿法》、《中华人民共和国法官法》（以下简称《法官法》）、《中华人民共和国检察官法》（以下简称《检察官法》）等法律明确规定了相应的司法责任制度：一旦出现检察、审判等司法错误，在查证属实之后，先由国家向受害人承担赔偿责任，其次要追究具体负责人的法律责任。

四、司法体制

（一）司法体制概述

司法体制是指国家宪法所规定的享有国家司法权能、依法处理案件的专门组织机构所构成的体系。这是由国家的政治体制决定的。在我国有审判制度、检察制度、侦查制度、公证制度、调解制度、劳改劳教制度等。

---

❶ ［美］罗斯科·庞德. 普通法的精神［M］. 唐前宏，廖湘文，高雪原，译. 北京：法律出版社，2001：41-42.

在当代中国，司法主体由国家宪法和法律所确认。根据我国现行宪法和《人民法院组织法》及《人民检察院组织法》的规定，我国现行司法主体有以下种类和层次，它们构成当代中国的司法体系。（1）人民法院是我国司法主体的一大主要系统，它代表国家行使审判权。这一大系统由地方各级人民法院、专门人民法院和最高人民法院组成。最高人民法院是国家最高审判机关。（2）人民检察院是我国司法主体的另一大主要系统，它代表国家行使检察权和法律监督权。这一大系统由地方各级人民检察院、专门人民检察院和最高人民检察院组成。

（二）司法体制的类型

根据各个国家的法院情况，大体可作以下分类：（1）检察机关是否是司法机关，各国对此规定不同。有些国家把检察机关作为行政机关的一部分，有些国家则把检察机关作为司法机关。（2）民事法院和刑事法院。（3）初审法院、上诉法院和终审法院。（4）普通法院和专门法院。（5）联邦法院和州法院。

第五节　守法

一、法的遵守的概念

守法通常称为法的遵守，是指各国家机关、社会组织（政党、团体等）和公民个人严格依照法律规定去从事各种事务和行为的活动。守法是法的实施最重要的基本要求，也是法的实施最普遍的基本方式。守法是加强社会主义法制建设、维护社会主义法制统一和尊严的基本环节。

二、守法的要素

守法包括守法主体、守法范围、守法内容和守法状态等构成要素。

（一）守法主体

守法主体是指在一个国家和社会中应当遵守法律的主体，即一定守法行为的实施者。按照宪法的规定，在我国，守法的主体可以分为以下几类：（1）一切国家机关、武装力量、政党、社会团体、企业事业组织。（2）中华人民共和国公民。（3）在我国领域内的外国组织、外国人和无国籍人。

（二）守法的范围

守法的范围是遵守特定国家机关制定的所有规范性法律文件和非规范性法律文件。在我国，守法的范围包括宪法、法律、行政法规、地方性法规、民族区域自治地区法规、特别行政区的法律，以及我国参加或同外国缔结的国际条约和我国承认的国际惯例等。此外，执法、司法机关所制定的非规范性法律文件，如人民法院的判决书等，对有关组织和个人也具有法律效力，遵守这类法律文件也可视为守法。

（三）守法内容

守法的内容包括履行法律义务和行使法律权利；两者密切联系，不可分割。守法是履行法律义务和行使法律权利的有机统一。（1）履行法律义务。履行法律义务是人们按照法的要求作出或不作出一定的行为，以保障权利人的合法利益。（2）行使法律权利。行使法律权利是指人们通过自己作出一定的行为或者要求他人作出或不作出一定的行为来保证自己的合法权利得以实现。

三、守法的根据和理由

由于社会成员各自所处的环境、自身素质等因素的差异，决定了他们守法的动机、守法的根据不完全相同。在不同情况下，社会成员守法的根据也会不一样，有时往往是多种因素混合在一起。守法的根据和理由，概括起来主要有以下几个方面。

（一）守法是法的要求

人们之所以守法，是因为法要求这样。守法是法所规定的义务，换句话说，守法是公民的法律义务。法律义务在内涵上是由利益的付出、义务人的无可选择性、责任、国家强制等要素构成的。法一旦公布实施，公民就有服从它的法律义务，这是无可选择的；否则，就要承担相应的法律责任，并受到相应的法律制裁。在人类历史上，任何一种类型的法制形态，都无一例外地把守法规定为人们的基本义务，使人们无可选择地服从。

（二）守法是道德的要求

每个社会成员都有服从政府和守法的道德义务。有的学者提出，承诺、受益和需要构成了守法的强有力的道德根据。我们认为，应当肯定和强调守法的道德义务的存在。

（三）守法是守法者的心理服从惯性

心理学研究认为，如果一个人具有较强的能力、良好的性格和气质，其对社会和他人的态度也会表现为积极向上、乐观豁达、心胸开阔，并且在对待和处理问题时往往采取乐观而理智的方式，做到自觉遵守法律。英国法学家布赖斯曾认为：出于惯性（惰性）是民众守法的首要原因。心理上的惯性问题涉及法是否符合人的习惯以及民族与社会的习惯的问题。如果一项法律符合人的习惯以及民族和社会的习惯，那么它就可能会比那些不符合这些习惯的法得到更好的遵守。而事实上，法从内容上讲，其中有相当一部分是来源于社会生活和生产过程中自发形成的习惯规则，其意义在于符合人们对惯例的屈从倾向，便于法的实施。

（四）守法是由于惧怕法律的制裁

法由国家强制力保证实施，这是法的基本特征之一。强制力是与制裁密切相关的。在一个法律秩序正常的社会，任何明显的违法行为都会受到国家相应的制裁——罚款、监禁甚至处死，这迫使人们产生服从法的动机。这种畏惧的心理，由于守法者过分高估了犯罪活动被侦破的比率和受到惩罚的风险而加强。因此，惧怕法的制裁也就成了人们守法的原因之一。

（五）守法是由于社会的压力

出于社会的压力也是人们守法的原因之一。社会是由无数互相连锁的行为模式组成的，不遵从某些行为方式，不仅会使依赖它们的其他人失望，而且会在某种程度上瓦解社会的组织。这种内在的依赖关系产生了使人守法的强大压力。当周围人都依法办事并鄙视不安分守己者时，每个人都会产生"不如此就会受到责难"的压力。如果一种社会分配制度、社会合作机制是良性的，那么遵守法律、履行义务的这种社会压力就会是有效的；反之则形成不了这种社会压力。

四、守法的主客观条件

守法作为一种社会行为，是人们有意识、有目的的活动。人们守法的状态，往往受到多种因素的影响和制约。一般说来，对守法具有重大影响的条件主要有主观条件和客观条件。

（一）守法的主观条件

守法的主观条件是守法主体的主观心理状态和法律意识水平。通常人们的政治意识、法律意识、道德意识、纪律观念、个性、文化教育程度等都对其守法行为产生潜移默化的影响和支配。

（二）守法的客观条件

守法的客观条件是守法主体所处的客观社会环境，如法制状况、政治状况、经济状况、民族传统、国际形势、科学技术的发展等都会对守法行为产生不同程度的影响。

【案例一】　苏格拉底的赴死

公元前 399 年春，时年 70 岁的苏格拉底因被人控告不敬神灵和蛊惑青年被判处死刑。克力同作了最后努力来营救他，收买了看守他的人。但这唯一求生的机会被苏格拉底断然放弃了。苏氏拒绝出逃的理由是：公民是国家所生、所养、所教，国家即使对公民有不公正之处，个人也要忍受，不能随便反抗。虽然判决对他不公，但这一决定是有合法组成的法庭按法律程序裁决的。如果每个人都以裁决不公而不遵守国家的法律，那国家还有威信吗？它还能维护社会的秩序吗？所以，他接受了审判，也承认了审判的结果，坦然闲适地饮鸩而死。

【案例二】　孟子的窃父而逃的故事

《孟子·尽心上》："桃应问曰：舜为天子，皋陶为士，瞽瞍杀人，则如之何？孟子曰：执之而已矣。然则舜不禁与？曰：夫舜恶得而禁之？夫有所受之也。然则舜如之何？曰：舜视弃天下犹弃敝屣也。窃负而逃，遵海滨而处，终身然，乐而忘天下。"❶

以上两则案例反映了东西方法律文化传统中所呈现的不同的守法观念。

五、普法教育与守法

（1）普法教育是促进全民守法的一项重要的基础性措施。守法作为一种有意识的行为，是人们在法律意识支配之下进行价值判断和行为选择的过程与结果。法律意识的高低影响着人们守法的状态和程度。因此，提高全民的法律意识是守法的基本要求。但要提高全民的法律意识，首先必须使全民知法、懂法并树立起对法的信仰，而开展普法教育则是一项重要的基础性的措施。

（2）普法教育的最终目的是使受教育者养成守法的品质。守法品质主要包括法律知识、法律观念和守法行为的方式等方面。

（3）普法教育的途径。普法教育的有效途径一般说来主要有法学教育、法学研究、大众传播媒介和司法实践等。

---

❶　孟子译注［M］.任大援，刘丰，注释.北京：国家出版社，2004.

第六节　法律监督

一、法律监督的概念

在汉语中，"监督"一词原意是为了对派出作战的将军进行监察督促而设的官职，目的是为了保证命令的严格执行，减少失误。据《后汉书》记载："古之遣将，上设监督之重，下建副二之任，所以尊严国命而鲜过者也。"在我国古代，监督之职责就在于监察与督促军令的执行。后来，监督一词的用意越来越广泛，已不仅仅局限于军事。如《辞源》就将"监督"一词释为"监察督促"，但其基本含义还是指从旁察看，进行检查并督促。在现代社会里，监督一词被广泛运用，如舆论监督、市场监督、质量监督、行政监督、物价监督等。法律监督有广义和狭义之分。广义的法律监督是指一切国家机关、社会组织和公民对各种法律活动的合法性所进行的监察和督促。狭义的法律监督专指有关国家机关依照法定职权和法定程序，对立法、执法和司法活动的合法性所进行的监察和督促。

二、法律监督的构成

法律监督至少包含如下要素。

（一）法律监督的主体

法律监督的主体是指在法律监督活动中行使法律监督的行为人。一般来说，我同的法律监督主体可以概述为四类。

（1）国家机关。一般是指国家权力机关、行政机关和司法机关。国家机关的法律监督的权威性和权限范围在宪法和有关法律中都有明确的规定。这类监督都是依照一定的法定程序，以国家名义进行的，因而具有很大的法律强制力；被监督者必须接受监督，并相应作出某种行为。这种监督在一国法律监督体系中，居于核心地位。

（2）社会组织。一般是指政党、政治团体和群众组织等。这种监督与国家机关的法律监督不同，它不具有法律上的效力，不是以国家名义所进行的监督，但它在整个法律监督体系中具有重要的作用，具有广泛的代表性和基础性。特别是执政党的监督在各种形式的法律监督中具有特别重要的地位，起着关键的作用。

（3）人民群众。在社会主义制度下，人民群众作为法律监督的真实主体，是由国家和法律的本质所决定，并且由法律所保障的。

（4）大众传播媒体。其包括电视、报刊、广播等，作为社会新闻传播工具，同时也肩负着重要的法律监督职能，特别是在我国现阶段，大众传播媒体的监督有着特殊重要的作用。

【案例】 舆论监督

2004 年 6～11 月，《湖北日报》登载了一组比较成功的舆论监督报道——"两起赖账案"。案件一：1993 年，德国 ACE 联合咨询工程股份有限公司在将一套纤维板生产设备卖给五峰县国营木材厂的过程中，贷款100 万美元给该厂。贷款期满之后，五峰方面先拖后赖，拒不还款。德方不得已于 2003 年 2 月向湖北省委书记俞正声上书请求解决。这组报道见报之后，效果很明显。五峰方面和德方已经达成谅解，他们之间这场旷日持久的欠款纠纷已经获得最终解决。案件二：2001 年，中国香港地区商人蒋志成与监利县湖北玉沙汽车零部件股份有限公司合资，先后投入资金 120万元。后来合资不成，这家企业不按照当初承诺归还其投资。蒋多次讨要投资，结果都是无功而返。

案例评析：舆论监督是社会公众通过新闻媒体对国家机关、公务员及社会生活实施的监督，是人民群众参与国家事务管理、参政议政的重要途径，是监督者按照预先设定的也是能被公众认可的标准对社会生活中发生的事件、人的行为进行主观的或客观的评价。在我国，舆论监督要取得成功，并非一件易事。我们必须结合本国实际，了解我国舆论监督的特性。在我国，由于绝大多数媒体掌握在党和政府的手中，而媒体所服务的对象又是全体社会成员，因此，媒体所进行的舆论监督涉及自身利益、政府和政党利益以及整体社会利益，自然就具备了新闻性、政治性和社会性这三大特性。媒体舆论监督的成功往往依赖于对这三方面因素的综合考虑、巧妙权衡。

（二）法律监督的对象

法律监督的对象主要指运用国家权力的国家机关及其公职人员，也包括运用公共权力、具有政治优势地位的政治或社会组织。

（三）法律监督的内容

法律监督在内容上主要指向监督对象的行为和结果的合法性，一定范围内也指向行为和结果的合理性。目前，法学界对法律监督的内容的范围有不同的见解。一种观点认为，法律监督的内容是对有权的国家机关及其工作人员的立法、司法和执法活动进行督察。具体说来，对国家机关法律监督的内容主要包括两个方面：一是对其制定的规范性文件的合法性予以监督；二是对司法和执法的合法性予以监督。另一种观点认为，法律监督的内容，既包括对国家行政机关和司法机关的执法、司法活动的合法性进行监督，又包括对社会组织和公民活动的合法性进行监督。也可以说，前者是狭义的理解，后者是广义的理解。

三、法律监督的分类

对法律监督可从不同角度进行分类，分类角度和类别大致如下：

（1）依监督主体的不同，可分为国家监督和社会监督。（2）依监督对象的不同，可分为对行使国家权力或公共权力的国家机关、政治或社会组织的监督与对其他社会关系主体的监督。（3）依监督内容不同，可分为合法性监督与合理性监督。（4）依监督主体与对象所处地位和相互关系的不同，可分为纵向监督和横向监督、内部监督和外部监督。（5）依监督所处阶段的不同，可分为事前监督、事中（日常）监督和事后监督；它们在不同的阶段上体现了法律监督的预防、控制、矫治功能。

四、法律监督体系

（一）国家机关的监督

国家机关的监督是一种法定监督，即国家机关以国家名义进行的，由国家强制力保证其实施的，具有法律效力的监督。国家机关监督在整个法律监督体系中占有特殊的地位，具有权威性和特殊的作用。国家机关作为法律监督的主体，一般指国家的权力机关、行政机关和司法机关对法律活动的监督；包括各级人大及其常委会、各级人民政府及其所属的行政主管部门，各级军事机关、审判机关和检察机关等。国家机关的法律监督的权限、监督范围、程序和效力由宪法和法律、法规作出明确规定。这种监督构成我国法律监督体系的核心。

1. 国家权力机关的监督

国家权力机关监督的重要意义：在现代西方社会，监督权都是代议制机关的一项重要权力。它对维护法治、捍卫民主、防止专横、抑制腐败具有非常重要的作用。而在我国实行人民代表大会制度，国家权力机关及其监督权在国家政治生活中的地位和作用更为重要。国家权力机关的监督是国家权力机关依法履行其职能的重要组成部分，是人民行使国家权力的重要方面。国家权力机关监督的内容和方式分为法律上的监督和工作监督。法律上的监督，是指全国人大以及地方人大及其常委会对法律实施的监督。工作监督主要是指对政府、检察机关和审判机关工作的监督。它的方式主要是：听取和审议这些机关的工作报告，向有关机关提出质询案，对重大问题组织调查委员会进行调查处理等；通称为对"一府两院"的工作监督。

以监督客体为基本标准，以监督内容的性质为辅助标准，可以大体上将国家权力机关法律监督的内容分为五种：

（1）立法监督，是指由国家权力机关对立法行为和立法活动及其结果的合法性所进行的监督。立法监督通常是由有较高立法权的机关对有较低一级立法权的机关制定的规范性法律文件是否违反法律、法规，是否相互矛盾和不协调进行审查，并作出裁决和处理。立法监督的目的是消除法律、法规之间的抵触和不协调现象，维护国家法制的统一。（2）行政监督，是指对各级政府的行政行为的合法性进行监督，包括对各种具体行政行为以及其他制定行政法规以外的抽象行政行为的监督。（3）司法监督，是指由国家权力机关对各级司法机关适用法律的活动进行的监督。（4）人事监督，即对有关国家公职人员任职资格的监督。这种监督的重点是公职人员的腐败行为。（5）宪法监督，是指监督各种法律、法规和其他规范性法律文件的合宪性，社会组织和公民个人的行为的合宪性，并解决宪法规定的国家机关权限之间的争执。

2. 行政机关的监督

依法行政，是建立法治国家的重要问题，也是现代行政管理的必然趋势。行政机关监督是国家监督体系的一个重要组成部分，必须纳入法治轨道。

行政监督是监督主体对国家行政机关及其公职人员行使行政权力的活动实施的监察和督促，一般有广义和狭义之分。广义的行政监督，指的是行政机关系统内的自循环监督或者行政机关与非行政机关的交互监督，以及行政机关对公民和法人的专业性行政监督。狭义的行政监督，仅指行政机关的内循环监督，包括上级行政机关对下级行政机关执行公务的监督和专门的行政监察机关对行政机关及其公职人员的监督。这是因为行政机关除制定法规、下达命令、通过决议、颁布指示外，还必须保证政令的统一贯彻执行。要实现这一目标，其自身就需要有监督机关和监督职能。

3. 司法机关的监督

（1）检察机关的监督。

检察机关的监督是一种专门监督，即对有关国家机关执法、司法活动的合法性以及国家工作人员利用职务的犯罪和其他犯罪行为所进行的监督。我国宪法和法律明文规定：人民检察院是国家法律监督机关，其主要职能就是法律监督。它通过行使检察权，对适用法律的行为进行监督。检察机关对法律适用活动的监督是最广泛的监督形式之一，主要包括：在刑事诉讼中，检察机关对审判活动的监督表现为，出庭的检察人员如果发现审判活动有违法情况，有权向法庭提出纠正意见。检察机关认为法院的裁判有错误时，可以向上级人民法院提出抗诉；而上级人民检察院对下级人民法院已经发生法律效力的判决，如发现确有错误，有权按照审判监督程序提出抗诉。可以派员到死刑执行现场临场监督，还可以对其他任何刑事判决、裁定的执行实行监督。如发现有违法情况，有权通知执行机关纠正。在民事诉讼中，检察机关有权对民事审判活动实行法律监督，有权对下级人民法院已经生效的裁判按照审判监督程序予以抗诉；各级人民检察院对本级人民法院的裁判可以提请上级检察院提出抗诉。在行政诉讼中，检察机关有权对行政诉讼实行法律监督，有权依审判监督程序提出抗诉。

（2）审判机关的监督。

审判机关的监督也叫人民法院的监督。人民法院的监督分为三种：一是法院系统内的监督。各级人民法院对下级人民法院依审判监督程序进行监督，人民法院院长对本院审判活动进行监督。加强审判监督，是纠正裁判不公、确保司法公正的重要措施。二是法院对检察机关的监督。人民法院对检察机关的监督是在办理刑事案件的过程中，通过行使审判职权来实现的。人民法院对人民检察院的监督是在分工负责、互相配合、互相制约的框架内进行的，因而监督主体与监督客体之间形成双向的监督关系。三是对行政机关的监督。人民法院对行政机关的监督是通过依法审理与行政机关及其工作人员有关的刑事案件、行政案件、经济案件等，以判决、裁定的形式处理行政机关及其工作人员的违法行为和犯罪行为来实现的；旨在维护和监督行政机关依法行政，保护人民的合法权利。我国普通审判机关通过审判程序对行政机关的执法行为有监督权。

（二）社会监督

社会监督，即非国家机关的监督，指由各政党、各社会组织和人民群众依照宪法和有关法律，对各种法律活动的合法性所进行的监督。其目的在于保证法律实施的合法性。其特点是不直接运用国家权力，不必遵照一定的法律程序和形式；但社会法律监督乃是国家法律监督的基础。

（1）中国共产党的监督。中国共产党的监督是我国一种具有关键性的法律监督形式。为了充分发挥党的监督作用，需要在制度上解决这样几个问题：首先，通过政治体制改革，避免权力过分集中；其次，党应依据法律实施监督。（2）社会组织的监督。社会组织是一个通称，范围较广。一般包括各参政党、各政治团体、社会团体、群众组织、企业事业单位。社会组织的监督与国家机关的法律监督不同，它不具有法律上的直接效力，不是以国家名义所进行的监督，不具有国家强制性。但是，社会组织的监督也是整个法律监督体系中的重要力量，具有广泛的代表性和权威性。社会组织的监督可以通过法定渠道传输到国家的法律监督中去，再通过国家机关的法律监督来产生直接的法律效力和法律强制力。其主要包括民主党派、人民政协和社会团体的监督。

（三）人民群众的监督

人民群众的监督是指由人民群众直接进行的法律监督。这种监督的主体是公民个人；客体是所有国家机关及其工作人员、政党、社会团体、社会组织、大众传媒。群众可以通过行使民主权利，显示自己的力量，表达自己的意志和愿望，督促国家机关依法办事。群众监督具有广泛的群众性，是法律监督中的重要的、普遍的力量。群众监督作为一种社会监督，不具有法律效力，但它也可以通过法定渠道传输到国家机关的法律监督中去，并通过后者产生法律效力。国家机关和社会组织设立的人民来访接待站、信访组、监督电话等，也是人民群众行使监督权的形式。

（四）法律职业者的监督

在当代中国，法律职业者主要包括律师和法学家。律师在向当事人提供法律服务、代理当事人参与诉讼、为当事人出庭辩护和办理其他法律事务的过程中，可以监督和制约司法机关、行政机关的司法、执法工作。法学家以研究和教授法学为职业。法学家的监督，在西方国家中通常被认为是最为公正的监督，因而得到普遍的推崇。法学家可以在法律监督中发挥特殊作用的原因有三点：首先，与一般公众相比，他们有更为强烈的追求法治和社会公正的意识。其次，法学家的职业特点和特殊的知识结构，使得法学家具有较强的法律监督能力。最后，法学家的监督具有因其超脱地位而带来的客观性和说服力。

（五）新闻舆论的监督

新闻舆论的法律监督，是由新闻媒介进行的法律监督。它既是宪法规定的公民享有言论、出版自由在法律监督领域的具体应用，也是人民群众的监督在新闻、出版领域中的体现。新闻舆论监督因其反应速度快、传播范围广泛而具有相当大的道义影响和震撼力。同时，新闻舆论监督可以在法律监督方面起到防微杜渐、防患于未然的作用。因而，舆论监督在法律监督体系中具有特别重要的意义，应得到充分的法律保护。但新闻舆论的监督也有不足之处。有些新闻报道由于个别从业人员受私利驱使，不能做到客观、公正。在开展舆论监督中，也常出现干扰司法机关依法独立行使职权、误导群众的情况，以及侵犯公民隐私权的情况。

《立法法》条文选读

第七条 全国人民代表大会和全国人民代表大会常务委员会行使国家立法权。

全国人民代表大会制定和修改刑事、民事、国家机构的和其他的基本法律。

全国人民代表大会常务委员会制定和修改除应当由全国人民代表大会制定的法律以外的其他法律；在全国人民代表大会闭会期间，对全国人民代表大会制定的法律进行部分补充和修改，但是不得同该法律的基本原则相抵触。

第八条 下列事项只能制定法律：

（一）国家主权的事项；

（二）各级人民代表大会、人民政府、人民法院和人民检察院的产生、组织和职权；

（三）民族区域自治制度、特别行政区制度、基层群众自治制度；

（四）犯罪和刑罚；

（五）对公民政治权利的剥夺、限制人身自由的强制措施和处罚；

（六）对非国有财产的征收；

（七）民事基本制度；

（八）基本经济制度以及财政、税收、海关、金融和外贸的基本制度；

（九）诉讼和仲裁制度；

（十）必须由全国人民代表大会及其常务委员会制定法律的其他事项。

第十一条 授权立法事项，经过实践检验，制定法律的条件成熟时，由全国人民代表大会及其常务委员会及时制定法律。法律制定后，相应立法事项的授权终止。

第十二条 全国人民代表大会主席团可以向全国人民代表大会提出法律案，由全国人民代表大会会议审议。

全国人民代表大会常务委员会、国务院、中央军事委员会、最高人民法院、最高人民检察院、全国人民代表大会各专门委员会，可以向全国人民代表大会提出法律案，由主席团决定列入会议议程。

第二十四条 委员长会议可以向常务委员会提出法律案，由常务委员会会议审议。

国务院、中央军事委员会、最高人民法院、最高人民检察院、全国人民代表大会各专门委员会，可以向常务委员会提出法律案，由委员长会议决定列入常务委员会会议议程，或者先交有关的专门委员会审议、提出报告，再决定列入常务委员会会议议程。如果委员长会议认为法律案有重大问题需要进一步研究，可以建议提案人修改完善后再向常务委员会提出。

◆ 配套练习题

一、不定项选择

1. 某地法院在审理案件过程中发现，该省人民代表大会所制定的地方性法规规定与国家某部委制定的规章规定不一致，不能确定如何适用。在此情形下，根据我国《宪法》和《立法法》，下列哪种处理办法是正确的？（　　）

A. 由国务院决定在该地方适用部门规章

B. 由全国人民代表大会决定在该地方是适用地方性法规还是适用部门规章

C. 由最高人民法院通过司法解释加以决定

D. 由国务院决定在该地方适用地方性法规，或者由国务院提请全国人民代表大会常务委员会裁决在该地方适用部门规章

2. 根据我国《立法法》的规定，下列哪一项属于地方性法规可以规定的事项？（　　）

A. 本行政区内市、县、乡政府的产生、组织和职权的规定

B. 本行政区内经济、文化及公共事业建设

C. 对传染病人的强制隔离措施

D. 国有工业企业的财产所有制度

3. 根据《立法法》的要求，下列哪些事项只能由全国人大及其常委会制定法律加以规定？（　　）

A. 劳动争议仲裁制度

B. 教育制度

C. 对私有企业的财产征收制度

D. 居民委员会、村民委员会制度

4. 根据宪法和法律，下列哪些表述是正确的？（　　）

A. 特别行政区立法会行使国家立法权

  B. 自治区的人大及其常委会行使地方立法权

  C. 全国人大常委会行使国家立法权

  D. 自治州的人大常委会行使民族立法权

5. 根据《立法法》的规定，下列哪一项属于地方性法规可以规定的事项？（ ）

  A. 执行法律、行政法规规定的事项

  B. 执行部门规章的事项

  C. 诉讼和仲裁制度

  D. 基层群体自治制度

6. 下列哪些行为不符合我国法律的适用原则？（ ）

  A. 法官乐某为办好案件与原被告双方的代理人分别有多次私下接触

  B. 族长决定强奸案的被害人赵某及家人不许向公安局报案，由强奸实施人董某向赵某赔偿 5000 元

  C. 在处理合同纠纷时，诸葛法官接到市委书记的批条，指示不能判外地企业胜诉

  D. 监狱根据法定的情况没有将因贪污、受贿被判处 10 年有期徒刑的原局长万某收监执行

7. 下列哪个选项不符合我国法律规定的"司法机关依法独立行使职权"原则的含义？（ ）

  A. 司法权不得由一般的行政机关来行使

  B. 司法机关既要独立行使职权，又不得无限度地使用自由裁量权

  C. 任何机关、团体和个人不得以任何形式干预司法活动

  D. 司法机关及其工作人员在独立行使职权时不得违反程序规定

8. 按照狭义的解释，下列哪一行为属于法的适用？（ ）

  A. 某人认为自己未达到法定婚龄而拒绝同女友结婚

  B. 海关工作人员认为某人有走私嫌疑而查办该案件

  C. 检察机关根据群众检举对某人的受贿行为进行侦查

  D. 审判员办案途中发现两个人发生口角，而依事实和法律对其进行劝解

9. 下列有关执法与守法区别的说法哪些是不正确的？（ ）

  A. 执法的主体不仅包括国家机关，也包括所有的法人；守法的主体不仅包括国家机关，也包括所有的法人和自然人

  B. 行政机关的执法具有主动性，公民的守法具有被动性

C. 执法是执法主体将法律实施于其他机关、团体或个人的活动，守法是一切机关、团体或个人实施法律的活动

D. 执法须遵循程序性要求，守法无须遵循程序性要求

10. 关于司法的表述，下列哪些选项可以成立？（　　）

A. 司法的依据主要是正式的法律渊源，而对当代中国司法原则"以法律为准绳"中的"法律"则需要作广义的理解

B. 司法是司法机关以国家名义对社会进行全面管理的活动

C. 司法权不是一种决策权、执行权，而是一种判断权

D. 当代中国司法追求法律效果与社会效果的统一

11. 黄某是甲县人事局的干部，他向县检察院举报了县人事局领导叶某在干部调配中收受钱物的行为。两个月后未见动静，黄某几经努力才弄清是检察院的章某把举报信私下扣住并给了叶某。黄某于是又向县人大、市检察院举报章某的行为。黄某的这一行为属于下列哪一种？（　　）

A. 法的适用　　B. 法的遵守

C. 法的执行　　D. 法的解释

12. 下列选项中哪些属于遵守我国法律的行为或事项？（　　）

A. 某市仲裁委员会的仲裁

B. 某县公安局的治安处罚决定

C. 习惯法

D. 《广东省经济特区条例》

13. 下列哪个选项不属于我国国家监督体系？（　　）

A. 中国人民政治协商会议对法律实施的合法性的监督

B. 国家审计机关对国家的财政金融机构和企业事业组织财务收支的监督

C. 全国人大对不符合宪法、法律的行政法规和地方性法规的撤销

D. 各级人民法院对行政机关的监督

14. 下列哪种行为在我国法律实施的监督体系中，属于国家法律监督机关的监督？（　　）

A. 人大及其常委会对检察院和法院的工作进行监督

B. 纪检、监察部门对某法官的违纪行为进行审查

C. 法院对某检察员的犯罪行为进行审理

D. 检察院对某公司经理的贪污犯罪行为起诉后，向该公司提出司法建议

二、思考题

目前立法的一个明显的趋势就是向着专业化和正规化的方向发展。立法越来越重视法律专家的作用，在很多法律制定的过程中，都聘请了有法学家组成的起草小组，从而使中国立法越来越带有"法学家法"的色彩。在中国立法向着专业化和正规化发展的同时，普通百姓如何参与立法，立法如何反映广大人民群众的利益，已经成为一个重要的问题。

问题思考：请你结合立法的民主原则，思考如何促进立法的公众参与，使得立法能够更好地反映公共利益。

三、参考阅读文献

1. 周旺生．立法论［M］．北京：北京大学出版社，1994．

2. 李步云主编．立法学研究［M］．长沙：湖南人民出版社，1998．

3. ［英］洛克．政府论．下［M］．叶启芳，译．北京：商务印书馆，1986．

4. 郭道晖主编．中国法治出版社［M］．北京：中国法制出版社，1998．

5. 郭道晖，周旺生，王晨光主编．立法——原则、制度、技术［M］．北京：北京大学出版社，1994．

6. 张根大，方德明，祁九如．立法学总论［M］．北京：法律出版社，1991．

7. 张文显主编．法理学［M］．北京：高等教育出版社，2006．

8. ［美］E．博登海默．法理学：法律哲学与法律方法［M］．北京：中国政法大学出版社，1999．

9. 谷春德主编．西方法律思想史［M］．北京：中国人民大学出版社，2006．

第十四章　法律职业

第一节　法律职业概述

一、法律职业的含义

"在西方法学著作中，法律职业（Legal Profession）是指直接从事与法律有关的各种工作的总称。通常又指从事这些工作的人员，其中包括法官、检察官、律师、法律顾问、公证人和法学教师等；但主要指法官和律师，特别是律师。"❶

《不列颠百科全书》对"法律职业"的定义是"以通晓法律及法律应用为基础的职业"。美国昂格尔教授认为："法律秩序是区别于习惯和官僚规则的严格意义的法律，法律秩序以法律职业的自治性为特征。""一个由其活动、特权和训练所确定的特殊集团，即法律职业集团，操纵规则、充实法律机构及参加法律争诉的实践。"❷ 在我国，法律职业是指以法官、检察官、律师为代表的受过专门的法律专业训练，具有丰富的法律职业技能与法律职业伦理的法律人才构成的自治性共同体，包括法学教师、公证员、法律顾问等。

二、法律职业的特征

作为一种特殊的职业，法律职业有着不同于其他职业的特征。

第一，法律职业是公共职业。随着社会分工不断发展，人们把从业者分为公共职业者和私人职业者。前者从业的目标是实现社会公共利益，后者从业的目标是实现个人私利。虽然私人职业者也不可避免地要置身于社

---

❶　沈宗灵. 比较法研究 ［M］. 北京：北京大学出版社，1998：184.
❷　昂格尔. 现代社会中的法律 ［M］. 吴玉章，周汉华，译. 北京：中国政法大学出版社，1995：47.

会交往中，因此免不了具有一定的公共性；但公共职业者更多地肩负着社会使命。法律职业是公共职业。比如法官、检察官，他们所从事的活动主要是社会责任；即使是律师业，它在强调以法律作为营业的主要途径的同时，更强调律师对社会的责任。

第二，法律职业是一种正式的职业。"正式"的含义指法律职业是要通过严格的程序才能进入的职业类型。它不同于非正式的职业。对于非正式的职业，对其从业者采取的是放任的调整方式。作为正式职业，法律职业具有比其他任何职业都困难的准入条件。当今世界各国基本上都对法律职业规定了相当严格的准入条件。在我国，自1986年开始实行全国律师资格考试制度，并于2001年开始实行全国司法资格考试制度。正是这种严格的准入条件，使得法律职业成为精英型的职业类型。

第三，法律职业是专门化职业。专门化是指法律职业是只有经过专门知识训练和拥有某种专门知识的人才能胜任的职业类型。在当今社会中，不同职业需要不同的知识和技能训练。例如，从事医生职业者，需要医学专门知识和技能的训练；从事高级经理人者，需要经过相关专门管理知识和技能的训练。法律职业的从业者应当是经过专门的法律训练、拥有法律专业知识和专业技能者。

第四，法律职业是一种精英化职业。所谓精英职业，是指只有社会中的优秀成员才能胜任的职业类型。法律职业是专门化职业，需要专门的知识和训练。法律职业作为精英者的职业，要求从业者既是有关法律的技术精英，同时也是有关社会道义方面的道德精英。因此，不论律师的产生还是法官的遴选，都应当既有知识技术方面的考核指标，也有道德操守方面的严格要求。相对于其他职业类型而言，法律职业者从业的伦理要求更高。

第五，法律职业不是以营利为目的的职业。法律职业的从业者不以营利为目的，而是以追求社会正义为目的。虽然律师提供服务要收取费用，但其目的仍不在收取费用自身。它以信任为基础，委托人通过信任关系而不是利益关系委托律师代替其参加诉讼。在律师伦理中，律师应当忠实于法律，同时又必须忠实于自己的当事人。律师应忠实于法律，指的是律师必须追求正义；律师必须忠实于自己的当事人，指的是律师不能违背诚信义务。

三、法律职业主义

法律职业主义主要指认同、鼓吹或者追求法律行业的专业性、公共性和自治性，并视法律行业为职业（Profession，区别于一般的工作）的理念、实践或者理论。法律职业主义经历了一个非常复杂的发展历程。时至今日，即使是在鼓吹法律职业主义的阵营内部，对于它的理解也迥然相异，呈现出十分复杂的关系。本章介绍的法律界主流对于法律职业概念的自我定义，即是一种较为典型的法律职业主义观点。

作为一个源于拉丁语"Profess"的古老词语，在职业主义者看来，"Profession"应该具有以下三个主要特征：（1）创建基于深奥理论基础上的专业技术，以区别于仅满足实用技巧的工匠型专才。（2）为公众服务的宗旨，其活动有别于追逐私利的商业或营业（Business）。尽管自由职业跟其他行业一样需要经济收入，甚至需要较高收入，但是高收入不是首要目的而只是附带的结果；其最根本的价值是为公众服务的精神。（3）形成某种具有资格认定、纪律惩戒和身份保障等一整套规章制度的自治性团体，以区别于一般的"行业"（Occupation）。❶ 用一句话来概括：与一般的行业相比，法律职业主义认为法律职业与一般行业的主要区别在于专业性、公共性和自治性。❷

第二节　法律职业技能

在法制社会的生活实践中，很多时候照搬既存的法律规范知识，就能很简单地完成法律适用的任务。但是，对于专业的法律人来说，其存在的意义在于：当在机械性做法行不通的时候，就需要分析作为对象的行为和事态，审视其所表达的社会价值与利益，斟酌与其竞合的其他价值和利益，并在此基础上解释法律规范，寻求与既存的法律规范体系整合的形式，从而将法律规范明确化、周密化。法律人在必要时还要修补既存法律规范的漏洞，发展法律规范，创新法律规范，并将法律规范定型化。要能成功做到这一点，需要法律人具备独特的、经过长期培训的法律技能，包括独特的法律职业知识、语言、技术和思维等。

一、法律职业知识

作为一种专业知识，法律职业知识主要由两部分构成：一部分是制定

❶ 季卫东. 法治秩序的建构［M］. 北京：中国政法大学出版社，1999：198.
❷ Roscoe Pound. The Lawyer from Antiquity to Modern Times［M］. West Publishing Co.（Minnesota），1953：20.

法中的关于规则的知识；另一部分是法律学问中的关于原理的知识。关于规则的知识是暂时的，立法者大笔一挥就会改变这种知识；更何况关于规则的知识是机械的、有缺陷的，比如存在法律漏洞。这就需要法官和律师们运用普适的法律原理来处理关于规则知识的局限性。

法律原理和法学理论往往会在以下情况下变得十分重要：（1）无法律可资适用时，只能通过法理与习惯得到结论（弥补法律漏洞）；（2）对同一事实有两个以上的法律可以适用，但产生相互矛盾的结果时，需要判断哪一个法律较恰当，找到判决结论；（3）对于已经有判决先例，但法院认为先例判决不公允，又没有法律明文可以推翻前判决时，需要法学理论作为理由；（4）逻辑推理可自足的前提下，还会发生逻辑推理和政策考虑冲突的情形，需要法律人巧妙地把政策考虑融入法律推理之中；（5）尽管实在法已有明确的规定，但严格地遵循之可能会造成极其严重的社会或道德等方面的危机，需要法律理论在现行法律规则体系内找到规避或替代的方法和理由；（6）尽管法律有完备的规定，但在法律适用中，特别是在法律解释中，遇到价值观念的矛盾，需要确定的。

二、法律职业的语言

任何职业均拥有自己的职业话语体系。这些话语由专业词汇构成，形成专业领域，进而形成专业屏障。法律职业的语言是一种特殊的语言，其中的术语由两部分组成：一是来自制定法规定的法定术语；二是来自法学理论的法学术语。大众话语具有情绪化、理想化的特点，而职业话语则具有理性化、专业化的特点。

法律是一种专门的技术知识，法律术语是这门专门知识中的最基本的要素。法律语言具有交流与转化两大功能。所谓交流功能，是指法律语言能够准确、简约地传递信息，在法律职业共同体内的同行之间使用相同的术语进行交流，不会产生大众语言所带来的繁琐与不一致性。所谓转化功能，是指所有的社会问题，不论它们来自民间还是官方，不论具体还是抽象，不论是春秋大义还是鸡毛蒜皮，一概可以运用法言法语转化为法律问题进行分析判断；甚至连不容易或不应当转化的政治问题，也完全可能被转化为法律问题而提交法院解决。❶ 纯粹的法律问题自然如此，连政治经

---

❶ 美国司法审查在历史上一直坚持不讨论、不审理政治问题的原则。然而，托克维尔曾敏锐地观察到并尖锐地指出，在美国几乎所有重大的政治问题都被转化为法律问题而交由法院审理。苏力．论法律活动的专门化［J］．中国社会科学，1994（6）．

济问题乃至日常的社会问题也都尽量"使之转化为明确的权利义务关系"来处理。❶ 托克维尔说美国几乎所有的政治问题都迟早要变成法律问题。所有的党派在它们的日常活动中都要借助于法律语言，大部分公务员都是或曾经是法律家。❷ 如果一个社会崇尚法治，那么法律语言会成为广受推崇的语言，❸ 几乎可以成为普通语言。

三、法律职业的思维特点

思维是客观事物在人脑中间接的和概括的反映，是借助语言实现的理性认识过程。思维是职业技能中的决定性因素。法律家具有理性的思维。以法官为例，就是指法官思维判断力的理智与成熟，表现为法官的意识、观念或态度的自主性，法官在思想上是自由的。这种理性的思维是经过专业的训练才能获得的，所以是十分特别的，带有几分神秘感，甚至令法律家在社会上具有某种先天的"显贵"地位。它是区别于其他职业的内在的质的规定性。

法律人的职业思维是重要的职业技能之一，它不同于大众思维。除运用法律术语进行观察、思考和判断的特点之外，还包括以下特点：

（1）法律程序的自治，通过程序进行思考，要求我们只在程序内进行思考和判断。这是程序自身的必要性决定的——对立面的设置以及两造竞争就是为了排斥任意性，促进理性选择，形成法官稳妥的结论。因此，法律思维的重要特点就是法官习惯于在两造对簿公堂的状态下听取不同意见，取得"兼听则明"的效果。这种"兼听则明"的效果是指从对立的意见当中找到最佳解决方案，通过程序中的解释与论证使之成为具有规范效力的共识或决定。这种效果并非任何人都可以领会的中庸之道，也不是无原则的妥协而形成的所谓"平衡"，而是指只有经过专门职业训练后形成的法律家特有的资质——用柯克的话来说就是"技术理性"❹。

---

❶　季卫东. 法律职业的定位 [J]. 中国社会科学，1994（86）.

❷　[法] 托克维尔. 论美国的民主. 上卷 [M]. 董良果，译. 北京：商务印书馆，1997：310.

❸　历史上，不仅法律家坚持使用法律语言，而且各界人士也对法律语言倍加推崇与赞誉。比如，意大利诗人但丁在他的著作《论俗语》中将"法庭的"语言与"光辉的"语言、"中心的"语言、"宫廷的"语言并列为"理想的语言"，并指出法庭的语言是"准确的、经过权衡斟酌的"。参见朱光潜. 西方美学史. 上册 [M]. 北京：人民文学出版社，1964：128.

❹　英王詹姆斯一世与柯克著名的辩论中，柯克提出的 artificial reason，也有译者译为人为理性。参见 [美] 爱德华·S. 考文. 美国宪法的"高级法"背景 [M]. 强世功，译. 北京：三联书店，1996：35.

（2）遵循向过去看的习惯，表现得较为稳妥甚至保守。程序是自治的，只有在其内部的一切活动（包括思维活动）都被视为"过去"❶，才可能被认定为是有效的。法官对待法律的态度也是这样，只承认既定的规则。为了阐明法官的保守性，许多思想家甚至把法官看做是法律借以说话的嘴巴。而法官的保守性格恰恰与法律内在的品质——稳定性有着天然的联系。法官的这种稳妥有时表现为遵循业已形成的传统价值，因而，其思维总是向过去看，不求激进，甚至还表现为比较保守。这对于一个健全的社会，是一种必要的调节器和安全阀。因为任何社会的进步都是在激进与保守这两种势力的平衡中得以发展的。

（3）注重缜密的逻辑，谨慎地对待情感因素。法律人强调推理的逻辑性主要是基于这样的必要：对法律决定的结论要求合乎理性地推出，应当对决定理由进行说明和论证，从而使当事者和全社会看到这个结论是出自理性的，即具有了说服力。情感是与逻辑相对的概念。我国有两句相互矛盾的俗话叫"法本原情"和"法不容情"，它们显然是法与情❷之间复杂关系的写照。虽然法律思维并不绝对排斥情感因素，但它与道德思维、宗教思维的情感倾向有着严格的界限。道德思维是一种以善恶评价为中心的思维活动，而法律判断是以事实与规则认定为中心的思维活动，因此法律思维是首先服从规则而不是首先听从情感。法律人也拥有情感并捍卫情感，但是都需要在法律规则的范围内，在法律术语的承载下谨慎地斟酌涉及情感的问题。法律家的专业逻辑与大众的生活逻辑之不同，还在于思维中的情感因素的分量。之所以需要程序，就是为了克服管理与决定的人情化。

（4）法律思维追求程序中的"真"，不同于科学中的求"真"。请看下面一段对话：

法学家：您凭什么说，法律的研究比起数学研究要少些合理性？

哲学家：我并不是这个意思，因为一切研究都是合理的，否则任何事情都会没有价值。我是说数学大师们绝不像伟大的法律教授们那样经常出错。

---

❶ 季卫东谈到程序的两种"过去"，即事实上的过去和程序中的过去，在程序中由前者向后者转化。程序中的过去被一一贴上封条，即使可以重新解释，也不能推翻撤回。季卫东. 法治秩序的建构［M］. 北京：中国政法大学出版社，1999：19，25.

❷ 情的原有含义是"情感"，但在法律文句中，它通常含有"事实"的意味，并且既有案件中的有形的事实，又有无形的诸如当事人之间关系一类的东西.［美］蓝德彰. 宋元法学中的"活法"［M］//美国学者论中国法律传统. 北京：中国政法大学出版社，1994：312.

法学家：如果您运用理性于法律研究，或许您会有不同的看法。❶

法律意义上的真实或真相其实只是程序意义上和程序范围内的，这意思是说，法律上的真实与真相并不是现实中的真实和真相。在生活中，大众总是希望看清真相，这与科学家探索真理是相同的。老百姓思维与科学家思维在求"真"上是一致的。现实中的"真"与程序上的"真"可能会是重叠的，即程序上的"真"等于现实中的"真"，比如程序中的大量证据最终证明了一个事实真相。但是在大量的法律问题中，程序中的真与现实中的真会存在距离，或者说是不吻合。"在具体操作上，法律家与其说是追求绝对的真实，毋宁说是根据由符合程序要件的当事人的主张和举证而'重构的事实'作出决断。"❷

（5）判断结论总是非此即彼，不同于政治思维的"权衡"特点。从律师角度来看，他的职业具有竞争性并且是具有对抗性的竞争。法官的判决总是会伤害一方而有利于另一方；医生则一般不会以牺牲他人来帮助另一人。因此，其程序中或多或少产生对抗性。诉讼的性质要求一方胜诉，另一方败诉。"权利义务对半承担的说法在社会上十分自然，但在法庭上却是纯粹荒谬的理论"，因此它"有时还使得公平也似乎受法律游戏规则的摆布"❸。这是因为法律必须对许多不允许妥协的问题作出决定。在许多场合，妥协是可能的，但是损失也是严重的——这就是"使法律规定所具有的确定性毁于一旦"，"法律无法以一种完美无缺的公平方法来适用于一切情况"❹。所以，法律家的结论总是非此即彼、黑白分明的。这一特征可能会出现某些局部性的变化，但不会从根本上改变。

四、法律职业的技术

法律是一套严谨的逻辑体系，法律职业的从业者必须掌握一套系统的专门化技术才能将法更好地贯彻到社会生活中去。比如，英美法系国家的判例法中的"先例识别技术"、民法法系国家的漏洞填补技术、判决书中的说理技术以及在司法活动中的法律解释技术、法律推理技术、法律论证

---

❶ ［英］托马斯·霍布斯. 一位哲学家与一位英国普通法学者的对话［M］// ［美］H. W. 埃尔曼. 比较法律文化. 贺卫方，高鸿钧，译. 北京：清华大学出版社，2002：7.

❷ 季卫东. 法律职业的定位［J］. 中国社会科学，1994（86）.

❸ ［英］彼得斯坦，等. 西方社会的法律价值［M］. 王献平，译. 北京：中国人民公安大学出版社，1989：114.

❹ ［英］彼得斯坦，等. 西方社会的法律价值［M］. 王献平，译. 北京：中国人民公安大学出版社，1989：115.

技术、辩讼交易技术等。这些技术，对非法律职业从业者来说是无关紧要的；对法律职业者来说则是必须具备的知识。

第三节　法律职业伦理

一、法律职业伦理概述

2003 年国家司法考试有一道关于法律职业伦理的试题：

在法官主持开庭审理某一刑案件过程中，检察官与律师就案件的焦点问题展开激烈的辩论，法官多次制止律师的发言。律师对此提出异议，遭到法官拒绝后当即退庭。检察官对正走出法庭的律师说："你要小心点。"事后，律师担心遭报复，向当事人提出解除代理关系。上述案例中，法律职业人员存在的不当行为有哪些？

A. 法官多次制止律师的发言的行为　　B. 律师退庭的行为

C. 检察官对律师的言行　　D. 律师向当事人提出解除代理关系的行为❶

伦理是人类社会生活关系之规范、原理、规则的总称，其基础建立于各个人的良心、社会之舆论以及习惯。法律职业伦理是指法律人在其职业实践中必须遵守的一套与大众道德有所区别、具有强烈技能性质的行为规范。

在法律活动促进法律职业形成之前，其内部就已经开始酝酿一种"身份荣誉意识"，进而发展为一种传承后世的法律职业伦理。它从集团内部维系着这个共同体的成员并保证共同体的社会地位和声誉。

值得注意的是，随着实践的演化，法律职业伦理在很多时候已经与职业个人的道德观念无关，更多的是一种指引法律人如何在因职业行为与大众道德冲突时处理道德困境的技术规范。❷ 比如，法官在程序中不得对当事人有同情心，不得对犯罪嫌疑人表现出亢奋的情绪；又如，律师明知委托人罪恶重大却不得因此拒绝接受委托，律师不得就自己所了解的被告人的罪行向法庭提供等。

---

❶　参见 2003 年国家司法考试题第一卷第 76 题〔S〕.

❷　Stephen Gillers，Regulation of Lawyers：Problems of Law and Ethics，Aspen Law & Business，2005：1.

二、律师职业道德

律师职业道德的主要内容包括以下方面。

第一，律师对当事人。职业道德要求律师勤奋工作，讲究效率；不得与当事人进行商业交易，比如获得案情材料的作品权和传播权，不得利用（与此代理有关的）案情从事不利于当事人的活动；不得就所托事宜接受对方当事人报酬，或约定、要求利益；不得接受与正在办理的案件有相反利害关系的案件；不得收受礼品（包括律师家属）；不应当同当事人订立协议——以限制自己因职业过错引起的责任；保守当事人秘密；不得同时代理双方当事人；诚恳，不得假装有把握；不得接受自己一窍不通的诉讼案件；不得接受目的与手段不正当案件，如报复性诉讼；律师的报酬应当适度，应比照相关规定，根据争议标的、案件难易程度来确定，对贫困者、窘迫者从低收取；不得以广告形式招徕业务，禁止律师登门寻找或怂恿委托人的活动。

第二，律师对法官。尊重法官就是尊重法律，即使是在与法官的非职务性接触中也应当如此，但应不卑不屈，具有自己的独立性和尊严。具体内容包括：对法官不纠缠、不强辩；不故意作虚假陈述；不向法庭提供已知是虚假的证据或授意提交虚假证据；不应向法庭隐瞒有关重要事实；不以法律禁止的手段影响法官、陪审员或者法庭其他官员；除法律许可外，律师不应与法官私下联系；向媒介不作非理智的超越权限的陈述、传播；不得在法庭及其他场所实施有损审判威信的行为；不得教唆或支持诉讼关系人实施损害审判威信的言行；不得为达到拖延诉讼之目的而采取攻击防御行为；严格遵守出庭时间、提交文书时间，遵守职务有关的纪律。

第三，律师对同行。不做任何有损于律师职业的事；尊重同行，因为律师们拥有共同的职业、共同的誓言；必须以正派、正直和认真的态度处理好与同行的关系；律师应当公平地对待对方律师，不得非法阻止对方取得证据；不得以不正当方法招徕业务；不得直接或间接谋取其他律师已承办的案件；不得对对方律师进行人身攻击，不得诽谤同行；非经对方当事人律师同意，不得擅自与对方当事人交涉，特殊情况例外；不得以提供好处的办法引诱对方当事人的律师；不得违背习惯或信义原则而使对方律师陷入不利状态；共同代理人意见不一致时，应将情况及时报告委托人；律师之间的通信原则是秘密的，应当为同行保密，除非是双方当事人已达成协议，并且律师已合法代理了委托的案件。

第四，律师的其他职业伦理。主要内容包括：不应当通过给予他人有价物品的方式推销其法律服务；如果律师知道法官有违背职业道德的行为，应当向有权机关报告；律师除学位或专业外，不得将自己的原职业等与宣传有关的事项记载在名片和广告上；不得从"以介绍案件为业者"手中接受委托；不得利用上述人员或让他们利用律师自己；律师不得转让诉讼标的、制造事端或其他类似的行为；非经律师管理机构同意，不得经营以营利为目的的业务、充当雇员；不得兼营与自由、独立不相容的职业。

三、司法官职业道德准则

我国最高人民法院于 2001 年颁布了《中华人民共和国法官职业道德基本准则》，现结合各国对司法官职业道德的要求以及司法官职业伦理的基本原理，将司法官的职业道德基本要求概括如下。

第一，忠实于法律。坚持法律至上，避免违背法律与法律意图。尊重其他司法官、遵守司法礼仪、保持良好仪表、重视法庭威严（如拒绝法庭上摄影录像）、避免降低法院品位等，都是司法官维护法律尊严的具体表现。有的国家还规定法官应注意观察制定法，及时向立法机关报告立法缺陷。

第二，尊重律师。程序中认真听取律师意见，判决书中应当载明律师意见与主张，以说明法官对事件的充分了解。有的国家还规定，法官对律师辩论提纲负保密义务，对律师有影响诉讼意图的信函应让对方当事人知晓；对律师违背职责的行为，应利用时机予以批评与匡正；等等。

第三，中立地对待当事人。法官应当抵制当事人说情等形式的干扰，不得接受当事人馈赠或恩惠；不得违背当事人意愿以不正当手段迫使当事人撤诉或接受调解；避免私自单独会见一方当事人及代理人，避免歧视、诋毁、污辱当事人；近亲为当事人的要回避；等等。

第四，司法官社会性活动中的职业道德。司法官从事职务外的活动应避免公众的合理怀疑，应杜绝可能影响司法官形象的不良嗜好和行为，谨慎对待社交活动和媒体的采访，不得参加营利性社团组织或利用权力或名誉为他人拓展商业利益。

第四节　法律职业制度

法律职业制度是指国家关于法律职业培养、考试、培训、任职、待遇、惩戒、机构等一系列法律制度的总称。

一、法律教育制度

法律职业的培养制度，即法律教育制度。它既是一国高等教育制度的组成部分，又是法律职业制度的构成要素之一。法律教育是指在一个有目的、有计划、有组织的场所和制度中培养法律职业者的一种专门性、高层次的教育活动。法律教育以培养法律职业者为目的，其场所是为实现这一特殊目的而作出的制度化设计，最典型的就是法学院。法学院是联结各种类别的职业法律人，使他们构成为法律共同体的重要纽带。为实现这一特殊目的而设置的一系列关于法律教育目的、计划和组织的体制和规范，我们称之为法律教育制度。法律教育在整个教育体系中是建立在普通教育之上的，甚至是在普通高等教育的基础上的（即所谓"本科后"教育），所以具有高层次的特点。从培养过程和方式上看，法律教育具有学术性和实践性的显著特点。法律教育在对博大精深的法学知识进行系统而抽象的概念讲授和原理教导的同时，还进行法律实务模拟训练，为法学学生提供处理具体法律事务的技能训练。

纵观法律史，我们可以发现法律教育与法律职业两者关系的某些规律。

第一，没有法律教育就没有法律职业。从历史来看，法律职业的形成是以法律教育的出现为前提的；从逻辑上讲，法律教育提供的系统的法律学问为法律职业技能和职业伦理铺设了专业基础。

第二，法律教育训练了法律职业特殊的职业素养。事实上，只有法律教育才能实现法律职业共同体的统一性与自治性。为了保证法律职业内部的同质，许多国家采取了法官与律师同训同考制度。[1]

第三，法律职业一定程度上引导法律教育的方向。法律职业与法律教育从某种意义上说，是实践与理论的关系。作为实践范畴的法律职业，在职业实务中决定了法律教育的发展方向，对法律教育提出具体要求；甚至在一些国家，是由法律职业组织来对法律教育进行行业管理的。[2]

---

[1]　最典型的是日本、德国采取的法官、检察官与律师三者的"同考同训"制度。

[2]　以美国为例，ABA 对法学教育的行业管理内容包括：批准认可全美法学院资格，定期评估与审核法学院办学资格，组织法学教师参加学术交流和培训等。

二、法律职业考试与培训制度

初任法官与律师一般都必须经过司法资格考试或者律师资格考试。在德国、日本、韩国等具有大陆法系传统的国家里，司法资格考试的通过率往往很低，多维持在 10% 以下。在德国，国家司法考试还分为两次进行。在很多国家，律师和法官通过资格考试以后，还要经过一段时期的严格实习或者培训后才能任职。如在日本，要成功地成为一名法官，除需要在通过率只有 2% —3% 的司法考试中成功过关外，还需要在最高法院下属的司法研修所研修一年半。

从法官考试与培训来看，初任法官一般都必须经过国家考试，有的还要经过实习或者培训后才能任职。一些国家还规定不同审级的法官除具备必要的任职条件或资格外，还须通过晋升考试，始得晋职。报考条件和考试程序十分严格，采取公开竞争、机会均等、择优录用的原则。比如，德国和日本都规定，法官资格经两次考试及格才能取得；德国还规定第一次应试须在大学修习法学至少三年半，经两年实习后才能参加第二次考试。在一些国家还有法官培训制度，主要是为了法官知识的更新、审判艺术和技巧的训练。如，美国从 20 世纪 50 年代起，为适应不同层次的法官的需要，在联邦和州设立了专门的培训中心，实行两级培训制度，培训内容的针对性、实用性都很强。

在我国，法律职业资格考试是通过国家司法考试来完成的。为了建立和规范国家统一司法考试制度，提高和保障法官、检察官、律师队伍素质，我国司法部在 2001 年 10 月根据《法官法》、《检察官法》、《中华人民共和国律师法》的规定，发布了《国家司法考试实施办法（试行）》。该办法于 2002 年 1 月 1 日起实施。根据这一办法的规定，国家司法考试是国家统一组织的从事特定法律职业的资格考试。初任法官、初任检察官和取得律师资格必须通过国家司法考试。国家司法考试坚持公平、公正的原则。司法部会同最高人民法院、最高人民检察院组成国家司法考试协调委员会，就国家司法考试的重大事项进行协商。国家司法考试由司法部负责实施。

三、法律职业任职制度

法律职业任职制度主要是指国家基于法律职业的特性，对法律职业的任职条件与资格所作的限制性规定。

从律师与司法官任职条件来看，很多国家对初任律师和司法官都规定了基本的条件或资格。除在年龄、国籍、公民权、品德、身体状况方面作了严格的规定外，还规定法律专业学历和法律实践经历方面的条件。比如，一般要求大学法律专业毕业，取得法律专业相应的学位。作为律师还须在律师事务所任实习律师若干年。作为法官，许多国家还规定担任法官必须有过从事律师工作的经历，如美国、英国、新加坡、印度规定担任律师至少应当6年。担任上级法院法官的条件或资格主要是资历，比如英国规定担任高等法院法官需有10年以上出庭律师资格，而且年龄为50岁以上；日本规定高等裁判所的法官须担任过10年以上助理法官、简易法院法官、检察官、律师、法院调查员等。这都对法官职业的专业化程度起到了重要作用。

另外，多数国家对法官有专职性要求，即法官不得担任其他职务。除在大学法学院担任教授外，法官不得在行政机关、立法机关中任职或兼职。例如，日本法律规定：法官不得担任国会议员或地方公共团体职务，从事政治活动；未经最高法院许可不得担任其他有报酬的职务；不得经营商业或其他以营利为目的的行业。

根据目前相关法律法规的规定，在我国，对于从事法律职业者，除了需要通过司法资格考试外，在实质上并没有法律专业学历的要求。其中，从事律师职业的，需要在司法考试通过后，在律师事务所实习一年以后申请即可；但是，要从事法官、检察官工作尚须通过公务员考试。

◆ 配套测试

一、不定项选择

1. 法官王某的下列哪些行为违反了法官职业道德规范？（　　　）
   - A. 根据领导批条办案，谁的官大就按谁的批示办理
   - B. 同学朋友问案，总能仗义地告之案件审理和合议情况
   - C. 对双方律师宣称：该吃可以吃，该喝可以喝，案子该怎么办还怎么办
   - D. 一方托情相约，在承诺保密的情况下，同意私下单独接触

2. 法律解释、法律推理与法律职业、法律思维之间有着密切的联系，法学院同学甲与乙对此有过讨论。甲认为：①法律职业的独特性与其所特有的法律思维是分不开的；②法律思维是一种仅仅依靠法官自由裁量的思维；③法律解释和法律推理是抽象的，它具体体现在

法律思维中。乙则认为：①法律思维是一种仅仅进行形式逻辑推理的思维；②通过进行法律解释和法律推理，能够培养和深化法律思维，有助于保持法律职业的自律和自治。下列哪一选项的观点是正确的？（　　）

A. 甲的观点①和②

B. 甲的观点①和乙的观点②

C. 甲的观点③和乙的观点①

D. 甲的观点②和乙的观点②

3. 下列关于法律职业道德的表述哪一项是不正确的？（　　）

A. 法律职业道德是法律职业人员所应遵循的行为规范的总和

B. 法律职业道德是社会道德体系的重要组成部分，与一般社会道德相比具有职业特殊性

C. 法律职业道德具有规范作用和法律上的普遍强制作用

D. 法律职业道德在一定层面上可以表现为特定的法律规范

4. 下列关于法官应当遵守的职业道德准则的表述哪一项是不正确的？（　　）

A. 法官在审判过程中可以用适当方式向双方当事人表明自己对案件审理结果的观点或态度

B. 法官对与当事人实体权利和诉讼权利有关的措施和裁判应当依法说明理由

C. 法官不得向上级人民法院就二审案件提出个人的处理建议和意见

D. 法官不得擅自过问下级人民法院正在审理的案件

5. 根据我国《检察官法》有关任职回避的规定，下列表述哪一项是不正确的？（　　）

A. 杨某和蒋某系夫妻，二人不得同时在同一人民检察院担任检察员

B. 何甲和何乙系姐弟，二人不得同时在同一人民检察院起诉科担任助理检察员

C. 检察官袁某从人民检察院离任后 2 年内，不得担任诉讼代理人或者辩护人

D. 林某为县人民检察院检察官，其子小林不得担任该县人民检察院办理案件的辩护人

6. 下列关于律师执业行为规范的表述哪一项是正确的？（　　）

A. 律师可以根据案件的进展情况，适时就某一案件的判决结果向委托人作出承诺

    B. 律师依法辩护、代理案件提出的预先分析意见没有实现，可以认定律师的意见是虚假承诺

    C. 律师接受委托时必须与委托人明确约定包括程序法和实体法两方面的委托权限。委托权限不明确的，视为全权委托

    D. 律师可以公开委托人授权同意披露的信息

7. 下列哪些情形违反了有关规范法官与律师相互关系的规定？（   ）

    A. 律师陈某在接案时称该案主办法官是其大学同学

    B. 法官王某让被告去找律师田某咨询

    C. 某律师事务所邀请法官杨某参加该所庆典

    D. 某律师事务所邀请某法院审判庭全体人员外出旅游

8. 下列哪些行为违反了律师执业行为规范？（   ）

    A. 律师申某主动向当事人出具意见，论证一审判决错误应予改判

    B. 律师潘某给多个法院的院长、庭长写信，承诺介绍案件将提供中介费

    C. 律师刘某明知当事人提供的证据是编造的，仍向法院提交

    D. 律师韩某的名片上印有"某法院经济庭前庭长"

9. 检察官徐某因泄露国家秘密构成犯罪而被追诉。下列关于徐某纪律责任的说法哪些是正确的？（   ）

    A. 无论徐某主观上是否出于故意，只要被判处3年以上有期徒刑，即应予以开除

    B. 如果徐某主观上出于故意，被判处3年以下有期徒刑或者判处管制、拘役，即应予以开除

    C. 如果徐某主观上出于过失，被判处3年以下有期徒刑宣告缓刑，不一定予以开除

    D. 如果徐某被依法免予刑事处罚，应予降级或撤职处分

10. 法官与律师的相互关系应当遵守最高人民法院与司法部制定发布的有关规定。下列哪些做法违反了相关规定？（   ）

    A. 法官开庭时发现一方的律师沈某是其过去的同事，没有主动回避

    B. 律师裘某约请主办法官童某吃饭，了解所代理案件的案情

    C. 某律师事务所主办的所刊发表法官彭某的文章

    D. 某律师事务所举办法律实务研讨会，邀请法官周某出席演讲

11. 法律人的职业思维是重要的职业技能之一，这种思维不同于大众思维。其特点包括（   ）。

    A. 通过程序进行思考

B. 判断结论总是非此即彼

C. 注重缜密的逻辑，谨慎地对待情感因素

D. 遵循向过去看的习惯，表现得较为稳妥甚至保守

12. 法律职业道德客观上对法官、检察官、律师的职业行为产生规范和约束，对于将公正的法律条文变成公正的、实际的法律，具有重要的作用。这里的作用是指（　　）。

A. 规范作用　　B. 示范作用　　C. 提升作用　　D. 辐射作用

13. 关于法律从业人员的职业道德和职业责任，甲、乙、丙、丁四人的下列何种说法是正确的？（　　）

A. 甲说，依我的意见，律师做广告、乱许诺、高收费、搞风险代理、不敬业尽职、挖墙脚争案源的，都应开除出律师队伍，情节恶劣的要严打

B. 乙说，法官就应该深居简出，高薪高福利，终身任职，任凭自己内心确信去独立判案

C. 丙说，新的《公证法》对私自出证、出假证、篡改公证书和泄露当事人商业秘密或隐私的，处罚很重，对公证处罚款可高到10万元，还可以没收违法所得，还可以吊销公证员执照，有的还可追究刑事责任

D. 丁说，对法律职业人员来说，总的要求就是忠实于事实，忠实于法律

二、案例与问题讨论

1. 姓名侵权案——思维差异

原告与被告均系女硕士研究生。原告于1996年4月收到美国M大学发来的电子邮件，告知该校将授予其攻读该校博士学位的半额奖学金。但原告久等不见该校正式通知，经查询方知有人以原告的名义给M大学发去电子邮件，谎称因原告已接受其他学校邀请而拒绝去M大学学习。原告经多方查证后向海淀区人民法院提起侵犯姓名权的民事诉讼。法院根据庭审查明的间接证据，推导出"拒信确系被告所发"的结论。

［各方反应］

（1）新闻媒体。作为法律外行的代表，新闻媒体将此案作为网络安全问题的警示信号来关注。各大媒体都以它是我国首起涉及网络安全的民事诉讼案件进行报道。如，《北京青年报》的报道称，"由于该案涉及目前正热门的高新技术、电子通信诸问题，吸引了社会各界和新闻媒介的广泛注意……这只是一宗普通的民事案件，但人们的关注却超出了案件本身。作

为一种新型的通信方式——电子邮件，如何维持它的通信信用呢……这例电子邮件侵权案之所以会发生，正是因为这一点"。作为社会生活事件，此案值得新闻媒体关注之处在于，它与"目前正热门的"国际互联网发生了联系，它涉及了网民和非网民们最关心的网络安全问题，它又是"首次发生"（勾起读者的求新欲望与好奇心理）并酿成讼案（诉讼意味着针锋相对的热闹并可以期待真相大白的结局）的事件。这些构成了吸引新闻媒体（亦即广大民众）广泛关注的事件特殊性——新闻点。当事人关于权利的争议已不重要，重要的是它是"首例涉及网络安全的诉讼"。

（2）法官。将此案的特殊性（疑难性）归结为事实的司法认定问题。在法官看来本案的关键在于，网络技术的特点使得对于收发电子邮件的行为事后的司法认定很难，在只能获得间接证据的情况下，如何运用这些证据进行推理、证据充分到何种程度才能对行为人是谁作出司法认定，是法官们从未碰到过的难题。正因如此，本案才成为了一个"重大疑难案件和新类型案件"。只要事实的司法认定问题能够查清，本案作为一个普通的侵犯姓名权案件便能够轻松处理。

（3）原告。原告并不在乎本案在网络安全和司法认定上的意义，如果能够的话她完全可以不考虑什么姓名权、财产权、责任竞合等法律概念，而仅仅关心自己的损失能否得到补偿。在律师的解说和指引下，原告把所有的损失都包裹在一个叫做"姓名权"的法律概念（她本人很可能从未弄清过它的确切含义和保护能力）之中，要求法院强制被告补偿。最终，双方在调解中削减了原告提出的补偿数额而了结了纠纷。至于法官和双方当事人都将本案的法律问题视为简单明确、无可争议的"侵犯姓名权"，这也不奇怪。因为"为律师包装"的当事人应当被看做是法律职业的内行人士，因为他们的律师所拥有的法律知识在诉讼中也成为他们自己拥有的法律知识，他们的诉讼主张实际上是律师深思熟虑的结果。律师和法官同属于"法律实务工作者"，他们对案件的观察角度都是实践的、具体的和实用的，两者倘若对同一案件的法律结论不同，则往往表明有一方的专业知识或者职业逻辑出现了偏差。❶

问题：请比较法律人与普通民众（新闻媒体）在此案中表现出的思维差异。

2. 阅读下面的材料，分析职业法律家的职业思维方式或职业逻辑与大

---

❶ 宋国锋. 法律语境与诉讼选择［M］//判解研究. 第 1 辑. 北京：人民法院出版社，2000：186－189.

众逻辑的区别。

英国亨利六世时的大法官福蒂斯丘关于法律具有职业神秘性的思想，即法律乃法官与律师界的特殊科学。130 年后，他描述的法官与国王对话的场面居然真的隆重上演了——法官柯克与英王詹姆士一世就国王可否亲自坐堂问案发生分歧。柯克有一段精彩的阐述：

"的确，上帝赋予陛下丰富的知识和非凡的天资；但是陛下对英格兰王国的法律并不精通。涉及陛下臣民的生命、继承、动产或不动产的诉讼并不是依自然理性来决断的，而是依人为理性（Artificial Reason，又译技术理性）和法律判断来决断的；法律乃一门艺术，一个人只有经过长期的学习和实践才能获得对它的认知。法律是解决臣民诉讼的金质魔杖和尺度，它能保障陛下永享安康太平。"❶

三、参考阅读文献

1. ［德］韦伯. 论经济与社会中的法律［M］. 北京：中国大百科全书出版社，1998.

2. 季卫东. 法治秩序的建构［M］. 北京：中国政法大学出版社，1999.

3. ［美］罗伯特·戈登. 律师独立论——律师独立于当事人［M］. 周洛嘉，等译. 北京：中国政法大学出版社，1992.

4. 方流芳. 中国法学教育观察［M］//贺卫方编. 中国法律教育之路. 北京：中国政法大学出版社，1997.

5. 郑戈. 韦伯论西方法律的独特性［M］//韦伯：法律与价值. 上海：上海人民出版社，2001.

---

❶ ［美］爱德华·S. 考文. 美国宪法的"高级法"背景［M］. 强世功，译. 北京：三联书店，1996：35.

参考文献

［1］［德］韦伯．论经济与社会中的法律［M］．北京：中国大百科全书出版社，1998.

［2］季卫东．法治秩序的建构［M］．北京：中国政法大学出版社，1999.

［3］［美］罗伯特·戈登．律师独立论——律师独立于当事人［M］．周洛嘉，等译．北京：中国政法大学出版社，1992.

［4］郑戈．韦伯论西方法律的独特性［M］//韦伯．法律与价值．上海：上海人民出版社，2001.

［5］沈宗灵．比较法研究［M］．北京：北京大学出版社，2004.

［6］昂格尔．现代社会中的法律［M］．吴玉章，周汉华，译．北京：中国政法大学出版社，2001.

［7］周旺生．立法论［M］．北京：北京大学出版社，1994.

［8］李步云主编．立法学研究［M］．长沙：湖南人民出版社，1998.

［9］［美］罗斯科·庞德．普通法的精神［M］．唐前宏，廖湘文，高雪原，译．北京：法律出版社，2001.

［10］舒国滢，李宏勃主编．法理学阶梯［M］．北京：清华大学出版社，2006.

［11］何怀宏编．西方公民不服从的传统［M］．长春：吉林人民出版社，2001.

［12］沈宗灵主编．法理学［M］．北京：高等教育出版社，1994.

［13］［英］哈特．法律的概念［M］．张文显，郑成良，等译．北京：中国大百科全书出版社，1996.

［14］朱景文．比较法社会学的框架和方法——法制化、本土化和全球化［M］．北京：中国人民大学出版社，2001.

［15］徐国栋．民法基本原则解释——成文法局限性之克服［M］．北京：中国政法大学出版社，1992.

［16］梁治平．法辨［M］．贵阳：贵州人民出版社，1989.

［17］［美］威格摩尔．世界法系概览．上，下［M］．何勤华，等译．上海：上海人民出版社，2004.

［18］［法］勒内·达维德. 当代主要法律体系［M］. 漆竹生, 译. 上海：上海译文出版社, 1984.

［19］王丽瑛主编. 案例法理学评析［M］. 北京：中国人民公安大学出版社, 2005.

［20］张文显主编. 法理学［M］. 北京：高等教育出版社, 2007.

［21］［日］大木雅夫. 比较法［M］. 范愉, 译. 北京：法律出版社, 1999.

［22］［美］约翰, 亨利·梅利曼. 大陆法系［M］. 顾培东, 禄正平, 译. 北京：知识出版社, 1984.

［23］［德］茨威格特, 克茨. 比较法总论［M］. 潘汉典, 等译. 贵阳：贵州人民出版社, 1992.

［24］公丕祥主编. 法理学［M］. 上海：复旦大学出版社, 2002.

［25］邓冰, 苏益编译. 大法官的智慧——美国联邦法院经典案例选［M］. 北京：法律出版社, 2004.

［26］伯尔曼. 法律与宗教［M］. 梁治平, 译. 北京：中国政法大学出版社, 2003.

［27］［美］德沃金. 认真对待权利［M］. 信春鹰, 吴玉章, 译. 北京：中国大百科全书出版社, 2002.

［28］［英］奥斯丁. 法理学的范围［M］. 刘星, 译. 北京：中国法制出版社, 2003.

［29］凯尔森. 法与国家的一般理论［M］. 沈宗灵, 译. 北京：中国大百科全书出版社, 1996.

［30］拉德布鲁赫. 法学导论［M］. 米健, 朱林, 译. 北京：中国大百科全书出版社, 1997.

［31］刘星. 法理学导论［M］. 北京：法律出版社, 2005.

［32］舒国滢主编. 法理学导论［M］. 北京：北京大学出版社, 2006.

［33］葛洪义主编. 法理学［M］. 北京：中国政法大学出版社, 2004.

［34］［德］卡尔·拉伦茨. 法学方法论［M］. 陈爱娥, 译. 北京：商务印书馆, 2003.

后　记

本教材是中央民族大学"211 工程"三期建设项目之一，供普通高等学校法学专业本科使用。法学导论是高等学校法学教育中一门重要的主干课程。本教材努力按照中央民族大学"211 工程"三期建设项目的要求，系统阐述法学的基本原理和基本知识，注重内容的科学性、系统性、实用性和相对稳定性。

本教材由张杰担任主编，阿依古丽担任副主编。作者分工如下：

张杰：第二章、第三章、第六章、第七章、第十章至第十二章、第十四章。

阿依古丽：第一章、第四章、第五章、第八章、第九章、第十三章。

张杰　阿依古丽

2010 年 6 月